분 노 와   희 망 의   네 트 워 크
인 터 넷   시 대 의   사 회 운 동

NETWORKS OF OUTRAGE AND HOPE

Social Movements In The Internet Age

이 도서의 국립중앙도서관 출판예정도서목록(CIP)은 서지정보유통지원시스템 홈페이지(http://seoji.nl.go.kr)와
국가자료공동목록시스템(http://www.nl.go.kr/kolisnet)에서 이용하실 수 있습니다. (CIP제어번호: CIP2015026662)

분노와 희망의 네트워크

NETWORKS OF OUTRAGE AND HOPE

인터넷 시대의 사회운동

Social Movements In The Internet Age

마누엘 카스텔 지음

김양욱 옮김

한울
아카데미

Networks of Outrage and Hope: Social Movements in the Internet Age(2nd ed.)
by Manuel Castells

나의 스승, 사회운동 이론가 알랭 투렌에게

Contents

옮긴이의 말

우리는 99%다

관세 인하, 자본의 자유로운 이동, 산업 보조금 폐지, 노동시장 규제 완화,
균형재정 그리고 저(低)인플레이션이라는 자유주의 경제철학 아래 금융 산
업은 유례없는 호황을 누렸다. 그러나 이러한 경제정책 아래에서 승자와 패
자는 명확했다. 노동자의 임금과 직업 안정성은 위협받았고, 막대한 부가 극
소수의 승자에게 편중되기 시작했다. 열차 한 칸에 모두 탑승할 수 있을 정
도인 85명의 세계 최상위 부자들이 보유한 자산이 전 세계 하위 50%(약 35
억 명)의 자산과 대등하다는 씁쓸한 보도도 있었다. 승자 독식의 사회 분위
기는 일반 시민들을 더욱 고립시켰으며, 1%와 99%라는 이분법적인 수식어
는 이 시대의 불평등과 부조리를 상징하는 화두가 되었다.

분노 그리고 희망

뉴욕 월스트리트와 런던 시티의 금융가들의 끝없는 탐욕은 결국 2008년 9월
리먼브라더스 파산으로 그 추악한 민낯을 드러냈다. 고객들의 예금과 자산
이 급격히 줄어드는 와중에도 금융가들은 성과금과 연금을 챙겼다. 금융위
기의 원인을 부실한 시스템으로 돌리면서 그 누구도 책임지는 사람이 없었
다. 정치·경제 엘리트들의 이러한 부도덕성과 무책임을 더 이상 간과할 수
없었던 일반 시민들이 전 세계에서 일어났다. 금융위기의 여파는 도미노처
럼 전 세계를 강타했다. 식량 가격 폭등에 항의해 중동 지역의 민중들이 봉
기를 일으켰고, 이는 부패한 권력과 지도층을 향한 분노로 이어져 혁명으로
발전했다.

세계에서 가장 행복한 국가 중의 하나라는 아이슬란드의 국민들은 어느 날 저녁 뉴스를 통해 아이슬란드가 IMF의 구제금융을 받게 되었다는 우울한 소식을 접해야 했다. 스페인과 포르투갈의 사정도 별반 다르지 않았다. 직장을 얻지 못한 스페인 청년들은 프랑스 와인 생산지에서 포도를 따는 일자리라도 얻기 위해 국경을 넘었으며, 포르투갈의 청년들은 그나마 경제 상황이 나은 과거 포르투갈의 식민지 브라질로의 역(逆)이민도 마다하지 않았다. 부의 극심한 편중과 불평등 그리고 부패한 권력에 대한 불만이 봇물처럼 터져 나왔다. 세계의 어느 한 지역, 한 국가에 국한된 상황이 아니었다. 이는 전 세계적인 현상이고 위기였다.

　세계 금융위기는 경제문제에서 비롯되었지만, 민중은 이를 낙후된 정치제도와 문화의 문제로 인식했다. 경제위기의 극복은 곧 정치, 문화의 개혁이 있어야 가능하다고 생각한 것이다. 아이슬란드 국민들은 금융위기를 계기로 정경유착의 고리를 끊고 부패한 정치인과 제도를 개혁하고자 헌법을 개정했다. 그들은 북유럽의 차가운 겨울 날씨에도 굴하지 않고 광장에 모여 개혁을 요구했다. 분노를 국민투표를 통해 표출했고 이를 통해 새로운 희망을 만들어냈다. 튀니지에서 시작된 아랍 혁명은 일반 시민들의 생존과 직결되는 경제적인 이유에서 시작되었지만 분노의 불꽃은 부패한 정치권력을 겨냥했다. 기득권과 종교, 가부장적인 전통이 혼재하는 아랍세계에서 민주주의의 전망은 그리 밝아 보이지 않지만, 혁명의 한가운데에서 생명을 내걸고 시위에 나섰던 아랍 여성들의 용기와 열정에서 여전히 희망이 살아 있음을 볼 수 있다. 분노를 희망으로 바꾸려는 사례들은 스페인의 '인디그나다스 운동'과 미국의 '월스트리트 점거운동'에서도 찾아볼 수 있다. 기존의 정당과 권력에 대한 불신은 운동에 참여한 모든 사람들이 동등한 발언권을 갖는 '지도자 없는' 운동이라는 새로운 패러다임을 제시했다. 점거운동의 성패와 관련해서 지도자 없는 운동의 한계와 문제점이 드러나기도 했지만, 이러한 위기를 불러온 기존의 시스템을 거부하고 새로운 희망을 모색하려 했다는 점에서 역사적 의의를 찾을 수 있다. 금융위기는 자본주의의 승리로 역사가 귀결된다는 믿음에 균열을 초래했다. 2011년 세계 곳곳에서 일어난 운동은 자본주의 경제시스템에 이상이 있음을 감지했고, 그 대안을 찾는 사회운동으로 확대되었다.

인터넷으로 구현된 사회운동

이 책에서 마누엘 카스텔은 사회운동의 동력으로 인터넷의 역할을 강조한다. 그러나 데이비드 하비(David Harvey)는 2011년에 발생한 사회운동을 '인터넷 시대'의 운동보다는 '계층 불평등 시대' 또는 '자본주의 위기 시대'의 운동으로 규정하기도 한다. 이는 운동의 동력이 인터넷과 같은 특정 요인에 있는 것이 아니라 다면적인 사회 요인에서 기인한다고 보는 관점이다. 2011년의 아랍 혁명을 '소셜 미디어 혁명', '트위터 혁명', '페이스북 혁명' 그리고 '2.0 혁명'이라고 부르기도 하지만, 이는 어쩌면 언론이 만들어낸 신화일지도 모른다. 소셜 미디어가 혁명의 필요조건이라고 가정하기보다는 혁명에 활용된 여러 미디어 중 하나였다고 이해하는 것이 타당할 것이다.

그럼에도 '인터넷 시대'와 '네트워크'에 초점을 맞춘 마누엘 카스텔의 분석은 탁월하다. 이 책에서 네트워크는 이중의 의미를 갖는다. 하나는 사람들 사이의 소셜 네트워크를 의미한다. 다른 하나는 컴퓨터의 글로벌 네트워크를 지칭하는 인터넷을 의미하기도 한다. 마누엘 카스텔은 사회운동에서의 네트워크를 활동가들의 네트워크와 글로벌 네트워크로서의 인터넷의 역할로 규정한다. 또한 그는 거리시위를 주도하고 지속하는 과정에서의 인터넷의 동원 역량을 강조한다. 인터넷이 없었다면 거리시위는 조직적으로 장기간 지속되지 못했을 것이고, 수개월 동안 점거운동이 캠프를 유지하고 참여자들과 소통하며 운동을 전국 단위로, 나아가 전 세계적 단위로 확산하는 데 어려움을 겪었을 것이다. 인터넷으로 연결된 사람들의 네트워크는 권력의 무자비한 폭력에 대한 두려움을 함께하기(togetherness)로 극복하게 했고,

불합리한 사회와 부패한 권력에 대항할 수 있는 용기를 북돋았다. 사람들이 개인적 차원에 머물렀던 분노를 서로 어울려 표출하고 하나가 되면서 이전에는 상상할 수도 없었던 '또 다른 세상이 가능하다'라는 엄청난 희망을 품게 된 것이다.

> 당신 혼자서 꾸는 꿈은 단지 꿈일 뿐이지만, 여러분 모두가 함께 꾸는 꿈은 현실이 됩니다(A dream you dream alone is only a dream. A dream you dream together is a reality).
> ― 존 레넌

'춘래불사춘(春來不似春)'이라 했던가. 초판의 번역을 마칠 무렵, 민주주의의 새로운 가능성을 보였던 아랍 세계는 이미 엉망진창이 되어버렸다. 모두가 희망하는 해피엔딩을 역사는 그리 호락호락하게 허락하지 않았다. 본문에서 마누엘 카스텔도 급변하는 세계 정세로 아랍의 봄에 다시 겨울이 내려앉았다고 탄식한다. '봄은 왔지만 봄 같지 않다'는 어느 중국 시인의 말처럼 마음속에서 봄을 갈망하고 있지만, 여전히 현실은 차가운 겨울의 한가운데에 머물러 있는 느낌이다. '분노'와 '희망'이라는 역설적인 단어가 계절을 은유하고 있지만, 겨울을 지나 봄이 오듯 계절의 변화처럼 희망은 저절로 찾아오지 않는다. 분노하지 않으면 희망도 없다.

끝으로 이 책의 출간을 결정하고 편집 과정을 지원해주신 도서출판 한울 관계자들에게 감사를 전한다. 번역체의 딱딱한 문장이 잘 다듬어져 읽을 만한 내용이 된 것은 서성진, 최규선 편집자의 노고가 있었기에 가능했다. 지난한 작업에도 묵묵히 성원을 보내준 가족과 지인들에게도 고마운 마음을 전한다.

2015년 9월
김양욱

개정판 서문

2013년 6월 14일 상파울루, 수백 명의 청중 앞에서 독자 여러분 손에 들려 있는 책의 초판에 관한 강연을 막 끝마칠 때였다. 강연에 참석한 많은 언론인 중 한 사람이 "왜 이런 종류의 운동이 브라질에서는 일어나지 않는다고 생각하십니까?"라고 던진 첫 번째 질문을 시작으로 토론이 이어졌다. 브라질의 예외성에 관해 복잡한 이론을 들어 즉석에서 답변하기도 전에, 강당에서 누군가가 "나갈 수가 없어요! 파울리스타 대로(Avenida Paulista)가 봉쇄됐어요!"라고 외쳤다. 사실, 대중교통 무료 이용 운동이 거리에서 시위를 벌이고 있었다. 이 운동은 몇 주 동안 그리고 다음의 몇 개월 동안, 이 책에서 분석한 것과 같은 2010~2011년 세계 곳곳에서 일어난 네트워크된 사회운동과 상당히 유사한 형태로 지속되었다. 사실, 브라질은 예외가 아니라 새로운 형태의 사회운동으로 확장하는 무리에 추가되었다. 그 이후로 이스탄불의 게지 공원과 키예프의 독립 광장 점거, 홍콩의 우산 혁명, 마약 조직이 자행한 암살에 맞선 멕시코 사람들의 궐기, 그리고 그 밖에 잘 알려지지 않은 시위들이 일어났는데, 이는 이 책의 주요 명제에 신뢰를 더해준다. 즉, 이 책의 연구에서 분석하고 규명한 것처럼, 네트워크된 사회운동은 정보 시대의 사회적 구조인, 네트워크 사회의 사회운동이 지닌 특성이라고도 할 수 있다.

그러나 전 세계에서 이러한 운동들이 빠른 속도로 되풀이되는 것이 2012년 6월에 마무리한 책을 2014년 12월에 크게 개정하게 된 충분한 이유는 아니었다. 왜냐하면 인터넷과 관련 정보의 즉각적 커뮤니케이션이 가능한 시대에 내가 단 번에 책 한 권에 달하는 정보를 업데이트할 상황이 아니었기 때문이다. 아마도 독자들은 개정판에 네트워크된 사회운동에 관한 서술이

상대적으로 많은 것을 알게 될 텐데, 이는 내가 초판을 집필할 당시에 일어나지 않았다는 단순한 이유로 초판에 수록되지 못했기 때문이다. 그러나 이러한 실증적 보고의 목적은, 새로운 정보를 편찬하기보다는, 특정한 맥락을 넘어 2010~2011년에 시작된 네트워크된 사회운동의 형태와 의미에 관한 분석적인 해석을 풍성하게 하고자 함이다. 대부분의 운동이 맥락과 목표, 요구가 서로 다른데도 어떤 공통적인 주요 특성을 계속해서 드러낸다는 점을 증명하는 것은 내가 초판에서 제안했던 기초 이론을 대부분 재현하는, 이번 개정판의 종합적 정의에 일부 설명적 가치를 더해주는 듯하다.

더불어 나는 이런 운동들에 대해 대부분의 관찰자가 던진 "그래서 뭐가 어쨌다는 것인가?"라는 근본적인 물음을 성찰의 시간을 두고 살펴볼 수 있었다. 실재하는 사회적 관점에서 이런 운동들의 구체적인 결과는 무엇인가? 만약 그렇다면, 운동은 정치체제와 정책 결정에 어떤 영향을 미쳤는가? 관찰의 범위를 넓히고 긴 시간에 걸친 운동의 진화를 분석함으로써 지금 나는 네트워크된 사회운동과 정치 변화의 관계에 대해 많은 가설을 제시할 수 있다. 또한 위기 상황에서 아주 흔하게 보이는 정치적 정통성의 위기, 그리고 전 세계적 변화에 따라 촉진되는 네트워크된 사회운동과 포퓰리즘적 반응 사이에 존재하는 다양한 이념적 속성의 근본적인 차이를 소개할 수 있게 되었다.

따라서 이번 판에는 두 개의 완전히 새로운 장을 더했다. 그중 첫 번째 장에서는 유럽과 미국에서의 반체제 정치 활동과 더불어 초판에서 다루지 않았던 브라질, 터키, 멕시코, 칠레에서의 여러 중요한 사회운동에 관한 분석적인 해설에 집중한다. 또 다른 새로운 장에서는, 스페인의 사례와 같이 혁신적인 전략을 추구하지만 제도정치에 편입된 일부 운동들의 시도를 포함한, 다양한 사회운동과 정치 변화 사이의 관계를 고찰한다. 그러나 나는 초판의 토대를 이루는 본문의 사례 연구 글들을 바꾸지 않기로 했는데, 왜냐하면 내가 분석한 사회운동들은 내가 사후에 재구성한 논리가 아니라 그들이 만든 실천에 따라서 역사에 서게 될 것이기 때문이다. 나는 상대적으로 희미

해져 가는 아이슬란드 혁명을 설명하고자 간단하게 몇 가지를 언급했고, 사회운동으로 타도된 독재 권력이 남긴 공간에 대한 지정학적 개입의 결과인, 아랍 세계의 극적인 사건의 반전에 관한 시각을 더하고자 몇 가지 의견을 포함했다. 개정판이 너무 두꺼워지지 않도록 운동의 연대기와 관련 통계 자료 등 사례를 연구한 장과 연계되어 실려 있던 부록의 대부분을 삭제했다. 관심 있는 독자들은 이 책의 초판에서 해당 정보를 찾아볼 수 있을 것이다.•

이번 개정판이 궁극적으로 성취하고자 하는 것은 네트워크된 사회운동의 의미와 전망에 관한 논의를 더 확장하는 것이다. 다시 말해, 연구자들과 활동가들, 연구 활동가들이 실시간으로 21세기 세계 사회를 만들어가고 있는 행위들을 조사하게 될 것이라는 희망 속에서 가능한 한 관찰의 폭을 넓히고 깊이를 심화시키자는 것이다.

계속해서 네트워크된 사회운동을 분석하고 관찰하는 가운데 나는 친구와 동료의 도움을 많이 받았다. 그들 중 다수는 이런 운동에서 사회 활동가나 참가자였다. 바르셀로나의 아르노 몬테르데(Arnau Monterde)와 하비에르 토레(Javier Toret), 로스앤젤레스의 조앤 도노번(Joan Donovan), 포르투알레그리의 마르셀루 브랑쿠(Marcelo Branco), 리스본의 구스타부 카르도수(Gustavo Cardoso), 보스턴의 사샤 콘스탄자-촉(Sasha Constanza-Chock), 이스탄불의 비르간 곡메노글루(Birgan Gokmenoglu), 부에노스아이레스와 칠레 산티아고의 페르난도 칼데론(Fernando Carlderon), 몬테비데오의 안드레아 아폴라로(Andrea Apolaro)에게 개인적으로 감사의 말을 전한다. 2013년 6월 몬테비데오에서 열린 네트워크된 사회운동의 제1회 라틴아메리카 회의에 참석하도록 초청장을 보내준 우루과이의 프렌테 암플리스타스(Redes Frente Amplistas: 중도좌파연합)에도 특별한 감사를 전한다. 이 책에서 드러

• [옮긴이] 초판 번역본을 구할 수 없는 한국 독자들을 위해 이 책에는 초판에 실렸다가 개정판에서 삭제된 부록을 모두 실었다.

나듯 그 회의에서 이루어진 토론은 사회운동에 관한 나의 성찰에 영향을 준 아이디어의 원천이 되었다. 나는 또한 커뮤니케이션과 시민사회(Communication and Civil Society)의 연구 그룹과 카탈루냐 개방대학교의 인터넷 협동연구소(Internet Interdisciplinary Institute)가 바르셀로나에서 개최한 몇몇 국제회의에 참석해 뜻깊은 시간을 보내기도 했다. 2013년 브라질에 초청해준 포르투알레그리의 프런티어정신재단(Foundation Frontiers of the Mind)에도 감사를 전하고 싶다. 그들이 마련한 일련의 흥미 있는 토론들은 내가 브라질 운동을 이해하는 데 영향을 주었다.

나의 강연 발표를 주관한 모든 개인과 기관에 진심에서 우러나는 감사를 전하며, 원고를 고치고 다듬는 과정은 언제나 많은 사람들의 의지와 지식 공헌의 총체적인 노력임을 아울러 밝힌다.

리스본 대학교 ICST(컴퓨터과학통신연구소)의 내 동료인 구스타부 카르도수에게도 감사를 전한다. 그는 2013년에 진행한 글로벌 조사를 통해 얻은 소셜 네트워크 이용자들에 관한 가장 완벽한 도표를 관대하게 제공했다. 아울러 이 도표를 최초로 출판한 방가르디아 도시에(Vanguardia Dossier)의 책임자인 알렉스 로드리게스(Alex Rodriguez)는 도표를 이 책에 실을 수 있도록 너그러이 허락해주었다.

끝으로 아주 중요하게, 이런 새로운 버전의 책이 여러분 앞에 놓이게 된 것은 친구이자 케임브리지 대학교 교수인 존 톰슨(John Thompson), 그리고 편집자의 조언과 더불어, 서던캘리포니아 대학교 애넌버그 커뮤니케이션 대학원의 개인 조교인 리아나 마르티네즈(Reanna Martinez)의 탁월한 편집 덕분이라는 것을 밝힌다. 폴리티 출판사 편집인들의 세심한 편집과 제작에도 감사를 드린다. 이 모든 작업이 여러분에게 관심을 받기를 바란다.

2014년 6~12월
바르셀로나와 산타모니카에서

초판 감사의 말

2011년 11월은 내게 뜻깊은 달이었다. 친구이자 미디어정치 분야에서 인정받는 사회학자인 존 톰슨이 케임브리지 대학교의 크래시(CRASSH)* 프로그램의 강의를 맡아달라면서 나를 케임브리지로 초청했다. 사회운동 참여와 이론에 몰입해 정신없이 한 해를 보내고 난 후, 중세의 분위기를 간직한 아름다운 세인트존스 칼리지에 머물게 된 것이다. 수도원 같은 분위기와 학부에서의 교류는 내게 생각을 정리할 수 있는 평화로운 시간과 공간을 제공해주었다. 세상 사람들처럼 나 역시 2010년 12월 튀니지에서 시작해 아랍 전역으로 빠르게 확산된 민주화 운동에 처음에는 충격을 받았지만 나중에는 공감했다. 나는 작년 한 해 동안, 2004년에는 마드리드에서, 2009년에는 이란과 아이슬란드에서, 그리고 전 세계 곳곳에서, 인터넷과 무선 커뮤니케이션 네트워크의 이용을 동력으로 하는 사회운동의 출현에 관한 내용을 정리하고 있었다. 나는 지난 10년 세월의 대부분을 커뮤니케이션 수단의 변화와 연동하는 권력관계의 변화를 연구하는 데 바쳤고, 새롭게 변화하는 사회운동의 발전 형태, 즉 21세기 사회 변화의 새로운 형태를 추적했다. 이는 1968년 5월 파리 학생운동의 참가자였던 나의 경험을 떠오르게 했다. 갑자기 모든 것이 가능해 보였고, 세상이 반드시 정치에 대한 냉소와 불합리한 방식의 관료적 행태로 뒤덮인 것은 아니라고 여겼던 그때의 감정과 똑같은 홍분이 일어났다. 권력을 잡기보다는 삶의 의미를 찾으려는 혁명의 시기에, 새로운

---

* [옮긴이] 케임브리지 대학교의 인문사회과학 연구센터(Centre for Research in Arts, Social Science and Humanities).

시대 혁명의 징후들이 아이슬란드에서 튀니지, 위키리크스(WikiLeaks)에서 어나니머스(Anonymous), 그리고 곧이어 아테네에서 마드리드, 뉴욕 등 세상 곳곳에서 나타났다. 그렇다고 세계 금융자본주의의 위기가 막다른 골목에 다다른 것은 아니었다. 심지어 예기치 못한 방식으로 새로운 시작을 알리는 신호를 보내기도 했다.

2011년 내내, 나는 서던캘리포니아 대학교 학생들과 함께 연구 결과를 토론하고, 노스웨스턴 대학교, 파리의 인문과학재단연구원, 옥스퍼드 대학교의 인터넷연구소, 바르셀로나에 위치한 카탈루냐 개방대학교의 인터넷 협동과정 내의 '커뮤니케이션과 시민사회' 세미나, 그리고 런던정치경제대학교에서 강의하면서 집필을 위한 생각을 정리했다. 시간이 지날수록 나는 세계 도처에서 진실로 의미 있는 일들이 벌어지고 있다고 확신했다.

로스앤젤레스에서 바르셀로나로 돌아가기 이틀 전인 5월 19일, 나는 전에 한 번도 만난 적이 없는 마드리드에 사는 어떤 젊은 여성에게 이메일을 한 통 받았다. 사람들이 스페인 도시들의 광장을 점거하고 있다는 내용이었다. 만약 내가 어떤 식으로든 여기에 참여해서, 이 주제에 관해 집필할 수 있다면 좋지 않을까? 가슴이 뛰기 시작했다. 그런데 가능할까? 다시 희망을 찾을 수 있을까?

바르셀로나에 내리자마자 카탈루냐 광장으로 향했다. 광장에는 내리쬐는 햇볕 아래 수백 명의 사람이 평화롭고 진지하게 토론하고 있었다. 나는 분노한 사람들(인디그나다스)을 만났다. 여기에서 나는 이번 연구를 도와주었던 두 명의 연구원, 조애나(Joana Conill)와 아말리아(Amalia Cardenas)를 만났다. 그들은 이미 이 운동에 참여하고 있었다. 그러나 연구 조사를 목적으로 참여한 것은 아니었다. 조애나와 아말리아도 다른 사람들처럼 분노한 사람들이었고 행동하기로 마음먹은 사람들이었다.

나는 나이 든 몸으로 노상에서 자는 것이 쉽지 않아 야영은 하지 않았다. 그러나 그 후에 마드리드와 바르셀로나에 있는 캠프를 이따금 방문하면서 운동 상황을 매일 확인했다. 바르셀로나의 캠프와 런던의 점거장소에서 사람들과 이야기를 나누기도 하고, 어떤 이의 요청을 받아 운동 과정에서 제기된 여러 제안들 중 일부를 면밀히 검토하기도 했다. 정치 술수와 한물간 이데올로기에서 벗어난 운동의 방식과 가치에 나는 자연스럽게 공감했다.

이 같은 운동의 의미를 찾고 지지하려는 노력의 여정은 여기에서 시작되었다. 어떤 구체적인 목적도, 어쨌든 단기간에 책을 쓰려는 의도는 전혀 없었다. 특히 내가 이미 25권이나 되는 책을 출간한 후였기 때문에 이에 관한 책을 쓰는 것보다는 현장에서 사람들과 함께 호흡하는 것이 나에게 훨씬 더 매력적으로 다가왔다.

나는 케임브리지에 머물면서 이미 성숙한 시민들이자 똑똑한 학생들이 꾸린 멋진 모임에서 강의하고 토론할 기회를 얻었다. 학생들, 동료들과의 의견 교류를 통해 이처럼 다양해진 운동들의 의미를 더 잘 이해할 수 있길 바라며, 스스로 생각을 정리해나가기 위해 강의의 주제를 '인터넷 시대의 사회운동(Social Movements in the Internet Age)'에 맞추기로 했다. 작업은 순조로웠다. 진지하고 열정적이었고, 현학적인 허세가 없는 진실한 작업이었다. 강의 과정이 끝날 무렵, 작별 인사를 전하는 자리에서 동료인 존 톰슨은 이 강의 내용을 토대로 책을 써야 한다고 주장했다. 간결한 내용으로 빠르게 출간할 수 있는 책, 그리고 평소보다 덜 학구적인 책이면 좋겠다는 것이었다. 간결하고 빠르게? 나는 그런 책을 쓴 적이 단 한 번도 없다. 내가 쓴 책들은 집필만 통상 5년 이상 걸렸고, 출간되었을 때 400페이지가 넘는 것이 보통이었다. 그는 "맞아요. 당신은 5년 안에 또 다른 책을 한 권 쓰겠지만, 지금 필요한 것은 운동의 의미를 되새겨 토론을 이끌어내고 일반 대중에게 이러한 새로운 운동을 폭넓게 이해시킬 수 있는 간단한 책입니다"라고 말했다.

그의 말에 나는 그렇게 하지 못하는 것에 죄책감을 느꼈다. 내가 더 나은 세상을 위해 유익한 기여를 할 수 있는 것은 사회학자, 작가, 교수로서의 이제까지의 경험에서 비롯되는 것이지, 가끔 참여만 할 뿐 확고한 것은 아닌

나의 행동주의에서 비롯되는 것은 아니기 때문이다. 나는 결국 그의 요청에 굴복했고, 4개월이 지나 지금에 이르렀다. 이 책은 빠르게 출간되었지만, 작업은 고단했다. 그리고 나의 기준에 미치지 못하는 것이다. 이 책이 적절한가에 대한 판단은 독자 여러분에게 맡기겠다. 이런 연유로 첫 번째 감사 인사는 이 작업을 시작하게 한 존에게 해야 한다. 그는 연구가 진행되는 동안 내가 쓴 초고를 읽고 검토하면서 관심을 보여주었다. 나는 그가 보여준 관대함과 학문적인 도움에 큰 빚을 졌다.

그러나 케임브리지에서 받은 자극에서 비롯된 이 새로운 연구 계획은 바르셀로나와 로스앤젤레스에서 나와 함께 정기적으로 작업했던 연구원들의 도움이 없었다면 불가능했을 것이다. 영국에서 돌아오자마자 나는 큰 난관에 부딪혔다는 것을 깨닫고, 친구들과 공동 투자자들에게 도움을 요청했다. 나는 조애나, 아말리아와 함께 바르셀로나 카탈루냐 개방대학교에 바르셀로나의 대안적 경제문화의 등장을 연구하는 소규모 연구팀을 꾸렸다. 우리가 관찰한 단체와 개인의 대다수는 사실상 인디그나다스 운동에 참가했다. 조애나와 아말리아는 이미 이 운동에 참여하고 있었기 때문에, 각자의 이유로, 최종 집필은 함께 하지 않는다는 것을 조건으로 정보 제공과 분석에 도움을 주기로 했다. 내가 전 세계에 있는 동료들과 전에 가르쳤던 학생들의 네트워크를 활용해서 정보를 검색하고 사실을 확인하는 동안, 특히 아랍 여러 나라에 관한 의견을 청취하는 동안, 아말리아 또한 아이슬란드와 뉴욕 월스트리트 점거운동에 대한 정보를 수집하고 분석했다. 운동에 참여한 다른 사람들도 이 운동의 연혁과 이슈에 관해 나와 나의 연구 협력자들과 토론하는 것에 동의했다. 나는 특별히 바르셀로나에 사는 하비에르 토레와 아르노 몬테르데에게 감사를 전한다.

서던캘리포니아 대학교 애넌버그 커뮤니케이션 대학원 박사과정의 우수한 학생이자 나의 연구조교인 라나 슈워츠(Lana Swartz) 또한 로스앤젤레스 점거운동(Occupy Los Angels)에 참여하고 있었다. 그녀는 놀라운 정보력과 관대함 그리고 열정으로 미국에서 발생한 점거운동에 대한 자료 수집과 분석을 도와주었다. 로스앤젤레스 점거운동 및 다른 점거운동의 열성 참가자이자 사회정의를 위한 많은 투쟁에 참가한 노련한 운동가이며, 캘리포니아 대학교 샌디에이고 캠퍼스의 박사과정 학생인 조앤 도너번은 내가 운동의 의미를 이해할 수 있도록 핵심적인 의견을 제시했다. 컬럼비아 대학교 학생인 도리언 본(Dorian Bon)은 월스트리트 점거운동과 연계된 학생운동 경험을 내게 들려주었다. 나의 친구이자 동료인 매사추세츠 공과대학교의 교수 사샤 콘스탄자-촉은 미국의 점거운동에 대한 미발행 연구 자료들을 나와 공유했다. 아랍계 미국 언론인이며 로스앤젤레스의 서던캘리포니아 대학교에서 미국학과 민족학을 연구하는 박사과정 학생인 메이사 알하센(Maytha Alhassen)은 아랍 민주화 운동 시기에 여러 아랍 국가를 방문했다. 이후 나와 긴밀하게 작업하면서 그녀가 목격한 최초의 사건들을 보고했고, 내가 아랍어 자료들에 접근하는 데 도움을 주기도 했다. 그녀가 세계 도처에서 어떤 일이 벌어지고 있는지 알려준 것은 내게 큰 가르침이 되었다. 내가 이러한 현상들을 해석하는 와중에 아마도 발생했을 많은 오류에 대한 책임은 전적으로 나에게 있다. 그녀의 소중한 도움이 없었다면 더 많은 오류가 있었을 것이다. 내가 감히 아랍 민주화 운동의 구체적인 과정을 분석할 수 있었던 것도 그녀 덕분이다. 따라서 이 책의 프로젝트에 협력했던 여러 단체의 뛰어난 사람들에게 감사와 공로를 돌린다. 비록 최종 결과물은 필자의 고독한 노력의 산물이지만, 그들은 진정한 공헌자들이다.

내가 쓴 이전의 책들과 마찬가지로, 나의 전담 편집자를 맡은 멜로디 러츠(Melody Lutz)는 필자인 나와 독자 사이의 소통이 가능하도록 해준 중요한 연결고리였다. 멜로디에게 진심으로 감사를 전한다.

간추려 소개했지만 사실 복잡했던 이번 작업 과정은 이례적인 관리와 조직적인 기술, 그리고 많은 인내심을 요구했다. 그렇기에 애넌버그 커뮤니케이션 대학원의 조교인 클레리아 아주세나 가르시아살라스(Clelia Azucena

Garciasalas)에게 특별한 감사를 전한다. 클레리아는 전체 프로젝트의 방향을 이끌면서 연구와 편집을 조직화하고, 결점을 보완하고, 정보를 수집하고, 오류를 바로잡았다. 여러분의 손에 있는 이 책은 그녀의 완벽한 품질관리의 결과물이다. 또한 카탈루냐 개방대학교의 조교 노엘리아 디아스 로페스(Noelia Diaz Lopez)에게도 감사한다. 그녀는 나의 모든 연구 활동에 계속해서 중요한 지원을 해주었다.

끝으로, 이전의 나의 연구와 저술들은 가족의 성원이 없었다면 불가능했을 것이다. 사랑하는 아내 엠마 키셀료바(Emma Kiselyova), 딸 누리아(Nuria)와 수양딸 레나(Lena), 손녀 클라라(Clara), 가브리엘(Gabriel), 사샤(Sasha), 누이동생 아이렌(Irene), 매제 호세(Jose)에게 감사한다.

이 책은 감정과 인식, 일과 경험, 그리고 개인의 역사와 미래에 대한 희망의 교차로에서 탄생되었다. 여러분 모두에게 바친다.

2011년 12월~2012년 4월
바르셀로나와 산타모니카에서

1 시작하며

생각을 연결하고, 의미를 창조하고, 권력에 저항하라

아무도 생각하지 못했다, 경제위기, 정치에 대한 냉소, 문화적 공허함, 그리고 개인들의 절망감으로 세상이 잿빛에 휩싸일 줄은. 그러나 암울한 시기는 닥쳐왔다.

붕괴의 제물로 사람들의 손이 피로 물들었어도, 그들의 맨손에 독재정권들은 순식간에 전복되었다. 금융의 마술사들은 부러움의 대상에서 공공의 적으로 전락했다. 정치인들은 부패한 거짓말쟁이로 밝혀졌다. 정부는 비난받았고, 미디어는 의심받았다. 사회와 시장 그리고 제도를 이어주던 신뢰도 사라졌다. 신뢰가 사라지면, 사회는 작동하지 않는다. 신뢰 없이는 사회계약도 무용지물이며, 사람들은 생존을 위해 투쟁하는 방어적인 인간으로 변모해 사라져갈 것이다.

그러나 세상의 끄트머리에서 사람들이 함께 어울려 살고 자연과 함께 삶을 공유할 수 있는 가능성의 빛이 보였다. 개인들은 새로운 형태의 우리, 즉 민중을 찾기 위해 다시 모였다. 처음에는 몇 명뿐이었다. 여기에 수백 명이 모여들었고, 수천 명을 잇는 네트워크가 형성되었다. 그리고 수백만 명의 목소리와, 흩어졌던 희망에 대한 그들의 요구를 담은 지지가 이어졌다. 이러한 지지는 이념과 선전을 뛰어넘어 되찾은, 현실의 경험 속에 실재하는 사람들의 진정한 관심사들을 연결했다. 또한 이 운동은 자율적 공간이 있는 인터넷 소셜 네트워크에서 시작되었는데, 이로써 정부와 기업 권력의 근간으로 지금까지 죽 그들이 독점해온 커뮤니케이션 통로에 대한 그들의 통제를 넘어섰다. 개인적인 관점이나 조직에 대한 애착과는 상관없이 인터넷상의 자유로운 공공장소에서 슬픔과 희망을 공유하고, 서로 연결하고, 다양한 자료로 프로젝트를 구상함으로써 개인들은 네트워크를 형성했다. 그들은 뭉쳤다. 그들은 함께하면서 두려움을 극복했다. 권력은 사람들을 무기력하게 만드는 두려움이라는 감정에 의존했다. 자신의 번영과 재생산을 위해 사람들을 위협하거나 좌절시키고, 필요에 따라서는 완전한 폭력을 통해 두려움이라는 감정을 들춰내 제도적으로 억압했다. 사람들은 안전한 사이버공간에서 벗어나, 나이와 조건을 뛰어넘어 도심을 점거하기 위해 움직였다. 모르는 사람들이 서로 만났고, 주요한 사회운동에서 항상 나타나는 자기 인식의 표현 위에 역사 – 그들의 역사 – 를 창조할 권리를 외치면서 운명을 개척하려 했다.[1]

무선인터넷으로 연결된 세상에서 유행처럼 확산된 운동들은 바이러스처럼 빠르게 이미지와 사상을 확산시켰다. 남쪽의 개발도상국과 북쪽의 선진국에서, 튀니지와 아이슬란드에서, 그리고 탐욕과 조작으로 황폐해진 지구상 모든 지역의 다양한 사회 지형에서 횃불이 타올랐다. 이 운동들은 단지 빈곤 때문에, 경제위기 혹은 여러 모습의 저항을 불러왔던 비민주성 때문에 일어난 것이 아니었다. 이러한 불공평한 사회와 비민주적 정치에 대한 가슴 아픈 징후들이 저항 속에 드러났다. 경제·정치·문화 권력을 잡은 사람들의 오만과 냉담에 대해 민중은 모욕을 느꼈다. 하지만 사람들은 두려움을 분노로 바꾸었다. 그리고 분노는 더 나은 인류를 위한 희망을 불러왔다. 세상을 막다른 골목으로 내몰았던 갖은 이념적·제도적 함정에서 벗어나 새로운 길을 개척함으로써 인류는 상처를 극복해야만 했다. 이는 치욕의 고통 가운데에서 자존감을 찾는 과정이자, 대부분의 운동에서 되풀이되는 주제이기도 했다.

네트워크된 사회운동(networked movement)이 처음으로 아랍세계에 확산되었을 때, 운동은 아랍 독재자들의 잔인한 폭력과 맞서야 했다. 이 운동들은 승리와 양보, 반복되는 학살 그리고 내전에 이르기까지 다양한 운명을 겪었다. 유럽과 미국에서도 경제위기에 적절하게 대처하지 못한 정부와 금융엘리트들이 위기를 벗어나고자 시민들을 제물로 삼자, 이에 분노해 많은 운동이 일어났다. 스페인, 그리스, 포르투갈, 이탈리아〔여성들의 참여가 실비오 베를루스코니(Silvio Berlusconi)의 어릿광대극을 끝내는 데 기여했다〕, 영국(노동조합과 학생들이 공공 부문의 보호를 주장하며 광장을 점거했다) 그리고 유럽 대부분 지역에서 정도는 다르지만 유사한 의미를 띤 운동들이 일어났다. 이 시기에 이스라엘에서도 다양한 요구와 함께 자발적인 운동이 일어났는데, 이는 이스라엘 역사상 가장 큰 규모의 풀뿌리 운동이었으며, 많은 요구를 관철시키는 성과를 올렸다.

미국에서 발생한 월스트리트 점거운동(Occupy Wall Street)도 다른 운동과 마찬가지로 자발적이었으며, 사이버공간과 도심공간을 연결했다. 이 운동은 그해의 사건이 되었고, 많은 국가에 영향을 끼쳤기에 《타임》은 '시위자(The Protester)'를 올해의 인물로 선정했다. 국가의 부를 23%나 쥐고 있는 1%의 이익을 위해 나머지 99%의 삶이 희생당해왔다는 '99%' 모토는 미국 정치에서 중요한 주제가 되었다. 2011년 10월 15일, '세계 변화를 위한 연대(United for Global Change)'라는 기치 아래, 점거운동의 글로벌 네트워크는 전 세계 82개국, 951개 도시에서 사회정의와 진정한 민주주의를 요구하며 수십만 명을 결집시켰다. 모든 운동에서 정당은 배제되었고 미디어도 불신을 샀다. 총회와 인터넷을 통해 집단토론과 의사결정이 이루어졌다. 또한 어떠한 대표자도 인정하지 않았고, 모든 공식 조직을 배격했다.

이 책에서는 이런 운동들의 형태, 역학, 가치 그리고 사회 변혁의 전망에 관해 이야기한다. 이 책은 네트워크 사회의 사회운동에 관한 연구이자 세상에 뿌리박힌 근본적인 부조리에 저항하는 행위로서 궁극적으로 21세기의 사회를 개혁하려는 운동에 관한 탐구이다. 여기에 서술된 분석은 운동의 관찰에 기반을 둔 것이지만, 운동을 묘사하거나 책의 문맥에 제시된 주장을 뒷받침하기 위한 확정적인 증거를 제시하지는 않는다. 또한 이미 인터넷 검색을 통해 쉽게 얻을 수 있는 풍부한 정보와 기사, 관련 책, 미디어 보도, 블로그 자료 등을 이용했다. 이러한 운동들을 체계적이고 학술적으로 해석하는 것은 아직 이르다. 그렇기에 우리 시대에 사회운동의 새로운 길을 규명한다는 희망으로 네트워크된 사회운동의 전망과 속성, 그리고 관찰에 의거한 가설들을 제시하며, 이러한 가설들의 실질적이고 궁극적인 정치적 영향을 토론하는 것을 촉진하는 데 연구의 목적이 있다.

이런 분석은 나의 저서 『커뮤니케이션 권력(Communication Power)』에서 서술한 권력 이론에 바탕을 두고 있다. 권력 이론은 여기에서 살펴볼 운동을 이해하는 데 기초를 제공할 것이다.

나의 연구는 권력관계가 사회의 구성요소라는 전제에서 시작한다. 왜냐하면 권력을 가진 자들이 그들의 가치와 이해에 따라 사회제도를 정하기 때문이다. 권력은 강제적 수단(합법적이든 아니든 국가 통제에 의한 폭력의 독점) 혹은 상징적인 조작 메커니즘을 통해 사람들의 마음속에 의미를 생성하며 작용한다. 권력관계는 사회제도, 특히 국가 안에 배태되어 있다. 그러나 사회는 모순적이고 대립적이기에 그 안에는 권력도 존재하고 저항도 존재한다. 기득권자들의 가치나 이해를 대변하기 위해 사회제도에 배태된 권력에 도전하는 사회행위자들의 역량을 나는 저항으로 이해한다. 모든 제도는 권력관계를 반영하는데, 역사의 끊임없는 갈등과 협상의 과정에서 타협이 이루어지는 것처럼 권력관계가 제한되기도 한다. 국가의 실질적인 형태와 제도는 권력과 저항 사이의 지속적인 상호작용에 의존하는 사람들의 일상을 규제한다.

강압과 위협은 국가가 폭력을 행사할 수 있는 능력을 독점하는 것에 기반을 둔다. 국가의 폭력 독점은 사회제도의 관리 범위 내에서 강압과 위협을 실행하기 위한 필수적인 메커니즘이다. 그러나 더 결정적이고 안정적인 권력의 원천은 사람들의 마음속에 의미를 설정하는 것이다. 사람들의 사고방식이 사회 위에 조직된 제도, 규범, 가치의 운명을 결정한다. 제도적인 시스템이 단지 강압에만 의존한다면 오래 지속될 수 없다. 마음을 사로잡는 것이 육체를 고문하는 것보다 효과적이다. 만약 다수가 국가에 의해 집행되는 법과 규제 속에서 제도화된 가치와 규범을 불합리하다고 여긴다면, 사회 변화 세력의 희망이 충분히 이행되지 않더라도 시스템은 변화할 것이다. 이것이 바로 근본적인 권력투쟁이 사람들의 마음속에 의미를 구축하려는 싸움인 이유이다.

인간은 자연적·사회적 환경과 상호작용함으로써, 그리고 자연 및 사회의 네트워크, 신경 네트워크(neural networks)와 연결함으로써 의미를 생성한다. 이러한 네트워킹은 커뮤니케이션 행위를 통해 작동한다. 커뮤니케이션은 정보의 교환을 통해서 의미를 공유하는 과정이다. 의미의 사회적 생산에서 핵심 원천은 사회화된 커뮤니케이션 과정이다. 사회화된 커뮤니케이션은 개인 간 커뮤니케이션을 넘어 공공 영역에 존재한다. 디지털 시대에 계속되는 커뮤니케이션 기술의 변화는 커뮤니케이션 미디어의 범위를 네트워크 안에 있는 사회적 삶의 모든 영역으로 확장시킨다. 이 네트워크는 시시각각 변화하는 패턴을 지니며, 글로벌하면서 지역적이고, 포괄적이면서 개별적이다. 많은 다양성은 의미 구축 과정을 특징짓는다. 그러나 모든 상징적인 구축 과정에는 하나의 공통된 특성이 있다. 그러한 과정은 멀티미디어 커뮤니케이션 네트워크 안에서 생성되고 정형화되고 확산된 메시지와 틀에 크게 의존한다. 비록 각 개인의 정신이 자신만의 언어로 커뮤니케이션된 재료를 해석함으로써 그 자체의 의미를 구축하지만, 이러한 심리적 과정은 커뮤니케이션 환경에 좌우된다. 따라서 커뮤니케이션 환경의 변화는 의미 구축 방식과 권력관계 생산에 직접적인 영향을 미친다. 최근에 커뮤니케이션 영역에서의 근본적인 변화는 내가 '매스 셀프커뮤니케이션(mass self-communi-cation)'이라고 이름 붙인 것의 증가이다. 이는 디지털 커뮤니케이션 플랫폼으로서 인터넷과 무선통신을 이용한다. 이것은 복수의 수신자에게 도달하며, 이웃 또는 전 세계에 디지털화된 정보를 전송하는 끝없는 네트워크에 연결되는 잠재력으로 다수에게서 다수에게로 메시지를 처리하기 때문에 매스 커뮤니케이션이다. 게다가 메시지의 생산을 발신자가 자율적으로 결정하고, 수신자를 스스로 지정하며, 네트워크에서 메시지를 회수(삭제)하는 것도 스스로 선택하기에 셀프커뮤니케이션이라고 할 수 있다. 매스 셀프커뮤니케이션은 양방향 의사소통의 수평적 네트워크에 기반을 두기 때문에 정부와 기업이 통제하기 어렵다. 더 나아가 디지털 커뮤니케이션은 다중모드(multi-modal)이며, 글로벌 하이퍼텍스트 정보를 지속적으로 참조한다. 커뮤니케이션의 구체적인 계획에 따라 의사소통 행위자는 하이퍼텍스트 정보 요소를 재구성한다. 매스 셀프커뮤니케이션은 사회제도에 관해 개인적 혹은 집단적으로 사회적 행위자의 자율성 확립을 위한 기술 플랫폼을 제공한다. 이것이 정부가 인터넷을 두려워하는 이유이며, (인터넷과 애증의 관계를 맺고 있는) 기업이 자유를 증대시키는 인터넷의 잠재력을 제한하면서(예를 들어 파일 공유 혹은 공개 소스 네트워크를 통제함으로써) 인터넷에서 이익을 뽑아내려고 하는 이유이다.

내가 네트워크 사회라고 정의한 우리 사회에서 권력은 다층적이며, 영향력 있는 행위자들의 가치와 이익에 따라 인간 행위의 각 영역에서 짜인 네트워크로 조직된다.[2] 네트워크 권력은 대개 (단독이 아니라) 대중매체의 멀티미디어 네트워크를 통해 인간 심리에 영향을 미치면서 권력을 행사한다. 따라서 커뮤니케이션 네트워크는 권력 형성의 결정적인 요소라고 할 수 있다.

다양한 인간 활동 영역에 있는 권력 네트워크는 그들끼리 연결되어 있다. 글로벌 금융 네트워크와 글로벌 멀티미디어 네트워크는 밀접하게 연결되어 있으며, 이처럼 특별한 메타 네트워크는 엄청난 힘을 쥐고 있다. 그러나 그것이 전지전능한 권력은 아닌데, 금융과 미디어의 메타 네트워크는 그 자체가 정치 네트워크, (커뮤니케이션 상품뿐만 아니라 모든 종류의 문화 상품에 걸쳐 있는) 문화 생산 네트워크, 군사·보안 네트워크, 글로벌 범죄 네트워크, 그리고 과학·기술·지식관리의 적용 및 생산의 글로벌 네트워크와 같은 것들에 의존하기 때문이다. 이러한 네트워크들은 합병하지 않는 대신에 구체적인 프로젝트에서는 임시 네트워크를 형성하면서 경쟁과 협력의 전략을 구사한다. 그러나 그들 모두는 그들의 이익과 가치에 우선적으로 부합하는 정치 시스템을 통해 사회의 규범과 규칙을 정의하는 능력을 장악하려는 공동의 이해를 가진다. 이런 이유로 국가와 정치시스템을 둘러싸고 형성된 권력 네트워크가 권력 네트워크 전체에서 핵심적인 역할을 하는 것이다. 이는 시스템의 안정적인 작동과 모든 네트워크에서의 권력관계 재생산이 결국 국가의 조정과 규제 기능에 의존하기 때문이며, 2008년 금융시장이 붕괴되었을 당시 각국 정부가 구제 요청을 받은 것에서 잘 드러난다. 폭력의 독점과 관계 있는 각각의 사회 영역에서 최후의 수단으로 권력을 행사하는 것처럼 다양한 권력이 국가를 통해서 행사된다. 그러므로 커뮤니케이션 네트워크가 권력이 의존하는 의미의 구축을 진행하는 동안, 국가는 모든 권력 네트워크의 순조로운 작동을 위한 기본적인(default) 네트워크를 구성한다.

그렇다면 네트워크 각각의 활동 영역을 유지하면서 권력 네트워크는 어떻게 서로를 연결할까? 나는 네트워크 사회에서 권력을 형성하는 근본적인 메커니즘, 즉 권력 스위칭(switching power)을 통해 그리한다고 생각한다. 이는 권력 형성 과정에서 그들 각자의 영역을 위해 둘 혹은 그 이상의 서로 다른 네트워크를 연결하는 능력이다.

그렇다면 네트워크 사회에서 누가 권력을 쥐고 있는가? **프로그래머**는 사람들의 삶이 의존하는 각각의 네트워크(정부, 의회, 군사 및 보안 시설, 금융, 미디어, 과학기술 관련 기관 등)를 설정하는 능력이 있다. **스위처**(switcher)는 서로 다른 네트워크(정치계급에 소개된 거물급 미디어, 정치엘리트에게 자금을 지원하는 금융엘리트, 금융기관을 구제하는 정치엘리트, 금융회사와 얽힌 미디어 기업, 대기업에서 지원받는 학문기관 등) 사이에서 접속을 작동시킨다.

만약 권력이 프로그래밍과 스위칭 네트워크(switching network)에 의해 작동된다면, 권력관계를 변화시키려는 의도적인 시도인 대항권력(counter-power)은 대안적인 가치와 이익을 둘러싼 네트워크를 재설정함으로써, 그리고/또는 사회 변화와 저항의 네트워크를 스위칭하는 동안 지배적인 스위치들을 방해함으로써 일어난다. 사회 변화를 주도하는 행위자들은 네트워크 사회의 권력 과정과 형태에 상응하는 권력 형성 메커니즘을 활용함으로써 결정적인 영향력을 행사할 수 있다. 매스 미디어 메시지의 생산에 참여하고 수평적 커뮤니케이션의 자율적인 네트워크를 개발하면서, 정보화 시대의 시민들은 고통, 두려움, 꿈, 희망을 재료로 그들의 삶에 대한 새로운 프로그램을 고안할 수 있게 되었다. 그들은 경험을 공유해 계획을 세우며, 늘 그렇듯이 매체(medium)를 점유하고 메시지를 생산해 커뮤니케이션의 관행을 전복시킨다. 또한 서로의 욕망을 연결하며, 혼자라는 절망이 주는 무기력을 극복하고, 네트워크의 본질을 이해하고 권력에 맞서 싸운다.

역사를 통틀어, 사회운동은 사회제도를 둘러싼 새로운 가치와 목표의 생산자이며, 사회제도는 사회적 삶을 구성하는 새로운 규범을 만들어냄으로써 이 가치들을 대변하기 위해 변해왔다. 사회운동은 우선 제도 권력의 통제에서 벗어나 자율적인 커뮤니케이션 과정을 통해 스스로를 조직하여 대항권력을 행사한다. 대중매체는 대부분 정부와 미디어 기업에 의해 통제되기 때문에 네트워크 사회에서 커뮤니케이션의 자율성은 먼저 인터넷과 무선통신 플랫폼 위에 세워진다. 디지털 소셜 네트워크는 규제 없는 논의 및 활동 조직의 가능성을 제공한다. 이는 커뮤니케이션 과정의 한 가지 요소이며, 이를 통해 사회운동은 사회 전체와 연결된다. 사회운동은 또한 도심에 자유로운 공동체를 만들어 공공장소를 구축할 필요가 있다. 제도상의 공공장소나 법으로 지정된 숙의의 공간은 지배엘리트와 그들의 네트워크의 이익에 따라

사용되기에, 사회운동은 인터넷에 국한되지 않고 사회적 삶의 장소에서 그
자체를 들여다볼 수 있는 새로운 공공장소를 개척할 필요가 있다. 점거공간
은 다음의 세 가지 이유에서 현대의 실천뿐 아니라 역사상의 사회 변혁에서
도 중요한 역할을 했다.

1. 사람들은 공동체를 건설하고, 공동체는 함께하기(togetherness)를 기반으
   로 한다. 함께하기는 두려움을 극복하기 위한 기본적인 심리 메커니즘이
   다. 두려움을 극복하는 것은 사회운동에 참여하는 개인이 넘어야 할 문턱
   이다. 사람들은 지배엘리트가 기득권을 지키기 위해 설정한 영역을 그들
   이 침범했을 때, 최후에는 폭력과 맞닥뜨리게 될 것임을 잘 알고 있다. 사
   회운동의 역사에서 거리에 세워진 바리케이드는 방어적으로 거의 가치가
   없었다. 바리케이드는 상황에 따라 포병 사격이나 시위 진압대의 손쉬운
   목표물이 되었다. 그러나 그들은 언제나 '안과 밖', '우리 대 그들'을 분명
   히 했고, 점거장소에 합류하고 장소 사용에 관한 관행에 맞섬으로써 시민
   들이 특정 이데올로기나 조직에 관계없이 그들 자신의 이유만으로 운동
   에 참여할 수 있게 했다.
2. 점거공간은 유의미하다. 점거는 국가권력 혹은 금융기관의 거점을 점령
   함으로써 상징적인 힘을 얻는다. 혹은 역사와 관련해서 점거장소는 다른
   상징적인 장소가 폐쇄되었을 때 시민들의 의지를 표현했던 유명한 봉기
   의 기억을 환기시킨다. 종종 건물들은 그것이 갖는 상징성이나 투기 목적
   으로 매입해 놀리는 부동산에 대한 공공의 사용권을 주장하기 위해 점거
   된다. 시민들은 도심공간을 차지하고 점거하면서 부동산 투기와 관료주
   의에 의해 퇴거당했던 도시에서 그들 자신의 도시를 되찾는다. 1871년
   파리코뮌과 1915년 글래스고 시위(영국에서 공공주택의 시초였던)와 같은
   역사적으로 유명한 몇몇 사회운동은 주택 투기에 대항한 집세 지급 거부
   운동(rent strikes)으로 시작되었다.[3] 공간에 대한 통제는 사람들의 삶에

대한 통제를 상징한다.

3. 상징적인 장소에 자유로운 공동체를 건설함으로써, 사회운동은 공공장
   소, 궁극적으로는 정치적인 공간이 되는 장소, 그들의 대의권(the rights of
   representation)을 회복하고 충족하기 위한 독립된 의회(sovereign assemb-
   lies)를 위한 장소를 만든다. 이 장소들은 지배적인 이익과 가치의 편의에
   맞춰 재단된 정치제도가 차지해왔다. 사회운동의 공공장소는 사이버공간
   과 도심공간을 끊임없는 상호작용으로 연결하고, 기술적으로나 문화적으
   로 변혁 활동을 하는 임시 공동체(instant community)를 구성하는 인터넷
   소셜 네트워크와 점거된 도심공간 사이의 복합공간(hybrid space)이다.

디지털 공간과 도시공간 사이의 네트워크된 공간인 이 새로운 공공장소
가 자율적 커뮤니케이션의 공간이라는 점은 시사하는 바가 크다. 커뮤니케
이션의 자율성은 사회운동의 본질이다. 왜냐하면 이것은 커뮤니케이션 권력
에 대한 기득권 세력의 통제를 넘어서, 운동을 만들고 사회 전반과 연결되도
록 하기 때문이다. 그럼 사회운동은 어디에서 발생하는가? 그리고 어떻게
형성되는가? 사회운동의 뿌리는 공정함(justice)에 대한 인간의 열망이 가혹
하게 마주하는 사회의 본질인 불평등에 있다. 각각의 구체적인 맥락에서, 인
류 종말과도 같은 상황은 일상적으로 다음과 같이 다양하고도 무시무시한
모습으로 다가온다. 경제적 착취, 희망 없는 빈곤, 불평등, 비민주적 정치체
(polity), 독재국가, 불공평한 사법제도, 인종차별, 외국인 혐오, 문화적 부조
리, 검열, 잔혹한 공권력, 전쟁 도발, (타인의 신앙을 번번이 매도하는) 종교적
광신, 지구에 대한 부주의, 개인 자유에 대한 경시, 프라이버시 침해, 장로정
치(gerontocracy), 심한 편견, 여성차별, 동성애 혐오, 그리고 우리를 괴물로
규정하는 다양한 적대감 등. 물론 언제나, 모든 상황에 (불합리한) 사회질서
의 일차적인 토대인 여성과 어린이에 대한 남성의 지배가 있다. 따라서 일차
원적 혹은 다차원적인 사회 지배에 대항하기 위해 사회운동은 늘 여러 가지

구조적 원인과 개인적 이유를 갖는다. 그러나 사회운동의 뿌리를 아는 것이 곧 그 태생에 대한 답은 아니다. 사회운동은 사회 변화의 원천이자, 한 사회의 헌법의 원천이기 때문에 사회운동의 태생에 대한 의문은 근원적인 물음이 된다. 답을 찾기 위해서는 잠정적인 접근일지라도 방대한 자료를 동원해야 할 정도이다. 결론적으로, 나는 이 책에서 이 문제를 다루지 않는다. 나는 이 책이 사회운동에 관한 또 다른 논문이라고 생각하지 않으며, 어떤 세계의 발생을 들여다보는 자그마한 창문이기를 바란다. 그러나 나는 이것만은 말할 것이다. 확실히 지금, 그리고 아마도 (내 권한 밖의) 역사에서, 사회운동을 만드는 주체는 개인들이다.

어느 시대의 사회운동이든, 어떤 사회에서의 사회운동이든, 이에 대한 분석들에서 나는 개인들을 거의 찾을 수 없었다. 사회계급, 민족, 성(젠더), 국가, 종교인 혹은 이 외에 인간의 다양한 면의 부분집합으로서 집단을 이룬 획일적인 군중과 함께한 한 사람의 영웅이 이따금 등장할 뿐이다. 사회구조에 대한 간편한 분석 범주로 사람들의 삶의 경험을 묶는 것은 유용한 방법이지만, 사회운동을 일으키고 제도를 바꾸며 궁극적으로는 사회구조를 변화시키는 실제 행위는 육체와 정신을 가진 개개인이 맡는다. 그러므로 한 개인 또는 수많은 사람이, 처벌 대상이니 하지 말 것을 여러 차례 경고받은 일을 하겠노라고 언제, 어떻게, 왜 개별적으로 결심하는지 이해하는 것이 핵심이다. 운동의 출발선에는 몇 사람밖에 없거나, 때로는 단 한 명만 있을 때도 있다. 사회학자들은 일반적으로 이들을 특정 단체(agency)로 묘사하지만, 나는 그들을 개인들(individuals)로 묘사한다. 우리는 각 개인의 동기를 이해해야 한다. 어떻게 이러한 개인들이 다른 개인들과 정신적으로 연결되어 있으며, 집단행동을 이끄는 커뮤니케이션 과정에서 그들이 왜 그러한 행동을 하는지 이해해야 한다. 이러한 네트워크들이 공동의 목표에 집중하기 위해 네트워크에 존재하는 다양한 가치 혹은 이해관계와 어떻게 협상하는지, 사회 전반, 그리고 수많은 개인과 어떻게 연결되는지, 여러 사례에서 이러한 연결이 어떤 방법, 어떤 이유로 개인들을 고무하여 지배에 저항하는 네트워크를 넓히고 사회 부조리에 대항하는 다층적인 공세에 가담하는지 알아야 한다.

　개인의 수준에서 사회운동은 감정적인 운동이다. 반란은 프로그램 혹은 정치적 전략으로 시작하지 않는다. 이것은 리더십이 등장하는 것처럼 운동의 내부 혹은 외부에서, 운동 참가자들의 동기나 출신과 연관될 수도 있고 그렇지 않을 수도 있는 정치적·이념적·개인적 의제를 발전시키기 위해 나중에 나타난다. 그러나 사회운동의 대폭발은 감정이 행동으로 변모하면서 일어난다. 감정지능(affective intelligence)이론[4]에 따르면, 사회적 동원과 정치 행위와 가장 밀접하게 연관되는 감정은 두려움(부정적 영향) 및 열정(긍정적 영향)이다.[5] 이 긍정적·부정적 영향은 인류 진화의 산물인 두 가지 기초적인 동기체계인 접근(approach)과 회피(avoidance)와 연관된다. 접근 동기체계는 개인들이 보람을 느끼는 경험인 목표 추구(goal seeking) 행위와 연결된다. 개인은 그가 헌신하고자 하는 목표를 향해 동원될 때 열정적으로 변한다. 그렇기에 열정은 또 다른 긍정적인 감정인 희망과 직접 연결된다. 희망은 미래 지향적 행위를 제시한다. 인간은 미래를 상상하는 독특한 능력이 있기 때문에, 희망은 목표 추구 활동을 지탱하는 근본 요소가 된다. 그러나 열정과 희망이 생겨날 때, 개인들은 회피 동기체계에서 비롯된 부정적인 감정인 근심(anxiety)을 극복해야만 한다. 근심은 위협받는 사람들이 어찌할 수 없는 외부 위협에 대해 나타내는 반응이다. 따라서 근심은 두려움을 불러오고 활동을 마비시키는 효과가 있다. 사회정치적 행위에서 근심의 극복은 흔히 또 다른 부정적인 감정인 분노(anger)에서 시작된다. 불공평한 행동에 대한 자각과 그 행동에 책임이 있는 대리인을 인식하면 분노는 커진다. 신경학 연구에서는 분노가 위험 감수 행위와 연관된다고 말한다. 개인이 두려움을 극복하면, 열정이 활동에 활력을 불어넣고 희망이 위험 행동에 대한 보람을 기대하게 하는 등 긍정적인 감정이 채워진다.

　그러나 사회운동이 형성되려면 개인의 활성화된 감정은 반드시 다른 개인과 연결되어야 한다. 이는 한 명의 경험에서 다른 사람들로의 커뮤니케이션 과정을 요구한다. 커뮤니케이션 과정이 작동하려면 두 가지 조건이 필요하다. 하나는 메시지 발신자와 수신자 사이의 인지적 조화이고, 다른 하나는 효과적인 커뮤니케이션 경로이다. 커뮤니케이션 과정에서 공감은, 원초적인 감정의 분출을 자극하는 것들과 유사한 경험에 의해 결정된다. 구체적으로 말해서, 만약 많은 사람이 모욕, 착취, 무시, 오해를 당한다고 느끼면, 그들은 두려움을 극복하자마자 분노를 행동으로 옮길 준비를 한다. 사람들은 자신과 같은 처지의 사람들이 누군가에게 참을 수 없는 고통을 받는다는 사실을 알게 되었을 때, 분노를 강하게 표현함으로써 두려움을 극복한다. 이러한 동일시(identification)는 커뮤니케이션 과정에서 함께한다는 감정을 공유함으로써 더 나은 결과를 얻을 수 있다. 따라서 운동을 형성하고 연계하는 개인적 경험의 두 번째 조건은 사건을 선전하고 감정을 이입하는 커뮤니케이션 과정이라고 할 수 있다. 열정으로 나아가고 희망으로 동기가 부여된 쌍방향 커뮤니케이션이 빠를수록 분노에 근거한 집단행동 과정이 형성될 가능성은 커진다.

역사적으로 사회운동은 사람에서 사람으로, 종교계, 언론계 그리고 이용할 수 있는 모든 커뮤니케이션 수단에서 확산되는 소문, 설교, 소책자, 선언문 같은 구체적인 커뮤니케이션 메커니즘의 존재에 의존해왔다. 우리 시대에 수평적 커뮤니케이션의 다중모드 디지털 네트워크는 역사상 가장 빠르고 자율적이며 사용자가 스스로 프로그램을 재설정할 수 있고 스스로 확장하는 쌍방향적 커뮤니케이션 도구이다. 사회운동에 참여하는 개인들 사이의 커뮤니케이션 과정에서 나타난 특징들이 사회운동 자체의 조직적인 특징들을 결정짓는다. 커뮤니케이션이 쌍방향적이고 자율적일수록 조직은 덜 수직적이며 운동은 더 참여적이다. 이것이 디지털 시대의 네트워크된 사회운동이 새로운 종류의 사회운동을 대표하는 이유이다.[6]

만약 사회운동의 근원을 개인의 감정과 인지적 공감을 바탕으로 한 개인들의 네트워크에서 찾는다면, 전통적으로 사회를 변화시키는 것으로 여겨졌던 사상, 이념, 계획안(programmatic proposals)의 역할은 무엇일까? 이것들은 감정 중심의 활동에서 협의와 과제 설정의 과정으로 넘어가는 길에 필수적인 요소들이라고 할 수 있다. 운동의 실행 과정에 내포된 이 요소들 또한 커뮤니케이션 과정이며, 사회운동의 의미가 진화하고 그것의 영향이 커지면서 관념적인 내용들의 역할이 결정된다. 참여자들의 경험을 바탕으로 운동 내부에서 더 많은 의견이 나올수록 운동은 더 대의적이고 열정적이며 희망적이 될 것이고, 그 반대도 마찬가지이다.

운동이 현실과 거의 관련이 없는 목표와 대의를 내세워 이념적 실험 또는 정치도구의 재료가 되는 일은 너무도 흔하다. 때때로 역사적 유산에서도, 인간의 경험이라 할 수 있는 운동을 정치지도자에 대한 정당화 혹은 유기적 지식인●의 이론에 대한 옹호를 통해 재구성된 이미지가 대신하는 경향이 있다. 이념적으로 재구성된 파리코뮌의 사례가 이에 해당한다. 역사가들이 파리코뮌의 실체를 되살리려 노력했는데도, 파리코뮌은 파리 거주자 중 몇 안되는 산업노동자를 계산에 넣음으로써 도시에서 일어난 최초의 프롤레타리아 혁명이 되어버렸다. 부분적으로 여성이 주도했으며 집세 지급 거부 운동으로 촉발된 시정혁명(municipal revolution)이었던 파리코뮌에 대한 잘못된 인식은, 카를 마르크스가 여성동맹 의장이자 열성적인 사회주의 코뮌 지지자 엘리자베스 드미트리에바(Elizabeth Dmitrieva)와 주고받은 서신을 바탕으로 쓴 코뮌(Commune)에 관한 저작이 부정확했던 것과 관계가 있다. 드미

● [옮긴이] 안토니오 그람시(Antonio Gramsci)는 지식인을 크게 '전통적 지식인(traditional intellectuals)'과 '유기적 지식인(organic intellectuals)'으로 구분했다. 그에 따르면, 지식인이란 인간 의식, 관념, 사상 등의 상부구조 영역을 담당하는 집단이다. 따라서 모든 지식인이 어떤 형태로든지 '계급적 배경'을 가지고 있다. 새로운 하부구조가 형성될 때에는 그것을 옹호하고 전파시키는 그들 나름의 지식인 계급을 배출한다. 따라서 기본적으로 보면 모든 지식인은 자신이 속한 계급이 가진 집단의지를 결집·확산하는 특수한 성격의 집단이고, 이것이 바로 유기적 지식인이다(위키피디아).

트리에바와 그녀의 멘토(마르크스)는 단지 보고 싶은 것만 보았다.[7] 지도자들, 이론가들 혹은 연대사가들이 운동을 와전하는 것은 상당한 결과를 초래하는데, 이는 종종 운동 참가자들 모르게, 그리고 그들의 동의 없이 그들을 대신해서 수립된 계획과 운동 활동가들 사이의 돌이킬 수 없는 분열을 불러오기 때문이다.

사회운동을 이해하기 위한 다음 질문은 개인들의 네트워크가 연합한 활동이 자신들뿐 아니라 사회제도에 미친 실제 영향을 평가하는 것과 관련이 있다. 여기에는 다양한 데이터와 분석 도구가 요구되는데, 제도와 지배 네트워크의 특징이 사회 변화 네트워크의 특징과 대립되기 때문이다. 대항권력 네트워크가 사회조직 속에 자리 잡은 권력 네트워크를 압도하기 위해서는, 일상에서 약간은 유토피아적이라고 할 수 있는 '어떤 것도 지배하지 않는 지배'라는 가르침뿐만 아니라, 정치·경제·문화 또는 변화시키고자 하는 모든 차원을 재설계(reprogram)해야 할 것이다. 더 나아가 대항권력 네트워크는 서로 다른 사회 변화 네트워크를 연결해야 한다. 예를 들면, 친(親)민주주의 네트워크와 경제정의 네트워크, 여성권리 네트워크, 환경보존 네트워크, 평화 네트워크, 자유 네트워크 등을 연결해야 한다. 이러한 과정이 발생하는 조건과 각각의 구체적인 과정에서 비롯된 사회적 결과를 이해하는 것은 공식적인 이론의 문제라고 할 수 없다. 그것은 관찰에 근거한 분석적인 토대를 요구한다.

내가 여기에서 제안하는 이론적인 도구는 이 책에서 분석하는 네트워크된 사회운동의 실행을 검증하는 데 이용함으로써 그것의 유용성과 무용성을 간단하게 평가할 수 있다. 그러나 이 책에서 제시된 개념적 접근에 맞추기 위해 이 운동들에 대한 관찰 내용을 추상적인 용어로 암호화하지는 않을 것이다. 나의 이론은 나의 탐구 여정의 끝에서 가장 두드러진 발견을 위해 운동에 대한 선택적인 관찰 속에 녹아들 것이다. 이것이 21세기 사회 변화의 선구자 격인 네트워크된 사회운동을 이해하는 데 내가 기여하고자 하는 것이다.

내가 이 책에 서술한 생각들이 어디에서 왔는지 마지막으로 한마디 덧붙이려 한다. 나는 바르셀로나 인디그나다스(indignadas) 운동에 미력한 참가자였고, 여러 나라에서 일어난 운동의 지지자이자 동조자였다. 그러나 내가 늘 그래왔듯이 개인적 믿음과 분석 사이에 최대한의 거리를 두려고 노력했다. 객관성을 얻으려 애쓰는 대신, 직접적인 관찰과 상당히 많은 양의 정보를 활용하면서 그들의 언어와 활동 모습을 드러내고자 했다. 관찰과 정보 가운데 일부는 참가자들과의 인터뷰에서, 또 다른 일부는 이차 자료들에서 나왔다. 자료에 대한 자세한 서지사항이나 정보는 참고문헌과 부록에 밝혀두었다.

나는 여러 모습의 지도부 없는 운동에 완전히 동의한다. 그 운동은 오직 자기 자신을 대변하며, 자기가 보고 듣고 읽은 것에 대한 자신의 생각을 보여준다. 나는 나의 삶 전체를 통해서 배운 것을 행동으로 실천하려는 한 사람일 뿐이다. 나는 우리가 살고 싶어 하는 세상을 위해 커다란 위험을 감수하며 투쟁하는 사람들에게 도움이 되길 바라며 사회가 변화하는 과정을 연구한다.

2 혁명의 전주곡

여기에서 모든 것이 시작되었다

튀니지와 아이슬란드, 두 나라의 공통점은 무엇일까? 전혀 없다. 그러나 2009~2011년에 두 국가의 행정제도를 개혁한 정치 반란은, 아랍세계의 정치질서를 뒤흔들고 유럽과 미국에서 정치기관에 도전했던 사회운동의 판단 기준이 되었다. 2011년 1월 25일, 카이로의 타흐리르〔Tahrir: 해방(liberation)이라는 의미〕 광장에서 첫 번째 대규모 시위가 열렸다. 수천 명의 시위대는 최근 몇 년 동안 아랍세계의 사회동원을 지배했던 구호인 "이슬람이 해법이다"를 의식적으로 바꿔 "튀니지가 해법이다"를 외쳤다. 이들은 정권의 무자비한 압제를 이겨내고 몇 주 동안 민주시위를 계속한 튀니지 혁명에 주목했다. 튀니지에서는 그해 1월 14일, 도망친 벤 알리(Ben Ali)의 독재정권이 전복되었다. 한편 2011년 5월, 스페인 여러 도시의 중심 광장들을 인디그나 다스가 점거했을 당시, 그들은 "아이슬란드가 해법이다"라고 선언했다. 그리고 2011년 9월 17일, 뉴욕 시민들은 월스트리트 주변의 공공장소를 점거하면서, 바르셀로나의 카탈루냐 광장을 점거한 사람들이 했던 것처럼 첫 번째 캠프의 이름을 타흐리르 광장이라고 지었다.

너무도 다양한 문화적·경제적·제도적 배경에도 불구하고 사람들의 마음속에 저항의 경험을 통합한 공통 맥락은 무엇일까? 간략히 말하면, 그것은 사람들의 역량강화(empowerment)라는 감정이다. 이는 정부와 정치엘리트, 독재정권, 혹은 거리로 쏟아져 나온 사람들의 관점에서 봤을 때는 사이비 민주정치라고 할 수 있는 현실에 대한 혐오감에서 비롯되었다. 또한 금융엘리트와 정치엘리트 사이에서 공공연하게 벌어지는 결탁에 대한 사람들의 분노에 자극받기도 했으며, 일부 참기 어려운 사건들에서 비롯된 감정적인 격동에 의해 촉발되기도 했다. 한편, 도시 공동체나 사이버공간의 네트워크에서 함께함으로써 두려움을 극복하면서 역량강화가 이루어지기도 했다. 나아가 튀니지와 아이슬란드에서는 감지할 만한 정치 개혁이 이루어졌으며, 매우 짧은 기간에 새로운 시민 문화가 운동에서 출현하기도 했다. 시위자들이 요구한 핵심 사항들이 이러한 운동을 통해 이행되었다. 따라서 서로 다른 맥락에서 희망의 바람을 타고 퍼진 사회 변혁의 씨앗을 찾기 위해 다음의 두 가지 과정, 새로운 사회 형태와 가치가 싹트는 과정과, 처음에는 놀랐고 그다음에는 두려워했으며 결국 전 세계적으로 예방 조치를 동원했던 권력자들의 경계 태세를 반영한 탄압에 의해 운동이 질식당하는 과정에 집중하는 것은 분석적으로 의미가 있다.

　기업과 정치권력의 일상적인 통제 방법이 도달할 수 있는 범위를 넘어서는 커뮤니케이션 능력과 조직력을 갖춘 자율적 역량을 바탕으로, 젊은 세대 행동가들이 새로운 정치 변화의 장을 개척하고 있다. 이미 10년 전에 (특히 2004년 스페인과 2009년 이란에서) 그러한 새로운 사회운동의 많은 전조가 있었기에 튀니지와 아이슬란드에서 완전한 형태의 징후가 나타날 수 있었다.

튀니지: '자유와 존엄의 혁명'[1]

혁명은 예기치 않은 곳, 튀니지의 수도 튀니스 남쪽에 위치한 빈곤한 중부 지역의 인구 4만 명의 작은 도시 시디 부지드에서 시작되었다. 노점 상인이었던 26세 청년 모하메드 부아지지(Mohamed Bouazizi)는 이제 아랍세계의 운명을 바꾼 사람으로 역사에 새겨졌다. 그는 2010년 12월 17일 오전 7시 30분, 정부 청사 앞에서 분신했다. 그의 분신은 지방 경찰들에게 상납을 거부한 후 여러 차례 야채와 과일을 압수당한 것에 대해 저항하는 절망의 외침이었다. 그가 분신하기 불과 한 시간 전에도 경찰의 압수가 있었다. 분노한 민중을 달래기 위해 독재자는 그를 튀니스 병원으로 이송시켰지만, 2011년 1월 3일 그는 사망했다.

모하메드 부아지지가 분신한 지 몇 시간도 채 지나지 않아, 당국에 의해 비슷한 모욕을 당했던 청년 수백 명이 정부 청사 앞에서 시위를 벌였다. 모하메드의 사촌인 알리(Ali)는 시위 현장을 촬영한 영상을 인터넷에 올렸다. 상징적인 자살과 자살 시도가 젊은이들의 분노를 일으키고 용기를 북돋았다. 며칠 사이 경찰의 무자비한 진압으로 최소한 147명이 사망하고 수백 명이 부상당했다. 전국에서 자발적으로 일어난 항의 집회는 초기에는 지방에서 일어났고, 1월 초에는 수도까지 확산되었다. 2011년 1월 12일, 튀니지 육군참모총장인 라시드 아마르(Rachid Ammar)는 시위대를 향한 발포 명령을 거부했다. 그는 즉각 해임되었다. 독재자 벤 알리와 그의 가족은, 1987년 그가 정권을 잡은 이후 든든한 우방이었던 프랑스 정부가 망명 요청을 거부하자, 1월 14일에 튀니지를 떠나 사우디아라비아의 은신처로 도망쳤다. 그는 그를 도와주던 우방들에게 골칫거리가 되었다.

정권 내부의 정치엘리트들 가운데서 후임자가 임명되었지만, 시위대는 이러한 승리에 만족하지 않았다. 그들은 정치와 언론의 자유 그리고 새로운 선거법 아래 행하는 진정한 민주 선거를 요구하면서, 사실상 독재정권의 모든 핵심 요인을 제거하려 했다. 그들은 부패한 정치인, 금융 투기자, 폭력 경찰, 정권에 굽실거리는 미디어와 같은 모든 권력을 향해, "꺼져라! 꺼져라! (Degage! Degage!)" 하고 외쳤다. 시위 영상과 경찰의 폭행 영상이 인터넷에서 확산되면서, 시위는 중서부 지방에서 수도 튀니스로 옮겨졌으며, 전국의 광장과 거리에서 시위가 발생했다. 페이스북, 유튜브, 트위터 등 자유로운 커뮤니케이션과 도심 점거의 결합은, 다른 국가에서 발생할 운동의 전조이자 튀니지 봉기의 주요 특색이 된, 자유를 위한 복합 공공장소(hybrid public space of freedom)를 만들었다.

2011년 1월 22일, 시디 부지드와 멘젤 부자이아네에서 출발한 자유 호위대(Qâfilat al-hurriyya, Convoy of Liberty)는 독재정권의 인력과 정책을 확실히 승계하고 있는 임시정부의 모하메드 간누시(Mohamed Ghannouchi)의 퇴진을 요구하면서 튀니스 구시가의 카스바에 다다랐다. 그날 시위대는 민중의 힘을 상징적으로 보여주기 위해 정부 부처들이 밀집한 카스바의 중심인 정부 청사 거리를 점거했다. 시위대는 텐트를 쳤고, 밤까지 활발한 토론이 이루어지는 영구적인 포럼을 결성했다. 어떤 때에는 토론이 2주 연속 지속되기도 했다. 그들은 토론 영상을 촬영해 인터넷에 올렸다. 하지만 시위대가 단지 디지털 수단만 이용한 것은 아니었다. 그들은 그들의 권리와 열망을 알리기 위해 외부세계와 운동을 연결하려고 했기 때문에 광장의 벽은 아랍어, 프랑스어, 영어로 쓰인 구호들로 뒤덮였다. 시위대는 리드미컬한 구호와 저항가요를 따라 불렀다. 그들은 "사람들이 삶을 희망할 때, 운명은 반드시 응답할 것이다"•라는 국가(國歌)의 유명한 구절을 자주 불렀다. 비록 여기에 지도자들은 없었지만, 비공식적 조직이 출현해서 후방지원(logistics)을 관장하고, 광장에서 벌어지는 토론의 규칙들을 시행했다. 토론할 때에는 예의를 갖추고 상대를 존중하며 소리치지 않아야 했다. 모든 사람이 의견을 제시할 수 있었고, 장황한 연설이 없는 까닭에 모두가 새로이 찾은 표현의 자유를 누릴 충분한 여유가 있었다. 시위대가 자체 조직한 느슨한 감시망은 그러한

• 원문은 "Idha I-sha 'bu yawman arada I-hayat, fa-la budda an yastadjiba al-qadar" 이다.

규칙이 존중되고 있음을 확인해주었다. 내외부에서 발생하는 폭력과 도발에 대항해서 시위 진영을 보호하기 위한 비공식 조직도 있었다.

경찰의 폭력적인 진압으로 점거자들은 수차례 광장에서 쫓겨났지만, 2011년 2월 20일에 그들은 다시 돌아왔고, 4월 1일에도 또다시 광장을 점거했다. 그들은 모든 이슈 — 부패 정부 척결, 진정한 민주주의에 대한 요구, 선거에 의한 새로운 정부 수립, 중앙집중에 반대한 지방분권 요구 등 — 에 대해 토론했다. 그뿐 아니라 시위에 참가한 청년 대다수가 실업 상태였으므로 일자리를 요구했고, 더 나은 교육 기회를 요구하기도 했다. 그들은 벤 알리의 두 번째 부인의 가족인 트라벨시(Trabelsi) 일족이 정치와 경제를 주무르는 것에 분노했는데, 위키리크스가 외교 전문을 폭로하면서 이들의 부정 거래 사실이 밝혀졌다. 시위대는 또한 부패와 남용을 막는 도덕적 장치로 이슬람의 역할에 대해 논의했다. 튀니지 사회에 정치적 이슬람주의가 광범하게 퍼져 있다는 단순한 이유로 시위대에는 강한 이슬람 정서가 존재했다. 하지만 이 운동은 이슬람 운동이 아니었다. 세속주의와 이슬람주의는 큰 갈등 없이 공존했다. 이 운동은 특히 프랑스와 미국 같은 식민 지배 세력의 비호를 받는 정통성이 결여된 정권이 국가를 장악한 것에 반대했고, 튀니지의 국가 정통성을 강조하면서 국가를 부르거나 국기를 흔드는 등 국가주의적 성격을 띠었다. 이것은 이슬람 혁명도, 재스민 혁명(어떤 명확한 이유도 없이 서구 미디어가 이름 붙인 이 시적인 이름은 사실 1987년 벤 알리의 쿠데타에서 비롯되었다)도 아니었다. 시위대는 스스로 이 운동을 '자유와 존엄을 위한 혁명'이라고 불렀다. 제도적인 지원 아래 묶인된 모욕에 대항하는 존엄의 추구는 저항운동의 본질적인 감정적 동력이었다.

시위에는 어떤 사람들이 참가했을까? 시위가 발생하고 몇 주가 지난 후, 우리는 전문직 종사자들의 존재감이 강했던 거리시위 현장 자체가 튀니지 사회의 단면이었다고 말할 수 있다. 국민의 대다수가 독재정권 종식 요구를 지지했다. 그러나 외부 관찰자의 입장에서 봤을 때, 운동을 시작하고 시위에서 가장 핵심적인 역할을 하는 사람 대부분은 고등교육을 받았지만 취업하지 못한 청년들이었다. 실제로 튀니지의 전체 실업률이 13.3%였던 동안에도 대학 졸업자의 실업률은 21.1%로 상승했다. 교육받은 사람들이 기회를 얻지 못해 발생하는 혼란은 다른 모든 아랍 국가에서 그랬듯이 튀니지에서 일어난 민중봉기의 밑거름이 되었다.

운동이 임계점에 다다르면서 노동조합이 주요한 참여자가 된 것도 의미 있는 사실이다. 튀니지노동조합총연맹(UGTT) 사무총장인 압데슬렘 지라드(Abdeslem Jrad)가 정권과 결탁해 연맹이 지도력을 상실하자, 일반 조합원들과 중간 간부들이 수차례 파업을 일으켜 정권의 통제에서 벗어나 그들의 요구를 주장하는 기회로 삼았다. 반면에 야당은 활동가들에게 배척당했고, 민중봉기에서 일말의 존재감도 느낄 수 없었다. 시위대들은 특정 시간과 장소에서 자연스럽게 스스로 임시 지도체제를 만들었다. 지도자의 역할을 자청한 사람은 대부분 20대이거나 30대 초반이었다. 운동은 여러 세대를 포괄했지만, 청년들 사이에 협의체(trust)가 형성되었다. 페이스북에 올라온 "대부분의 정치인이 하얀 머리를 하고 있지만, 마음은 시커멓다. 우리는 검은 머리와 하얀 마음을 가진 사람들을 원한다"라는 글은 내부의 정서를 분명하게 표현한다.

서구의 강력한 지원을 받으며 전체 사회를 아우르는 거대한 감시체제(어쨌든 튀니지 전체 국민의 약 1%가 내무부 장관 직속으로 일하고 있었다)와 제도 민주주의의 외형을 갖춘 안정적인 독재정부가 왜 그렇게 빨리 전복되었을까? 이전 사례들을 보면, 정권은 상당히 손쉽게 반대세력의 사회 투쟁이나 행동을 신속히 제압해왔다는 것을 알 수 있다. 2009년 벤 가르단과 2010년 가프사의 인산염 광산에서 노동자 계급투쟁이 치열하게 벌어졌지만 잔혹한 진압으로 수십 명이 죽거나 다치고 체포되었으며, 끝내 진압되었다. 반체제 운동가들은 고문당하고 투옥되었으며, 거리시위도 자취를 감추었다. 이번 봉기의 불씨는 모하메드 부아지지의 분신이었다. 그 불씨는 어떻게 초원에 불을 지르고, 어떻게 그리고 왜 확산되었을까?

새롭고 독특한 요소들이 2011년 내내 지속된 튀니지 민중봉기의 성공을 가능하게 했다. 이 가운데 두드러지게 눈에 띄는 요인은, 특히 청년들 사이에서 분노가 표출되고 자발적 봉기를 촉발·확대·조직화한 인터넷과 알자지라(Al Jazeera)의 역할이었다. 당연히 ― 튀니지도 예외는 아니다 ― 사회적 봉기는 실업, 물가 급등, 불평등, 빈곤, 경찰 폭력, 비민주적 행위, 검열, 국가 전반에 퍼진 부패 등과 같은 심각한 경제, 사회, 정치 상황에 대한 반발의 표시로 일어난다. 이러한 객관적인 상황에서 정서와 감정 ― 종종 모욕감에서 비롯된 분노 ― 이 드러났으며, 이러한 감정은 개개인이 추동하는 자발적인 저항을 촉발했다. 청년들은 그들이 사는 지역의 네트워크를 활용해 그들의 주장을 펼쳤는데, 이 네트워크에는 휴대전화 네트워크뿐 아니라 인터넷 소셜 네트워크도 포함되었다. 또한 친구, 가족 그리고 때로는 축구 동호회 같은 오프라인에서의 사회적 네트워크가 포함되기도 했다. 말하자면, 이는 저항이 일어나는 일상 속의 사회적 네트워크와 인터넷 소셜 네트워크 사이의 연결을 의미한다. 그러므로 봉기의 전제 조건은 블로거, 소셜 네트워크, 사이버 행동주의로 이루어진 인터넷 문화의 존재에 있다. 예컨대, 블로거 언론인 주하르 야이아오이(Zouhair Yahiaoui)는 2001년에 투옥되어 감옥에서 사망했고, 모하메드 압부(Mohamed Abbou)와 슬림 부크디르(Slim Boukdir) 같은 비판적인 블로거들도 정부의 비리를 밝혔다는 이유로 각각 2005년과 2008년에 구속되었다.

이러한 검열과 억압에도 불구하고 인터넷에 확산된 자유의 목소리는 정부의 통제를 벗어난 위성방송, 특히 알자지라와 든든한 연합을 맺었다. 이는 휴대전화로 이미지와 정보를 유튜브에 올리는 시민 언론인과 시민 언론의 뉴스 피드를 활용해 많은 시청자에게 방송하는 알자지라(공영방송이 원초적인 선전 수단으로 축소되었기에, 튀니지 도시 거주자의 약 40%가 알자지라를 시청했다)의 공생적인 관계였다. 봉기 기간에 알자지라와 인터넷의 이러한 관계는 튀니지와 아랍세계 양쪽 모두에 중요했다. 알자지라는 복잡한 장비를 이용하지 않고 휴대전화로 위성에 직접 연결할 수 있는 커뮤니케이션 프로그램을 개발하기도 했다. 트위터 또한 사건을 논의하고 행동을 조직하는 데 중요한 역할을 했다. 시위자들은 트위터에 #sidibouzid라는 해시태그*를 달아 토론과 커뮤니케이션에 활용했고, 따라서 튀니지 혁명에도 연동되었다. 아랍 혁명의 정보 흐름 연구에 따르면, "다른 요인에 비해서 블로거들이 시청자들의 참여를 유도할 가능성이 많았기에, 그들은 뉴스를 알리고 확산하는 데 중요한 역할을 했다"(Lotan et al., 2011: 1389).

봉기를 확산하고 조율하는 인터넷의 역할 면에서, 튀니지가 아랍세계에서 인터넷과 휴대전화 가입률이 가장 높은 나라 중의 하나라는 사실은 시사하는 바가 크다. 2010년 11월 현재, 도시 인구의 67%가 휴대전화에 가입했으며, 37%가 인터넷을 연결한 것으로 조사되었다. 2011년 초에는 인터넷 이용자의 20%가 페이스북을 사용했는데, 이는 모로코 이용자의 두 배, 이집트의 세 배, 알제리나 리비아의 다섯 배, 예멘의 스무 배가 넘는 수치이다. 더욱이 도시 인구, 특히 젊은이들 사이에서 인터넷 이용률이 높았다. 교육받은 젊은이들과 인터넷 이용은 직접적인 관계가 있었다. 혁명에서 중요한 역할을 한 대졸 실업자들 또한 인터넷을 자주 이용했고, 그중 일부는 운동을 조직하고 확대하는 인터넷의 의사 전달 역량을 활용한 고급 이용자였다. 인터넷의 의사 전달 자율성은 분노를 유발하고 희망을 주는 영상, 메시지, 노래를 확산했다. 예를 들어, 유명 래퍼인 스팍스(Sfax), 엘 제너럴(El General)이 부른 독재정권을 비난하는 노래 「국가원수(Rais Lebled)」는 소셜 네트워크에서 큰 인기를 얻었다. 엘 제너럴은 체포되었지만, 이는 시위자들을 격분시켰다. 그리고 그들이 표현한 대로 "완전한 정권 교체"를 위한 투쟁에 대한

● [옮긴이] 트위터에서 검색어 앞에 '#'를 붙여 특정 주제와 관련된 검색 결과를 불러오는 기능을 말한다.

그들의 결심을 더욱 확고하게 만들었다.

따라서 우리는 튀니지 사례에서 중요한 세 가지 특징을 종합해볼 수 있다.

1. 형식적이고 전통적인 리더십을 피하면서 봉기를 이끌었던 대졸 실업자들로 구성된 행동 조직
2. 지난 10년에 걸쳐 공개적으로 정권을 비판하는 데 관여했던 강한 사이버 행동주의 문화
3. 가정, 학교, 인터넷을 이용할 수 있는 카페 등에서의 높은 인터넷 이용률

서로 영향을 준 이 세 가지 요소의 조합은 왜 튀니지가 아랍세계에서 새로운 형태의 네트워크된 사회운동의 전조가 되었는지 이해할 수 있는 실마리이다.

경찰 진압이 계속되고 임시정부 및 고위 행정직에 구(舊)정권 정치세력이 여전히 남아 있는 상황에서, 시위대들은 계속해서 튀니지의 완전한 민주화를 요구했다. 군대는 혁명 기간에 잔혹한 진압에 개입하는 것을 거부하고 새로운 정통성을 찾으려 노력하면서 대체로 민주화 시위를 지지했다. 민주화 운동은 특히 인쇄매체에서의 새로운 독립 언론의 지지에 힘입어 새로운 정치적 공간을 열었으며, 2011년 10월 23일 깨끗하고 열린 선거라는 이정표에 도달했다. 중도 이슬람 연합인 엔나흐다(Ennahda)가 40%의 표를 얻으면서 제헌의회 217석 중 89석을 획득하며 집권당이 되었다.

연합의 수장이자 대표이며 노련한 이슬람 정치학자인 라시드 간누시(Rached Gannouchi)가 총리가 되었다. 그는 민중의 뜻이 존중된다면 대부분의 아랍 국가에서는 자유선거를 통해 정권이 수립될 것이라는 그만의 이슬람주의를 표방했다. 라시드 간누시는 전통이나 이슬람 율법〔샤리아(Shariah)〕으로의 회귀를 제시하지 않았다. 1990년 런던에서 망명 생활을 할 당시 진행되어 자주 인용되는 한 인터뷰 내용은 그의 이슬람주의의 정치적 비전을 간명하

게 보여준다. "현대화에 응하는 유일한 방법은 우리의 종교와 역사 그리고 문명이 남긴 우리 자신의 길로 나아가는 것이다"(≪Jeune Afrique≫, 1990년 7월). 현대화에 대한 거부가 아니라 민족 자결에 따른 현대화를 말한 것이다. 현재 그가 드러내놓고 참고한 것은 터키의 레제프 타이이프 에르도안(Recep Tayyip Erdogan)이 이끈 정의개발당(Adalet ve Kalkınma Partisi: AKP)인데, 이는 그가 오랜 세월 견지해온 입장과 일치하는 것이었다. 튀니지 혁명의 결과로 이슬람 근본주의 정권이 들어설 기미는 보이지 않았다. 대통령은 세속적 성향의 몬세프 마르주키(Moncef Marzuki)였고, 새로운 헌법 초안은 미국의 헌법만큼 신의 뜻에 의지하지 않았다. 정치시스템의 전면에서 현대적인 이슬람 정당을 수용하는 것은 급진 이슬람 세력을 배제하지 않고서는 사실상 요원한 일이었다.

그러나 새로운 민주 정부가 자유의 분위기에서도 사라지지 않는 대량 실업, 극심한 빈곤, 부패 확산과 관료주의 행태의 극적인 문제들을 해결하지 못한다면 이러한 상황은 변할 수도 있다. 튀니지는 앞으로 중요한 도전에 직면할 것이다. 상당히 민주적인 정치체와 함께, 더 중요하게는 여전히 사이버공간을 점하고 있으면서 필요시에는 도심으로 돌아갈 준비가 되어 있는 의식 있고 능동적인 시민사회와 더불어 그러한 도전을 맞을 것이다. 미래가 어찌되건 간에 인간적이고 민주적인 튀니지 사회를 향한 희망은 모하메드 부아지지의 희생과 그가 홀로 그리고 이후에 그의 동료들이 뒤따랐던 존엄을 지키기 위한 투쟁의 직접적인 결과가 될 것이다.

아이슬란드의 키친웨어 혁명: 금융 붕괴에서 새로운 헌법의 탄생까지 [2]

2008년에 발생한 세계 경제위기에 관해서 아마도 가장 잘 만들어진 다큐멘터리 영화인 찰스 퍼거슨(Charles Ferguson)의 〈인사이드 잡(Inside Job)〉의 도입 장면은 아이슬란드의 실상을 여실히 보여준다. 아이슬란드 경제의 부침은 지난 10년간 금융자본주의를 특징지었던 투기적 자산 창출의 그릇된 모델을 전형적으로 보여준다. 2007년 아이슬란드의 국민 평균 소득은 세계 5위였다. 아이슬란드 사람은 미국 사람보다 160%를 더 벌었다. 아이슬란드 경제는 역사적으로 어업이 기반이었으며, 어업은 아이슬란드 GDP의 12%, 수출의 40%를 차지했다. 그러나 어업만큼 수익성이 좋은 관광, 소프트웨어, 알루미늄 산업 같은 역동적인 경제활동은 아이슬란드 경제가 급부상하는 원천이 되었다.

사실 이러한 경제성장은 투기 금융자본주의의 글로벌 확산으로 인한 금융 부문의 급격한 성장에서 비롯되었다. 카우프싱(Kaupthing), 란즈방키(Lands-banki), 글리트니르(Glitnir), 이 세 은행은 아이슬란드가 국제 금융시장으로 빠르게 편입되도록 이끌었다. 이들은 1980년대 후반 소매 은행으로 시작해서 2000년대 중반에는 주요 금융기관으로 성장했다. 이들 은행의 자산가치는 2000년 GDP의 100%에서 2007년에는 GDP의 거의 800%로 증가했다. 이러한 놀랄 만한 성장을 위해 그들이 추구한 전략은 미국과 영국의 많은 금융기관의 그것과 유사했다. 그들은 주식을 담보로 서로 엄청난 규모의 돈을 빌렸고, 서로의 주식을 추가 구매하기 위해 이 대출을 이용했다. 그렇게 그들의 주식 가격을 올리고 회계장부를 부풀렸다. 더 나아가 그들은 투기 활동을 글로벌 규모로 확대하기 위해 함께 모의하기도 했다. 그들의 사기 행각은 맨 섬(Isle of Man), 버진 아일랜드, 쿠바, 룩셈부르크 같은 해외 금융 도피처에 본부를 둔 공동소유 회사망을 통해 위장되었다. 은행 고객에게는 낮은 이자의 스위스 프랑이나 일본 엔화로 대출을 늘릴 것을 권유했고, 한도 없는 신용을 무제한으로 이용하게 했다. 인위적으로 국내 수요를 부양하고 경제성장을 밀어붙인 것이다. 또한 이 은행들은 자신의 행각을 은폐하기 위해 정당들에 상당한 선거 자금을 지원했고, 당선자들에게는 유리한 대출을 제공했다.

2006년 2월, 신용평가 기관 피치(Fitch)는 '작은 위기(mini crisis)'라고 경고하면서 아이슬란드의 경제 전망을 부정적으로 하향 평가했다. 주요 은행의 신용 손실을 막기 위해 아이슬란드 중앙은행은 대규모 차입을 통해 외환 보유고를 늘렸다. 거대 은행의 대표들이 주도하는 상공회의소는 유명한 학자인 컬럼비아 비즈니스 스쿨의 프레더릭 미시킨(Frederic Mishkin)과 런던 비즈니스 스쿨의 리처즈 포티스(Richards Portes)를 컨설턴트로 고용했는데, 이 둘 모두 아이슬란드 은행의 지급 능력을 증명했다. 그러나 2007년 아이슬란드 정부는 은행들의 의심스러운 회계장부를 더는 간과할 수 없었고, 만약 주요 은행들 중에서 하나라도 파산한다면 전체 금융시스템이 붕괴될 것이라는 사실을 인지하고 있었다. 정부는 이 문제를 다루는 특별위원회를 발족했지만, 위원회는 별다른 역할을 하지 못했고 은행권 감독을 고려조차 하지 않았다.

그 후 자산의 대부분이 차명 및 장기 투자 자산이었던 란즈방키, 카우프싱, 글리트니르 은행은 곧바로 단기 부채 상환이라는 긴급 상황을 맞았다. 그들은 양심의 가책도 없이 망상을 하며 지급불능을 해결하기 위한 새로운 책략을 꾸몄다. 란즈방키는 단기예금에 고이율을 제공하며 아이스세이브(Icesave)라는 인터넷 기반 금융 계좌를 개설했으며, 다른 은행들도 영국과 네덜란드의 새로운 지점을 통해 이 서비스를 제공했다. 아이스세이브가 성공을 거두면서 수백만 파운드가 아이스세이브 계좌에 예치되었다. 영국에서만 30만 개의 아이스세이브 계좌가 개설되었다. 아이슬란드가 유럽경제지역(European Economic Area: EEA) 회원국이기 때문에 예금은 안전해 보였고, EEA 예금보호시스템의 보호를 받을 수 있었다. 이는 은행의 지점들이 위치한 국가의 정부, 즉 아이슬란드 정부에 의해 예금을 보증받을 수 있다는 것을 의미했다. 세 개의 아이슬란드 대형 은행이 단기 부채를 갚기 위해 급하게 돈을 끌어모은 두 번째 전략은 '러브레터(love letters)'로 알려졌다. 이 은행들은 아이슬란드 중앙은행으로부터 더 많은 돈을 융자받으려 서로의 부채를 담보로 채무증서를 교환했다. 룩셈부르크 중앙은행은 '러브레터'의 형태로 대부분의 저당을 잡고, 이 은행들에 25억 유로를 대출해주었다.

이 대형 은행들이 지급 능력이 없다는 것이 확실한데도 이들에 대한 정치적 지원은 계속되었다. 2008년 4월, 국제통화기금(IMF)이 아이슬란드의 게이르 하르데(Geir Haarde) 정부에 은행 감독을 요구하고 도움을 제공하는 극비 메모를 보냈지만 허사였다. 아이슬란드 정부는 단지 중앙은행에 외환보유고를 통해 대출을 더 받으라고 지시할 뿐이었다. 9월 29일, 글리트니르 은행은 금융 부채를 갚지 못하자 중앙은행 총재에게 긴급 원조를 요청했고, 이에 응해서 중앙은행이 글리트니르 주식의 75%를 매수했다. 그러나 이러한 행동은 역효과를 불러와 금융시장을 안정시키는 대신 아이슬란드의 신용도를 빠르게 떨어뜨렸다. 며칠 사이에 주식시장, 채권, 부동산 가격이 곤두박질쳤다. 세 은행은 250억 달러의 부채를 남긴 채 파산했다. 아이슬란드와 해외에서 금융위기가 야기한 손실은 아이슬란드 GDP의 일곱 배에 맞먹었다. 경제 규모의 비율로 보면, 역사상 가장 큰 금융 가치의 붕괴였다. 아이슬란드 국민의 개인소득은 크게 감소했고 자산가치는 가파르게 하락했다. 2009년, 아이슬란드 GDP는 6.8% 하락했고 2010년까지 3.4%가 더 떨어졌다. 탁상공론에 머물던 금융정책이 무너지자 아이슬란드 경제위기는 키친웨어 혁명(Kitchenware Revolution)의 촉매제가 되었다.

모든 혁명에는 거사일이 있고 혁명 영웅이 있다. 2008년 10월 11일, 가수 토파슨(Hördðr Torfason)은 기타를 메고 레이캬비크에 있는 알싱(Althing: 아이슬란드 의회) 건물 앞에 앉아 부도덕한 금융자산가들(Banksters)과 비굴한 정치인들을 향한 분노를 노래했다. 몇몇 사람이 그와 함께했고, 누군가가 그 장면을 촬영해 인터넷에 올렸다. 며칠 동안 수백 명에서 수천 명으로 불어난 사람들이 역사적인 명소인 오스터볼러(Austurvollur) 광장에 모여 시위를 했다. 라디르 포크신스(Raddir Fólksins)라고 알려진 한 단체는 매주 토요일에 정부 내각의 사퇴를 요구하는 시위를 진행하겠다고 선언했다. 시위는 인터넷과 광장에서 아이슬란드의 겨울에 용감히 맞서 1월에 집중적으로 일어났다. 이러한 사회적 동원 과정을 목격한 관찰자들은 인터넷과 소셜 네트워크의 역할이 절대적으로 중요하다고 생각했다. 왜냐하면 아이슬란드 사람의 94%가 인터넷에 연결되어 있었고, 그중 3분의 2가 페이스북 이용자였기 때문이다.

2009년 1월 20일은 아이슬란드 의회가 한 달간의 긴 휴식 뒤에 재소집된 날이었다. 계층과 세대를 막론하고 수천 명의 사람이 의회 앞에 집결해, 경제를 제대로 관리하지 못하고 위기에 제대로 대응하지 못한 정부를 성토했다. 사람들이 이날 북을 치거나 냄비와 프라이팬을 두드리면서 시위를 진행했기 때문에, '키친웨어 혁명' 또는 '냄비 프라이팬 혁명(the pots-and-pans revolution)'이라는 별명을 얻었다. 시위대는 정부의 사퇴와 새로운 선거의 실시를 요구했다. 더 나아가 그들은 금융엘리트에게 종속된 정치인과 정당으로 인해 부패한 공화국의 재건설을 주장했다. 그리고 (보수주의자와 농촌 지역만을 중시하는) 정치 계급의 이익에 유리하다는 이유로 개정되지 않은 채 1944년 덴마크로부터 독립을 선언할 당시부터 유지되어온 임시 헌장인 잠정 헌법을 대체할 새로운 헌법 초안을 요구했다. 사회민주당(the social democrats)과 녹색당(greens)은 이러한 요구에 긍정적으로 반응했지만, 독립당(Independence Party)이 이끄는 보수 연합은 이를 거부했다. 소셜 네트워크와 거리시위의 거센 압박으로 2009년 1월 23일에 조기 총선이 발표되었고, 보수당의 수상 게이르 하르데는 건강상의 이유로 재선거에 출마하지 않겠다고 밝혔다. 선거는 1927년 이래 단독 또는 연합으로 아이슬란드를 통치해왔던 두 주요 정당(모두 보수 계열)의 완패로 끝났다. 2009년 2월 1일, 사회민주당과 '빨강-녹색당(red-greens)'●이 새로운 연합을 꾸리며 정권을 잡았고, 사회민주당의 당수인 요한나 시귀르다르도티르(Jóhanna Sigurðardóttir)가 최초의 동성애자 수상이 되었다. 새로운 내각은 절반이 여성으로 구성되

● [옮긴이] 빨강-녹색당 연합은 사회민주주의나 민주사회주의 정당('빨강')과 환경운동 정당('녹색')의 연합을 의미한다.

었다.

새로운 정부는 세 가지 당면 과제를 처리했다. 첫째, 금융 혼란을 일소하고 부정한 경제 관리에 대한 책임을 물었다. 둘째, 엄격한 금융 규제 방안을 세우고 금융기관 감독을 강화해 경제 모델을 바꾸고 경제성장을 회복하려고 했다. 마지막으로 시민들이 전적으로 개헌 과정에 참여할 수 있게 함으로써 국민의 요구에 부응하려 했다.

란즈방키, 카우프싱, 글리트니르는 국유화되었고, 그중 두 개는 정부 참여 아래 은행의 외국 채권단 소유로 넘김으로써 민간 부문으로 되돌려졌다. 아이슬란드 대통령 올라퀴르 그림손(Ólafur Grímsson)의 발의로, 영국과 네덜란드의 예금자 및 정부에 파산한 은행들이 소유했던 대출 담보를 지급할 것인지에 대한 국민투표가 실시되었다. 아이슬란드 국민 93%가 영국과 네덜란드에 진 59억 달러의 빚을 지급하지 않는 것에 투표했다. 물론 이 사안은 여전히 법정에서 처리 중인 일련의 소송들을 촉발했다. 아이슬란드는 외채를 조정하기 위한 장기적인 법정 싸움을 계속하고 있다. 은행들이 그들의 자산을 매각해 지급함으로써 소송을 피하려고 하지만 협상 결과는 이 글을 쓰고 있는 지금도 나오지 않았다.•

새로운 정부는 이러한 위기를 불러온 책임을 묻고자 소송을 진행했다. 2011년 5월 30일에 열린 사회민주당 전당대회에서 요한나 시귀르다르도티르 수상은 명확한 어조로 다음과 같이 발언했다.

• [옮긴이] 2013년 1월 유럽자유무역연합 법원은 판결에서, 파산한 아이슬란드 은행의 온라인 파생상품인 아이스세이브에 총 100억 달러 이상을 예치한 영국과 네덜란드의 예금주들에게 즉시 지급 의무가 없다고 밝혔다. 아일랜드와 다르게 아이슬란드는 파산 위기에 몰린 은행들과 외국 채권 소유자 및 예금자를 구제하기 위한 공적 자금을 투입하지 않았다. 한편, 란즈방키는 2013년 1월 현재, 45억 달러를 아이스세이브 예금주들에게 지급했는데, 이는 영국과 네덜란드의 예금주들이 초기에 요구한 금액의 절반에 지나지 않는다.

과도하게 수입을 올리는 '부도덕한 은행가'와 거대 자산엘리트들이 다가오는 경제성장의 과실을 먹어치우지는 못할 것이다. …… 독립당 네오콘(neoconservatives)들의 팡파르 아래 타락한 파티가 벌어졌었다. 그러나 미래에 아이슬란드 사람들의 삶의 질은 평등을 기반으로 세워질 것이다.

이에 따라 레이캬비크와 런던에 있는 금융계의 주요 인사들이 불법적인 금융 관리 혐의로 체포되었다. 하르데 전 수상도 공적 자금 관리 실패와 압력단체의 영향력에 굴복했다는 이유로 재판을 받았다.

예상대로 경제 전문가들은 자본 흐름 통제와 외채 상환 거부를 골자로 하는 은행 국유화의 심각한 결과에 대해 경고했다. 그러나 정부 통제를 확고히 하는 경제정책으로 선회하면서, 아이슬란드 경제는 2011년과 2012년에 유럽연합 대부분의 국가보다 높은 성장을 기록하며 다시 반등하기 시작했다. 2009년과 2010년의 마이너스 성장을 경험한 후, 2011년 GDP가 2.6% 증가했고 2012년에는 4%가 증가할 것으로 예상되었다. 실업률도 2009년 10%에서 2012년 5.9%로 떨어졌고, 물가상승률도 18%에서 4%로 감소했으며, 신용부도스와프(Credit Default Swap: CDS)* 지수가, 1000포인트에서 200포인트로 떨어지면서 아이슬란드의 국가재정 상태가 향상되었다. 유럽 전체 경제와 마찬가지로 아이슬란드 경제가 미래에 위기를 맞이할 가능성이 있는데도, 스탠더드 앤드 푸어스(S&P)는 2011년 말 아이슬란드의 경제 전망을 '부정적'에서 '안정적'으로 상향 조정했다. 2011년에 발행한 국채에도 모집 규모 이상으로 해외투자자들이 몰렸다. ≪블룸버그(Bloomberg)≫에 따르면, 사실 유로존의

---

* [옮긴이] 신용부도스와프는 신용파생상품의 가장 기본적인 형태로, 채권이나 대출금 등 기초자산의 신용위험(credit risk)을 전가하려는 보장매입자(protection buyer)가 일정한 수수료를 지급하는 대가로 기초자산의 채무불이행 등 신용 사건(credit event) 발생 시 신용 위험을 떠안은 보장매도자(protection seller)로부터 손실액 또는 일정 금액을 보전받기로 약정하는 거래를 말한다(위키피디아).

국가 부채보다 아이슬란드의 부채가 보험 비용이 덜 들었다. 2011년 중반에 들어서면서 아이슬란드 국민들은 미래를 좀 더 낙관하게 되었는데, 특히 교육받은 사회계층에서 이런 분위기가 강했다.

새로운 민주 정부는 어떻게 그렇게 짧은 기간에 심각한 경제난에서 나라를 구해낼 수 있었을까? 첫째, 아이슬란드 정부는 다른 유럽 국가들이 이행했던 극단적인 긴축 조치를 장려하지 않았다. 아이슬란드는 경제위기의 여파에서 시민들을 보호하고자 '사회 안정(social stability)' 협정에 서명했다. 이에 따라 공공 고용이 크게 줄지 않았으며, 공공 지출은 적정한 수준에서 국내 수요를 유지했다. 정부는 지출을 유지할 수 있는 충분한 여력이 있었고 국민투표에 의해 은행의 외채를 갚지 않도록 위임받았기 때문에 국내 금융 자산을 다시 매입할 수 있었다. 더 나아가 은행 고객들의 손실을 보상하면서 채권 보유자들보다 예금 보유자들에게 우선권을 주었는데, 이는 경제 회복을 촉진해 경제 유동성 유지에 기여했다.

둘째, 40%까지 떨어졌던 크로나의 통화가치 하락이 수산물 판매, 알루미늄 수출, 관광 산업에 긍정적인 영향을 불러왔다. 게다가 수입 가격이 올라 지역 경제가 소비자 수요를 충당할 수 있게 되면서 전례 없는 수의 신생 회사 창업을 촉진했다. 이는 금융 서비스, 건설, 부동산 분야에서 파산한 회사들을 대체하고도 남았다.

셋째, 자본의 해외 유출을 막고자 아이슬란드 정부는 자본 이동과 외환에 관한 통제정책을 수립했다. 그러나 경제위기에서 비롯된 아이슬란드 혁명은 단지 경제 회복에 관한 것만은 아니었다. 은행에 종속되어 위기관리에 실패한 정치시스템의 근본적인 개혁이 주된 목적이었다. 이는 아이슬란드가 세계에서 가장 오래된 민주주의국가 중의 하나라는, 바로 그 사실 때문일 것이다. 알싱(오늘날에는 다른 형태지만 여전히 대표회의가 열리는)은 1000년 전에 세워졌다. 그러나 정치엘리트들의 정실주의와 무관심을 겪은 후, 아이슬란드는 다른 나라들과 마찬가지로 정통성의 위기에 빠졌다. 단지 11%의 국민만이 의회를 신뢰했고, 은행을 신뢰하는 사람은 겨우 6%에 불과했다.

국민의 신뢰를 회복하기 위해 정부는 헌법 개정 작업에 광범위하고 실현 가능한 수준에서 국민을 참여시킬 것이라는 약속을 지키고자 국민의 지지를 받는 선거를 제안했다. 독특한 개헌 작업이 실제로 이행되었다. 의회는 무작위로 선출된 시민 1000명으로 구성된 국가 총회를 주재할 헌법제정위원회 (Constitutional Assembly Council: CAC)를 임명했다. 이틀간의 협의 끝에 총회는 새로운 헌법 초안을 마련할 것을 요구하고, 헌법 조항에서 가장 중요한 몇 가지 원칙을 제시했다. 후속 작업으로 의회는 보수 야당의 반대에도 불구하고 25명의 헌법제정위원회 위원을 지명하기 위한 보통선거를 마련했다. 모든 국민에게 후보 자격이 부여되었고, 522명이 25석을 놓고 경쟁했다. 2010년 11월, 37%의 투표율로 선거가 실시되었지만, 대법원은 전문적인 법 해석을 이유로 이를 무효화했다.

이러한 방해를 피하기 위해 의회는 의회 직권으로 헌법제정위원회를 구성할 25명의 시민을 선출해 새로운 헌법 초안 작성의 임무를 맡겼다. 헌법제정위원회는 인터넷을 통한 시민 전체의 참여를 추진했으며, 페이스북이 토론을 위한 가장 중요한 플랫폼이 되었다. 트위터는 업무 진행 과정을 보고하고 시민들의 질의에 응답하는 채널로 기능했고, 유튜브와 플리커는 아이슬란드 전체에서 이루어지는 토론뿐만 아니라 시민들과 위원회 위원들 간의 직접 소통에 활용되었다.

헌법제정위원회는 온라인과 오프라인에서 1만 6000여 건의 제안과 소셜 네트워크에서 토론된 내용을 접수했다. 헌법제정위원회는 이러한 폭넓은 협의 결과를 고려해 조항을 열다섯 가지 버전으로 만들었다. 따라서 최종 헌법안은 문자 그대로 크라우드소싱(crowdsourcing)으로 만들어졌다. 일부 관찰자는 이를 위키헌법(wikiconstitution)이라고 부르기도 했다.[3]

온라인 참여자들과 위원들 간의 몇 개월에 걸친 협의 끝에, 위원회는 25 대 0으로 헌법 초안을 승인했다. 2011년 7월 29일, 헌법제정위원회는 9개장 114개 조에 달하는 법안을 의회에 전달했다. 의회가 일부 미진한 부분과 조항의 문구를 수정하고자 논의하는 동안, 진보 여당은 보수 야당의 반대를 물리쳤고, 법안은 약간 수정되는 데 그쳤다. 정부는 법안을 국민투표에 부쳐야 한다고 결정했고, 의회의 권한인 최종 승인에서 국민의 결정을 존중할 것임을 서약했다. 헌법안에 대한 투표일은 대통령 선거와 같은 날인 2012년 6월 30일로 정해졌다.•

법안이 승인된다면 새로운 아이슬란드 헌법은 철학적 원칙, 사회적 가치, 그리고 2011년에 전 세계에서 일어났던 사회운동에서 두드러지게 요구한 대의정치제도와 비전을 명시하게 된다. 법안의 일부 문구들을 강조하는 것도 의미 있을 것이다.4

헌법의 서문은 평등의 기본 원칙들을 선언한다.

우리 아이슬란드 국민은 모두에게 동등한 기회가 주어지는 정의 사회를 창조하기를 원한다.

다른 나라들과 마찬가지로 '1인 1표'라는 대의정치의 원칙에 대한 강조는 정치 공학에 의해 국민의 의지가 꺾이는 것을 막기 위한 핵심적인 요소였다. 법안은 다음과 같이 명시한다.

아이슬란드 어디에서든지 유권자들의 투표는 동등한 힘을 갖는다.

정당들의 독점을 깨기 위해 유권자들은 자유롭게 정당을 위해서 혹은 각기 다른 경력을 지닌 개인들에게 투표할 수 있다.

• [옮긴이] 개헌 초안 투표는 같은 해 10월 20일에 실시되었다. 투표율 48.9%를 기록한 국민투표에서 총 6개 항목의 개헌안이 찬성 66.3%, 반대 33.7%로 가결되었다.

정보에 대한 자유로운 접근 원칙도 강하게 확인된다.

법은 공공기관에서 작성하거나 수집한 모든 문서에 국민이 접근할 수 있도록 보장한다.

이러한 조항은 정부의 비밀 통치를 효과적으로 종결시킬 것이다. 정부와 의회는 모든 회의 내용을 기록해야 하고, 그러한 기록에 누구나 접근할 수 있게 되어 정치 공작을 숨기는 것은 더욱 어려워질 것이다. 이에 더해서,

모든 사람이 자유롭게 정보를 수집하고 확산시킬 수 있다.

법안에는 정치인, 특히 대통령의 임기 횟수를 제한하고 법안을 발의하거나 구체적인 이슈에 대해 국민투표를 요청할 수 있는 시민의 권리가 인정되었다.
경제 관리에서는 공공의 이익이 강조된다.

아이슬란드의 천연자원은 개인의 소유가 아니라 공공의 것이며 국가의 영속적인 자산이다. …… 이러한 자원의 활용은 지속적인 발전과 공공의 이익에 의해 주도된다.

자연에 대한 존중은 최고의 가치이다.

아이슬란드의 자연은 삶의 기반이다. …… 천연자원의 활용은 장기적으로 자연과 미래 세대를 위해 파괴를 최소화하면서 관리되어야 한다.

글로벌 자본주의의 맥락에서 한 국가의 헌법이 혁명적인 원칙들을 명쾌하

게 반영할 수 있다는 것은, 정말 대중적인 크라우드소싱 과정과 그러한 참여 과정의 결과물 사이의 직접적인 연관성을 보여준다. 참여민주주의가 비효율적이라는 통념을 벗어나 의회가 직접 협의를 요청했고, 장장 4개월간 작업이 이루어졌다. 아이슬란드 인구는 32만 명이다. 이러한 체험의 옹호자들은 인터넷, 완전한 인터넷 활용 능력과 제한 없는 접속으로 이러한 정치 참여 모델 또는 입법 과정에서의 크라우드소싱을 확장할 수 있다고 주장한다. 만약 그렇다면, 심화된 대의민주주의의 문화적·기술적 기반은 북대서양에 위치한 빙하와 화산으로 이루어진 작은 섬나라에서도 펼쳐질 것이다.

파괴적인 경제위기의 결과와 싸우고 있는 유럽 사회운동에 아이슬란드 혁명이 참고가 되는 것은 시위대가 이끌어낸 주요 이슈들과의 직접적인 연관성으로 설명된다.

아이슬란드 국민은 모든 다른 나라 사람들이 그랬던 것처럼 생계를 파괴하는 투기 금융자본주의의 한 유형에 맞서 반란을 일으켰다. 그러나 그들의 분노는 민주제도가 시민의 이익을 대변하지 못한다는 인식에서 비롯되었는데, 왜냐하면 정치엘리트들이 금융엘리트들의 이익에 부응하면서 국가에 대한 그들의 독점 권력을 유지하는, 자가 증식의 자세를 보여왔기 때문이다.

이것이 정부와 정치엘리트가 혁명의 주된 타도 대상이 된 이유였다. 인터넷에 마련된 공공공간에서 나온 의견들에서처럼, 그들은 사실상 새로운 정부에 국민의 뜻에 따라 정책을 행할 기회를 제공했다고도 볼 수 있다. 새로운 정부는 빠른 경제 회복을 이끈 효과적인 경제정책을 폈는데, 이는 불황을 악화시키는 잘못된 긴축정책으로 신음하는 많은 유럽 국가와는 대비되는 것이었다. 아이슬란드와 나머지 유럽 국가들 사이에서 확연히 드러나는 차이점은 아이슬란드 정부가 국민의 경제적 부담을 가능한 한 많이 덜어주면서 경제위기의 대가를 금융가들이 치르도록 했다는 것이다. 이는 바로 유럽 전역의 시위대들이 요구하는 핵심 사항 중 하나이다. 이러한 접근의 결과는 경제적인 면이나 사회적·정치적 안정의 면에서 모두 긍정적으로 작용했다.

더 나아가 아이슬란드 국민들은, (만약 시행된다면) 진정한 민주주의와 근본적인 인간 가치의 보존을 보장하는, 그들이 공들여 만든 새로운 헌법으로 정치시스템을 변혁하려는 그들의 프로젝트를 완벽하게 인식했다. 특히 이런 면에서 아이슬란드의 개혁은 많은 한계에도 불구하고 경제위기에 맞선 사회 운동의 최전선에 있는 신세대 실용적 이상주의자들에게 영감을 주는 진정한 혁명 실험 사례였다. 사실 인터넷에 아이슬란드의 개헌 과정을 되돌아보는 몇몇 글이 있었는데, 거기서는 미국 헌법에 영감을 준 원천 중의 하나라고 여겨지는 1755년의 코르시카 헌법이 언급되었다.[5]

단명한 공화국의 건국자들의 요청으로 루소(Jean Jacques Rousseau)가 코르시카 헌법 초안을 썼는데, 그는 헌법이 원칙의 확립에 기반이 되어야 한다며 다음과 같이 기술했다.

국민에게서 비롯된 권력은 돈에서 비롯된 것보다 실제적이며 그 효과도 확실하다. 인사 문제에 대한 감시를 피할 수 없기에, 사람은 언제나 공적인 목적으로 쓰인다. 그러므로 돈도 새어나가거나 개인적인 목적으로 사용되지 않는다. 돈은 하나의 목적을 위해 모아지고 또 다른 목적을 위해 쓰인다. 즉, 국민들은 국가의 보호에 대해 대가를 지불하지만, 그들이 내는 세금은 그들을 억압하는 데 쓰이기도 한다. 이것이 바로 돈이 넘쳐나는 국가가 항상 약하고, 인적 자원이 풍부한 국가가 언제나 강한 이치이다.[6]

재정적 빈곤과 인적 자원의 풍요 사이의 이런 뚜렷한 대조는 역사를 거쳐 시민들이 새로운 헌법 제정을 꿈꾸었던 많은 광장으로 퍼져갔다. 그러한 의미에서 아이슬란드의 새로운 헌법 제정은 코르시카 헌법이 미국 자유 선언에 기여했던 역할과 같이 21세기 민주주의에 영감을 주는 성공적인 역할을 했다.

남쪽에서 부는 바람, 북쪽에서 부는 바람:
사회를 변화시키는 다양한 문화적(cross-cultural) 지렛대

면밀하게 조사해보면, 네트워크된 사회운동의 전조들은 서로 다른 문화적·제도적 상황에서도 놀랄 만한 유사성을 보여준다.

튀니지 봉기는 금융경제의 붕괴가 아니라 약탈국가에 뿌리내린 한패거리의 국가경제 약탈에 의한 것이었지만, 아이슬란드와 튀니지에서의 민중봉기는 모두 극적인 경제위기 상황에 반발해 일어난 것이었다. 게다가 사람들은 민주적으로 선출되었거나 또는 독재적으로 권한을 부여받은 재벌과 정치엘리트의 명백한 유착에 무력감을 느꼈다. 자유와 시민권을 전적으로 존중하는 아이슬란드 민주주의와 튀니지의 벤 알리와 그 패거리의 잔혹한 독재정권을 일치시킬 수는 없다. 하지만 두 나라 국민의 관점에서 봤을 때, 작게는 정부, 크게는 정치엘리트가 금융엘리트의 이해관계에 부합하고 국민의 이익보다 자신의 이익을 앞세우려 했기에 국민의 뜻을 대표하지 않았다는 점은 일치한다. 비록 어마어마한 차이는 있지만, 두 나라 모두 민주적 절차를 무시했고, 이는 저항의 뿌리에 있는 불만의 주요 원인이었다. 정치적 정통성의 위기는 투기 자본주의의 위기와 결합되었다.

이 두 나라에는 흥미로운 공통점이 또 있다. 아이슬란드와 튀니지 모두 인종과 종교 면에서 상당히 단일한 국가이다. 사실 아이슬란드는 오랜 세월의 고립으로, 동일한 유전 형질을 찾는 유전학자들의 실험실로 쓰였다. 튀니지도 아랍세계에서는 인종적으로 가장 단일한 국가이며, 수니파 무슬림이 압도적으로 많다. 따라서 이 두 나라를 기준으로 다른 나라에서 일어난 사회운동의 특성을 비교함으로써 문화적·인종적 이질성의 영향을 평가하는 것도 의미 있을 것이다.

유사성은 운동의 실행을 확산시킨다. 아이슬란드와 튀니지의 운동은 모두 극적인 사건(아이슬란드의 금융 붕괴, 튀니지의 모하메드 부아지지의 분신)에서 촉발되었다. 두 나라에서 휴대전화와 인터넷상의 소셜 네트워크는 이미지와 메시지를 확산하는 데 중요한 역할을 했다. 그것들은 토론을 위한 플랫폼을 제공하고 행동을 촉구하며 시위를 조율 또는 조직하고 대중 전반에 정보와 토론의 내용을 전달하면서 사람들을 동원했다. 텔레비전도 일정한 역할을 했지만, 인터넷과 휴대전화가 이미지와 정보의 공급에 늘 사용되었다.

두 나라의 사례를 살펴보면, 튀니스에서 구호를 합창하는 것부터 아이슬란드 레이캬비크에서 프라이팬과 냄비를 두드리는 것까지, 토론과 시위 둘 다를 위한 물리적 뒷받침이 될 상징적인 공공광장을 점거함으로써 운동은 사이버공간에서 도심공간으로 이동했다. 디지털 소셜 네트워크와 새롭게 만들어진 도시 공동체의 복합적인 공공장소는 자기성찰의 도구이자 민중의 힘을 표현하는 운동의 심장부였다. 무력감은 역량강화로 전환되었다.

이러한 역량강화는 제도 변화를 이끌어내는 의미 있는 성과를 거두었다는 점에서 튀니지와 아이슬란드의 운동에서 가장 큰 유사점이라고 할 수 있다. 튀니지에 민주 정부가 수립되었으며, 아이슬란드에는 대의민주주의의 영역이 확대되면서 새로운 헌법이 제정되었고 새로운 경제정책이 시행되었다. 성공적인 정치 개혁을 이끈 동원 과정은 시민의식을 변화시켰고, 정치를 주물렀던 이전 방식으로 회귀하려는 어떠한 시도도 어렵게 만들었다. 이것이 바로 튀니지와 아이슬란드의 운동이 세계 경제위기 속에서 공존의 새로운 형태를 모색하고자 일어난 사회운동들의 모범이 된 이유이기도 하다.

이런 의미에서 이 책의 목적은 서로 다른 사회적 상황에서 일어난 튀니지와 아이슬란드 운동의 중요한 요소로 동일하게 드러난 핵심 특성의 범위를 조사하는 데 있다. 만약 동일한 특성이 있다면 우리는 사회 변혁의 새로운 형태의 등장을 관찰하게 될지도 모른다. 또한 맥락상의 차이로 인해 실행 방향이 수정된다면, 우리는 아마도 문화와 제도 그리고 운동 사이의 상호작용에 관한 몇 가지 가설을 제시할 수 있을 것이다. 이는 사회 변혁 이론 그리고 그 실행의 핵심 과제가 될 것이다.

3   이집트 혁명

18일간의 저항 끝에 마지막 파라오를 몰아낸 1월 25일의 혁명은 뿌리 깊은 억압, 불평등, 빈곤, 실업, 여성 차별, 민주주의에 대한 냉소, 경찰의 만행에 대항하는 것이었다.[1]

이집트 혁명에 앞서, (2005년과 2010년의 부정선거 후에 일어난) 정치 시위, (2005년의 검은 수요일에 잔혹하게 진압된) 여성 인권 투쟁, 2008년 4월 6일 마할라 알쿠브라 시의 직물 공장에서 일어난 것과 같은 노동쟁의 등이 있었다. 파업 노동자들이 피비린내 나는 탄압에 맞서 폭동을 일으키고 도시를 점거하기도 했다. 이러한 투쟁에 자극을 받아 7만 명의 회원을 모은 페이스북 그룹을 개설했던 '4·6 청년 운동(the 6 April Youth Movement)'[2]이 탄생했다. 왈리드 라시드(Waleed Rashed), 아스마 마흐푸즈(Asmaa Mahfouz), 아흐메드 마헤르(Ahmed Maher), 모하메드 아델(Mohammed Adel)[3]과 더불어 이 운동의 많은 활동가는 1월 25일의 타흐리르 광장 점거를 이끌어낸 시위에서 중요한 역할을 담당했다. 그들은 인터넷으로 소통하면서 비밀스러운 회합을 통해 만들어진 다른 단체들과 연대했다. 이러한 계획 가운데 가장 두드러진 것은 페이스북 그룹 '우리는 모두 칼레드 사이드(Khaled Said)다'라는 네트워크였다. 이 네트워크의 명칭은 경찰의 부패를 폭로하는 영상을 인터넷에 올린 한 젊은 행동가가 2010년 6월, 알렉산드리아의 한 인터넷카페에서 경찰에게 구타당해 사망한 사건을 기리기 위한 것이다.[4] 구글이집트의 젊은 임원인 와엘 고님(Wael Ghonim)과 압둘라만 만수르(AbdulRahman Mansour)가 세운 이 네트워크에 이집트와 전 세계에서 수만 명이 참여했다(Ghonim, 2012). 이들은 이 페이스북 그룹 지지자들에게 30여 년 동안 이집트 사람들을 공포에 떨게 했던 경찰의 만행에 대항하는 시위를 내무부 앞에서 열자고 호소했다. 그들은 경찰의 날인 1월 25일을 거사일로 정했다.

그러나 예기치 못한 규모의 시위를 촉발하면서 이집트 혁명에 실제로 불길을 당긴 것은, 변화에 대한 희망과 참을 수 없는 무자비함에 대항하는 분노가 합쳐져 일어난 튀니지 혁명이었다. 튀니지 혁명에 이어 이집트 혁명 역시 많은 사람을 굶주리게 만든 식량 가격 인상에 저항한 일련의 분신(총 여섯 명) 사건에 의해 시위 양상이 극적으로 바뀌었다. 그리고 이러한 사건의 영향은 4·6 청년 운동의 주동자 중 한 명인 카이로 대학교 경영학과에 재학 중이던 아스마 마푸즈(Asmaa Mafhouz, 26세)에게 전해졌다.

1월 18일, 아스마는 페이스북 페이지의 비디오 블로그(vlog)에 동영상을 올렸다. 히잡을 착용했지만 이름과 신분을 밝히며 다음과 같이 말했다.

네 명의 이집트인이 스스로 분신했습니다. …… 우리는 부끄러워해야 합니다. 여자인 저도 타흐리르 광장에 나가 홀로 플래카드를 들고 서 있겠노라 글을 올렸습니다. …… 저는 여러분에게 간단한 메시지를 전달하기 위해 이 영상을 만들고 있습니다. 1월 25일, 우리 모두 타흐리르 광장에 모입시다. 만약 여러분이 집에 머문다면, 여러분은 그렇게 당해도 되는 사람들이라는 것이며, 나라와 민족에 죄를 짓는 일입니다. 거리로 나오세요. 문자를 보내고 인터넷에 올려 사람들에게 알려 주세요.

누군가가 이 비디오 블로그를 유튜브에 올렸고, 수천 명의 입을 통해 퍼져나갔다. 이는 중동 지역 전체에 '혁명에 불꽃을 당긴 비디오 블로그'로 알려졌다(Wall and El Zahed, 2011). 혁명에 동참하자는 요구는 인터넷 네트워크에서 시작해 친구와 가족 그리고 모든 종류의 단체를 통해 퍼져나갔다. 이러한 네트워크는 개인뿐만 아니라 각 개인의 네트워크를 연결시켰다. 특히 오랜 기간 경찰과 충돌해온 역사가 있는 축구팀 알아흘리(al-Ahly)와 이 팀의 라이벌 자말렉 스포르팅(Zamolek Sporting)의 팬 네트워크가 중요한 역할을 했다.5 1월 25일, 수만 명이 카이로의 상징적인 중앙 광장인 타흐리르에 집결했다. 경찰의 공격에 저항하면서 광장을 점거했고 혁명의 가시적인 공공 공간으로 변모시켰다. 다음 날, 도시 빈민, 종교적 소수자(콥트기독교인들은 이슬람교도와 세속주의 시위자들과 더불어 운동에 많이 참가했다) 그리고 아이들을 데리고 나온 많은 여성을 포함한 모든 계층의 사람들이 호스니 무바라크(Hosni Mubarak)와 정권의 퇴진을 요구했고, 해방된 광장은 수십만 명이 모여 시위를 벌이는 안전한 장소로 이용되었다. 각기 다른 시점에 200만 명이 넘는 사람이 타흐리르 광장의 시위에 참가한 것으로 추정되었다.6

'분노의 금요일'로 알려진 1월 28일에는 시위를 진압하려는 중앙 보안 경찰의 맹공이 시위대의 단호한 저항에 부딪혔다. 당시 시위대는 수백 명의 사망자와 수천 명의 부상자를 대가로, 도심의 통제권을 장악하고 정부 청사와 경찰서를 점거하고 있었다. 유사한 사건들이 이집트 전역에서 일어났고, 다른 도시들, 특히 알렉산드리아도 시위에 휩싸였다. 금요일 – 이집트뿐만 아니라 다른 국가에서도 – 은 아랍세계에서 일어난 다른 봉기만큼이나 이집트 혁명에서 특별한 의미가 있다. 금요일은 연합 예배(줌마(Jum'ah)라고도 불린다)의 날이고 휴일이어서 사람들이 모스크에 모인다. 그렇다고 이날 발생한 시위들이 연합 예배의 날 설교로 촉발된 종교운동이었다고 할 수는 없다. 꼭 그렇지는 않지만 이집트에서 금요일은 다른 사람들을 만나기에 시간적·공간적으로 적합했고, 함께 있다는 용기와 힘을 느끼기에 충분했다. 그래서 금요일은 주중에도 혁명을 다시 불붙이는 순간이 되었다. 무바라크의 계승자, 즉 이집트 최고군사위원회(Supreme Council of the Armed Forces: SCAF)와의 투쟁이 지속되었던 2011년 내내, 금요일에는 대규모 시위가 순식간에 일어났고 헌병의 무자비한 진압이 잇따랐다. 분노의 금요일(1월 28일), 척결의 금요일(4월 8일), 제2 분노의 금요일(3월 27일), 응징의 금요일(7월 1일), 결단의 금요일(7월 7일) 그리고 수만 명이 참가한 이집트 최고군사위원회 반대 행진(7월 15일) 등 금요일은 중요한 날이었다.

그러므로 인터넷 네트워크, 이동통신 네트워크, 기존의 소셜 네트워크, 거리시위, 공공광장의 점거, 모스크 주변의 금요 집회 등은 이집트 혁명을 일으킨 자발적이고 대개 지도자가 없는 복합적 네트워크의 형성에 기여했다. 알라구이와 퀴블러(Allagui and Kuebler, 2011: 1435)는 "우리가 러시아 혁명에서는 정치 지도력과 연합 전선 구축을 배우고, 프랑스 혁명에서는 대중적 자주성을 배웠다면, 튀니지와 이집트의 아랍 혁명은 네트워크의 힘을 보여주었다"라고 평가했다.

이집트 혁명에서 '흐름의 공간'과 '장소의 공간'

전통적인 형태의 저항세력은, 오랫동안 거칠 것 없이 고문을 자행해왔던 경찰(때때로 테러리스트 검거를 위해 미국 중앙정보부의 하청을 받았다)의 잔인한 폭력에 부딪혔기 때문에, 이번 저항세력은 자신들의 거점을 인터넷에 세웠다. 또한 1월 25일과 그 이후의 시위 참가를 요청하는 메시지들은 페이스북을 통해서 전달되었으며, 소셜 네트워크와 휴대전화가 일상의 중심을 차지하는 젊은이들이 적극적으로 응했다.

영국의 시장조사 전문업체 오범(Ovum)의 조사에 따르면, 2010년 말 이집트인의 80%가 휴대전화를 소지했다. 또한 국제전기통신연합(International

Telecommunications Union: ITU)에 따르면, 2009년을 기준으로 전체 가구 수의 약 4분의 1이 인터넷에 연결되어 있었다. 그런데 카이로, 알렉산드리아, 그 밖의 주요 도심지역에 거주하는 20~35세 인구의 다수가 가정과 학교, 인터넷카페 등에서 인터넷에 접속할 수 있었기 때문에 인터넷 접속 비율은 평균보다 훨씬 높았다. 페이스북이 아랍어 사이트를 개설한 지 2년이 채 지나지 않아서 페이스북 이용자가 세 배나 증가했고, 2011년 2월에는 이용자가 500만 명으로 늘었으며, 이 가운데 60만 명은 혁명이 일어난 1~2월에 가입했다. 일단 메시지가 인터넷을 거쳐, 적극적이고 인터넷 기술에 대한 상식이 있는 이집트 청년 집단에 도달하면, 휴대전화 네트워크는 이 메시지를 더 넓은 범위의 이집트 국민에게로 확산시켰다.

따라서 이집트 혁명에서 소셜 미디어 네트워크는 중요한 역할을 했다고 말할 수 있다. 시위대는 현장을 휴대전화로 촬영하고 페이스북과 유튜브를 통해 이집트 국민들 및 전 세계 사람들과 영상을 공유했고, 종종 생방송으로 전송하기도 했다. 그들은 페이스북에서 논의하고, 트위터로 행동을 조직했다. 의견을 광범위하게 전달하고 토론을 진행할 때는 대체로 블로그를 이용했다.

구글 트렌드 분석은 이집트 혁명 기간에 시위 현장과 연관된 검색이 많아지고, 특히 첫 시위가 있었던 1월 25일과 그다음 날에 관련 검색이 정점에 달했음을 보여준다(그림 3-1 참조).

아우라흐와 알렉산더(Aouragh and Alexander, 2011)는 도시 빈민의 '새로운 구역(new quaters)'에 형성된 저항공간과 함께, 저항공간으로서의 인터넷의 타당성을 강조했다. 혁명 기간에 인터뷰했던 활동가 노아 아테프(Noha Atef)는 온라인 기반 동원의 구체적 역할에 관해 다음과 같이 말했다.

온라인에서 공간을 확보하고 글을 쓰고, 사람들과 이야기를 나누며 사람들의 분노를 키우는 메시지를 전달하는 것은 내가 가장 선호하는 온라인 행동주의의 방

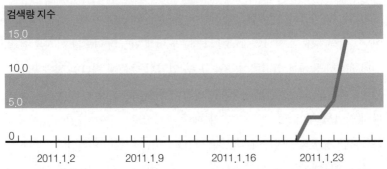

그림 3-1 **혁명 기간 이집트에서의 구글 트렌드 분석**

주: '검색량 지수'는 이집트에서 '시위(ﻣﻈﺎﻫﺮﺓ)'라는 검색어의 30일간 트래픽 평균을 1로 했을 때를 기준으로 하여 비율로 표시한 것이다.

법이다. …… 당신이 사람들에게 경찰에 맞서 나가서 시위하라고 요구할 때, 사람들은 이미 준비되어 있다. 왜냐하면 당신이 이미 그들을 분노하게 만든 자료들을 제공했기 때문이다(Aouragh and Alexander, 2011: 1348).

1월 24~29일, 타흐리르 광장에서 사람들이 주고받은 트윗의 대용량 데이터 분석은 트위터 트래픽의 집중도를 보여주고, 활동가와 언론인을 포함한 개인들이 현장에 있던 조직들보다 영향력 있는 트위터 발신자라는 증거를 제공한다. 다시 말하면, 트위터는 다양한 개인들이 운동 현장에서 선구자로 자리매김할 수 있게 한 기술적인 플랫폼이었다. 로탄 등(Lotan et al., 2011: 1401)은 그들의 관찰을 기반으로 "혁명은 사실상 트위터로 전달되었다"라고 결론 내렸다.

따라서 활동가들은 일부가 그랬던 것처럼 페이스북에서 시위를 계획했고, 트위터를 통해 시위를 조직했으며, 문자 메시지(Short Message Service: SMS)로 이를 확산하고, 유튜브를 통해 세계로 인터넷 방송을 전송했다. 시위대들을 무자비하게 탄압하는 보안 경찰의 모습이 담긴 편집되지 않은 영상들은 정권의 폭력성을 고스란히 드러내며 공유되었다. 이러한 영상의 바

이러스성 성격과 이집트 현장에서 신속하게 쏟아져 나오는 다량의 뉴스를 이집트와 전 세계 많은 사람이 접할 수 있었던 것, 그것이 무바라크 반대 시위 동원 과정의 핵심이었다. 기존의 오프라인 소셜 네트워크의 역할 또한 중요했다. 디지털 문화에서 소외된 빈민 지역과 금요 집회 이후 이슬람 사원에서 진행되는 전통적인 사회·정치 모임에 지지를 호소하는 팸플릿을 돌렸다. 자율적 커뮤니케이션의 이러한 다중성은 고립의 장벽을 무너뜨렸으며 연대와 참여로 두려움을 극복하게 만들었다.

그러나 운동의 근본적인 사회적 형태는 공공장소를 점거하는 것이었다. 모든 네트워크 형성 과정은 자율적인 관리와 연대의 형식을 실험하고, 정부 당국의 권위에서 벗어난 정해진 영역에서의 해방으로 수렴하는 것이었다. 이것이 타흐리르 광장이 반복해서 공격받은 이유이며, 보안 경찰과 대격전을 치르면서도 광장을 계속해서 재점거했던 이유이다. 운동은 매 순간 저항의 강도를 높일 필요가 있었는데, 처음에는 독재에 대항해서, 그다음에는 경제상의 기득권을 보호하고자 될 수 있는 한 권력을 유지하려는 군사 정부에 대항해서였다.

타흐리르 광장에서 이루어진 이러한 공동 연대는 몇 개월 후 전 세계에서 일어난 점거운동들의 본보기가 되었다. 이러한 연대는 다양한 사회적 실천, 예를 들어 점거 당시 일상생활에 필요한 물자 관리 및 보급을 자율적으로 관리(위생 관리, 음식과 식수 공급, 의료 지원, 법률 자문, 커뮤니케이션)하거나 무슬림들이 금요기도회에 참석하는 동안 콥트기독교인들이 11월 21일 포위 당시 광장을 지켰던 것과 같은 행동 등으로 표현되었다.

더 나아가 다양한 현실을 반영하는 운동이 공공연히 존재하는 공공장소가 세워짐으로써, 주류 언론들은 시위를 보도하고 시위의 주역들을 부각시키며 무엇에 관한 혁명인지 전 세계에 방송할 수 있었다. 아랍에서 일어난 모든 봉기에서 알자지라는 이집트 국민과 아랍인 시청자들에게 생각지도 못한 일이 실제로 일어났음을 아랍어로 알리는 주요한 역할을 수행했다. 알자지라의 강력한 전시효과는 아랍 국가들에서 봉기가 일어나는 데 영향을 끼쳤다. 무바라크가 권좌에서 축출된 후, 서구 미디어들은 이집트에 관한 일간 보도에 관심을 잃었지만, 알자지라는 이집트 시위를 이집트 국민 및 아랍 여론과 지속적으로 연결시켰다. 언론인들이 크나큰 위험을 무릅쓰고 이루어낸 알자지라의 보도 수준은 시민 언론에 대해 개방적인 방송국의 지원에 힘입은 바가 크다. 알자지라는 역사에 남을 순간을 휴대전화로 촬영한 일반 시민과 현장 활동가들이 제공한 많은 정보와 피드들을 방송했다. 처음에는 무바라크를, 그리고 나중에는 이집트 최고군사위원회를 지원했던 세계 여러 우방국들이 이집트 정부의 강압적인 행동에 따른 악화된 세계 여론을 피하려 했기 때문에, 주류 미디어들은 생방송을 내보내는 것은 물론이고 공공장소의 시위 전개 상황에 지속적으로 초점을 맞춤으로써 폭력적인 탄압에 대항하는 운동의 확실한 방패막이 되었다.

사이버공간과 도심공간 사이에서 역동적인 상호작용이 일어나는 새로운 공공장소를 기반으로 점거장소가 생기자, 인터넷 소셜 미디어, 사람들의 사회적 네트워크 그리고 주류 미디어 사이의 연결이 가능해졌다. 활동가는 시위대가 제작한 영상과 사진을 취합하기 위해 타흐리르 광장에 '미디어 캠프'를 개설했다. 일례로 그들은 몇 시간 만에 거리의 사람들에게서 75기가바이트에 달하는 이미지를 수집했다. 이러한 복합적인 공공장소의 구심점 역할은 카이로의 타흐리르 광장에만 국한되지 않았다. 구심점은 그해의 각기 다른 시점에 시위에 참여한 수십만 명의 시위대가 있는 모든 주요 도심으로 확대되었다. 알렉산드리아, 만수라, 수에즈, 이스마일리아, 탄타, 베니 수에즈, 다이루트, 셰비넬칸, 룩소르, 미냐, 자가지그로 확대되었고, 시나이 반도에서는 베두인족이 수주에 걸쳐 경찰에 맞서 싸웠으며 그들 스스로 국경을 지키기도 했다. 인터넷 혁명은 역사 속 혁명들의 영토적 속성을 무시할 수 없었다. 그 대신에 장소의 공간(the space of places)에서 (정보)흐름의 공간(the space of flows)으로 혁명을 확장시켰다.

인터넷이 촉발한 혁명에 대한 정부의 대응: 전면 차단

국가 권위에 대한 도전에 아무런 응답이 없었던 적은 없었다. 아랍 혁명과 이집트 혁명에 대해 각 정부는 전면적인 탄압, 미디어 검열, 인터넷 차단으로 대응했다.

이집트 정부가 완전히 단합해서 영향력 있는 해외 우방과 협력하지 않는한, 글로벌 미디어의 주목을 끌고 있고 커뮤니케이션 네트워크의 지원을 받는 대규모 운동에 대한 탄압을 계속할 수는 없는 노릇이었다. 이러한 상황은 이집트만의 문제가 아니었기에, 정권은 인터넷을 강하게 탄압하며 이용을 금지하려 했다. 그 와중에 이집트 정부는 과거 어떤 정권도 감히 하지 않았던 휴대전화 네트워크와 전국의 인터넷 접속을 차단하는 '전면 차단(the great disconnection)'을 시도했다.[7] 이는 인터넷 기반 운동의 미래를 가늠하는 중요한 사건이었고, 사실상 전 세계 대부분의 국가가 암묵적 혹은 노골적으로 희망하는 바와 일치하기에, 나는 이때 무슨 일이 어떻게 벌어졌는지, 그리고 가장 중요하게는 그것이 왜 실패했는지 자세히 서술하고자 한다.

시위 발생 첫날에 이집트 정부는 국내 언론을 검열했고, 사건 현장에 관한 뉴스를 확산하고 시위 참가를 촉구하는 소셜 미디어 사이트를 차단하는 조치를 취했다. 1월 27일에 정부는 문자 메시지 전송과 스마트폰 블랙베리의 메시지 서비스를 차단했다. 27일 밤과 28일에는 거의 전체 인터넷 접속이 차단되었다. 차단을 실행하는 중앙 스위치는 없었지만, 정부는 더 오래되고 더 효율적인 기술을 이용했다. 즉, 잇따른 전화 연결을 대형 인터넷 서비스 공급자(Internet Service Provider: ISP)들 ― 링크 이집트(Link Egypt), 보다폰/라야(Vodafone/Raya), 텔레콤 이집트(Telecom Egypt), 에티살라 미스르(Etisalat Misr) ― 에 할당해서 연결을 끊으라고 지시했다. 각 ISP의 직원들은, ISP를 통해 연결되어 있으며 모든 IP 주소를 담고 있는 회사의 라우터*에 접속해 대부분 혹은 모든 IP 주소를 삭제함으로써 이집트 국내외에서 이들에 접속하려는 이용자들을 차단했다. ISP 회사들은 그들의 컴퓨터를 끄지 않고 단순하게 코드만 바꾸면 그만이었다. 그들은 3500개의 개별적인 경계 경로 프로토콜(Border Gateway Protocol: BGP) 라우터를 철수했다.[8]

차단이 일어난 이틀 뒤에도 카이로의 증권거래소를 연결하는 누르 데이터 네트웍스(Noor Data Networks)는 여전히 작동했다. 인터넷 접속이 차단되면서 이집트를 드나드는 인터넷 트래픽의 93%가 사라졌다. 연구기관들을 호스팅하는 일부 소규모 ISP들의 인터넷 서비스는 유지되었기 때문에 완전히 차단된 것은 아니었으며, 정부기관과 군대도 전용 ISP를 이용했기 때문에 인터넷 접속을 유지할 수 있었다. 일부 이집트 국민도 전화선을 통해 인터넷에 접속할 수 있었다. 이집트를 거치는 유럽-아시아 광케이블이 작동했지만, 이집트에서는 접속할 수 없었다.

그러나 정부에서 인터넷을 차단하고자 할 때 부딪히는 가장 큰 장벽은 해커, 인터넷 전문가, 기업, 시민운동가, 어나니머스와 같은 활동가 네트워크와 인터넷이 기본적인 권리이자 삶의 방식인 전 세계 사람들로 구성된 글로벌 인터넷 공동체의 감시였다. 이러한 공동체는 2009년에는 이란에서, 2010년에는 튀니지에서 했던 것처럼 이집트를 구원했다. 게다가 이집트 시위대들은 각자의 재능을 총동원해 운동을 (인터넷을 통해) 이집트 그리고 세계와 다시 연결했다.

사실, 이 혁명은 다양한 커뮤니케이션 플랫폼을 가지고 있었기 때문에 결코 소통이 차단될 수 없었다. 알자지라는 정권에 대항해 일어난 봉기를 지속적으로 보도한다는 점에서 결정적이었다. 알자지라에서 제공받는 뉴스와 이미지로 운동은 정보 수집을 유지했고, 현장 상황을 전화로 보고받았다. 정부가 위성 연결을 차단하자 아랍의 다른 위성 방송사가 알자지라에 그들의 주

● [옮긴이] 라우터(router)는 패킷(packet: 데이터 블록)의 위치를 추출하여 그 위치에 대한 최상의 경로를 지정하며 이 경로를 따라 데이터 패킷을 다음 장치로 전향시키는 장치이다 (위키피디아).

파수를 제공했다. 또한 팩스, 아마추어 무선통신(ham radio), 전화 연결 모뎀과 같은 전통적인 커뮤니케이션 수단들이 인터넷 차단을 극복하는 데 도움을 주었다. 시위대는 이집트 내부에서 커뮤니케이션 통제를 피하는 방법에 관한 정보를 퍼뜨렸다. 활동가는 전화 연결 모뎀과 아마추어 무선통신을 이용할 수 있도록 작동법(기계 작동법 혹은 사용설명서)을 제공했다. 프랑스, 스웨덴, 스페인, 미국과 그 밖의 나라의 ISP 회사들은 시위대가 정보를 주고받을 수 있는 국제전화가 가능한 모뎀 공동 이용 시설을 개설했다. 또한 요금을 부과하지 않아 이집트 사람들이 무료로 이용할 수 있게 했다. 마날라(Manalaa) 블로그는 이집트 사람들에게 휴대전화, 블루투스, 노트북 등을 이용해 전화를 거는 방법을 알려주었는데, 이 정보는 많은 블로그에 게시되었고 소문으로 확산되었다.

통제를 우회하는 가장 주요한 수단은 일반 전화를 사용하는 것이었다. 전화가 없으면 국정 운영이 불가능하기 때문에 일반 전화는 차단되지 않았다. 이집트 활동가들은 일반 전화로 자원활동가들이 제공하는 TOR(The Onion Router network)와 같은 컴퓨터 네트워크에 자동적으로 메시지를 보낼 수 있는 국제전화를 걸 수 있었는데, 전달된 메시지는 여러 수단을 통해 다시 이집트로 보낼 수 있었다. 핫스팟 실드(HotSpot Shield) 같은 네트워크를 사용하는 이집트의 인터넷 전문가들은 프록시 서버•(정부의 통제를 벗어난 대안 인터넷 주소들)에 접속할 수 있었다. 프랑스의 NDF 같은 기업들은 전화 연결로 글로벌 인터넷에 연결된 파리에 있는 전화번호를 무료로 제공했다. 구글과 트위터의 기술자들은 일반 전화로 자동응답기에 남겨진 음성 메시지를 트윗으로 자동 변환해주는 프로그램(speak-to-tweet program)을 설계했다. 전송된 메시지는 발신된 국가명이 붙은 해시태그로 트윗되었다. 이집트에서

• [옮긴이] 프록시(proxy)는 데이터를 가져올 때 해당 사이트에서 바로 자신의 PC로 가져오는 것이 아니라 임시 저장소를 거쳐서 가져오는 것이다(컴퓨터IT용어사전).

는 트위터 계정이 차단되었기에, 트위터는 이집트에 통화-트윗 전환 프로그램 전용 계정인 @twitterglobalpr를 새로 만들었다. 국제 해커 조직인 텔레코믹스(Telecomix)는 이집트에서 오는 전화 메시지를 자동으로 검색해서 이를 이집트 전역의 팩스로 전송하는 프로그램을 개발했다. 많은 수의 팩스가 대학들에서 사용되었기에 대학들이 커뮤니케이션 센터로 활용되었다. 메시지들은 대학들의 팩스에서 점거장소로 전달되었다. 텔레콤믹스는 아마추어 무선통신 메시지를 수신하고 해독하여 활동 단체들이 권장하는 주파수로 송신했다. 이처럼 정부의 검열에 대처하는 데는 오래된 기술들이 중요했다고 말할 수 있다. 전체적으로 봤을 때, 촘촘한 다중모드 커뮤니케이션 네트워크의 형성에 더해진 다양한 수단들이 이집트 및 전 세계와의 연결을 유지하는 데 일조했다. 활동가들은 다른 수단으로 소통하는 방법들이 담긴 책자를 발행했고, 여러 통로로 전달된 정보는 점거된 광장에 모여 있던 사람들과 시위대가 인쇄하고 배부한 소책자를 통해 뿌려졌다.

2월 1일, 이집트에서 인터넷 접속이 재개되었다. 이집트 ISP 회사들은 업스트림 공급자들과 다른 네트워크들이 데이터 경로를 재설정하도록 코어 라우터•를 변경했다. 네트워크의 재접속 속도(이집트에서 인터넷이 약 30분 만에 작동되었다)는, 물리적으로 케이블을 꽂아 네트워크에 연결하는 것보다 BGP의 활용이 유용하다는 것을 이집트 ISP 회사들이 다른 네트워크 라우터에 알려주고 있음을 보여준다. 그러므로 차단이나 재접속도 물리적으로 이루어진 것이 아니었다. 이는 정부가 ISP 회사들에 서비스 재개를 허가했을 때 단순하게 라우터의 코드를 다시 써 넣는 문제였던 것이다.

그렇다면 왜 이집트 정부는 운동이 한창 진행 중인데 인터넷 차단을 복구했을까? 미국이 '원상복귀'의 압력을 가한 것이 첫 번째 이유이며, 이에 9월

• [옮긴이] 코어 라우터(core router)는 ISP의 랜이나 여러 개의 ISP 네트워크를 서로 연결한다(위키피디아).

재선에 입후보하지 않겠다는 무바라크의 발표가 뒤따랐다. 텔레비전 방송에 출연한 국방부 대변인은 시위대들에게 집으로 돌아가 "국가가 안정을 찾을 수 있도록" 협조할 것을 요청했다. 또한 경제적인 이유도 있었다. 경제협력 개발기구(OECD)에 따르면, 5일간 이집트에서 벌어진 인터넷 접속 차단은 약 9000만 달러에 달하는 손실을 초래했다. 하루에 약 1800만 달러의 손실이 난 것이다. 이는 이집트 연간 국민총생산(GDP)의 약 3~4%에 달하는 액수였다. 그러나 이러한 추정치는 전자상거래, 관광, 콜센터 서비스 폐쇄에 영향을 받은 다른 부문의 사업 손실이 포함되지 않은 것이다. 이집트의 IT 아웃소싱 기업들은 매일 300만 달러의 수익을 올리는데, 인터넷 차단 기간에 기업 활동에 지장을 받았다. 이집트 경제의 근본 토대인 관광 산업은 인터넷 차단으로 심각한 영향을 받았다. 게다가 인터넷을 장기간 차단하는 국가에서 외국인 직접 투자가 이루어지기란 쉽지 않다. 간단히 말하면, 인터넷은 상호 연결된 글로벌 경제에서 생명줄과 같은 것이며, 접속이 끊기더라도 단지 예외적이거나 일시적이어야 한다.

인터넷을 복구한 근본적인 이유는 인터넷 차단이 운동을 저지하는 데 그리 효과적이지 않았다는 데 있다. 한편으로는 세계 인터넷 공동체의 다각적인 도움으로 인터넷 차단을 피해 갈 수 있었고, 다른 한편으로는 인터넷 차단이 저항운동을 저지하기에는 너무 늦었다. 시위가 발생한 시점에 인터넷 네트워크가 수행했던 역할을 도시 네트워크가 넘겨받았다. 사람들은 거리에 모였고, 언론은 보도했으며, 전 세계가 혁명이 일어나고 있음을 알게 되었다. 사실 인터넷의 혁명적인 잠재력은 중국이 매일 시도하는 것 같은 영구적인 통제와 감시에 의해서만 길들여질 수 있다. 사회운동이 규모와 충격 면에서 어떤 단계에 도달하면, 인터넷 차단은 가능하지도 효과적이지도 않다. 인터넷 시대에 압제자들은 사람들의 자율적인 커뮤니케이션 역량을 고려해야만 할 것이다. 중국에서처럼 인터넷이 거듭 차단되거나 혹은 임시 메커니즘이 작동할 준비가 되어 있지 않는 한, 운동이 흐름의 공간에서 장소의 공간으로 확대되면 많은 커뮤니케이션 네트워크가 다양한 형태로 마련되기 때문에 운동을 저지하기에는 너무 늦게 된다.

시위대들은 누구이고, 시위란 무엇인가

빵, 자유, 그리고 사회정의는 2011년 1월에 시위대가 거리로 들고 나온 혁명의 핵심 주제였다. 시위대들은 민주 선거 시행과 사회정의, 부의 재분배를 요구했고 무바라크 정권의 실각을 원했다. 시위대에 참가한 사람들 대부분이 청년이었고, 대학생 신분이었다. 그렇다고 해서 시위가 도시 인구만 편향적으로 대표하는 것은 아니었다. 이집트 인구의 3분의 2가 30대 이하 청년이고, 대졸자 실업률이 저학력자들보다 열 배나 높았기 때문이다. 사실 노동인구 중 대다수가 생존 방편으로 (통계에 잡히지 않는) 비공식적인 경제활동에 종사하기 때문에, 진짜 실업자가 되는 것은 이를 감당할 만한 소수의 사람뿐이다. 전체 인구의 최소 40%에 달하는 빈곤층은 생계유지 활동을 해야 했지만, 소득이 너무 형편없었고 굶주렸다. 운동은 대개 자유와 인권을 갈망하는 가난해진 중산층이 일으켰지만, 식량 가격 인상에 절박한 도시 빈민 계층도 합류했다. 노동조합의 지지가 있든 없든 산업 노동자들도 여러 강경 파업에 뛰어들었다. 특히 수에즈에서 일어난 파업은 며칠 동안 도시를 점거하는 등 그 강도가 더 셌다.

　　몇몇 보고서는 사업상 손실을 우려한 군부 장성들이 자신들의 이권에 대한 제물로 독재자를 희생시키는 데 영향을 미친 한 요인이 산업 노동계로 확산된 운동에 대한 군부의 두려움이라고 꼬집었다. 2월 1일, 낙타를 타고 타흐리르 광장 점거자들을 습격한 사건이 전형적으로 보여주듯이, 소위 친무바라크 세력은 대부분 (경찰로부터 일당을 지급받는) 조직폭력배와 연결되어 있었다(Elmeshad and Sarant, 2011). 정권의 핵심 지지층은 그들의 생계가 독재자와 그 일가친척의 후원 조직에 달려 있던 수십만의 공무원, 중앙안보국, 경찰, 정보원, 조직폭력배들이었다. 그러나 이 '아름다운' 사람들은 이집트 군부와 권력을 나누어야 했다. 이집트 군부가 현대 이집트를 건설한 민족주의 운동을 실현했고, 이스라엘과의 전쟁에서 아랍세계를 이끈 경험 때문에 여전히 국민들 사이에서 일부 특권을 누리고 있었기 때문이다. 이것은 엄밀히 말해 군부와 가말(Gamal Mubarak)*의 졸개들(무바라크의 아들과 후계자들이 보호하는 기업인들) 사이의 경제권을 둘러싼 권력투쟁이었다. 이는 지배엘리트들 내부 분열의 결정적인 조건을 만들었고, 무바라크와 그의 가족 그리고 그 파벌들의 몰락을 초래했다.

군부는 이집트 수도의 부와 성장 잠재력에 기반을 둔 거대한 비즈니스 제국의 핵심이었다. 2000년부터 무바라크가 미국, 영국, 프랑스 정치지도자들의 전적인 지지로 추진한 경영의 국제화는 경제 통제를 직접적으로 위협했다. 따라서 운동이 발생했을 때, 군부는 노쇠한 독재자나 잠재적 위험이 있는 후계자를 지원하는 일(무의미한 일)에 군부가 가진 정통성이나 수익사업을 희생시키려고 하지 않았다. 그래서 그들은 시위대에게 발포하는 것을 거부했고 적절한 시기에 무바라크와 공범들을 체포했다. 완전한 실세로서 이집트 최고군사위원회는 '모든 것이 변하고 있지만, 모든 상황은 달라질 것이 없다'는 것을 확신시키기 위해 혁명에서의 그들의 역할 자체를 은폐하면서 혁명운동을 누그러뜨리고 무력화하려 했다. 그러나 이 혁명은 군사 쿠데타가 아니라 민중봉기에서 비롯된 것이었다. 최고군사위원회가 운동의 조치들을 허울뿐인 변화라고 한정할수록, 운동세력은 시위대 학살과 국가의 부를 축낸 책임이 있는 사람들의 응징과 처벌을 요구하면서 새롭게 등장한 권력을 압박했다. 민중은 정치적 자유, 민주 선거, 새로운 헌법 등의 요구로 나아

---

* [옮긴이] 가말 무바라크(Gamal Mubarak)는 호스니 무바라크 대통령의 차남이다. 그의 형(Alaa)과는 달리 정치와 경제적 이권에 영향력을 많이 행사했다.

갔다. 2011년 내내 최고군사위원회와 운동 사이의 끊임없는 대립이 목격되는 와중에, 기존 정당과 신당들은 선거 준비에 돌입했다. 제헌의회 선거가 11월 28일에 실시되어 몇 주 동안 진행되었다. 운동과 군부의 유혈 충돌은 계속되었다. 시민 1만 2000명이 군사법정에 섰으며, 시위 참가자 1000여 명이 죽고 수만 명이 부상당한 뒤에야 최고군사위원회는 선거를 받아들였다. 그러나 심지어 선거기간과 선거 후에도 탄압은 계속되었다. 시민들이 구금되고, 독립 언론들이 공격받았으며, 반체제 인사들이 구속되어 군사법정에서 재판을 받았다. 이집트 국내외 비정부기구(NGO)의 활동이 방해받거나 금지되었고, 타흐리르 광장과 여러 장소에서 시위대 수십 명이 살해당했다. 그러나 이집트의 완전한 민주화를 성취하기 위한 운동세력의 결심을 바꾸지는 못했다. 타흐리르 광장 점거와 인터넷상에서의 자유로운 커뮤니케이션, 그리고 언론 독립의 수호는 경제·사회 문제로 시름하는 나라에서 자유 획득을 위한 성벽으로 남아 있었다.

온건 이슬람주의자인 무슬림형제단〔선거에서 45%의 지지를 얻으며 자유정의당(Freedom and Justice Party)으로 새롭게 변모했다〕과 함께, 무슬림형제단보다 좀 더 엄격한 알누르(Al-Nour)당⁹(득표율 25%)이 승리함으로써, 서구 강대국 사이에서는 자신들의 통제를 벗어날지도 모르는 민주주의를 지원하는 것에 대한 의구심이 커졌고, 이집트 민주주의의 미래는 불확실해졌다. 이집트 군부가 미국으로부터 매년 재량껏 쓸 수 있는 13억 달러를 지원받기 때문에, 만약 운동세력이 이미 정해진 지정학적 경계를 넘는다면 이집트 혁명은 아마 군부의 반혁명과 충돌할 것이다. 그러나 혁명에 이르는 길은 언제나 경이로웠으며, 무바라크 이후의 이집트에서 일어난 주요 투쟁들 가운데 일부는 지정학적 전략이나 계급 간 이해에 관한 것보다는 여성들에 의한 새로운 자율성의 획득에서 시작된 사회의 문화 변혁에 관한 것이었다.

혁명 속의 여성들

이집트 혁명에서 여성은 중요한 역할을 했다. 아스마 마푸즈가 2011년 1월과 2월에 페이스북에 올린 총 네 개의 비디오 블로그는 운동을 촉발시키는데 영향을 끼쳤고 내용과 방식 면에서도 의미가 있었다. 이 젊은 여성은 실명과 얼굴을 공개한 채 이집트 사람들, 특히 남성들을 향해 열변을 토했다. 그녀는 남성들에게 자신과 함께 운동에 참가할 것을 요구하면서 능숙한 풍자로 가부장제 문제를 가지고 놀았다.

여자들은 시위에 나가면 구타당할 수 있기 때문에 참가해서는 안 된다고 말하는 사람들은 남자들이 명예와 남자다움을 가지고 1월 25일 저와 함께 시위에 참가하도록 힘써주세요. …… 만약 여러분이 남자로서 명예와 자존심이 있다면, 나와서 저와 시위에 참여한 다른 여자들을 보호해주세요.

즉, 용기 있게 행동하고, 타인을 보호하며, 자유와 존엄, 명예를 지키기 위해 보안 당국과 기꺼이 맞설 의무가 있는 남자로서 행동하지 않는다면 남자가 아니라고 말하는 것이다.

…… 저는 타흐리르 광장에 갈 것이고 홀로 플래카드를 들고 서 있을 거예요. …… 시위 현장에서 사람들이 저와 함께할 수 있도록 심지어 제 전화번호도 남겼어요. 그러나 남자 세 명 말고는 아무도 나오지 않았어요! 남자 셋. 세 남자와 무장한 전투경찰차 세 대, 정치용역 수백 명. …… 1월 25일에 타흐리르 광장으로 가자는 간략한 메시지를 여러분에게 전달하려고 이 영상을 찍고 있습니다.

결국 사람들은 나왔다. 1월 26일 그녀는 새로운 비디오 블로그를 올렸다.

사람들은 현 정권의 실각을 원한다! ······ (시위대들에게서) 가장 아름다운 것은 이런 일을 한 사람들이 정치인이 전혀 아니라는 것이다. 그것은 우리 모두, 모든 이집트 사람들이었다.

이어서 그녀는 쿠란 제13장 제11절, "신은 말한다. 사람들 스스로 바꿀 때까지 그(신)는 사람들이 처한 상황을 바꾸지 않는다"라는 구절을 인용하며 무슬림과 기독교인의 신에게 기원했다.

그녀의 영향력과 도덕적 권위는 많은 여성 블로거가 혁명 기간에 활동하리라는 것과 시위나 타흐리르 광장에 대한 공격이 있을 때면 많은 여성이 고통받을 것이라는 점을 먼저 보여준 격이었다. 블로거 나와라 나구(Nawara Nagu)는 1월 21일에 한 젊은 활동가가 "이 여자를 봤는가? 그녀는 시위 현장에 가고 있다"라고 말하는 동영상을 올렸다. 수천 명이 그랬던 것처럼 그녀도 시위 현장에 갔다.

젊은 여성, 나이 든 여성 할 것 없이 많이 여성이 타흐리르 광장과 다른 점거장소에 나타났고 ─ 히잡을 쓴 여성이 많았고, 서구 스타일의 옷을 입은 여성도 있었다 ─ 일부는 아이들과 함께 오기도 했다. 많은 시위를 여성들이 이끌었다. 그녀들은 안전위원회에 참여했고 야전병원을 운영하기도 했다. 세계 여성의 날인 3월 8일에는 여성 인권 활동가들이 국가에 의한 여성 차별과 여성에 대한 폭력을 중단할 것을 촉구하며 타흐리르 광장에서 가두 행진을 벌였다(Elwakil, 2011). 행진에 참가한 일부 여성은 남성 집단의 공격을 받기도 했다.

여성들은 공개 토론에도 활발히 참여했고, 많은 여성 블로거가 현장 상황을 알렸다. 그러나 군사정권은 이를 좌시하지 않았다. 타흐리르 시위 현장을 알렸던 블로거 레일 자후라 모르타다(Leil Zahura Mortada)는 비판적인 글을 공개해 폭행을 당했다. 8월 14일, 체포된 아스마 마푸즈가 군사법정에 섰지만, 그녀의 기소에 항의하는 대규모 군중 시위로 석방되었다. 여성들은 시위 및 타흐리르 광장에 대한 공격 당시 공격 목표가 되었고, 구타당하거나 때로는 죽임을 당하기도 했다. 살리 자흐란(Sally Zahran)은 시위 중에 구타를 당해 사망했고, 1~2월에 최소 열다섯 명의 여성이 살해되었다.

광장에서 체포된 많은 여성은 처녀 검사를 받아야 했다. 군사정권 인사들은 CNN과의 인터뷰에서 이 여성들이 '창녀'라는 이유를 들먹이며 이를 공개적으로 알리고 정당화했다. 사미라 이브라힘(Samira Ibrahim)이라는 25세 여성은 군부에 소송을 걸어 처녀 검사는 성폭력과 동일하다는 판결을 얻어냈다.[10] 한편, 2011년 12월 19일, 타흐리르 광장이 공격받았을 때, 한 여성이 폭행을 당하고 옷이 벗겨져 파란색 브래지어만 걸친 채 의식을 잃고 버려져 있었다. 그 여성을 도우려던 다른 여성들도 경찰의 공격을 받았다. 이런 성차별적이고 야만적인 폭력 행위를 찍은 영상이 전 세계로 확산되었고, 특히 전 세계 여성들 사이에서 분노가 일었다. 이 영상은 '블루 브라 걸(Blue bra girl)'이라는 제목으로 퍼졌다. 다음 날, 수만 명의 여성이 타흐리르 광장과 알렉산드리아 그리고 이집트 전역의 대학교 캠퍼스에서 여성 인권을 짓밟는 군부의 폭력에 항의하는 시위를 벌였다. 회사원들이 건물의 발코니에 서서 박수를 치며 환호를 보냈다. 그들은 최고군사위원회의 의장을 거론하며 "명예를 짓밟고 희롱하는 최고사령관, 탄타위(Tantawi)"라고 쓴 현수막을 내걸었다. 여성들의 행진이 있은 후에, 이집트 최고군사위원회는 어쩔 수 없이 "이집트 여성들에게 사과한다"라는 위선적인 성명을 냈다.

혁명 당시 이집트 여성들의 자각은 뿌리 깊은 가부장제 사회가 가장 두려워하는 것 중의 하나였고, 이는 시간이 흐르면서 여성에 대한 폭력을 증가시키는 도화선이 되었다. 게다가 여성이 남성과 나란히 혁명에 참여하는 동안 그들을 보호해줄 것을 요청하자, 남성 시위 참가자들은 여성단체와 함께하는 것을 불편하게 여기면서 계엄군의 가학적 폭력의 대상이 된 여성들을 지키지 않았다.

혁명에서 두드러진 역할을 했지만, 2011년 한 해 동안 여성들은 정부 구성에서 완전히 배제되었고 정당의 후보직 마지막 자리를 겨우 얻을 수 있었다. 결국 새롭게 의원으로 선출된 498명 가운데 여성은 단지 여덟 명뿐이었다.[11] 선거에서 여당이 된 자유정의당은 여성이 이집트의 대통령으로 선출되는 것을 금지하는 당헌을 만들기도 했다.[12]

2011년 말에 이집트여성인권센터가 다음과 같이 쓴 보고서는 전혀 놀랄 일이 아니다. "타흐리르 광장이 '자유와 정의 그리고 평등'의 동의어로 남을 수 있을까? 혹시 혁명이 어린이들과 선두에 섰던 여성들을 제물로 삼은 것은 아닐까?"(Komsan, 2011: 2).[13]

(대졸자의 다수를 차지하는) 교육받은 여성들은 혁명은 이러저러 해야 한다는 남성 중심적 정의의 관습적 한계에 맞섬으로써 혁명 안에 또 다른 혁명이 있음을 보여주었다.

이슬람의 과제

이집트의 2011년 총선은 이슬람 정치세력의 불굴의 힘을 확인하는 자리였다. 무슬림형제단은 민족주의자들과 군사정권의 수십 년간의 탄압에서 살아남아 자유정의당으로 개명해 의회에서 다수 의석을 획득했다. 자유정의당은 강한 조직, 정치적 연륜, 정권에 대한 저항세력이라는 아우라에 힘입어 국민 다수로부터 지지를 얻었다. 살라피스트(Salafist: 이슬람 근본주의자)가 지배하는 좀 더 엄격한 알누르당은 25%의 표를 얻었다. 이는 일반 국민 사이에서 이슬람주의에 대한 폭넓은 지지를 확실하게 보여주는 결과였다. 실제로 모든 아랍 국가에서 군부와 서구 열강을 등에 업은 민족주의적 독재자들은 잠재적인 정치적 다수인 이슬람주의를 힘으로 눌러왔다. 필요하면 종교를 수사적으로 언급하면서 반식민주의에 호소하는 아랍 민족주의는 움마(Umma: 국가를 초월한 이슬람 신자들의 보편적 공동체)나 샤리아에 호소하는 이슬람주의와 대치 상황에 빠졌는데, 정권이 외세에 종속되거나 부패와 폭정이 정권의 특질이 되었을 때 사람들의 마음은 민족주의 타도 쪽으로 나아갔다.

이슬람주의는 이집트와 그 밖에서 정치 개혁, 사회정의 구현, 도덕 가치 회복의 세력으로서 널리 인식되었다. 아랍 군사정권에 대한 서구 강대국의 무조건적인 지원은 이슬람주의를 석유 공급 및 이스라엘에 대한 위협으로 여기는 데에서 기인했다. 따라서 아랍세계의 민주화 과정은 예상했던 대로 이슬람주의가 정치체제에서 헤게모니를 쥐는 결과를 낳았다. 이는 세속적이고 진보적인 정치세력이 소수의 서구화된 엘리트의 관심만 끌었기 때문이다.

그러나 이슬람주의자들이 정권을 잡기 위해서는 군부의 동의와 함께 혁명 운동에 참가한 세속 분파의 반대가 없어야 했기 때문에, 그들은 종교적 성향을 크게 드러내지 않아야 했다. 그리고 그들은 그렇게 했다. 자유정의당의 당헌에서와 같이, 당 지도부는 공식 성명에서 민주주의의 기본 원칙을 받아들이고 국가의 긴박한 사회적·정치적 문제를 해결하는 데 집중하기로 했다. 그들은 세속주의 국가 개념을 반대하지 않았다. 동시에 그들은 정권을 잡으면 샤리아에 따라 통치한다는 것을 당의 방침으로 삼았지만, 이러한 방침을 서구 세계가 오해하고 있다고 강조했다. 그들의 관점에서 볼 때 이는 신권 정치를 시행하는 것이 아니며, 그들은 이란의 정치 모델도 명백하게 거부했다(Adib and Waziri, 2011).[14] 이는 유럽의 기독민주주의자들이 공공정책을 수행하면서 기독교 원리를 따르려는 것과 마찬가지로 단순히 그들이 정책을 수행하면서 쿠란에서 영감을 얻을 것이라는 의미이다. 하지만 이 방침은 여성과 콥트기독교인들에게 심각한 영향을 주었는데, 왜냐하면 자유정의당은 여성과 콥트기독교인이 대통령으로 선출되는 것을 용인하지 않았기 때문이다. 자유정의당이 정부 내각에 여성 또는 콥트기독교인을 받아들이는 것은 엄격한 정통 무슬림과는 거리가 멀었다.[15] 한편, 외교정책에 관해서 무슬림형제단은 이집트와 이스라엘 사이의 기존 조약을 존중한다고 약속했는데, 이는 이집트 군부를 통해 국가를 감독하는 미국의 입장에서는 필수 조건이었다(Adib and Waziri, 2011).[16]

요컨대, 비록 터키와 상황이 다르고 그들이 터키 총리 에르도안과 같다고 할 수도 없지만, 무슬림형제단은 터키의 사례가 보여주는 것처럼 이슬람과 민주주의가 완전히 양립 가능하다고 생각했다. 무슬림형제단은 자주 기회주의자라고 비난받았지만, 사실 그들에게 다른 선택지는 없었다. 군부나 서구 강대국들은 이집트가 급진적인 이슬람 국가인 것을 용인하지 않을 것이기 때문이었다. 따라서 이집트에서 실권을 쥐는 어떠한 민주 통합 정권도 중도 이슬람 정부임을 암시할 것이다. 또 다른 문제는 샤리아가 시민 권력에 우선한다는 비타협적 입장을 고수하는 살라피스트에 대한 지지가 상당히 증가했다는 것이다. 살라피스트들의 그러한 입장은 군부와 혁명 운동의 세속주의 정파 모두와 정면충돌을 일으킬 수도 있다. 만약 경제적인 상황이 지속적으로 악화된다면, 친서구적인 정권에서 벗어난 종교적 근본주의 방식이 이집트의 정치 변화 과정에 새로운 장을 열 수도 있을 것이다.

그러나 이집트 혁명을 이해하려면 이슬람주의나 이슬람 관련 주제가 2011년 혁명의 변화 과정과 그 기원 면에서 어떠한 주도권도 행사하지 못했다는 것을 명확히 짚고 넘어가야 한다. 분명히 모든 성향의 이슬람교도들, 특히 젊은 이슬람교도들이 시위와 타흐리르 광장 및 기타 공공장소 점거, 인터넷 토론에 열정적으로 참여했다. 그러나 어떠한 직접적인 종교적 충돌도 없었고(콥트기독교도들에 대한 공격은 경찰의 도발이었다), 혁명의 목표와 실행 방안은 공유되었다.

혁명이 일어난 후 18일 동안, 무슬림형제단은 무바라크의 하야를 요구했지만, 항상 저항의 정통성을 찾으려는 명분으로서만 운동을 언급했다. 물론 그것은 영리한 전략적 판단이었다. 민주주의와 총선에 대한 요구는 무슬림형제단이 민중의 지지를 바탕으로 권력을 잡을 수 있는 여건을 조성해줄 수 있기 때문이었다. 그러나 무슬림형제단이나 이슬람 근본주의자들 모두 운동을 장악하거나 주도하는 데 성공하지 못했다. 그들은 운동의 일부였지 운동 자체는 아니었다. 이집트 혁명은 이슬람 혁명이 아니었고, 또한 아니다. 설령 그것이 이집트에 이슬람 중심 정부로 가는 민주적 방식을 위한 조건을 형성한다고 해도 그러하다. 운동을 잔혹하게 탄압했지만 다양한 요구를 분출한 혁명을 말살하지 못했던 무바라크와 이집트 최고군사위원회에 대항한 모든 민주주의 투쟁을 수렴하여 형성된 이슬람주의를 둘러싼 네트워크는 정치자유와 사회정의를 목표로 하는 네트워크와 연결되었다.

"혁명은 계속된다"

독재정권을 끌어내린 운동이 제도 개혁 없이는 통치자 교체를 용인하지 않자, 이집트 최고군사위원회는 무바라크 정권보다 거세게 운동을 탄압하며 그들의 이익을 위해 혁명을 탈취하려 했다. 심지어 군부는 국회의원이 선출되기도 전에 부총리의 이름을 딴 셀미(Selmi) 문서로 알려진 문서를 2012년에 만들어질 헌법의 가이드라인으로 삼으려 했다. 이는 기본적으로 군대가 완전한 국가 통제와 무제한의 자율성을 가져가는 행위였다. 미래의 민주제도에 대한 이런 노골적인 공격을 둘러싼 논란은 군 장성들과 처음으로 공개적으로 결별한 무슬림형제단을 포함한 반대세력의 운동을 결집시켰다.

11월 18일, 이집트 최고군사위원회에 대항한 대규모 시위가 타흐리르 광장에서 벌어졌다. 11월 19일, 전 무바라크 정권의 친위대인 중앙 보안군이 소규모 단체가 점거하고 있던 타흐리르 광장을 공격했다. 미디어와 인터넷이 구출 작업을 벌였고, 해방된 공공장소를 수호하기 위해 수천 명이 몰려들었다. 5일에 걸쳐 카이로 시내에서 벌어진 격렬한 싸움 끝에 최소한 42명이 사망했고 3000여 명이 부상당했다. 총리가 사임했지만, 그 자리는 무바라크 정권의 장관이 이어받았다. 최고군사위원회가 새로운 형태의 독재국가를 구현하고 있음이 확실해지자, 운동은 오래된 단결 구호인 "무바라크 정권 타도"를 "군부 통치 타도"로 바꾸었다. 여성들은 "당신들은 우리를 위협하지 못한다"라는 현수막을 들고 행진했다. 두려움은 완전히 극복되었다. 미디어에서, 거리에서 그리고 군사법정에서 새로운 권력에 대한, 특히 여성을 표적으로 한 야만적인 탄압에 대한 분노의 네트워크는 확산되었다. 2012년 1월 20일, 여성미디어센터의 호다 엘사다(Hoda Elsadda)는 다음과 같이 썼다.

> 아직 혁명이 완수되지 않았기에 "혁명은 계속된다"라는 구호는 현재도 유효하다. 우리가 무바라크를 퇴위시켰지만, 이집트 최고군사위원회가 이끄는 정권은 여전히 남아 있다. 혁명 초반에 군부는 민중의 편에 섰다. 그러나 지금 사람들은 최고군사위원회와 군부 통치에 반대한다. 왜일까? 최고군사위원회가 낡은 정권을 부활시키려 하고 있고, 사람들이 향후 이집트를 민주국가로 전환시킬 수 있는 군부의 역량에 대한 믿음을 잃어버렸기 때문이다(Elsadda, 2012: 1).

군대가 무바라크보다 무시무시한 상대가 되면서 운동의 강도는 전년보다 강해졌다. 이는 인터넷과 광장, 거리, 개화하는 시민사회, 다양하고 핵심적인 새로운 정치 공론장에서 복수의 정당과 함께 연대와 동원의 네트워크가 제대로 자리 잡아 활동했기 때문이다. 1년간 계속된 기만과 탄압도 진정한 민주주의를 이루려는 혁명을 계획한 운동의 결의를 약화시키지 못했다.

이집트 혁명에 대한 이해

2011년의 이집트 혁명은 무바라크 독재정권을 끌어내리고, 억압을 부활시키려는 군사정권에 맞서 투쟁을 지속하면서 이집트의 권력관계를 변화시켰다. 무자비한 통치와 여러 사건에서 발생한 저항세력에 대한 반복된 탄압이 있어온 지 수십 년 만에 어떻게 혁명이 일어났는지를 이해하기 위해서는 이 책의 도입부에서 서술한 권력과 대항권력 이론을 되짚어야 한다.

권력은 설득, 합의 그리고 강압과 위협의 조합으로 실행된다. 폭력의 독점은 권력을 잡기 위한 필요조건이지만, 장기적으로 충분조건은 아니다. 권력은 사람들 마음속에 정당성 혹은 동의와 체념이 자리 잡게 한다. 현대 이집트에서의 국가권력(국가의 핵심 기구)은 선택적인 정당성과 집중 탄압에 기반을 두고 있었다. 아랍 민족주의의 선구자 격인 나세리즘(Nasserism)은 포퓰리즘 정권의 정통성 기반과 시오니즘(Zionism)과의 일대 격전이 준비된 군대를 제공했다. 동시에 민족주의는 정통성의 주요 대안세력들을 억압했다. 즉, 이슬람 영향세력들, 이슬람을 대표하는 정치세력인 무슬림형제단과 일부 영향력 있는 이슬람 지식인들을 탄압했는데, 특히 그들 가운데 사이드 쿠틉(Sayyid Qtub) 같은 사람은 처형당하기도 했다. 그들은 적이 되었고 기소되기까지 했다. 하지만 반면에 고위 종교지도자들은 정권에 가담했다. 탄압은 어느 특정 정치 분파에 집중적으로 이루어졌다. 정통성의 훼손은 가말 압델 나세르(Gamal Abdel Nasser)의 실각과 군부의 실정에 어느 정도 책임이 있었지만, 더 중요한 책임은 경제 세계화라는 새로운 환경에 적응하는 데 무능했던 국가 통제주의 경제정책에 있었다. 더 나아가 정권과 결탁한 자본가들, 군부의 고위 장성들, 고위 관료들이 국가 발전의 성과를 가로챘다. 청년들은 빈곤의 확산과 교육받은 중산층의 생활수준이 하락하는 현실을 보고 중도 내지 급진 이슬람주의로 돌아섰다. 정권이 새로운 서구 동맹국들을 만족시키는 이미지 전환의 술책으로 선거를 도입했으나, 무소속 후보들(이슬람 혹은 세속 정파 계열)이 승리를 거둘 때마다 그들의 목소리와 표를 묵살하거나 일축했다. 21세기의 첫 10년 동안, 폭력의 독점과 완벽한 면책이 부여된 폭력의 실제적 행사는 정권을 지탱하는 주요 기둥이었다.

그러나 설명하기 좀 더 복잡한 점이 있다. 바로 권력의 다차원적인 특성이다. 각각의 차원들(경제, 정치, 군사, 이데올로기, 문화)은 권력의 특정 네트워크에 의해 실행되었다. 그러나 권력이 지속되기 위해서는, 일부 핵심 네트워크들이 연결 고리를 설정하는 스위처들의 도움으로 서로 연결되는 것이 중요하다. 이집트에서 군부는 언제나 권력의 핵심 네트워크였지만, 결정적인 권력을 잡고 있는 동안에도 자율성을 유지했다. 무바라크는 공군 최고사령관이자 국가와 군부 사이의 이른바 스위처였으며, 중앙당인 국민민주당(National Democratic Party: NDP)과 관료사회를 장악했다. 국가는 관료사회 네트워크를 가동하고 이를 통해 사회 전반에 권력을 행사했다. 비록 지난 10년 동안 외국 기업들을 포함한 글로벌화된 기업들이 국제적 권한을 이유로 자율권을 확보하면서 정권과의 연결 고리를 만들었는데도, 경제권력은 전통적으로 국가와 군부에 의지했던 기업가들에게 있었다. 종교권력은 국가에 복종하는 정도에 따라 통합되고/통합되거나 탄압되었다. 다양한 민영 위성 텔레비전 방송사들이 정권의 위기에 결정타를 날리는 서막을 제공했지만, 미디어는 검열당하고 통제되었다. 국가가 연결해야 했던 또 다른 기본적인 네트워크는 지정학적 네트워크였다. 나세르의 실각과 사다트(Mohammed Anwar Sadat)의 암살 이후, 소비에트연방(소련)의 영향력은 거의 사라졌다. 무바라크는 스위칭 능력을 발휘해 미국과 특권적인 연결 고리를 만들었다. 이는 가짜 민주주의 자격증이라는 점에서나 경제 난국 및 내부 저항을 이겨내는 능력 면에서나 독재정권을 유지하는 데 필수 자원이 되었다.

이러한 권력 네트워크들의 복잡한 네트워크는 사회저항세력이나 정권의 반대세력들이 2005년, 2008년 그리고 2010년에 공권력에 굴복하며 직면해야 했던 것이다. 이집트 국민 사이에서 어떠한 모습의 정당성이나 합의는 찾아볼 수 없었다. 국민들 마음속에, 그리고 독재자에게 대항하기 위해 감히 정부기관을 공개했던 일부 반체제 인사들 마음속에도 두려움이 내려앉았다. 얽히고설킨 경제적·지정학적·정치적 그리고 개인적 이익의 미로에서 권력의 모든 국내외적 원천과 연결된 가공할 만한 탄압 기관에 대적할 반대 조직도 없었다.

그 후, 정치용역과 경찰에 의해 손쉽게 해산될 뿐이었던 이전 시위들과 다르지 않았던, 시위를 하는 첫 외침으로 그 어떤 예고도 전략도 없이 혁명이 일어났다. 왜일까? 많은 사람이 두려움을 극복했기 때문이었다. 어떻게? 그리고 왜? 사람들은 하나가 되면서 두려움을 극복했고, 그들은 인터넷 소셜 네트워크, 도심공간 네트워크와 광장에서 대형을 갖추었다. 그러나 그들이 군중으로 뭉치려면 강한 동기와 동원력이 필요했다. 분노는 두려움 없이 위험을 감수하게 했다. 여기에는 경찰의 만행, 굶주림의 증가, 사람들 스스로 분신하게 만드는 자포자기의 상태에 대한 극단적인 분노가 있었다. 하지만 이러한 분노는 꽤 오래전부터 있어왔다. 이번 혁명이 보여준 중요한 차이점은 또 다른 강력하고 긍정적인 감정이 나타났다는 것이다. 바로 희망이다. 튀니지는 희망을 통해 변화를 이끈 전형적인 본보기이다. 그것은 모든 사람이 연대해서 위험을 무릅쓰고 타협하지 않은 채 끝까지 싸운다면 제아무리 견고한 정권도 넘어뜨릴 수 있다는 것을 보여주었다.

인터넷은 분노와 희망의 네트워크들이 연결된 안전한 공간을 제공한다. 사이버공간에 형성된 네트워크는 도심공간으로 범위를 확대하고, 공공광장에서 형성된 혁명 공동체는 이번에는 경찰 탄압에 맞서 성공적으로 저항하며, 멀티미디어 네트워크를 통해 이집트 국민과 전 세계를 연결했다. 타흐리르는 대항권력의 다양한 네트워크를 연결하는 스위처가 되었다.

민초들의 저항과 국제 여론의 압박 아래, 권력 네트워크를 연결하는 스위치는 중앙 연결 장치인 국가 최상층의 독재자와 그 패거리부터 잇달아 꺼졌다. 무엇보다 군부는 그들 정통성의 유산을 보존하면서 자율성을 다시 획득했고, 군사 네트워크에서 독재자와 경찰을 분리하면서 국가 통수권을 회복했다. 군부에 협조하는 국내 단체들과 함께 기업가들은 가말의 졸개들이 이끈 글로벌 기업의 증가하는 위협에 저항하며 주요 기업 집단과 갈라섰다. 국영 미디어들이 최후의 순간까지 검열자의 손에 있었기에 미디어 영역, 특히 민영 방송사, 글로벌 위성 방송사, 인터넷 회사는 국가권력의 부속물이었던 미디어 네트워크와의 연결을 스스로 차단했다. 국가의 정치 네트워크(특히 중앙당)도 결정적인 군사력의 뒷받침 없이는 국민들에게 영향력을 가할 수 없었고, 경제·군사·문화 권력의 주요 근원에서 고립되었다.

더 중요한 것은 미국이 지배하는 지정학적 네트워크가 군부 네트워크와의 특권적 연결을 강화하기 위해 무바라크 네트워크와 연결을 끊는 것이다. 오바마는 카이로에서 행한 연설에서 아랍세계가 민주주의를 포용하고 촉진하기를 요청했으며, 힐러리 클린턴은 2010년 1월 연설에서 인터넷이 세계에서 민주화를 촉진하는 역할을 한다고 주장했다. 흔들린 독재자를 계속해서 지원함으로써 오바마와 힐러리의 연설을 대놓고 모순되게 만들 수는 없었다. 따라서 무바라크 정권은 지정학적 네트워크에서 마지막 결정적인 차단을 당함으로써 중앙 보안군과 낙타 여단 이외의 권력의 핵심과도 연결이 끊어졌다.

대항권력의 네트워크와 연결함으로써, 시위대는 지배체제를 약화시키고 폭력으로 국가를 통제하는 것을 점점 어렵게 만들면서 주요 권력 네트워크 사이를 차단할 만큼 강력해졌다. 이것이 바로 지정학적 네트워크와 연결된 군부 네트워크가 민주적 선거로의 이행, 이슬람 정치세력의 합법화, 새로운 헌법 제정 약속, 독재자와 그 패거리의 일부 인사들을 기소함으로써 확실하게 정통성을 얻으려 했던 이유이기도 하다.

그러나 군부는 민주주의 이행 약속을 사실상 폐기하고 군부의 지휘 통제 능력에 맞춰 의회 정치의 새로운 네트워크를 포함한 모든 권력 네트워크를 스위치하기 위해 신속하게 움직였다. 대항권력 네트워크가 완전히 활성화되고 국내외로 그들의 네트워크가 확장되자, 군부는 일상적인 정치 행위였던 단호한 탄압으로 되돌아갔다. 사실상 2011년은 앞선 무바라크 통치의 어느 해보다도 훨씬 더 잔혹한 탄압이 이루어진 해였다. 이로써 군부는 마지막 정통성을 잃었고, 권력 네트워크와 이집트 혁명 과정에서 형성된 대항권력 네트워크 사이의 지루하고 긴 싸움의 장을 제공했다.

4   존엄, 폭력, 지정학[1]

아랍 봉기와 그 종말

아랍세계는 지금 독재자와 부도덕한 통치자들이 그토록 반대하는 새로운 세상의
탄생을 목격하고 있다. 결국에는 이러한 새로운 세상이 다가올 것이다. …… 우
리의 주권과 불굴의 의지가 널리 퍼질 새로운 여명이 다가왔음을 선포하며, 억압
받은 우리 민중은 봉기를 일으켰다. 우리는 자유를 위해 떨치고 나아가 문명화된
자유 시민의 길에 들어서기로 다짐했다.

— 예멘에서 아랍 여성의 평화와 정의를 위해 노력한 타와쿨 카르만(Tawakkol
Karman)의 2011년 노벨평화상 수락 연설.[2]

튀니지와 이집트 혁명의 뒤를 이어, 2011년에는 아랍세계 전역이 분노의 날
(Youm al-Ghadab)에 휩싸였다. 1월 7일 알제리, 1월 12일 레바논, 1월 14일
요르단, 1월 17일 모리타니, 1월 17일 수단과 오만, 1월 27일 예멘, 2월 14
일 바레인, 2월 17일 리비아, 2월 18일 쿠웨이트, 2월 20일 모로코, 2월 26
일 서사하라, 3월 11일 사우디아라비아, 3월 18일 시리아에서 시위가 벌어
졌다. 일부 국가에서는 시위가 여러 사정으로 흐지부지되었다(사실 사우디아
라비아, 레바논, 쿠웨이트, 아랍에미리트 등에서는 시위가 거의 없었다).[3] 다른 국

가에서는 운동의 열기가 여전히 식지 않았고 언제든 다시 불붙을 수 있었지만, 모로코, 요르단, 알제리, 오만 등지에서는 정권의 탄압과 회유가 뒤섞인 대책으로 봉기가 진압당했다. 바레인에서는 '피의 목요일(Bloody Thursday)'로 기록된 2월 17일에 사우디아라비아를 등에 업은 잔혹한 탄압이 시아파가 주도하는 대규모 평화 운동과 유혈 충돌을 빚었다. 예멘, 리비아, 시리아에서는 애초에 평화적으로 시작된 운동들이 독재정권의 극악한 폭력을 접하면서 내전으로 악화되어, 이 국가들에 지정학적 이해관계가 있는 강대국들이 그들의 영향력을 확고히 하기 위해 싸우는 전쟁터로 바뀌었다. 리비아에서는 외국의 직접적인 군사 개입이 결정적이었고, 외국의 지정학적 영향력은 시리아 봉기의 발전 과정에 결정적인 요인이 되었다.

이 다양한 운동들은 각국의 특수한 원인에서 출현했고, 상황 여건과 각 봉기의 특이성에 따라 발전해나갔다. 이 운동들은 모두 튀니지와 이집트 혁명의 성공에 고무되고, 인터넷과 아랍 위성방송 네트워크의 이미지와 메시지가 전한 희망에 자극받은 자발적인 봉기였다. 튀니지에서 일어난 분노와 희망의 불꽃은 의심의 여지없이 무바라크 정권을 쓰러뜨렸고, 튀니지에는 민주 정권을, 그리고 이집트에는 초기 단계의 민주주의를 불러왔다. 한편으로는 사이버공간을 연결하는 인터넷에서 운동의 지지를 호소하는 모습으로, 다른 한편으로는 바레인의 펄 교차로, 사나의 변화의 광장, 카사블랑카와 암만에 이르기까지 정권 퇴진을 압박하고 민주화의 문을 여는 도심공간의 점거를 촉구하는 모습으로 분노와 희망의 불꽃은 빠르게 확산되었다. 아랍 국가들은 권력을 잃을지 모른다는 두려움으로 부분적 자유화에서 유혈 진압에 이르기까지 각기 다른 방식으로 대응했다. 시위와 정권의 상호작용은 내부 상황과 지정학적 상황에 따라 달라졌다.

국가의 자의적 폭력의 위협으로 자신의 권리를 주장할 기회마저 없었고, 수십 년 동안 끔찍한 경제 상황을 버티며 정치적 탄압에 굴복해왔던 사람들에게 깊은 불만이 쌓인 것은 확실했다.[4] 더 나아가 이런 국가들의 인구 중

다수가 30세 이하의 젊은이였다. 그중 많은 수가 교육받은 사람이었지만, 대부분이 실업 상태이거나 능력 이하의 일을 했다. 아랍 국가들 중 절반은 휴대전화 가입률이 100%를 넘었으며, 50%가 넘는 국가가 대부분이었다. 또한 도심의 여러 장소에서 소셜 미디어에 접속할 수 있었기 때문에 젊은이들은 디지털 통신 네트워크 이용에 익숙했다(Howard, 2011). 게다가 사회에서 기회를 박탈당하고 정치 참여의 기회도 없어지면서 사람들은 삶 속에서 일상적으로 굴욕감을 느끼고 있었다.

그들은 그 무엇보다 강한 동기인 존엄을 위해 들고일어날 준비가 되어 있었다. 10년 전에도 일부 사람들이 그렇게 행동했지만, 그들은 폭력과 구속 그리고 종종 죽음을 경험했을 뿐이다. 이후에 분노의 불꽃과 희망의 빛이 동시에 그들에게 다가왔다. 그 희망은 여러 나라에서 봉기했던 사람들처럼, 특히 아랍의 문화적 상상 속에서 '세계의 어머니'라고 알려진 이집트의 청년들과 같은 아랍의 청년들이 제공했다. 불꽃은 시위 형태의 분신과 상징적 순교, 경찰의 폭력(고문) 및 비폭력 시위대에 대한 구타 행위를 폭로하는 영상들, 인권운동가와 유명 블로거의 암살 등 각 나라의 구체적인 사건들에서 비롯되었다. 사회를 바꾸는 계획을 가지고 운동에 참여했던 이들은 이슬람주의자도 좌파 혁명주의자도 아니었다. 대개 빈곤한 중산층이었지만[5] 애초에는 중산 계층의 배경을 가지고 있었던 사람들이었다. 그리고 참가자들 가운데 많은 수가 여성이었다. 또한 경제 자유화 정책과 세계 곡물시장의 가격 인상에 종속되어 인플레이션에 당하고 끼니거리조차 살 수 없어진 가난한 민중들이 나중에 합세했다.[6] 알제리에서는 존엄과 빵이 거주지 요구와 더불어 대부분의 운동에서 근원적인 동력이었다. 빵에 대한 요구는 사실상 경제 정책을 뒤집고 통치의 한 방식인 부패를 종결시키는 것을 의미했다. 존엄에 대한 주장은 민주주의를 향한 외침이 되었다. 그러므로 모든 운동은 민주적 개혁을 요구하는 정치운동이 되었다.

각 운동의 발전 양상은 국가의 대응에 따라 크게 달라졌다. 정부가 사람들의 요구에 순응하는 모습을 보이고 정치 자유화를 암시하면, 운동은 엘리트 통치의 본질을 유지하는 범위 안에서 민주화 과정에 집중했다. 이렇게 해서 요르단의 압둘라 2세는 시민자문기구를 — 특히 베두인 부족의 대표자를 포함해 — 설치하면서 총리를 해임하고 내각(당시의 경제정책에 반대하는 시위대의 표적이었다)을 해산했다. 모로코의 모하메드 6세는 국회의원들이 총리를 임명하는 권력 이양이 포함된 약간 민주화한 헌법 수정안을 제안했다. 이 수정안은 2011년 7월 국민투표에서 98.5%의 찬성으로 승인되었다. 그는 또한 정치범 수십 명을 석방했으며, 2011년 11월 25일 실시한 새로운 선거에서는 최근 아랍세계에서 실시된 다른 모든 자유선거와 마찬가지로 이슬람주의 후보들(대부분은 중도 성향)의 당선을 목격했다.

그러나 정권이 정치 개혁에 반발하고 전적으로 탄압을 자행하면, 이 운동들은 개혁에서 혁명으로 전환했고 독재정권을 타도하는 과정에 참가했다. 이러한 과정에서 내부 파벌과 지정학적 영향력의 상호작용은 잔혹한 내전을 초래했는데, 이 내전의 차별적인 결과는 다가올 미래의 아랍세계 정치를 재정립하고 있다.

폭력과 국가

국가권력이 도전받으면, 국가는 제도에 의거해 민주적·권위적 혹은 이 둘을 섞은 방법으로 대응한다. 만약 국가가 그들이 구현한 권력관계의 근본을 위태롭게 하지 않으면서 도전자들의 요구나 계획을 통합하는 데 실패하면, 국가는 독점적 폭력이라는 최후의 수단을 사용한다. 극단적인 폭력을 사용하려는 국가의 의도는 정당성의 정도, 직면해야 하는 도전의 세기 그리고 폭력 사용에 대한 운용 역량 및 사회적 역량에 달려 있다. 운동이 폭력에도 아랑곳하지 않고 국가에 끊임없이 압력을 가할 각오가 되어 있을 때, 그리고 국가가 극단적인 폭력(비무장한 시위대를 향한 탱크 진압)을 행사할 때, 그 충돌의 결과는 국내의 정치적 이해관계 및 국가와 관계된 지정학적 이해관계 사이의 상호작용에 따라 달라진다.

가까스로 통일되었지만 분열을 겪고 있던 예멘에서는 대규모 운동들이 정권을 공격하는 와중에 독재자 알리 압둘라 살레(Ali Abdullah Saleh)의 사임 요구와 관련해 군의 일부가 시위대 편에 서면서 불화를 겪었다. 예멘의 부족 사회 성격과 북쪽과 남쪽에서의 분리 운동은, 사우디아라비아의 지원을 받는 살레와 새로운 헌법과 진정한 민주주의를 요구하는 민주 운동 사이의 교착 상태를 불러왔다. 그 어떤 나라보다도 알카에다의 의심스러운 주둔이 눈에 띄었기 때문에 미국은 예멘을 극도로 경계했고, 운동에 대한 일부 수사적인 지지를 보이면서도 사우디아라비아에 정치 이행 과정을 통제하는 임무를 맡겼다. 2012년 2월 중재 협약 아래, 살레는 30년 동안 쥐고 있던 권력을 내려놓았고, 부통령 압드 라부 만수르 알하디(Abd Rabbuh Mansur al-Hadi)가 선거에 출마해 99.8%의 득표율로 당선되었다.

민족국가인 리비아에서는 카리스마 있는 건국자의 메시아적인 범(汎)아프리카 계획을 구현하면서 서쪽 부족이 동쪽 부족을 지배하는 것을 현실화했다. 벵가지의 엘리트들이나 주로 동쪽 사막에서 발견된 석유와 가스의 보상을 요구하는 부족들에 대한 무자비한 강압은 무아마르 카다피(Muammar Gaddafi) 일가와 그들 부족 그리고 서쪽 지역의 작은 엘리트 그룹에게 권력을 집중시켰다. 권력은 우수한 장비를 갖추고 잘 훈련된 근위대를 통해 집행되었고, 필요에 따라 다른 나라에서 온 용병들을 통해 지탱되었다. 따라서 리비아에는 독재자나 그 파벌의 계획과는 별도로 국가제도로 실행되는 진정한 국방군이 없었다. 리비아 정부는 대체로 세습주의적이었다. 한편으로 이것은 인구의 대부분, 특히 동쪽 인구가 풍족한 에너지 수익에서 배제됨을, 다른 한편으로 지도자의 정실주의를 둘러싸고 조성된 후견적(clientelistic) 네트워크는 광범위했고 관대하게 다루어짐을 의미했다. 카다피 정권은 부족

분파들, 즉 두려움과 적대감 속에서 지지를 보내는 확실한 사회적 기반이 있었는데, 카다피는 이것을 능숙하게 이용해 서로 반목하게 만들면서 자신의 이익을 챙겼다. 대부분의 리비아 청년은 정권에 대한 정치적 반감이 있었지만, 트리폴리에서 그들은 이집트 청년보다는 훨씬 큰 경제적 기회를 누렸다.

이러한 상황 아래, 2월 17일 벵가지에서 시작된 시위는 소셜 미디어와 휴대전화 네트워크를 통해 전달되어 민주주의에 대한 열망과 권위주의적 세습 국가에 저항하는 지역적·부족적 봉기의 의지를 보여주었지만, 그 반향은 트리폴리에만 국한되었다. 이런 이유로 시위는 동쪽 지역과 관계를 맺고 있는 일부 군의 지지를 받았고, 카다피가 무력으로 운동을 진압하려 할 때 이들의 보호를 받았다. 봉기는 빠르게 내전으로 확대되었다. 운동이 시작된 지 3일 뒤인 2월 20일까지 반란 세력은 벵가지와 동쪽의 다른 도시들을 점거했고, 2월 23일에는 트리폴리로 가는 길목에 있는 미스라타를 접수했다. 이 운동은 지역 공무원의 협조로 벵가지에 시민 통치 기구를 세웠다. 한편, 열성적이지만 오합지졸인 민병대는 전투 경험도 없이 서둘러 무장을 한 채 트럭을 타고 트리폴리로 진격했는데, 카다피의 아들들이 지휘하는 월등한 화력을 보유한 잘 훈련된 사병들과의 대결에서 일방적으로 밀릴 뿐이었다.

벵가지를 점령하고 모든 반란자를 색출해서 죽이라는 카다피의 명령이 시행되기 몇 시간 전, 유엔의 깃발로 나토군의 개입을 감춘 프랑스 폭격기 스무 대가 카다피의 공격을 저지하며 리비아 분쟁은 국제문제로 번졌다. 이로써 지정학적 문제가 더 중요해졌다. 힐러리 클린턴, 수전 라이스(Susan Rice), 서맨사 파워(Samantha Power) 같은 대통령 보좌진은 어떤 형태든 군사 개입만큼은 강경하게 반대하는 오바마를 설득해 반란군의 대량 학살을 막았다. 이는 아마도 르완다에 대한 클린턴 대통령의 무대응이 불러온 참혹한 결과를 기억하고 있었기 때문일 것이다. 서유럽의 중요한 에너지 공급원인 리비아의 석유와 가스에 대한 통제권을 지키려는 프랑스, 영국, 이탈리아의 개입은 좀 더 결정적이었다. 러시아와 중국은 나토의 전략에 허를 찔리며 잊지 못할 교훈을 얻었다.

여기에서 나의 주요 관심사는 전쟁놀이가 아니라 사회운동이 겪게 될 운명이다. 운동이 군사행동에 대항하기 위한 군사행동에 뛰어들 때, 정권의 도전자가 되기 위해 민주 운동으로서의 그 성격을 잃어버린 운동이 참혹한 내전 속에서 때때로 압제자만큼이나 무자비해지는 것은 당연하다. 그리고 지정학적 경쟁자들이 정권 붕괴 직후 발생하는 권력 진공 상태를 이용하려고 하는 경우에 한해, 내전은 이념적 역할이 무엇이든지 간에 영향력을 늘리려는 지정학적 행위자들에게 기회가 되기도 한다. 어떤 면에서 보면, 내전은 사람들을 죽일 뿐만 아니라 사회운동과 운동의 평화, 민주주의 그리고 정의의 이념도 말살한다.

사회운동과 폭력 사이의 신랄한 모순은 아랍세계를 흔들었던 가장 강력하고 결연한 사회운동 중의 하나인 시리아 봉기에서 여실히 드러난다. 시리아 봉기는 희망과 분노가 동시에 폭발하면서 점화되었다. 희망은 시리아에 역사적인 참고가 되었던 이집트의 사례에서, 분노는 2011년 2월 27일 시리아의 남부 도시 다라에서 9~14세 어린이들이 체포된 사건에서 불붙었다. 이 어린이들이 대체 무슨 죄를 지었을까? 그들은 다른 나라의 시위에 영향을 받아 도시의 벽들에 "민중은 정권 타도를 원한다"•라는 문구를 썼을 뿐이다. 그들은 수감되어 고문당했다. 부모들이 거리로 나와 시위를 벌였을 때, 그들은 총격을 받았으며 그중 몇 명은 총에 맞아 사망했다. 그들의 장례식에 참석한 추모객들도 총격을 받아 많은 이가 사망했다. 바샤르 알아사드(Bashar Al-Assad)는 그의 아버지가 1982년 하마 시에서 일어난 무슬림형제단의 반란을 진압하기 위해 도시 전체를 폭격하고 2만 명을 학살했을 때와 같은 방법으로 이 사태를 진압할 수 있을 것이라고 생각했다.

그러나 이번에는 달랐다. 사람들은 다른 이들과, 그리고 전 세계와 네트

• [옮긴이] 원문은 "As-shaab yureed askot an-nizam"이다.

워크를 구축했다. 3월 16일, 다마스쿠스에서 네 명의 여성과 세 명의 인권변호사, 한 명의 블로거가 인터넷에 호소하여 '수감자 석방을 위한 가족 철야 집회'를 내무부 앞에서 열었다. 집회에 참여한 150명이 구타당하고 구속되었다. 그럼에도 다라, 홈스, 하마, 다마스쿠스, 바니야스를 비롯한 다른 여러 도시에서 정권의 잔혹성에 저항하는 시위가 벌어졌고, 3월 18일에는 발포하는 경찰과 정치용역에 맞서 맨주먹과 의지만으로 수만 명이 전국 각지에서 들고일어났다. 어느 누구도 그들을 구하러 오지 않았고, 그들 역시 요청하지 않았다. 그들은 외세의 개입은 거부했지만 이 사태를 세계에 알리려 했다. 그들의 기본적인 요구사항은 식량 가격 인하, 경찰의 만행 중지, 정치 부패 척결에 관한 것이었으며, 정치 개혁 또한 갈망했다. 아사드는 내각 해임, 다라의 주지사 파면, 교사들의 니캅(niqab) 착용 금지 해제, 시리아 유일의 카지노 폐장, 쿠르드족에게 시리아 국적 부여 등 여러 양보 사항과 의회에서 헌법을 개정할 것이라는 모호한 약속으로 대응했다.

하지만 그런 제한적인 제스처는 정권이 비무장 시위대를 향해 전투병과 탱크를 투입하면서 부추긴 끔찍한 폭력을 상쇄하지는 못했다. 운동은 비타협적으로 변모해갔다. 사람들은 아사드가 물러나야 한다고 외쳤고, 정권이 타도되길 원했다. 6개월 후, 5000명이 사망했고, 수만 명이 부상당하거나 구속되었다. 운동은 시위, 도심 점거, 제한적인 무장 저항 등의 복합적인 모습을 띠며 발전했다. 사람들은 스스로 무장하기 시작했으며, 탈영한 몇몇 군부대가 그 뿌리와 충성심이 의심스러운 자유시리아군(Free Syrian Army)을 조직했고 내전이 시작되었다.

시리아의 상황은 리비아와 달랐다. 시리아의 독재자는 특히 다마스쿠스와 알레포 지역의 기업인, 그리고 바트당(Baath party)과 국가 지도층의 인종적 기반인 소수집단 알라위트(Alawites)파의 지지를 받고 있었다. 아사드의 선전 선동에 영향을 받은 일부 사회단체는 이슬람주의자들이 정권을 장악하면 종교의 자유가 축소될 것으로 우려했다. 아사드는 차량 폭탄을 설치하고 이슬람주의자에게 혐의를 뒤집어씌우며 두려움을 주입하기도 했다. 게다가 독재정권의 핵심인 바트당이 아사드 일가가 이끄는 당 지도부의 명령만 수행하는 강력하고 현대적인 군대를 통제했기 때문에, 사회 분열이 국가 전체에 스며들지 못했고 운동의 첫해에도 당을 중심으로 단결된 상태였다.

한편, 시리아는 중동 지역의 얽히고설킨 권력 지형에서 핵심 위치를 차지하고 있었고, 이 지정학적 환경이 시리아 혁명의 운명을 가르는 결정적인 요인이 되었다. 러시아와 중국은 독재정권을 전적으로 지원해왔으며, 리비아에서의 시나리오를 반복하지 않으려 했다. 이에 따라 러시아와 중국은 협상을 지지하면서도 유엔의 어떠한 군사행동도 용납하지 않았고 나토와 미국에도 시리아에 개입하지 말라고 경고했다. 러시아는 시리아 해군기지가 있는 타르투스에 러시아 유일의 해외 군사기지를 보유하고 있으며, 아랍세계에서 마지막으로 남은 동맹인 아사드에게 상당량의 무기를 판매해왔다. 중국은 석유의 주요 공급원인 이란을 지원하는데, 이란은 아사드의 보호자였다. 반면, 사우디아라비아는 카타르, 요르단과 함께 수니파가 다수인 시리아에서의 영향력을 주장하며, 숙적 이란이 차지하고 있던 지도적 위치를 잠식하고 이 지역에서의 영향력을 확보하기 위해 시아파의 맹주 이란(Shia Iran)과의 분쟁에 개입했다. 소식통에 따르면, 2012년에 자유시리아군은 시리아 사태에 개입할 것을 아랍연맹에 공공연히 요청하는 사우디아라비아로부터 재정 지원과 군사 훈련을 받았다. 이 책을 쓰고 있는 무렵에도 시리아에서는 무장 반군이 정부군과 상대도 안 되는 전투를 계속했고, 운동은 포격 속에서도 거리를 점거하고 있었다. 이곳에 코피 아난이 유엔 특사를 이끌고 정치 협상에 뛰어들었다. 그러나 이러한 과정의 성과와는 상관없이 운동은 또다시 정치적 반대세력의 책략과 국가 상층부의 권력 재편성 과정, 그리고 지정학적 전략들의 망에 말려들었다.

아랍 봉기의 가장 특이한 민주주의 운동 중 하나인 시리아 혁명은 사람들이 목숨을 걸고 사수해왔던 민주주의에 대한 희망의 끈을 놓쳐버렸다. 그러나 운동이 탄생했던 점거된 광장과 디지털 네트워크에서 자유는 유지되었고 자율적인 협의는 계속되었다. 종파 분쟁에 굴하지 않고, 권리를 선택하겠다는 결의에 차 있으며, 독재정권을 용납하지 않는, 각자의 이름을 걸고 싸움에 나선 시리아 국민에게 후퇴는 없을 것이다.

디지털 혁명일까

튀니지와 이집트에서처럼 대부분의 아랍 봉기는 인터넷에서의 조직, 토론, 봉기 요구로 시작되어 지속되었고 도심에서 실현되었다. 인터넷 네트워크는 자치공간을 제공했으며, 사회적 상황에 따라 각각 다른 형태와 결과로 운동이 출현했다. 이 책에서 내가 연구한 사회운동의 모든 사례와 같이, 언론과 학계에서는 이러한 운동들에서 디지털 네트워크의 역할이 정확히 무엇인지에 대해 격렬하게 토론했다. 다행히 필립 하워드(Philip Howard), 무자밀 후세인(Muzammil M. Hussain) 그리고 동료 연구자들이 이 문제를 놓고 한동안 연구를 수행한 덕분에, 우리는 아랍 봉기에서 디지털 네트워크가 어떤 역할을 했는지 알 수 있다. 여기에서 나는 봉기에 관한 핵심적인 조사 결과들을 정리할 것인데, 왜냐하면 이러한 조사 결과가 사회운동에서 소셜 미디어의 일시적인 역할에 관한 의미 없는 토론을 잠재울 것으로 생각하기 때문이다. 기술이 사회운동 또는 사회적 행위를 결정짓지는 않는다. 그러나 인터넷과 이동통신은 단순한 도구가 아니라 정치적 자율을 위한 조직 형식이자 문화적 표현이고 구체적인 플랫폼이다. 그럼, 하워드와 후세인 그리고 그들의 연구팀이 수집하고 이론으로 정립한 증거들을 살펴보자.

우선 아랍 봉기들이 일어나기 전에 필립 하워드는, 그가 쓴 『독재와 민주주의의 디지털 기원: 정보 기술과 이슬람 정치(The Digital Origins of Dictatorship and Democracy: Information Technology and Political Islam)』(2011)

에서 무슬림 또는 무슬림 인구가 다수를 차지하는 75개국을 비교한 연구 내용을 정리한 바 있다. 그는 이 책에서 정보통신기술의 보급과 활용은 민주화와 독재정권에 대한 저항의 길을 닦으면서 민주화를 촉진하고 민주주의를 강화하며 시민사회의 자율성과 시민 참여를 증대한다고 밝혔다. 나아가 인터넷 사용으로 젊은 이슬람 시민들의 참여가 활발해졌다고 지적했다. 그는 또한 "시민사회와 언론이 새로운 정보기술을 활발히 사용하는 나라가 급진적인 민주주의로의 이행 또는 중요한 민주제도의 안착을 경험한다"라고 썼다(Howard, 2011: 200). 아랍의 봄 이전에 특히 중요한 점은 정보통신기술의 확산으로 이집트와 바레인에서 사회 참여의 일대 변혁이 일어났다는 점이다. 아랍 봉기 이후, 2011년과 2012년에 걸쳐 이루어진 연구에서 하워드와 후세인은 일련의 양적·질적 지표를 이용하여 퍼지이론(fuzzy logic)•으로 아랍 봉기의 결과와 과정의 다요인적·통계적 모델을 연구했다(Hussain and Howard, 2012). 시위가 일어나기 전에 소셜 미디어에서 사회적·정치적 요구에 관한 상당히 활발한 토론을 시작한 — 시위대의 대부분을 차지하는 — 청년들이 폭넓게 사용하는 디지털 네트워크는 이러한 운동의 힘과 세기에 상당한 영향을 끼쳤다. 그들의 연구 내용은 다음과 같다.

이 지역 국가들에서 출현해왔던 운동들과는 달리, 디지털 미디어가 사회운동의 근본적인 토대를 제공했다는 점에서 이것은 아랍의 봄 동안 인과적 기능으로 작용했다. 각 나라에서 시위가 일어난 처음 몇 주 동안, 시위 참가자들은 — 그리고 그 지도부는 — 이슬람 정치의 세 가지 주요 모델에 대해 확실히 관심이 없었다. ……그 대신 대부분의 도시민이나 시위에 참가한 젊은 세대는 정치체제에 의해

• [옮긴이] 퍼지이론 또는 퍼지논리라고도 한다. 퍼지이론은 불분명한 상태, 모호한 상태를 참 혹은 거짓의 이진 논리에서 벗어난 다치성으로 표현하는 논리 개념이다. 퍼지이론은 근사치나 주관적 값을 사용하는 규칙들을 생성함으로써 부정확함을 표현할 수 있는 규칙 기반기술(rule-based technology)이다 (위키피디아).

정치적 권리가 박탈당했다고 느꼈고, 국가경제 및 개발에 대한 부실한 관리가 엄청난 손실을 발생시켰다는 것을 알고 있었다. 그리고 가장 중요한 것은 일관되고 광범위하게 공유된 공통 불만의 이야기들을 사람들이 보았다는 것이다. 서로에게서 이런 이야기를 알게 된 사람들은 디지털 공간에 정치적인 글을 함께 쓰고 블로그에 퍼뜨렸으며, 페이스북과 트위터에 동영상을 공유했고, 알자지라나 BBC 같은 국제 뉴스 사이트의 게시판에 댓글을 남기기도 했다.

아랍의 봄은 국가로부터의 소외감, 시위 참가자들의 합의, 국제 여론의 운동 옹호 등 모든 것이 디지털로 매개된 정치적 대격변의 첫 번째 집합이며, 역사적으로도 유례가 없는 독특한 것이었다. …… 페이스북과 트위터가 혁명을 일으킨 것은 아니었지만, 국제 지원 네트워크들과 마찬가지로 지역 대중들을 연결하기 위한 디지털 미디어의 신중하고 전략적인 활용이 새로운 방식으로 활동가들의 역량을 강화했던 사실을 간과하는 것은 어리석은 일이다. 이런 활동가들은 근 10년간 이란에서의 가장 큰 시위와 가자에서의 이집트인 출입통제 일시 폐지 그리고 무바라크와 벤 알리의 수십 년에 걸친 통치를 종식하는 대중운동을 주도했다. 이런 점에서 디지털 미디어는 주요 시위들이 일어나기 전, 그리고 거리시위가 자리를 잡아가는 동안, 활동가 집단 내에 커뮤니케이션 유대 관계와 조직 역량을 구축하는 인프라를 제공했다. 사실, 시민 지도자들이 그렇게 많은 사람을 시위로 이끌 수 있었던 것은 잘 갖춰진 디지털 네트워크 덕분이었다.

어떤 점에서 보면 아랍의 봄을 불러온 모든 사건은 디지털로 매개되었다고 할 수 있다. 휴대전화, 개인 컴퓨터 등의 정보 인프라와 소셜 미디어는 아랍의 봄에 관해 우리가 거론해야 할 인과의 일부라 할 수 있다. 사람들은 많고 다른, 언제나 개인적인 이유들 때문에 시위에 나섰다. 정보기술은 몇 주 동안 서로를 모방하며 뚜렷하게 유사한 패턴을 보여주었던 혁명들, 즉 영감을 주는 것들을 매개했다. 확실히 상이한 정치적 결과가 있었지만, 아랍의 봄에서 디지털 미디어의 핵심적인 역할은 줄어들지 않았다. 더욱 중요한 것은 이러한 연구가 디지털 기반을 갖춘 시민사회가 없는 국가들에서는 민주주의를 요구하는 대중운동이 발생하기 어렵다는 사실을 보여준다는 것이다. 말하자면, 이러한 연구는 짧은 정치 격변기에 단기간 활용한 디지털 기술이 아니라, 거리시위가 일어나기 전에 존재했던 인과요소의 짜임 관계를 설명하는 것이다.

나는 아랍 봉기들이 이미 사회에 존재했던 디지털 또는 대면적 소셜 네트워크를 기반으로 인터넷과 무선통신에서의 요구에서 출현한 자연발생적 동원 과정이라고 생각한다. 아랍 봉기들은 대체로 운동의 선두에 섰던 젊고 적극적인 참여자 대부분이 신뢰하지 않고 탄압에 의해 초토화된 공식적인 정치조직에 의해 매개되지 않았다. 디지털 네트워크와 도심공간 점거의 밀접한 상호작용은 봉기를 기반으로 한 자치기구 및 협의를 위한 플랫폼을 제공했다. 어떤 경우에는 자기방어 본능을 넘어 반국가 운동이 될 때까지 국가폭력의 흉악한 공격에도 버틸 수 있는 탄력성을 갖기도 했다.

인터넷 네트워크상에 존재하는 운동들의 또 다른 중요한 영향은 '예술적 정치 창조성(artistic political creativity)'이라고 메이사 알하센이 언급했다. 특히 시리아에서 그 운동들은 아바타 이미지, 미니 다큐멘터리, 비슈(Beeshu)와 같은 유튜브 웹시리즈, 비디오 블로그, 몽타주 사진 등등의 혁신적인 그래픽 디자인의 지원을 받았다. 이미지의 힘과 내러티브로 활성화된 창조적인 감정(동원과 위안)은 예술과 의미의 가상 환경을 창조했다. 운동가들은 젊은층을 연결하기 위해 이에 의존할 수 있었고, 정치를 변화시키는 수단으로 문화의 변화를 만들어냈다. 봉기가 일어나기 전의 정치 블로그는 많은 나라에서 토론과 행동주의 정치문화를 만드는 데 필수적인 요소였는데, 이러한 정치문화는 거리에서 기꺼이 반란을 일으키려 했던 젊은 세대의 비판적 사고와 반체제적 태도의 원인이 되었다. 국가마다 커뮤니케이션 기술의 보급 정도는 달랐지만, 아랍 봉기는 아랍세계에서 폭발적인 디지털 시대가 막 열리려는 때에 탄생했다. 인터넷 접속 수치가 낮은 국가에서조차 운동과 운동을 국가와 세계에서 네트워크한 활동가들의 중심부가 소셜 네트워크 사이트

에서 조직되었다. 넓게 펼쳐진 휴대전화 네트워크는 이 같은 보호공간으로
부터 사회 전반으로 뻗어나갔다. 사회가 빵과 존엄에 관한 확실한 메시지를
받는 것을 마다하지 않았기 때문에, 사람들은 움직였고 궁극적으로 운동이
되었다.

2014년 후기

우리가 현재 알고 있는 것처럼, 시리아 혁명은 지정학적 영향력의 개입으로
생긴 다각적 폭력의 끔찍한 악순환과, 시리아를 점령하거나 시리아와 이라
크에 새로운 정부를 세우기 위한 전쟁에 따른 권력의 공백을 이용하고자 하
는 세계 지하디스트의 다양한 연합 네트워크의 시도로 해체되었다. 이슬람
국가(IS)의 군사적·정치적 성공, 그리고 다종교의 이라크를 건설하는 과정
에서 서구 세계의 무능은 지구에서 가장 불안정하고 전략적으로 중요한 지
역에 또 다른 끝없는 전쟁의 씨앗을 뿌려놓았다. 이 책의 연구는 이런 야만
적인 충돌을 이해하는 수준에서 멈추는데, 여기에는 각기 다른 분야의 정보
와 다양한 개념적 체계가 필요하기 때문이다.

　나는 국가의 폭력을 이겨내지 못한 정통 사회운동들의 무능력, 일반적으
로 사회운동의 파괴로 귀결되는 동일한 종류의 폭력을 활용하려는 그들의
잇따른 시도, 그리고 부수적인 폭력을 정당화하는 것을 간단히 언급하고자
한다. 그러한 상황에서 행위자들, 국가 혹은 비국가 단체들 가운데 높은 강
도의 폭력을 행사할 수 있는 자들이 승리자가 되는 반면에, 대다수 민중은
모든 상황에서 극적인 패배자가 된다. 다시 말해, 비타협적인 폭력과 마주한
사회운동들은 그러한 충돌에서 결코 이길 수 없기 때문에, 똑같이 파괴적인
논리에 휩쓸리지 않을 방법을 찾아야 한다. 이는 바로 사회운동과 혁명적 운
동이 집단적 행위와 종류가 다른 이유이기도 하다. 폭력의 역동성에 휘말리

는 것이 어쩌면 당연할 수도 있다. 그러나 이것은 사회운동의 소멸과 같은 더 심각한 가능성을 낳게 된다. 국민과 세계인의 마음을 얻고자 하는 희망 속에서, 때때로 사회운동은 전쟁에 평화로 대응하는 극단적인 용기를 갖게 될 것이다. 그리고 사회운동은 한 국가 혹은 모든 국가에서 자행된 야만주의에 대항하는 유일의 진정한 방책이 되며, 그들에게 맞서는 국가의 실체가 될 수도 있다.

5

리좀 혁명*

스페인[1] 인디그나다스[2]

2011년 2월, 유로화의 위기가 스페인에서 기승을 떨치고 있었다. 청년 실업률은 47%를 기록했고, 전체 실업률이 22%에 달했다. 오랫동안 위기의 심각성을 무시한 끝에 사회주의 정부는 독일과 IMF의 압박 아래 2008년의 선거 공약을 뒤집고 의료·교육·사회 서비스 예산을 대폭 삭감하기로 결정했다. 스페인은 유럽연합에 남기 위해 금융기관의 자본 재편 및 급증한 공공기관 부채 축소를 정책의 최우선 사항으로 삼았다. 노동조합은 혼란에 빠졌고, 정당들과 정치인들은 많은 시민에게 외면당했다. 마드리드, 바르셀로나, 헤레스와 그 밖의 도시에서 시국을 염려하는 시민들이 작은 모임을 결성해 '시민 친화적 운동단체 조직을 위한 플랫폼(Platform of Coordination of Groups Pro-Citizen Mobilization)'이라는 이름으로 페이스북 그룹을 만들었다. 그들 중 일부는 ISP나 인터넷 이용자를 정부가 통제하고 검열하는 것을 인정한 '싱데법(Sinde Law)'**에 맞서 인터넷 자유를 지키려는 캠페인에 앞장서왔

---

* [옮긴이] 리좀(rhizome)은 땅속으로 뻗어 자라나는 뿌리줄기의 일종이다. 리좀 혁명은 사람들이 상호 간의 열린 의사소통으로 시간과 공간을 초월해서 지식과 정보를 주고받으며, 이를 사회 변혁의 단계로 발전시키는 것을 의미한다.

다. 엑스넷(x.net), 어나니머스, 노레스보테스(NoLesVotes: '투표하지 마세요') 같은 네트워크들이 주요 참여자였다. 그 외에 범세계적인 정의실현운동에 참가해온 노련한 행동가들도 있었다. 스페인에서는 주로 금융위기에 제대로 대응하지 못한 무책임한 정치시스템의 문제를 집중적으로 비판했지만, 불안한 국가(Estado del Malestar), 미래 없는 청년(Juventud Sin Futuro), 행동하는 청년(Juventud en Accion), 주택담보대출 피해자 연합(Plataforma de Afecta-dos por la Hipoteca)과 그 밖의 단체들은 걷잡을 수 없는 금융위기가 초래한 사회적 결과에 저항하면서 유럽 전역으로 확산되고 있는 투쟁에 자극받았다. 그들은 풀뿌리 운동을 통해서 금융가와 정치인 사이의 결탁에 성공적으로 대응한 아이슬란드의 사례에 고무되었다. 이 플랫폼은 페이스북의 토론 그룹과 '지금, 진정한 민주주의를!(Democracia Real Ya!, 이하 DRY)'●이라는 이름으로 전개한 행동을 통해 빠르게 진화했고, 포럼과 블로그, 이메일 리스트를 만들었다.[3] DRY의 발기인 중의 한 명인 하비에르 토레는 다음과 같이 말했다.

> 캠페인은 익명이었고, DRY는 블로그와 서로 다른 단체들 그리고 '싱데법'에 항의하는 단체 혹은 노레스보테스의 일부 사람들로 이루어진 복합체일 뿐이다. DRY는 배후에 어떤 사람도 두지 않았다. 거기에는 아무도 없었다.[4]

이 단체는 각 도시에 자율적인 연결점을 둔 분권화된 네트워크를 기반으로 했다. 바르셀로나 사례처럼 몇몇 경우에 사람들은 매주 일요일 아침에 직접 만나기도 했다. 수백 명이 페이스북 그룹에 가입했고 이들 가운데 일부는

●● [옮긴이] '싱데법'은 저작권 침해를 방지할 목적으로 저작권 보유 업체가 요청할 경우 10일 이내에 저작권 침해 혐의가 있는 웹사이트를 합법적으로 차단하거나 서비스를 중단시킬 수 있도록 규정한 법안이다.

● [옮긴이] 'Democracia Real Ya'는 영어로 'Real Democracy Now'를 뜻한다.

모임에 참여했다. 그들은 스페인의 현 체제가 대의민주주의를 제대로 반영하지 못한다며 맹렬히 비난했다. 그들의 관점에서 볼 때, 주요 정당들은 은행가들에게 휘둘러서 시민의 이익을 저버렸다. 아랍 혁명의 사례를 따라 그들은 거리에서 행동을 촉구하기로 결정했고, 5월 22일에 전국적으로 실시되는 지방선거를 기회로 삼기로 했다. 5월 2일, 그들은 시민들에게 "지금, 진정한 민주주의! 거리를 점령합시다. 우리는 정치인과 은행가의 손에 놀아나는 상품이 아닙니다"라는 구호 아래, 5월 15일 일요일에 거리시위를 벌일 것을 촉구했다. 그리고 다음과 같은 선언문을 발표했다.

> 우리는 평범한 사람들입니다. 아침 일찍 일어나 학교나 직장에 가거나 또는 일자리를 찾으며, 가족과 친구가 있는 여러분과 같은 부류의 사람들입니다. 사람들은 매일 생계와 가족의 더 나은 미래를 위해 열심히 일합니다. …… 그러나 이 나라에서 대부분의 정치인은 우리의 이야기를 들으려 하지도 않습니다. 이들의 역할은 우리의 등 뒤에서 부를 축적하고, 오직 거대 경제권력의 지시에만 주의를 기울이며, 일당독재를 유지하는 것이 아니라, 우리의 목소리를 정부기관에 전달하고, 시민의 정치 참여를 촉진하며, 다수에게 최대의 이익이 돌아가도록 목표를 정하는 것입니다. …… 나는 무언가를, 어떤 이유로, 누군가를 위해 상품을 사는 사람이지 상품이 아닙니다. 이런 모든 이유로 나는 분노합니다. 우리가 변화시킬 수 있고, 변화에 일조할 수 있다고 믿습니다. 여러분이 함께할 수 있다는 것을 우리는 압니다. 우리와 함께합시다. 이것은 여러분의 권리입니다.

이러한 요구는 어떠한 정당, 노동조합 또는 시민사회단체에게도 지지를 받지 못했고 언론에서도 외면당했다. 이것은 주로 인터넷 소셜 네트워크, 페이스북, 트위터, 투엔티(Tuenti)• 등을 통해 확산되었다. 공식 지도부는 없

• [옮긴이] Tuenti는 스페인의 소셜 네트워크 서비스이다.

지만 몇 주에 걸친 세심한 시위 준비로, 5월 15일에 수만 명이 마드리드(5만 명), 바르셀로나(2만 명), 발렌시아(1만 명), 그리고 50개가 넘는 도시에서 어떤 사고도 없이 평화적으로 시위를 벌였다.

마드리드에서 시위가 끝날 무렵, 시위대 수십 명은 도시의 상징적 광장인 푸에르타 델 솔(Puerta del Sol: 태양의 문)로 자리를 옮겨 진정한 민주주의(Real Democracy)란 무엇인지 서로 토론하며 훈훈한 밤을 보냈다. 그 시점에 그들은 진정한 민주주의의 의미에 관한 합의에 도달할 때까지 푸에르타 델 솔을 떠나지 않기로 했다. 뒤에 드러난 것처럼 합의 과정은 오랜 시간이 걸렸다. 다음 날인 5월 16일 밤에는 바르셀로나의 카탈루냐(Catalunya) 광장에 많은 사람이 모였다. 푸에르타 델 솔과 카탈루냐 광장에서 그들은 광장을 점거하고 여러 이슈를 논의하기로 결정했는데, 이 이슈들은 지방선거 출마자들이 며칠 동안 진행된 의미 없는 선거운동에서 논의하지 않았던 것들이었다. 그들은 친구들에게 트윗을 보냈다. 수백 명이 광장에 나왔고, 광장에 나온 사람들도 자신들의 네트워크에 트윗을 보내 다시 수천 명이 모였다. 대다수가 침낭을 가져와 점거장소에서 밤을 보냈다. 캠핑시위인 아캄파다스(acampadas)가 생겨난 것이다. 낮 시간에는 더 많은 사람이 광장으로 몰려왔다. 사람들은 토론과 행사, 시위에 참여했다. 각종 위원회가 자연스럽게 생겨났다. 일부 사람들은 위생 시설, 식수 및 음식 공급을 포함한 후방지원에 관한 문제들을 처리했고, 또 다른 일부는 와이파이(Wi-Fi) 네트워크를 설치하고 인터넷망을 구축하며 점거된 장소를 스페인 전역과 전 세계로 연결시켰다. 그 밖의 많은 이가 토론을 이끌었는데, 사람들이 제안하는 주제라면 어떤 것에 관해서도 토론할 수 있었고, 또 관심이 있는 사람이라면 누구나 참여할 수 있었다. 지도자로 인정된 사람은 없었다. 광장에 모인 모든 사람이 자신을 대표했고, 매일 저녁 열리는 총회(General Assembly)와 사람들이 행동을 원하는 모든 주제마다 형성된 위원회에 결정 권한이 있었다. 스페인 전역의 100개가 넘는 도시에서 이 방식을 따랐고, 미국 내에서는 그 영향이 제한적이었지만 며칠 만에 전 세계 거의 800여

개 도시로 대규모 점거운동이 확산되었다.

국내외 언론들이 이 운동을 보도했지만, 대개 사실을 부정확하게 보도했다. 경찰이 두 번이나 점거자들을 쫓아내려 했지만, 성공하지 못했다. 선거법원은 법으로 규정된 선거 전에 가지는 '숙고의 날(day of reflection)'을 시위대가 방해했기 때문에 점거가 불법이라고 공표했다. 수천 명이 있었던 점거장소에 대한 위협이 두 차례나 있었지만, 경찰의 진압 작전은 저지당했다. 정당들은 만약 그들이 전면적인 경찰 작전에 개입하고, 점거가 총회의 결정에 따라 선거일이 지나서도 계속될 경우에는 그들에게 불리한 선거 결과가 나올 수 있다는 점을 의식했다.

운동은 스스로 움직였다. 처음에는 15-M(5·15 운동)으로 알려졌는데, 이는 시위가 처음 일어난 날에서 유래한 것이다. 그러나 언론은 이 운동을 '인디그나도스(indignados: 분노한 사람들)'라는 이름으로 칭했다. 이 명칭은 운동이 일어나기 몇 달 전에 출간되어 ─ 프랑스에서보다 많은 수의 ─ 스페인 청년들 사이에서 반향을 일으킨 스테판 에셀(Stephane Hessel)이 쓴 소책자 『분노하라』의 영향을 받은 것이었다.[5] 세계 대부분의 나라 사정과 마찬가지로, 스페인에서도 시민들이 금융위기의 여파로 일자리, 월급, 공공서비스 그리고 모기지 담보 등과 관련해 커다란 고통을 겪는 동안, 자기 실속만 챙기는 정치인들과 투기 행위로 경제를 좌초시켰는데도 구제를 받아 당당하게 보너스를 챙긴 은행가들에 대한 전반적인 분노의 감정이 있었다.

비록 대부분의 공공장소 점거는 7월 초에 끝났지만, 이 운동은 다양한 형태로 몇 개월 동안 계속되었다. 7월 내내 스페인 각지에서 가두 행진이 있었고, 7월 22일에는 마드리드에 집결했다. 가두 행진 참가자들은 도시와 마을을 거치면서 시위에 참가한 이유를 설명하며 걸었고, 그들이 행진하는 동안 많은 사람이 이 대열에 합류했다. 그들이 수백 킬로미터를 걸어서 마드리드에 도착했을 때, 마지막 코스에서 합류한 지지 군중이 그들을 환대했다. 7월 23일, 푸에르타 델 솔에 집결한 약 25만 명에 달하는 사람들은 부당한 방법으로 경제위기를 처리하는 것에 항의하고, 민주주의를 수호하기 위해 투쟁하는 운동의 결의를 재확인했다. 시위 행동은 마드리드의 솔(Sol) 광장을 재검거하기 위한 몇 번의 시도를 포함해 8월 내내 지속되었다. 경찰 수백 명이 인디그나다스의 새로운 점거를 막기 위해 며칠 동안 광장을 점했다. 8월 말 즈음에 사회노동당(PSOE)● 정부와 보수 야당인 국민당(Partido Popular: PP)은 스페인의 채무에 대한 금융시장의 투기를 완화하는 방법으로 재정 적자 가능성을 막는 헌법 조항을 신설하라는 앙겔라 메르켈(Angela Merkel)의 최후통첩을 받아들이기로 했다(시행되지는 않았다). 국민들이 여름휴가 중이었기에 투표는 거의 비밀리에 이루어졌다. 시위대는 국민투표 실시를 요구하며 의회 앞에서 시위를 벌였고, 독일의 압력으로 헌법을 수정하는 것에 반대하는 좌파 정당과 노동조합으로부터 일부 지지를 얻어 여러 도시에서 시위를 조직했다. 시위대는 "노동조합 여러분, 와주셔서 감사합니다"라는 현수막을 내걸었다. 시위에는 최소한 220만 명이 참여한 것으로 추산되었으며, 5월부터 10월까지 참여가 증가했다(Blanco, 2011).

2011년 10월 15일, 바르셀로나에서 9월 초에 만났던 활동가 네트워크의 주도로 인터넷에서 소집된 전 세계적 규모의 시위가 벌어졌다. 전 세계 82개국 951개 도시에 시위 참가자 수십만 명이 '세계 변화를 위한 연대'라는 구호 아래 모였다. 마드리드에는 거의 50만 명이 모였고, 바르셀로나에도 약 40만 명의 시위대가 모였다.

이렇게 결의에 찬 시위 참가자들은 어떤 사람들일까? 운동의 시작 단계에는 대학생과 20~35세 대졸 실업자가 많았지만(아랍 혁명과 마찬가지다), 나중에는 생활 여건이 악화되면서 직접적인 위협을 받은 장년층이 적극적으로 참여했고, 모든 사회계층과 연령대의 사람이 합세했다. 이 운동은 2011년

● [옮긴이] 스페인 사회노동당은 스페인어로 Partido Socialista Obrero Español이며, 영어로는 The Spanish Socialist Workers' Party로 표기한다.

내내 여론으로부터 엄청난 지지를 받았다. 각각의 조사에 따르면, 최소한 스페인 인구의 3분의 2가 운동의 성명과 비판에 동의하고 지지를 보낸 것으로 나타났다. 몇몇 자료에서는 운동에 대한 인지도가 88%에 이른다고 보았다 (〈표 4-1〉 참고).

표 4-1 **스페인 5·15 운동에 관한 여론조사 결과**

설문 내용	비율/점수
① 5·15 운동에 공감하십니까?	
공감한다	66%
거부한다	21%
② 시위의 동기가 정당하다고 생각하십니까?	
정당하다	81%
그렇지 않다	9%
③ 아래 의견 중에 어느 항목에 가장 동의하십니까?	
5·15 운동은 단지 일부 사람들에게 영향을 미치는 문제들을 다룬다	11%
5·15 운동은 사회 전체에 영향을 미치는 문제들을 다룬다	84%
5·15 운동은 정치적으로 진보 성향이다	31%
5·15 운동은 정치적으로 보수 성향이다	2%
5·15 운동은 확실한 정치적 성향을 띠고 있다	58%
④ 5·15 운동이 우리 사회에 실제 존재하는 현실적인 문제들을 다루고 있습니까?	
동의 / 전적으로 동의	80%
반대 / 전적으로 반대	15%
⑤ 5·15 운동이 광범위한 토론을 이끌고 있지만 곧 잊힐 것이라고 생각하십니까?	
동의 / 전적으로 동의	57%
반대 / 전적으로 반대	38%
⑥ 5·15 운동이 정당으로 발전하리라고 생각하십니까?	
동의 / 전적으로 동의	21%
반대 / 전적으로 반대	69%
⑦ 5·15 운동이 급진적으로 변해서 폭력을 행사하리라고 생각하십니까?	
동의 / 전적으로 동의	19%
반대 / 전적으로 반대	74%

⑧ 5·15 운동이 기존 정당에 통합될 것으로 생각하십니까?

동의 / 전적으로 동의	22%
반대 / 전적으로 반대	68%

⑨ DRY 운동과 5·15 운동 또는 '인디그나도스' 운동에 관해 들어보셨습니까?

그렇다	97%
아니다	3%

⑩ DRY와 5·15 운동에 동의 혹은 반대하십니까?

동의	88%
반대	12%

⑪ DRY와 5·15 운동이 지속되어야 한다고 생각하십니까?

그렇다	83%
아니다	17%

⑫ 1에서 10까지 척도 가운데, 1은 전적으로 반대, 10은 전적인 동의를 의미합니다. 다음 설문에 답해주십시오.

선거법이 개정되어야 한다	8.7
완전한 정치적 투명성을 목표로 한 제도 이행으로 부패를 척결해야 한다	9.3
정치권력의 효율적인 분리가 있어야 한다	8.6
효과적인 책임 정치를 구현하기 위해 시민이 효율적으로 통제하는 시스템이 구축되어야 한다	8.7

⑬ 스페인 전역의 많은 광장에서 일어난 시위에 대해 찬성 혹은 반대하십니까?

찬성	73%
반대	19%

⑭ 운동이 수호하는 이상과 가치에 동의하십니까?

동의	72%
동의도 반대도 아님	10%
반대	10%

⑮ 이 운동이 어느 정도로 스페인을 개선하리라고 생각하십니까?

많이	12%
어느 정도	27%
전혀 아님	53%

주: 문항 앞의 일련번호는 이해를 돕기 위해 임의로 붙인 것이다. ①~⑧번: 메트로스코피아(Metroscorpia) 조사 (2011년 6월 1~2일); ⑨~⑫번: 칵테일 애널리시스(Cocktail Analysis) 조사(2011년 5월 31일); ⑬~⑮번: 심플 로지카(Simple Logica) 조사(2011년 6월1~6일).

자료: 메트로스코피아(www.metroscopia.es/portada.html); 칵테일 애널리시스(http://www.tcanalysis.com/2011/0 6/03/movimiento-15mdemocraciareal-ya-representatividad-movilizacion-social-y-canales-de-informacion/); 심플 로지카(http://www.simplelogica.com/iop/iop11002/asp) 참고.

그러나 2012년 초, 점거장소에 내걸린 현수막처럼 "여생을 여기에서 보내야 하기에 우리의 미래를 걱정하는 사람들"은 향후 운동의 진로에 대해서는 확신하지 못했다. 이것이 바로, 운동이 상상했고 새로운 기획들이 있었던, 그리고 여전히 그런 안전한 공간인 인터넷 소셜 네트워크에 대한 연구와 토론이 계속되는 이유이다.

자기 매개(self-mediated) 운동

공공장소의 점거는 운동을 알리고 운동의 핵심적인 조직 형태인 지역 총회를 지원하는 데 필수적이기는 했지만, 운동의 기원과 시위를 관통하는 중추는 자유로운 인터넷 공간이었다고 할 수 있다. 다음은 심리학자이자 기술정치학(techno-politics) 연구자이고 DRY를 만든 네트워크의 발기인 중의 한 명인 하비에르 토레의 설명이다.

5·15 운동은 사람들이 언론 차단을 극복할 수 있다는 것을 보여주었다. 매스 셀프커뮤니케이션과 온라인의 자가 조직 역량은 사람들이 미디어 차단을 극복할 수 있게 했다. 바르셀로나에서는 바르셀로나 TV(Barcelona TV)만이 우리가 5·15 운동에 관해 요청한 기자회견에 참석했다. 모든 언론 매체가 5·15 운동이 벌어지고 있다는 것을 알았다. 우리는 그들에게 트위터, 페이스북, 이메일 등으로 알렸지만…… 아무도 나타나지 않았다. 텔레비전 방송국과 신문은 우리를 완전히 무시했다. 운동에 합류한 독립 저널리스트, 예를 들면 ≪라 방가르디아(La Vanguardia)≫의 블로그를 운영하는 랄리 산디우멘제(Lali Sandiumenge) 등이 있었지만[6] …… 일반적으로 주류 언론들은 우리가 보낸 제안들을 무시하거나 거들떠보지도 않았다. …… 이는 운동의 형태가 탈미디어적임을 보여준다. 왜냐하면 오늘날 존재하는 소통과 참여를 위한 매체와 기술, 수단을 기술정치적

(technopolitical)으로 재전용하기 때문이다. 오늘날 사람들이 있는 곳은 이런 곳이다. 이러한 매체들 속에 많은 사람이 있다. 운동은 누구라도 참여하고 관여할 수 있도록 충분히 열려 있는 온라인으로 확산된 캠페인이었다. …… 온라인에서 확산되고 모방되기 위해서는 반향을 일으킬 구호가 필요했다. 예를 들면, "우리는 은행가의 손에 놀아나는 상품이 아니다"라는 구호는 큰 반향을 일으켰고 여기저기로 유포되었다. 이는 누구라도 관계될 수 있는 것이었다. 사람들은 이런 구호를 담은 영상과 모든 종류의 피켓을 만들었다. 초기의 구호는 익명이었기 때문에, 그리고 지극히 상식적인 내용이었기 때문에 널리 퍼졌다. 구호는 특정 이데올로기를 지닌 진보 성향 단체에서 만든 것이 아니었다. 그것은 단지 모방되는 확산 능력과 웹 2.0 툴을 활용하는 역량에서 비롯된 것이었다. 모든 사람이 자신들의 미디어를 보유하고 수천 명이 미디어 유통자가 되었다. 운동이 탈미디어적인 이유다. 다시 말해 운동은 미디어 장벽을 넘어 이벤트를 만들고 이러한 이벤트와 소통하는 역량이 있었다. …… 일부 언론 매체는 트윗을 인용하거나 아캄파다 솔 (Acampada Sol) 또는 DRY의 페이스북 페이지에 올라온 글을 대중에게 알리기도 했다. 이는 운동이 서로 연결되어 있었다는 점과 지도부가 없어 미디어들이 운동 상황을 보도하기 어려웠던 상황을 보여준다. 미디어들은 처음에는 운동을 무시했지만, 스페인 전역의 광장이 사람들로 가득 차게 되자 상황을 보도할 수밖에 없었다. …… 언론 매체의 기능을 하는 많은 공간이 생성되었는데, 예를 들면 운동에 호의적인 기사를 쓰는 개인 블로그가 많아졌다. 우리가 뭉치면서 미디어의 여과 없이도 스스로 표현할 수 있는 역량이 생겼다. 미디어는 우리의 행동을 더 좋거나 혹은 더 나쁘게 증폭시켰다. 인터넷 네트워크에는 각자가 생각하고 느끼는 바를 말할 수 있는 상당한 자율성이 있었다. 5·15 운동은 중개기관들(inter-mediaries)에 반대해 그 자체가 정치, 문화, 미디어로 자리매김했다. 나를 위해 누군가가 무언가를 해야 한다는 생각은 단도직입적으로 비판받았다. 말하자면, 이는 시민과 정부, 노동조합, 언론 매체 간 관계의 패러다임 전환을 의미한다. …… 만약 이것이 수천 명의 사람에 의해 동등하게 발족된 운동이라면, 한 명의

대변인을 두는 것은 운동과 모순된다. 대변인이 있어야 하는지를 놓고 내부 토론이 있었지만, 운동의 이상(ideal)은 모든 사람이 스스로를 대변하는 것이었다. 모든 것을 결정하는 한 명의 사람은 없다. 이것은 언론 매체들의 현장 상황 보도를 어렵게 만들었다. 2001년, 우리가 인디미디어(Indymedia)를 출범했을 때, 우리는 "미디어를 미워하지 말고, 미디어가 되자"라고 말했다. 5·15 운동이 보여준 것이 바로 이것이다. 사람들이 함께했을 때, 그들은 어느 언론 매체보다 강력해졌다. 5월 27일, 경찰이 카탈루냐 광장에 있는 우리를 공격했을 때, 운동은 그 당시 벌어지고 있는 상황에 대해 소통하는 엄청난 역량을 지니고 있었다. 비록 일순간이었지만 모든 사람이 기자가 되었고, 어떤 면에서는 뉴스의 주요 소재가 되었다. 보도하는 사람이 많으면, 현재 상황에 관한 종합적인 이야기를 취할 수 있다. 사람들은 스트리밍 서비스나 온라인에서, 텔레비전에서, 혹은 현장에서 무슨 일이 벌어지고 있는지 파악할 수 있었다. 현장에 있는 사람들은 "와서 우리를 도와주세요"라고 트윗을 보냈고, 사람들이 모여들었다. 사람들은 집에서 디지털 매체 또는 휴대전화로 이 소식을 접하고 현장으로 갈 수 있었다.[7]

그러나 인터넷의 소셜 네트워크만큼 강력하고 참여적인 새로운 매체조차도 메시지는 아니다. 메시지가 매체를 구성한다. 토레의 주장에 따르면, 메시지는 사람들의 개인적 경험을 상기시켰기 때문에 입소문을 타고 퍼졌다. 그리고 핵심 메시지는 사람들의 삶을 피폐하게 만드는 정치제도와 경제제도 전체에 대한 거부이다. 마드리드에 내걸린 현수막에는 다음과 같이 쓰여 있었다. "이것은 위기가 아니다. 위기는 내가 당신을 더 이상 사랑하지 않는 것이다"

하지만 새로운 사랑을 어떻게 찾을 수 있을까?

인디그나다스는 무엇을 원하는가

운동에는 프로그램이 없었다. 그 주된 이유는 '5·15 운동'으로 알려진 공식 조직이 없었기 때문이다. 그러나 여러 점거장소에서 총회의 승인을 받은 요구들은 많았다. 가능한 모든 요구와 비판, 제안이 나왔다. 운동은 확실히 은행가와 투기자, 그리고 금융위기의 결과에 책임을 지지 않은 사람들에게 항의했다. 일반 대중 사이에서 부당함에 대한 깊은 감정이 들끓었고, 이는 운동으로 표출되었다. 그들은 운동이 계속해서 참고하는 아이슬란드처럼 부실 은행들을 구제하지 말고 국유화해야 한다고 생각했다. 또한 불법을 저지른 경영진들을 기소해야 한다고 주장했다. 그들은 만장일치로 정부의 예산안 삭감에 반대했고, 부자와 기업에 대한 과세를 요구했다. 적절한 일자리를 찾을 가능성이 없는 청년 실업자 수백만 명도 맹렬한 비난을 퍼부었다. 2011년 4월 7일, 수천 명의 청년이 교육, 노동, 주거에 관한 권리를 지키기 위해 싸우는 인터넷 기반 운동 본부인 '미래 없는 청년들(Youth Without Future)'의 요청에 응해 마드리드에서 시위를 벌였다. 또한 사회 전반의 주택 대란에 항의하는 시위가 있었으며, 특히 젊은 세대가 부담 가능한 수준의 주택이 부족한 상황에 대해 항의하는 시위도 있었다. 운동에 앞서 수개월 동안 '주거(Vas Vivienda)' 캠페인을 진행했던 청년들은 5·15 운동의 중요한 집단이었다. 특히 은행의 서브프라임 대출의 덫에 걸려 집을 날리고도 죽을 때까지 빚을 갚아야 하는 어려움에 처한 가족들과 노인들의 퇴거 및 모기지 담보 압류에 항의하는 격렬한 시위가 있었다. 여기에는 "문제는 위기가 아니라 시스템이다"와 같은 자본주의에 대한 명확한 비판이 있었다. 그러나 자본주의의 문제 해결이나 경제성장의 회복에 관한 구체적인 제안은 없었다. 운동 내부의 다수가 성장을 위한 성장의 개념에 크게 반발했기 때문이다. 최대 관심사는 환경이었다. 소비를 조장하는 사회에 대한 반대도 심화되었다. 따라서 자본주의 일반과 이번에 위기를 불러온 금융자본주의에 대한 비판에 대해서는 거의 만장일치에 가까웠지만, 어떤 형태의 경제가 환경적으로 지속 가능하고 윤리적으로 정당한 방법으로 모든 사람에게 일자리와 주택 그리고 적절한 생활 여건을 마련해줄 것인지에 대해서는 합의에 이르지 못했다. 그렇다고 운동이 매우 구체적이고 상당히 심오한 정책을 제안하는 데 능력이 없었다는 말은 아니다. 실제로 총회와 위원회에서 면밀히 검토되고 토론된 제안들이 많았다. 그러나 운동이 자세한 프로그램 내용까지 동의하게끔 구성된 것은 아니었다. 다양한 장소의 다양한 사람들에 의한 많은 제안서가 있었고, 그것들은 운동의 구성요소들만큼이나 다양했다.

그러나 경제적·사회적 이슈에 대한 많은 비판과 요구가 있었음에도, 내가 직접 관찰하면서 얻은 강한 확신은 이 운동이 근본적으로 정치적이라는 것이다. 이 운동은 유사 민주주의의 상태를 진정한 민주주의로 변화시키는 것이었다. DRY의 원래 요구가 나중에 운동에서 제시된 요구와 이상의 바다에 희석되었고, DRY는 운동의 도화선이었지 운동 그 자체가 아니었음에도, DRY가 처음에 내놓은 성명서는 인디그나다스 운동의 암묵적 또는 명시적인 공통 핵심(common core)이었다. 그렇다. 위기는 자본주의 체제의 표현이었고, 은행들은 범인이었다. 모든 단체의 정치가, 정당, 의회 그리고 정부는 그들이 대표했던 시민의 이익보다 은행가의 이익을 방어했던, 은행가 집단의 공모자였다. 운동의 여론은 정치인들이 정치엘리트 계급으로서 그들의 권력을 영속시키기 위해 선거와 선거법을 조작하며 그들 자신들만의 폐쇄된 특권적인 세상에 살면서 민중의 요구에는 무관심하다는 것이었다. 운동에서 아마도 가장 인기 있고 가장 근본적인 구호는 "그들은 우리를 대표하지 않는다"였을 텐데, 아이슬란드처럼 상향식으로 개혁된 제도와 민주주의, 대의제가 존재하지 않기 때문이었다. 스페인의 민주주의는 완전히 정치세력화된 사법부와 은행가, 정치인, 법원의 고위 판사 사이의 상부상조 시스템과 함께 시작된 것이었다.

선거와 정당이 시민의 이익과 가치를 수호하는 데 무관하고 쓸모없다고 여겨짐에 따라, 현 민주주의 체제에 대한 거부가 운동의 목표에 강한 영향을 끼쳤다. 이에 따라 운동은 다수 득표자에게 유리한 비(非)비례대표제도〔돈트 방식(the D'Hondt method)•〕를 통해 거대 정당의 편의를 대변하는 선거법의 개혁을 비롯한 강력한 선거시스템 개혁이 없는 한 선거 참여에 무관심했다. 긍정적인 면에서, 운동은 협의체적 의사결정 과정에서 시민의 의식 있는 참여를 보장하기 위해 인터넷을 이용한 숙의민주주의를 시작으로 참여민주주의의 다양한 방식을 진행하는 것에 동의했다. 다음 절에서 논하겠지만, 운동 안에서의 토론과 의사결정의 형식은 사회 전체에서 정치적 민주주의가 무엇이어야 하는지 명백하게 예시하는 것을 목표로 삼았다. 인디그나다스 운동은 참가자들에게 기존 제도의 한계를 넘지 않고서는 정치와 정책에 영향을 주기 어렵다는 것을 인식시켰고, 이 운동이 많은 시간과 노력이 들 것이라고 강조했다. 인니그다나스 운동은 다음 선거에서 승인받기 위한 프로그램을 개설하는 문제가 아니었다. 그들은 교섭 상대로 어떠한 정당도 인정하지 않았다. 운동의 관점에서 보면, 이 긴 여정은 시스템에 대한 반대에서 자발적인 숙고와 의식 고양의 과정을 통한 민중의 의지를 표현하는 제도의 복원까지 나아가야 한다. 이는 구체적인 요구사항에 투표하는 지역 총회에서 일시적으로 두드러진 관점을 잘 보여주는 요구사항들보다 활동가들의 담론에서 이 운동의 과제가 더 잘 드러나는 이유이기도 하다.

운동의 담론

인디그나다스는 다양하고 풍부한 담론의 운동이라고 할 수 있다. 창의적인

• 〔옮긴이〕 돈트 방식은 비례대표 선출에서 정당의 득표수를 1부터 순서대로 정수로 나눈 다음 그 몫이 큰 순서로 정당에 의석을 배분하는 당선자 결정 방식이다.

구호, 상당히 효과적인 용어, 의미 있는 단어와 시적인 표현은 새로운 개성을 표현하는 언어 생태계를 구성했다. 하나의 담론만 말할 수는 없지만, 담론들에는 운동의 사고방식을 함축하는 수많은 용어가 있다. 이것들은 캠프와 인터넷에서의 구호나 토론에서 자주 나타났다.

에두아르두 세라노(Serrano, 2011)는 그의 관찰을 바탕으로 의미 함축과 해제 면에서 각 용어를 특징지으면서 운동의 담론 속에 폭넓게 나타난 주요 용어들의 목록을 작성했다. 그의 분석은 〈표 4-2〉에 정리되어 있다. 〈표 4-2〉는 운동의 담론에서 드러난 운동의 지향점이 무엇인지 보여준다.

이 분석에서 분명하게 드러나는 것은 운동에 구현된 문화적 변화의 깊이이다. 운동은 수백만 청년의 불안정한 삶에 의해 촉발되었고(18~34세의 54%가 일자리와 주택의 부족으로 여전히 부모와 함께 살고 있다), 운동의 담론은 2009~2012년에 우리 연구팀이 바르셀로나에서 살펴보았던 대안적 경제문화와 같은 새로운 경제적·정치적 문화를 등장시켰다. 이는 상업적 가치를 넘어서 삶의 사용가치를 강조하며, 자가 생산, 협동주의, 물물교환 네트워크, 소셜 화폐, 윤리적 금융과 상호 연대 네트워크에 참여하는 일상적인 행위들을 말한다. 경제위기는 바르셀로나의 많은 사람에게 이러한 대안적 경제문화를 호소하는 데 일조했다. 이러한 행위들은 수천 명의 사람, 엄밀히 말해 인디그나다스의 대부분을 차지하는 사람들과 같은 연령대(20~35세)인 사람들의 일상에서 한참 동안 나타났다. 이 연구는 삶의 의미에 관한 것으로, 바르셀로나 시민 대다수가 임금을 덜 받더라도 근무시간이 줄어드는 것을 왜 더 선호하는지 설명한다(Conill et al., 2012a, 2012b). 운동은 이러한 대안경제 프로젝트에서 드러난 가치를 대안정치 프로젝트로 확장했다. 개인의 자율성 구축과 이러한 자율적인 개인들의 네트워킹은 새롭고 공유된 삶의 형식을 창출하기 위한 가장 중요한 동기들이다.

"또 다른 정치는 가능하다", "정당이 없어도 민중 연대는 작동한다", "혁명은 우리 마음속에 있었고, 혁명이 이제 거리에서 활보한다", "우리는 마음속

표 4-2 **인디그나도스 운동에서 공유된 담론에 사용된 용어가 의미하는 것과 무효화하려는 것**

용어	의미하는 것	무효화하려는 것
공동 (Common)	• 공동체 자체 관리 • 공유된 장소	• 제한된 자산 • 공공과 사유의 이분법 • 소수에 의한 권력 획득
총회에 의한 합의 (Consensus by Assembly)	• 다양한 제안의 상호작용에서 비롯된 결정 • 모든 생각의 존중 • 비선형 의사결정 과정 • 투표 없이 의견 종합 • 의사결정 과정을 거친 질적으로 나은 결과물	• 합의/반대 간 대척 • 평균적 제안 • 선형 의사결정 과정 • 토론된 원안보다 질적으 로 나쁜 결과물
누구든 (Anybody)	• 단수 • 익명의 시민들	• 모든 사람 • 전체성
미래가 없는 (Future-less)	• 지금 현재	• 연기된 이행 • 의미와 목표 사이의 분리
지도자 없는 (No bosses)	• 자율 규제 • 분산된 네트워크 • (인터넷 상호작용과 같은) 모든 사람의 완 전한 참여 • 익명성 • 책임의 순환	• 사회적 역할을 엄격하게 할당 • 사안과 임무, 제안을 미 리 규정
비대표(Non- representation)	• 참여, 직접민주주의, 표현의 정치	• 위임
비폭력 (Non-violence)	• 폭력을 합법적 지위에서 물러나게 함으로 써 생기는 비물리적 힘의 장	• 폭력의 효능 • 남성적 폭압
존경 (Respect)	• 호혜, 존엄, 자기 절제 • 진정한 시민의식	• 보안, 적
돈 없는 (Money-less)	• 부는 화폐가 아님 • 금융 시스템과의 차단 • 지역 화폐, 탈 상업화	• 희소성의 경제 • 금융 압제 • 불가피한 긴축 • 제로섬 게임
두려움 없는 (Fearless)	• 함께하면 할 수 있다 • 당신은 혼자가 아니다 • 아이슬란드처럼 위기를 극복할 수 있다 • 창조성	• 사망자, 마비
느림 (Slowness)	• 공진화(co-evolution) • 점진적인 성숙의 과정	• 자본의 가속도에 종속된 삶 • 경쟁적인 삶(fast life)

[옮긴이] 카스텔이 영문으로 번역한 것을 다시 한국어로 번역함.

자료: E. Serrano, "El poder de las palabras: glosario de téminos del 15M"(2011), http://madrilonia.org/2011/06
/el-poder-de-las-palabras-glosario-de-terminos-del-15m/ (검색일: 2012년 2월 8일).

에 새로운 세상을 품고 있다", "나는 체제를 거부하지 않는다. 체제가 나를 거부한다"와 같이 운동에서 인기 있는 구호들은 민주주의와 자유의 이상을 표현한다.

어떻게 이러한 정치적 변화를 이루어냈을까? "혁명가를 움직이는 것은 세상에 대한 사랑입니다. 함께합시다!"와 같은 구호를 알리고, 함께하기, 함께 생각하기, 투쟁하기, 많은 사람에게 운동 참여 요청하기 등을 실천하면서 변화가 일어났다. "바리케이드가 거리를 막아도 길을 연다", "불편을 끼쳐 죄송하지만, 우리는 세상을 바꾸고 있습니다" 등의 구호는 난관이 있어도 운동이 가치 있는 일을 하고 있음을 보여준다. 한편, 운동은 권력에 대해 "너희가 우리의 꿈을 빼앗는다면, 우리는 너희를 잠재우지 않을 것이다"라고 경고하기도 했다.

그러나 운동의 가장 중요한 이슈는 그들이 사회에 제안해왔던 민주주의의 원칙을 어떻게 실행에 옮길 것인지에 관한 것이었다.

사실상의 민주주의 재창조: 총회가 이끄는 리더 없는 운동

운동에는 지역 단위나 전국 단위의 지도부가 없었다. 공식적으로 채택된 원칙은 아니었지만, 운동의 발단에서부터 모든 사람이 사실상 동의했던 사항이었다. 이러한 이유로 대변인도 인정되지 않았다. 모든 사람이 그 누구도 아니라 자신을 대변했다. 이것은 언론을 짜증나게 했는데, 언론의 이야기 기법에서는 집단행동의 얼굴이라고 할 만한 사람이 필수 요소이기 때문이다.

'리더 없는 운동'은 대다수 활동가들이 시행하는 근본 원칙이 되었다. 역사에서 일반적으로 배신당했던 이 아주 오래되고 무정부주의적인 원칙은 이번 운동에서 이념의 색을 띠지 않았다. 이 원칙은 수평성이 규범인 인터넷 네트워크의 경험에서 드러난다. 네트워크 접점들 사이의 상호작용을 통해 조율 기능이 실행되기 때문에 지도부는 거의 필요가 없어진다. 네트워크가 주체가 되었기 때문에 새로운 주체성이 네트워크에서 나타났다. 지도부에 대한 거부는 세계정의운동과 극좌파의 여러 급진 조직에서 어려움을 겪어왔던 일부 베테랑 활동가들의 부정적인 경험의 영향도 있었다. 그것은 정부와 전통적인 정당을 특징짓는 부패와 냉소주의를 목격하고 난 후, 그 어떤 조직된 정치 지도부도 믿지 못하는 깊은 불신감에서 비롯된 것이기도 했다. 현실 정치를 거부하며 정치판에 뛰어든 새로운 세대의 진정성(authenticity)에 대한 이러한 탐구가 운동을 근본적으로 규정했다. 물론 이는 운동 내 비타협적인 과격분자들에 의해 '부에니시모(buenisimo: 이상주의자)'라고 비판받았다. 새로운 형태의 정치를 건설하는 데 대한 정당성을 주장하는 것은 운동이 일상적으로 실행될 때에야 비로소 신뢰받을 수 있는 것이다.

'리더 없는 운동' 원칙은 집회가 열릴 때 캠프에 합류한 사람들에게, 그리고 일정 장소에서 캠핑하는 사람들을 대표하는 총회에 집단 전체를 시사하는 문제에 대한 모든 의사결정 권한을 줌으로써 구체화되었다. 집회는 긴급회의가 소집되는 경우를 제외하고는 일반적으로 매일 열렸다. 참가자 수는 야영장의 크기에 따라 다양했지만, 마드리드나 바르셀로나에서는 보통 수백 명이 모였고, 특별한 날에는 2000~3000명이 참가했다. 참가한 사람들 각자가 자유롭게 결정을 내렸기에 집회의 결정은 단지 상징적 권한만 가질 뿐이었다. 중요한 것은 어떻게 결론에 도달하는가 하는 것이었다. 많은 캠프에서 주장과 반론이 수 시간에 걸쳐 정중하고 예의 있게 논의된 후, 모든 사람이 동의할 때까지 대화와 토론을 거쳐 합의에 의한 결정을 내리려 노력했다. 불필요한 잡음과 중단을 막기 위해, 찬성과 반대의 신호를 보내거나 진행자에게 중단을 요청할 때 수화를 변형시킨 손짓을 채택했다. 정기적으로 교대하는 자원봉사자들이 집회 진행을 맡았는데, 이는 지도자의 등장을 막기 위한 것이라기보다 그러한 업무에서 오는 피로감을 줄이기 위한 것이었다. 사회운동 내부 토론에서 종종 발견되는 독설은 우리 연구팀이 관찰한 이 운동의 토론 사례 대부분에서 찾아볼 수 없었다. 하지만 지도자를 자처하며 집회를 선전 도구로 이용하려는 사람들과 이론가들에게 반대하는 참가자들의 집단적인 압박이 있었다. 여러 날 토론에 참여해본 참가자 몇몇은 가능한 한 많은 제안을 통합해 구체적인 제안들을 단순 다수결로 결정하는 것의 필요성을 논하기 시작했다. 합의에 의한 결정이라는 원리를 따른다면, 일부 소수 집단이 자기 입장을 끝까지 고수할 경우 어떤 결정이라도 부결될 수 있었다. 운동은 소수자의 협박에 굴하지 않으면서도 그들의 권리를 인정하는 것이 중요하다는 역사의 오래된 교훈을 다시 깨우쳤다.

숙의 과정과 능률적인 집행의 상충은 집회에서 제시된 대략적인 방향을 구체적인 계획으로 다듬는 위원회를 설치함으로써 해결했다. 위원회는 사실상 완전히 자율적이었고, 무엇을 할 것인지 합의하기 위해 각양각색의 제안들을 숙고해야만 했다. 나아가 농업 및 생태 관련 계획에서 아동 복지 또는 선거법 개혁에 이르기까지 특정 주제에 관해 누구라도 위원회를 결성하자고 제안할 수 있었다. 운동의 필수 요소(위생, 안전, 통신 등)를 다루는 일부 위원회는 잘 운영되었으며, 집회에 제출된 다양한 이슈들에 관한 상세한 제안서를 작성하는 것에 주력하는 위원회도 있었다. 또 다른 위원회는 강제 퇴거를 막는 위원회처럼 이러한 제안들을 실천에 옮기는 활동을 조직하기도 했다. 사람들이 참여하는 한 위원회는 활동을 유지했고, 운동이 발전함에 따라 위원회가 생기기도 하고 사라지기도 했다. 바르셀로나의 경우, 운동의 실천 과정에서 참여민주주의 원칙을 이행하는 방법에 관해 상세한 전략을 세우고 운동 양식을 되돌아보는 위원회들이 더 오래 남았다.

그러나 이러한 새로운 정치체를 조직하려는 운동이 가능하려면 공공장소를 점거할 수 있느냐가 중요하다. 즉, 점거장소에서 밤을 지새우는 인원이 적다고 해도 진정한 민주주의의 이상을 구현하는 반(反)사회조직을 구성하는 캠프의 존재 자체가 중요하다는 것이다. 그러나 무기한 점거는 확실히 불가능하다. 후방지원과 관련한 문제가 불거질 테고, 경찰의 괴롭힘도 계속될 것이며, 캠프 생활의 조건이 점점 나빠지기 때문이기도 하다.

노숙인 문제는 어디서나 마찬가지로 스페인의 도시에서도 극적인 현실이다. 단지 노숙인의 일부만이 심각한 정신의학적 문제를 겪고 있었지만, 이들은 상당히 눈에 띄었다. 그들 중 상당수가 보호받을 수 있는 캠프로 모였다. 이는 내가 경험한 다른 나라의 거의 모든 점거장소에서와 같이 스페인에서도 큰 문제였다. 점거장소에 모여든 노숙인들의 존재는 (운동을 상징하는) 99%의 사람들에게 그곳이 '인디그나다스 캠프'라고 여기는 것을 어렵게 했다. 한편, 아주 적은 수이긴 하지만 점거자들 중에는 야영장에 아무나 들어오는 것을 금지하려는 사람들이 있었는데, 이는 운동의 포괄적인 원칙에 위배되는 것이었다.

그러나 공공장소 점거의 지속과 관련해 운동이 당면한 가장 큰 문제는 시간이 지날수록 상근하는 활동가들만이 집회에 참가하고 운동의 일상적인 업무들을 처리할 수 있다는 점이었다. 그들은 대개 가족 부양의 책임도, 직업도 없는 청년들이었고, 오직 운동에 전념했다. 점거가 오래 지속될수록 운동은 소수 활동가들에게 동화되었고, 그들이 동원하려던 시민들을 거의 대변할 수 없었다. 평균 6~8주가 지나자 대부분의 집회에서 캠프를 철수하고 다른 형태로 운동을 지속하는 안건을 표결에 부쳤다. 몇몇 사람은 광장에 머무는 것을 선택했지만, 경찰의 타깃이 되었기 때문에 그들도 결국 8월 중순까지 모든 점거장소에서 철수했다.

운동은 여러 도시에서 민주적 협의와 의사결정이라는 동일한 양식에 따라서 거주자들의 이익을 대변하며, 그 활동을 이웃 지역으로 확산시키고, 지역 단위의 집회를 조직하기로 결정했다. 캠페인 진행, 인터넷을 통한 운동소식 배포, 각종 제안서 작성 등을 위해 위원회들이 자연스럽게 발족되었다. 그러나 핵심적인 조직 원칙들 — 지도자 선출 배격, 위원회의 자율 운영과 자발성, 집회의 주권 — 은 어디에서나 작동했다. 이에 따라 요구를 쟁취하고 권리를 지키는 것과 더불어 삶의 변화라는 목표를 둔 집단행동에서 성취와 효율성이 갖는 의미가 무엇인지 깊은 성찰이 이어졌고, 목표와 효율성에 관한 문제가 운동을 괴롭혔다.

토론에서 행동까지: 폭력에 관한 논쟁

"제안하지 말고 실행하라"는 해커들의 인기 있는 슬로건이다. 이는 인디그나다스 운동이 시도했던 바이기도 했다. 인디그나다스 운동은 집단행동의 가장 오래된 방식인 거리시위에서 분노의 소리를 내는 것으로 시작되었다. 이후에 스페인 전역의 여러 도시에서 공공장소가 점거되었다. 이는 시위를 무시하거나 공권력을 동원하는 방식으로 대응해온 거만한 권력에 저항하고자 하는 결의를 다지는 것이었다.

　운동의 목표에 영향을 끼치는 수단과 목적에 대한 의구심이 곧 생겨났다. 정치체제에 대한 불신이 너무나 깊었기 때문에 선거에서 기권 혹은 무효표를 던지는 문제와 관련해 운동은 어떤 조언도 하지 않았다. 전략적 투표(tactical voting) 결정에 관해 모든 사람이 자유롭게 자신의 판단에 따랐다. 운동의 지평에서 정상적인 정치가 실종되면서 다른 형태의 행동 수단에 기대야 했다. 스페인과 유럽 곳곳에서 수많은 거리시위와 행진이 이어졌다. 또한 모기지로 담보 잡힌 집에서 쫓겨나는 것을 물리적으로 막고, 경찰에게 모욕당하는 이민자들을 보호하며, 과도한 지하철 요금 인상에 반대한 요금 지급 거부, 다양한 형태의 시민불복종 운동, 정부 청사, 유럽 위원회 사무실, 은행 본점, 신용평가 기관 등의 건물 앞에서 벌어진 시위 등 불의에 반대하는 행동이 이어졌다.

　그러나 운동 초기부터 분명히 했던 것은 운동 참가자와 일반 대중의 의식 제고가 가장 중요한 행동이라는 점이었다. 집회와 위원회는 혁명적 활동을 준비하는 모임이 아니었다. 집회와 위원회는 수단이 아니라 그 자체가 목표였다. 시스템의 불평등을 완전히 깨닫고, 인터넷과 광장이라는 서로 공유된 안전한 공간에서 시스템에 맞서기 위해 함께한다는 것은 가장 의미 있는 운동의 형태였다. 이를 이행하는 데 긴 여정이 필요했기에, 점거자들과 일반 대중이 서로의 감정과 지식을 공유하는 것이 중요했다. 첫 번째 집회는 상당히 감동적이었다. 사람들은 자유롭게 자신의 의견을 표명할 수 있었고, 배려받고 존중받을 수 있다고 느꼈다. 나는 집회가 열린 바르셀로나 카탈루냐 광장 옆 벤치에서 한 노년의 여성이 눈물로 뒤범벅되어 집을 되돌려 달라고 외치는 것을 직접 목격했다. 전언에 따르면 그녀는 실제로 회의에서도 이 이야기를 했고, 사람들도 그녀의 이야기를 경청했다고 한다. 그녀는 "사람들 앞에서 이야기하는 것은 처음이었다. 내 생전에 없던 일이다"라고 말했다. 모든 사람이 오랜 세월 가슴속에 쌓아두었던 것을 다 함께 소리 높여 말하는 것만으로도 해방의 몸짓이 되었고, 이는 운동을 단기적인 수단을 넘어서는 더 의미심장한 것으로 만들었다. 사람들에게 녹아든 정서는 집단행동을 이끄는 동력이다. 이 정서는 사실상 향후 사회 변화의 핵심이라고 할 수 있으며, 내가 다음에서 논하려는 주요 논제이다.

운동은 비제도적인 행동에서 더 나아가 완전한 시민불복종 운동으로 진행되었기에, 충돌이 불러올 결과를 다루는 데 대담해져야 했다. 공공장소를 점거한 시위대는 경찰 탄압에 노출될 수밖에 없었다. 여러 도시에서 경찰의 폭력적인 진압 작전이 수차례 벌어졌는데, 특히 5월 27일 바르셀로나에서 포악한 진압이 있었다. 카탈루냐 정부 경찰〔국민당 펠리프 푸이그(Felip Puig) 의원의 명령을 받았다〕과 지방 경찰〔사회노동당 여성 의원인 아숨타 에스카르프(Assumpta Escarp)의 명령을 받았다〕은 광장 청소를 핑계 삼아 이른 아침에 카탈루냐 광장의 캠프를 공격하는 합동작전을 펼쳤다. 점거자들은 평화적으로 연좌 농성을 벌였고 철수를 거부했다. 이 때문에 그들은 무려 여섯 시간 동안 경찰에게 폭행당했다. 147명이 부상을 당했으며, 부상이 심한 사람이 많았다. 저항하지 않는 사람들을 무자비하게 구타하는 장면은 인터넷으로 생중계되었으며, 텔레비전으로도 방영되어 커다란 분노를 일으켰다. 그날 오후, 2만 명이 넘는 사람이 연대해 광장을 재점거했고 경찰들을 몰아냈다.

지지를 확인하며 자신감을 얻은 바르셀로나 운동의 일부 참가자들이 6월 11일 카탈루냐 의회의 출입구를 봉쇄하는 것으로 공세의 단계를 올리기로 결의했다. 그날은 의원들이 이미 준비한 예산 삭감안을 표결하기 위해 모이는 날이기도 했다. 수백 명의 시위대가 출입구를 봉쇄했으며, 일부 의원들을 밀치거나 욕설을 퍼붓고 페인트를 뿌리기도 했다. 경찰들이 시위대로 위장해 시위 군중 사이로 침투했는데, 일부 목격자들은 이를 도발로 간주했다. 무자비한 경찰 진압이 뒤따라 부상자와 체포자가 발생했다. 체포된 사람들은 나중에 기소되어 법정에 서기도 했다.

미디어에서는 이 운동을 급진적이고 폭력적이라고 묘사하면서 사건을 왜곡해 보도했다. 많은 사람은 이를 운동의 종말이라고 생각했다. 하지만 이와 같이 품위 없는 전략은 역효과를 불러왔다. 며칠이 지난 6월 19일, 운동은 경찰 폭력에 항의하는 시위 조직을 요청했고, 바르셀로나 거리로 20만 명을 끌어모았다. 이 운동은 운동의 대중성에 대한 엄밀한 검증을 견뎌냈다. 그러나 한편에서는 행동의 한 형태인 물리적인 방어를 포함한 자기방어의 역할에 관한 논란이 불거졌다. 일부에서 주장하듯이, 무엇보다도 폭력은 시스템 속에 존재한다. 폭력은 청년들을 억압하는 구조적인 경찰의 만행에 있고, 일부 판결에서 드러났듯이 경찰이 이따금씩 자행하는 고문에 있기도 하며, 청년들에게 알맞은 주택과 적당한 일자리를 제공하지 못하는 것에도 있고, 시민들의 심각한 불만에 대한 정부와 의회의 무책임 속에 있기도 했다.

참가자들은 운동의 원칙은 비폭력이 본질이라는 것을 재확인했다. 시위대가 도발하지도 않았던 폭력을 미디어가 확대해 보도하면서 대중의 지지가 떨어져나갔기 때문이다. 그러나 더 근본적으로는, 폭력을 반대하는 것이 평화와 민주주의의 새로운 문화의 기본 원칙이고, 이것이 운동이 전파하고자 하는 것이기 때문이다. 이에 따라 출입구를 막고 앉거나 인간 사슬을 만들어

문을 막아 건물을 봉쇄하는 것과 같은 수준의 시민불복종이 적절한 것으로 논의되었다. 그러나 그 이상 적극적으로 폭력을 행사하거나 경찰의 공격에 대항하는 폭력은 결코 용인되지 않았다. 집회에서 폭력에 관한 문제를 토론했지만, 참가자 대다수는 한결같이, 비록 정당화된다고 해도 폭력을 행사하는 것은 운동의 본질에 위배되며, 분노를 표현하기 위해 윤리성을 저버리는 구시대적인 혁명 활동 전략으로 회귀하는 것이고, 그들이 대항하는 악의 세력과 똑같아지는 것이라는 입장을 견지했다.[8] 인디그나다스 운동은 평화적인 운동이었다. 그 용기가 폭력 탄압을 불법으로 만들었고, 시민의 마음속에 처음으로, 그리고 큰 승리를 안겨주었다.

정치시스템에 저항한 정치운동

운동의 통합적인 목표를 정의한다면, 그것은 민주적 정치 과정으로의 전환이라고 할 수 있다. 여러 다양한 민주주의 형태와 그것을 달성하는 방법이 구상되었다. 가장 대중적인 주제 가운데 하나는 정치적 소수자들을 충분하게 대표할 수 있는 비례대표제로 선거법을 개혁하는 것이었다. 또한 지역과 인터넷상에서의 의사결정 과정에 참여하고 협의하는 것과 법에 정해진 국민투표에 관한 제안들도 있었다. 집회와 위원회에서는 부정부패의 억제, 선출 공무원의 임기 제한, 연봉 상한제, (국회의원 사법 면책권 폐지를 포함한) 특권 폐지, 그리고 정치체제의 정화 및 공개를 위한 넘쳐나는 방법들이 토론되고 제안되었다. 정치인들은 시민들을 책임지지 않고 권력 자체에만 봉사하기 때문에, 진정한 민주적 정치제도가 없다면 어떠한 진보적 정책 혹은 채택된 결정도 이행되지 않는다는 이유에서였다. 그러므로 이는 정치운동이었지만, 어떠한 정당과의 연합이나 동조도 없는 비당파적 정치운동이었다. 운동에는 정치 경험도 일천하고 정치조직을 전적으로 불신하는 청년들과 다양한 이념을 가진 사람들이 참여했다. 이 운동은 이념적으로나 정치적으로 다원적이었다. 운동은 정치적이었지만, 제도적 시스템을 통해서 행동할 의도는 없었다. 왜냐하면 많은 이가 대의제도가 조작되어왔다고 생각했기 때문이다. 따라서 일부 개혁안들이 제안된다고 해도, 이는 정치시스템을 바꿀 것이라는 희망이라기보다는 오히려 대중 일반을 연결하는 교육적 차원의 행동이었다고 할 수 있다. 운동의 열망을 표현하기 위해 정당을 만드는 행위는 결코 고려되지 않았다. 그렇다. 또 다른 정치가 가능할 수도 있다. 그러나 아직은 때가 아니며, 민주적 대의 과정을 좁은 영역에 국한시키려는 사람들이 구축한 통로를 통해서는 더더욱 아니다.

정당들은 이 운동을 어떻게 다뤄야 할지 몰랐다. 정당들은 사실상 운동에 적대적이었으며, 공공장소 점거에 맞서 광범위한 수준의 폭력을 수반한 경찰 탄압을 활용했다. 특히 그들은 의사당 봉쇄 시도에 격분했으며, 민주주의에 대한 파시스트적 행위라면서 이를 비난했다. 젊은 세대가 전통적인 정당들이 그들을 대변해줄 것이라는 희망을 갖지 않았기 때문에, 이 대규모 동원은 특히 사회노동당과 통합좌파(예전의 공산주의자들)에게 부족한 인력을 수혈할 기회로 보였다. 운동이 시작될 무렵에 정부 여당이었던 사회노동당은 선거 캠페인 기간에 운동의 요구사항 일부를 지원하겠다고 입으로만 약속했을 뿐, 2011년 11월 선거에서 패배한 후에는 약속을 지키지 않았다. 보수 정당인 스페인 국민당은 선거기간에 유권자를 잃지 않기 위해 신중한 태도를 보이다가 정권을 잡은 뒤에는 인디그나다스를 "급진 혁명주의자와 폭력적 무정부주의자, 순진한 동조자의 혼합"이라는 꼬리표를 붙이며 모욕했다. 통합좌파는 인디그나다스에게 약간의 동감을 표했고, 이 호의적 태도의 결과로 표를 끌어모았다. 운동에 참가한 사람들에게 이는 순전히 전략적인 것으로 보였다. 왜냐하면 그들은 지도자나 프로그램이 없는 운동에 반대하는 공산주의의 전통을 알고 있었고, 운동의 자유주의적 성향이 공산주의에서 강조하는 정당의 선도적인 역할과는 뜻이 맞지 않았기 때문이었다.

그러나 운동이 (시민들의 의식을 제고하기 위해 논의에 개입하는 것 외의) 선거 과정에 전혀 신경 쓰지 않고 선거 결과를 민주주의의 미래와 무관한 것으로 치부했다고 해도, 운동은 선거에 영향을 미쳤다. 2011년 스페인에서는 두 번의 선거가 치러졌는데, 5월 22일의 지방선거 ― 정확히 말해, 민주주의에 대한 비판을 유발하기 위해 운동 초기에 이용된 선거들 ― 와 11월 20일의 총선이었다. 이 글을 쓸 무렵에는 이 운동이 선거에 미친 영향에 관한 자세한 연구가 거의 없었지만, 이 책의 분석과 밀접한 관찰 보고서는 많았다. 지방선거에 관한 히메네스 산체스(Sanchez, 2011)의 연구는, 2011년 지방선거에서 1987년 이래로 가장 많은 기권과 무효표가 발생했으며, 2007년 지방선거와 비교했을 때 기권은 37%, 무효표는 48%가 증가했음을 보여준다. 또한 통합좌파에 대한 지지도 상승했다. 이러한 동향은 운동이 활발하게 이루어졌던 도시들과 상관관계가 있었다. 보수 정당, 중도 카탈루냐 민족주의자, 바스크 독립주의자 후보들에 대한 표도 늘어났다. 투표의 이러한 복합적인 결과는 2007년 선거에서 19%의 표를 잃은 사회노동당에 부정적으로 작용했다. 특히 사회노동당은 지난 30년 동안 권력을 잡아온 바르셀로나 지역 선거구를 잃으면서 지방선거에서 그들 역사상 가장 심각한 패배를 당했다.

11월 20일 총선은 압도적으로 많은 의석수를 획득한 국민당의 완승으로 끝났다. 보수주의자들과 그들을 지원사격하는 언론은 이를 많은 유권자가 침묵함으로써 운동의 가치를 거부한 결과라고 여겼다. 하지만 선거 결과를 자세히 들여다보면 다른 사실이 드러난다(Molinas, 2011). 선거의 주요 결과는 사회노동당의 몰락이었다. 국민당이 2008년 선거보다 단지 56만 표를 더 얻었을 뿐인데, 사회노동당은 430만 표나 잃었다. 한 정당을 제외한 나머지 소수 정당으로 간 표가 상당히 증가했다. 국민당은 2011년의 득표수만으로는 2004년과 2008년 선거에서 패배했을 것이다. 즉, 2011년 총선은 다수표를 얻은 쪽에 유리한 왜곡된 선거법 때문에 의회를 국민당에 넘긴 사회주의자들의 패배였지 보수주의자들의 승리는 아니었다. 이런 관찰은 향후 연구에서 입증되어야 하지만, 인디그나다스 운동은 1982년 이래로 대부분의 선거를 통해 스페인 정치를 장악해온 사회노동당에 심각하고 지속적인 피해를 안김으로써 정치시스템에 주요한 영향을 주었다고 할 수 있다. 이는 운동의 계획된 전략이 아니었다. 이는 보수주의자인 호세 마리아 아스나르(Jose Maria Aznar) 총리가 테러리스트 공격에 관한 정보를 조작한 사건과 이라크전쟁 반대 운동에 뒤이어 치러진 2004년 선거에서 사회노동당의 승리를 가능하게 했던 젊은 유권자들이 기권하면서 나타난 자연스러운 결과였다. 보수층의 지지 정당에 대한 충성심과 민중시위에 대한 이념적 불신으로 인해 보수 정당의 표는 운동의 영향을 받지 않았다. 사회노동당과 같은 정당은 그들의 역사적 정통성이 재계와 사회지도층이 아니라 시민사회와 노동자를 대변한다는 것에 근거한다고 주장하면서, 시민사회와 노동자계급에게 기댈 수 있다고 믿고 이들에게 의존한다. 사회노동당 정부가 청년들을 지원하고 복지국가를 지탱하는 것보다 은행을 구제하고 메르켈의 지시에 따르는 것에 더 많은 관심을 기울이고 있다는 것이 저항운동을 통해서 확실해지자, 시스템에 대한 정치적 불만은 사회노동당으로 집중되었다. 사회노동당은 스페인 전역에서 쥐고 있던 제도 권력의 대부분을 상실했다. 사람들은 사회노동당이 참담한 패배에서 회복할 수 있다고 해도 거기에는 상당한 시간이 걸릴 것이라고 생각했다. 통합좌파(예전의 공산당)는 기존 의석의 세 배 이상을 차지하며 꽤 선전했다. 공산당의 인상적인 회복력은 350개 의석 중 11석을 차지한 것으로 나타났다. 이 선거가 보여준 것은 운동에 있는 새 정치와 제도에 있는 낡은 정치가 시민들의 마음에서 연결되지 않는다는 점이다. 시민들은 그들의 표와 그들의 감정을 일치시킬 것인가를 결국에는 결정해야만 할 것이다.

리좀 혁명[9]

수십만 명이 거리시위를 벌이고, 수천 명이 야영을 하며 광장을 지키고, 비슷한 형태의 운동들과 전 세계를 연결한 치열했던 운동이 시작된 지 몇 개월이 지났지만 인디그나다스 운동의 눈에 띄는 영향력은 거의 보이지 않았다. 운동의 제안들은 정책에 거의 반영되지 않았고, 그 정치적 영향이라고 할 만한 것은 사회노동당을 거의 파괴한 것 정도였다. 그들의 이상은 꿈으로만 남았다.

퇴거에 반대하거나 제도의 남용을 비난하는 여러 활동이 여론의 동정을 얻기도 했지만, 집주인의 탐욕이나 계약을 이행하는 임대인의 냉정한 결정, 또는 당국의 법과 명령을 관료적으로 집행하는 것까지 바꿀 수는 없었다. 그렇다. 운동에는 스페인 전국의 도시와 지역에서 비정기적으로 만나는 수백 개의 자율적인 집회들이 있었고, 여전히 있다. 또한 토론, 아이디어 제시, 프로젝트 제안처럼 수그러들지 않는 흥분이 인터넷상에 있다. 하지만 서로 다른 주장을 조율하지 않는다. 불안은 운동의 가장 활발한 요소 사이에 스며들었다.

2011년 12월 19일, 마드리드 아캄파다 솔(Acampada Sol) 국제확산위원회는 스스로 '파업'과 '무기한의 능동적 반성'에 들어갈 것이라고 선포하는 상징적인 결정을 내렸다. 그 이유는 다음과 같다.

5·15 운동의 참여가 줄어들고 있으며, 시위 현장과 집회, 지역사회, 인터넷에서 그러한 상황이 감지되고 있다. …… 이제 그만 멈추고 우리 스스로에게 진지한 질문을 던져야 할 때이다. …… 우리가 상대방의 이야기를 듣는 것을 잊어버렸을까? 많은 사람을 배제했기 때문에 쓸모없다고 여겨온 낡은 행동주의를 우리가 재생산하는 것은 아닐까? …… 운동의 성공은 99%의 사람들에 따라 다시 달라진다. …… 우리는 우리가 세상을 변화시킬 수 있는 특별한 역사적 순간을 살고 있

고, 그 순간을 놓칠 수 없다. …… 신선한 공기를 마시고 공동 진로를 세우기기 위해 집회에서 벗어나 위원회나 실무단체가 제한 없이 서로 다시 뭉치기를 희망한다. 그 길은 우리가 가졌던 힘을 회복하고 위에 언급한 것들을 일깨울 것이다.[10]

이는 사회 전반에 대한 영향력이 없으면서도 비판적 목소리만 내는 주변부가 되는 것을 거부하면서, 또 다른 정치세력이 되려는 유혹에 굴하지 않고 정치를 바꾸려고 했던 운동의 자기성찰적 면모를 여실히 드러낸다.

많은 사람이 "다음은 무엇인가?"라는 의문을 품고 있었다. 배포된 제안서들 중 하나는 부조리한 사회질서에 대항해 투쟁의 불꽃을 재점화하기 위한 지구적 행동의 날로 2012년 5월 12일을 지목했다. 그러나 먼저 생각해봐야 할 문제가 있다. 스페인에서 가장 크고 자율적인 동원이었던 이 운동이 성취할 수 있었던 것은 무엇인가? 이에 대한 가장 직설적인 답은 진정한 변화가 사람들의 마음속에서 일어나고 있다는 것이다. 만약 사람들이 다르게 생각한다면, 분노를 공유하고 변화의 희망을 품는다면, 사회는 결국 그들이 바라는 대로 바뀔 것이다. 그러나 그러한 문화적 변화가 실제로 일어나는지 어떻게 알 수 있을까? 운동을 대하는 스페인 대중의 태도를 파악한 여론조사에서 대략의 정보를 얻을 수 있다(Zoom Politico, 2011; Metroscopia, 2011; Simple-Lógica, 2011). 2011년 5월의 최초 조사 이래로 이 글을 쓰고 있는 최근까지, 2011년 11월에 실시되었고 2012년 1월 18일에 검색한 조사의 결과는, 스페인 인구의 약 4분의 3이 운동에 공감하며, 정치시스템에 대한 비판, 위기 상황에 대한 은행의 책임, 여러 주제에 관한 운동의 주요 방안들에 대한 생각을 공유하고 있음을 일관되게 보여준다. 응답자의 75%는 이 운동을 민주주의 부흥의 원천이라고 여겼다. 그러나 53.2%는 위기가 지속되고 있고 늘 그랬듯이 정치에 아무런 변화도 없었다면서 운동이 상황을 변화시키는 데 도움이 되지 못한다고 생각했다.[11] 사실 이는 올바른 평가였다.

이 운동은 분명히 여론과 대중의 감정을 표현한다. 그리고 이 운동은 주변적인 저항이 아니며, 급진적이고 이념적인 게토에 둘러싸이는 것도 거부한다. 운동의 이념은 확산되었고, 운동에 좌절감을 느끼는 사람들도 이를 인정한다. 그러나 사람들의 삶과 사회제도의 중요한 변화를 이끄는, 이러한 감정을 행동과 연결시키는 방법은 여전히 검토 중이다. 왜냐하면 이는 엄밀히 말해 새로운 정치이기 때문이다. 운동에서 착수된 이런 진실한 연구는 여전히 진행 중이다.

몇몇 모임에서는 또 다른 의미 있는 논의가 진행되었다. 많은 사람이 "사회운동의 생산주의적 전망(productivist vision of social action)"이라고 말하는 것, 즉 구체적인 성과가 없다면 실패라는 주장에 대한 것이었다. 사람들은 이 주장이 운동의 평가와 관련해 자본주의 논리를 재생산하는 것이라고 주장한다. 긴요한 생산성(productivity imperative)을 내부화함으로써, 그들은 실제로 강한 사회적 변화라는 초기 목적과 관련해서 자멸적인 관점에 휩싸인다. 만약 정확한 성과를 얻어야만 한다면, 프로그램, 전략, 조직, 그리고 A에서 B에 이르는 실행계획의 필요에서 벗어날 방법이 없기 때문이다. 이것들이 형식만 새로운 대의민주주의와 삶의 의미가 없는 경제적 합리성만 남은 곳으로 자신들을 이끈다는 것을 인디그나다스는 경험으로 알고 직관으로 느끼고 있었다. 그래서 그들은 이 모든 것을 거부했다. 많은 활동가의 마음속에 인내심이 자리 잡았다. 그들은 "우리 스스로를 다시 만들어요"라고 말했다. 일상적인 실천에서 생활의 기쁨을 찾기 위해 세상이 변하길 기다리지 말자고 말했다. 지금은 겨울이지만 곧 봄이 올 것이다. 봄은 삶과 혁명의 계절이다. 위기의 순간에도, 투쟁의 순간에도, 슬픔의 순간에도, 영웅적인 순간에도, 새로운 장소가 개방되어 개인의 욕망에서 벗어나 수백만 명이 함께 모이는 신명나는 순간에도, 사람들을 대신해 깃발이 나부끼더라도 자유에서 소외당하지 않기 때문에 우리는 그곳에, 그 순간에 있을 것이다.

운동의 심오한 자기성찰의 순간에 과정은 결과보다 중요한 문제였다. 사실, 과정이 결과였다. 새로운 사회라는 궁극적인 결과와도 무관하지 않다.

그러나 이 새로운 사회는 과정에서 생겨나는 것이지, 결과가 어떠해야 한다고 미리 정해진 청사진에서 비롯되는 것은 아니다. 이것은 사회 변화의 중요한 결과(material production)가 계획에 따른 목표가 아니라 운동 행위자들의 서로 연결된 경험에서 비롯되는 진정한 혁명적 변화이다. 비효율적인 집회가 중요한 것은 이것이 새로운 민주주의의 학습곡선(learning curve)이기 때문이다. 위원회가 존재하고 사라지는 이유는 효율성이 아니라 시간과 아이디어로 여기에 기여하는 사람들의 헌신에 있다. 비폭력이 행동의 근본인 것은 비폭력적인 세상은 폭력(혁명적 폭력은 말할 것도 없다)으로 만들어지는 것이 아니기 때문이다. 그들이 이 비생산성 논리를 가장 중요한 정신적 변화라고 생각하기 때문에, 그들은 과정의 느긋함을 받아들였고, 느긋함이 미덕이었기에 그들 스스로 장기적 안목을 갖게 되었다. 이러한 느긋함의 미덕은 자기성찰의 시간을 갖게 하고 실수를 바로잡을 수 있게 한다. 또한 새롭게 만들어지는 세상을 축하하는 전주곡으로서 세상을 변화시키는 과정을 즐길 수 있는 시간과 공간을 제공한다. "우리는 멀리 가야 하기 때문에 천천히 간다"는 가장 인기 있는 구호 중의 하나였다. 이런 긴 여정은 때로는 속도를 내고 때로는 진정하면서 그 박자를 번갈아가며 계속된다. 그 과정이 잠시 보이지 않는다고 해도 절대로 멈추지는 않는다. 여기에는 중심 계획은 없지만 곳곳으로 확산되어 움직이고 네트워킹하며 에너지의 흐름을 유지하고 봄을 기다리는 새로운 삶의 뿌리가 있다. 이러한 접점들은 항상 연결되어 있기 때문에 지역적으로 그리고 지구적으로 연결된 인터넷 네트워크의 접점이 되기도 한다. 또한 여기에는 발명 자체가 가장 혁명적인 활동이자 새로운 종류의 혁명의 맥박을 뛰게 만드는 개인 네트워크도 있다.

6   월스트리트 점거운동

세상의 소금을 캐다

분노, 규탄, 불꽃

분노의 기운이 감돌았다. 먼저 부동산 시장이 갑작스럽게 곤두박질쳤다. 수십만 명이 집을 잃었고, 수백만 명이 평생 운용해온 자산의 대부분을 잃었다. 금융가들의 투기와 탐욕의 결과로 금융시스템은 붕괴 직전까지 몰렸다. 금융가들은 세금으로 구제되었다. 물론 그들은 어설픈 성과의 보상으로 수백만 달러의 보너스를 챙기는 것도 잊지 않았다. 살아남은 금융 회사들이 대출 규모를 줄이면서 수천 개의 기업이 도산했으며, 수백만 개의 일자리가 날아가고, 임금도 급격히 줄어들었다. 그러나 아무도 책임지지 않았다. 공화당과 민주당은 금융시스템 구제를 최우선 과제로 삼았다. 심각한 위기 상황에 압도된 버락 오바마는 선거 — 미국 민주주의를 되살리기 위해 정치에 다시 관심을 기울인 젊은 세대에게 예기치 않은 희망을 주었던 선거 — 에서 내걸었던 공약 대부분을 제쳐놓았다. 최악의 상황은 가을에 벌어졌다. 사람들은 절망하고 분노했다. 일부 사람들은 분노를 계량화하기 시작했다. 상위 1%가 미국 총소득에서 차지하는 몫이 1976년 9%에서 2007년 23.5%로 급증했다. 1998

년과 2008년 사이의 누적 생산성은 30%에 이르렀지만, 이 기간에 실질임금은 겨우 2%가 증가했다. 금융업 고용률은 노동시장 전체의 5%에 그치는데, 이윤의 몫은 1980년대 10%에서 2007년 40%로 증가했고, 주식 가치도 6%에서 23%로 증가하면서 생산성 증가의 대부분을 낚아챘다. 사실상 이 기간에 상위 1%가 경제성장의 58%를 유용했다. 금융위기가 진행되는 동안 상위 5% 부자의 소득이 42% 증가한 반면, 시간당 실질임금은 2% 증가하는 것에 그쳤다. 최고경영자의 연봉은 1980년대에는 평균 근로자의 50배였지만, 2010년에는 350배를 넘었다. 이것들은 더 이상 추상적인 숫자가 아니었다. 여기에는 또한 여러 얼굴, 버나드 메도프(Bernard Madoff), 릭 웨거너(Rick Wagoner), 로버트 나델리(Robert Nardelli), 비크람 팬디트(Vikram Pandit), 켄 루이스(Ken Lewis), 마틴 설리번(Martin Sullivan)이 있었다. 이들은 사람들의 삶을 구하려면 금융 구제가 필요하다고 강조하면서 사람들의 고통을 합리화하는 정치인과 정부 관료인 조지 부시(George Bush), 헨리 폴슨(Henry Paulson), 로런스 서머스(Lawrence Summers), 벤 버냉키(Ben Bernanke), 티머시 가이트너(Timothy Geithner), 그리고 물론 오바마 사이사이에 있었다. 더 나아가 공화당은, 사회복지를 향상시키는 데 정부가 능동적인 역할을 해야 한다고 주장하면서 정권을 잡은 인기 있는 대통령을 끌어내리기 위해 복수심에 불타는 공격을 계속했다. 공화당은 선거에서 물귀신 전략이 성공하여 하원을 장악해 대부분의 개혁 법안을 차단했는데, 이에 따라 위기는 악화되었고 사회적 비용은 증가했다.

대중의 분노가 처음으로 나타난 것은 포퓰리즘과 자유지상주의가 혼재된 티파티(Tea Party)에서였다. 티파티는 일반적으로 정부, 특히 오바마에게 거세게 반대하는 다양한 사람들을 동원하는 통로였다. 그러나 티파티가 여러 기업 가운데 코크 인더스트리(Koch Industries)에서 재정 지원을 받고 있으며, 선거 막바지에 제물이 될 돌격대원으로서 공화당 우익 세력에 사로잡혀 있는 것이 명확해지자 호소력을 잃고 말았다. 완고한 티파티 회원들은 정부를 원상 복구시켜 기업의 영향력에서 벗어나야 한다는 조작된 명분으로 과격분자가 되었다. 절망감이 미국 전역에 퍼졌고, 뒤이어 규탄의 목소리들이 일어났다.

석유와 이스라엘 말고는 중동 지역과 어떠한 연관성도 없다고 여기는 미국인들에게 타흐리르 광장에서 불어온 혁명의 불씨는 역사의 아이러니였다. 그러나 어떠한 대가나 비용을 치르더라도 독재 권력을 끌어내리겠다는 결의에 찬 민중의 목소리와 모습은 최소한 일부 행동가 집단에서 민중의 힘에 대한 믿음을 되살렸다. 아랍 봉기의 반향은 유럽, 특히 진정한 민주주의의 요구를 진척시키기 위해 직접민주주의를 실천하는 새로운 형태의 조직과 동원을 보여준 스페인에서 온 소식들을 통해 증폭되었다. 인터넷으로 연결된 세상에 사는 의식 있는 시민들은 동질감이 느껴지는 그 투쟁과 활동에 눈을 떴다.

오바마는 진정한 변화의 가능성을 믿고 정치 동원의 새로운 형태를 시도해온 사람들에게 깊은 인상을 남겼다. 인터넷 네트워크가 사람들의 만남을 연결하는 한, 정치 동원에서 정치적인 저항운동을 구성하는 인터넷 네트워크는 중요했다. 나는 내가 쓴 『커뮤니케이션 권력(Communication Power)』[1]에서 인터넷에서 힘을 얻고 희망에서 영감을 받은 정말 새로운 형태의 정치의 힘을 서술한 바 있다.

단체교섭권을 위해 위스콘신에서 선거운동을 벌였던 공공노조를 포함해서, 오랫동안 사회적 불평등에 저항하는 투쟁의 전면에 섰던 많은 사람과 함께한 이전의 오바마 지지자들은 금융위기에 맞선 그리스의 시위와 '#스페인혁명(#spanishrevolution)'을 둘러싼 소문을 선뜻 받아들였다. 그들 중 일부는 유럽으로 떠났다. 그들은 캠프를 찾았고, 총회에도 참석했으며, 새로운 형태의 협의와 의사결정 방식을 체험했다. 사실상 이것은 대서양 양안(兩岸)에서 집회 주도 운동의 역사적 전통을 연결했다. 그들은 '세계 변화를 위한 연대(United for Global Change)'라는 구호 아래, 2011년 10월 15일에 전 세계적 시위를 개최하는 것이 논의되고 결정된 회의들에 참석하기도 했다. 이러한 방식으로 2011년 여름, 희망의 글로벌 네트워크는 미국으로 확산되었고 불꽃이 일어났다.

2011년 7월 13일, 밴쿠버 문화비평 저널인 ≪애드버스터스(Adbusters)≫는 다음과 같은 요청을 블로그에 올렸다.

#occupywallstreet

타흐리르 점거와 같은 역사적 순간에 함께할 준비가 되었나요? 9월 17일, 맨해튼 남쪽에 모여 텐트를 치고 부엌을 만들고 평화적인 바리케이드를 치고 월스트리트를 점거합시다.

그들은 이어서 다음과 같은 내용을 덧붙였다.

미래를 위한 좋은 징조가 될 혁명 전략의 전 세계적인 변화가 지금 진행 중이다. 여기에 스페인의 아캄파다스와 이집트의 타흐리르가 결합된 새로운 전략의 정신이 있다.

이 새로운 공식의 장점은 …… 다양한 실제 모임과 가상 집회에서 서로 이야기를 나누는 실용적인 단순함에 있다. 우리는 상상을 일깨우는 우리의 요구사항이 어떻게 진행될지에 주의를 집중하고, 그것이 실현된다면 우리는 미래의 급진민주주의로 나아갈 것이다. …… 그러고서 우리는 밖으로 나가 중요한 상징적 의미가 있는 광장 하나를 점거하고 행동을 실천하기 위해 우리를 위험에 내맡기는 것이다. 우리 민주주의의 가장 큰 부패 세력이자 미국의 금융 고모라인 월스트리트에 맞서서 새로운 전략을 펼칠 시간이 다가오고 있다.

9월 17일, 우리는 2만 명의 사람이 맨해튼 남쪽으로 몰려가 텐트와 부엌, 평화로운 바리케이드를 치고 몇 개월 동안 월스트리트를 점거하기를 희망한다. 그곳에서 우리는 수많은 사람의 목소리를 담은 하나의 단순한 요구를 끊임없이 반복할 것이다. …… 한결같이 단순한 우리의 요구사항은 무엇인가? …… 〔그것은〕 현재 미국 정치체제가 민주주의라고 불릴 만한 자격이 없다는 핵심 이유이기도 하다. 다시 말해, 우리는 오바마에게 워싱턴에 있는 우리의 대표자들이 자본의 지배에서 벗어나도록 하는 과업을 수행할 대통령 직속위원회를 설치할 것을 촉구한다. 이제는 기업가정치가 아니라 민주주의(DEMOCRACY NOT CORPORATO-CRACY)의 시대이다. 이것이 아니라면 우리는 실패한다.

워싱턴에서 부패를 일소하자는 것은 진보와 보수를 떠나 모든 미국인이 갈망하고 지지하는 것이어서 이러한 요구는 현재 전 미국을 사로잡고 있다. …… 이것은 완전히 새로운 사회 동력을 만드는 시작이 될 수도 있다. 티파티 운동을 한 단계 넘어서서 현 권력 구조에 속수무책으로 당하는 대신에, 우리 민중은 전 세계 미군기지 1000개의 절반을 해체하는 것부터 '글래스-스티걸(Glass-Steagall) 법'의 재도입이나 삼진 아웃 제도 그리고 기업 범죄자들을 처벌하는 법안까지 우리가 원하는 바를 모으는 작업을 시작할 수 있다. 한 가지 — 정경유착을 해소하기 위한 대통령 직속위원회 설치라는 — 단순한 요구에서 시작해서, 우리는 새로운 미국을 위한 어젠다를 설정하기로 한다. 댓글을 남기고 서로 도와 우리의 요구가 어떻게 관철되는지 주의를 기울여야 한다. 그리고 용기를 내서 복수의 9월 17일, 텐트를 꾸려 월스트리트로 향하자.

— 분노한 사람들에게, 컬처 재머스 본부(Culture Jammers HQ)

9월 17일을 선택한 것은 상징적인 의미가 있었다. 비록 대부분이 몰랐지만, 그날은 미국 헌법 제정 기념일이었다. 그래서 점거를 위한 초기 결정은 자본의 힘으로부터 독립적인 정치시스템을 구축해 민주주의를 회복하는 데 목표를 두었다. 점거운동의 근원과 연관된 여타 네트워크나 단체가 있었던 것은 분명하며, 그중 일부는 이러한 운동을 함께하자고 사람들에게 알린 공로가 ≪애드버스터스≫에 돌아가는 것을 억울해하기도 했다. 예컨대, 웹사이트에서 조직된 활동가들의 네트워크인 앰프트스테이터스(AmpedStatus)

는 오랫동안 미국 경제의 금융 붕괴에 관한 분석과 정보를 인터넷에 게시해왔다. 2010년 2월 15일, 데이비드 디그로(David DeGraw)는 "이제는 99%의 미국인들이 일어나 적극적으로 움직여 상식적인 정치 개혁을 이루어야 한다"[2]로 시작하는 미국의 금융위기에 관한 6부작으로 구성된 글 가운데 제1부에 해당하는 글을 인터넷에 게재했다. 앰프트스테이터스 웹사이트는 정체를 알 수 없는 공격자들에게 여러 차례 사이버 공격을 당했다. 어나니머스의 도움으로 웹사이트와 배후의 네트워크를 복구하는 한편, '엠파이어스테이트봉기(Empire State Rebellion)'를 계획하고 월스트리트 점거를 요청하는 99% 운동의 조직에 착수했다. 어나니머스 내부 하위 조직들도 이에 합류하여 앰프트스테이터스의 소셜 네트워크를 위한 A99 플랫폼을 구축했다. 어나니머스는 아랍세계에서 있었던 유사한 운동들에 뒤이어, 2011년 3월 23일을 분노의 날(Day of Rage)로 정하고 행동을 촉구했다. 6월 14일, A99 연합도 월스트리트에서 두 블록 떨어진 리버티 공원[Liberty Park: 이후 주코티 공원(Zuccotti Park)으로 개명]을 점거하자고 사람들에게 호소했지만 실패했다. 그들은 예산 삭감에 반대하는 뉴욕의 활동가 단체들과 연대해 블룸버그빌(Bloombergville)●로 알려진 캠프를 설치했다. 이러한 활동가들의 네트워크는 풀뿌리 수준에서의 동원과 공동체를 기반으로 조직된 저항운동을 조직하며 뉴욕 시 총회(New York City General Assembly)로 발전했다. ≪애드버스터스≫는 이미 뉴욕에서 확산되고 있었던 행동주의의 맥락에서 9월 17일 점거를 위한 행동을 요구했던 것이다. 기존의 모든 네트워크가 이 요구에 응답했고, 합동으로 점거를 준비하는 데는 아무 문제가 없었다. 시위 주체를 가려내는 일은 공동의 운동이자 탈중심적인 운동의 정신에 위배되었다. 그래서 모든 사람이 "비폭력으로 경제적 폭압시스템에 저항하며 봉기"하자고, 그

● [옮긴이] 블룸버그빌(Bloombergville)은 블룸버그 시장의 긴축 삭감에 반대해서 월스트리트 인근의 뉴욕 금융가에서 2주 동안 설치된 캠프를 말한다. 블룸버그빌 운동은 1930년대의 후버빌스(Hoovervilles)에서 이름을 따왔다.

리고 9월 17일에 월스트리트로 나가자고 요청했다. 1000여 명이 월스트리트에 모여 시위를 벌였고, 주코티 공원을 점거했다. 저항의 불씨가 불을 피워 올린 것이다.

불타는 대평원

9월 17일의 월스트리트 시위에 따른 주코티 공원 점거 이후, 경찰이 여러 가지 구실로 수백 명을 체포했는데도 뉴욕에서는 계속해서 시위가 일어났다. 경찰이 강제력을 사용할수록 유튜브에는 더 많은 탄압 영상이 올라왔고, 시위대는 늘어났다. 다양한 분야의 점거자들이 연대를 이루었다. 어나니머스는 시위에서 행진하는 젊은 여성들에게 아무런 이유 없이 곤봉을 휘두른 뉴욕 시 경찰청(NYPD) 소속의 경찰관 이름을 폭로했다.

9월 27일, 점거 캠프에서 열린 총회에 2000명이 모였다. 여기에 뉴욕 시 의원 찰스 배런(Charles Barron), 코넬 웨스트(Cornel West) 등 여러 지식인이 참석했다. 이들은 이틀 전 마이클 무어(Michael Moore)가 했던 것처럼 총회에서 연설을 했다. 미국운송노조 뉴욕 지부는 이 운동을 지지하고 시위 합류 여부를 묻는 투표를 진행했다. 미국노동총연맹-산업별조합회의(American federation of labor and congress of the Industrial organization: AFL-CIO)도 지지를 선언했고, 조합원들에게 시위에 참여할 것을 요청했다. 10월 1일, 5000명의 사람이 브루클린 다리를 점거했고, 경찰은 다리에 함정을 설치하고 700여 명이 넘는 사람을 체포했다. 이에 대응해서, 10월 5일, 노동조합들과 연대한 월스트리트 점거 시위대의 요청에 따라 폴리 광장(Foley Square)에서 맨해튼 남쪽 주코티 공원까지 1만 5000명이 모여 시위를 벌였다. 점거는 강화되었다.

각종 이미지와 뉴스가 인터넷에 확산되면서, 점거운동은 10월 초 며칠 동안 여러 도시에서 자연스럽게 시작되었다. 시카고, 보스턴, 워싱턴 D.C., 샌

그림 6-1 **미국에서 일어난 점거운동의 확산(2011.9.17.~10.9.)**

이 지도는 2011년 10월 9일 점거운동이 시작된 장소를 보여준다. 2011년 9월 17일, 뉴욕에서 처음 점화된 이 운동이 얼마나 빠르게 확산되었는지 알 수 있다. 큰 원은 대규모 점거와 체포 그리고/또는 온라인 활동 등 운동이 특히 활발했던 곳이다. 완전히 종합할 수는 없지만, 이 지도는 실제 정보에 기초하여 가능하면 정확하고 포괄적인 정보를 표시하려고 했다. 페이스북 API, 뉴스 보도 그리고 체이스 던과 커런-스트레인지(Chase-Dunn and Curran-Strange, 2011)가 작성한 목록, collectivedisorder.com, firedoglake.com, occupylist.org, occupy wallstreetevents.com, 특히 광범위한 도시들의 목록을 포함한 directory.occupy.net에서 서로 참고한 자료들을 편집했다. 라나 슈워츠가 정보를 취합하고 작성했다.

프란시스코, 오클랜드, 로스앤젤레스, 애틀랜타, 포트로더데일, 탬파, 휴스턴, 오스틴, 필라델피아, 뉴올리언스, 클리블랜드, 라스베이거스, 저지시티, 하트퍼드, 솔트레이크시티, 신시내티, 시애틀과 백악관 외곽뿐만 아니라 전국의 수많은 지역과 작은 도시에서 점거운동이 일어났다. 〈그림 6-1〉과 〈그림 6-2〉 지도는 점거운동의 진행 **속도**와 **확산** 정도를 보여준다. 오큐파이닷넷(occupy.net)의 디렉터리 항목을 만든 활동가들이 점거운동에 관한 신뢰할 만한 통합 데이터베이스를 구축하는 데 상당한 진전을 보여주었지만, 지도가 보여주는 데이터는 불완전하다. 그러나 미국 전역에서 600건이 넘는 시위가

그림 6-2 **미국에서의 점거운동 지형도**

이 지도는 미국 50개 주와 푸에르토리코의 1000개가 넘는 도시와 마을에서 일어난 점거운동
과 관련된 활동을 표시한 것으로, 미국 전역이 운동에 개입하고 있는 현실을 보여준다. 큰 원
은 대규모 점거와 체포 그리고/또는 온라인 활동 등 운동이 특히 활발했던 곳이다. 완전히 종
합할 수는 없지만, 이 지도는 실제 정보에 기초해 가능하면 정확하고 포괄적인 정보를 표시하
려고 했다. 페이스북 API, 뉴스 보도 그리고 체이스-던과 커런-스트레인지(Chase-Dunn and
Curran-Strange, 2011)가 작성한 목록, collectivedisorder.com, firedoglake.com, occupy
list.org, occupywallstreetevents.com, 특히 광범위한 도시들의 목록을 포함한 directory.
occupy.net에서 서로 참고한 자료들을 편집했다. 라나 슈워츠가 정보를 취합하고 작성했다.

벌어졌다고 추산해도 무방하다. 예를 들어, 캘리포니아 대학교 리버사이드
캠퍼스의 크리스토퍼 체이스-던(Christopher Chase-Dunn) 교수 연구팀에 따
르면, 캘리포니아의 482개 도시 중 143개가 페이스북에 점거운동 그룹을 개
설해 점거장소를 표시했다.[3] 모든 점거운동 캠프가 상시적인 것은 아니었다.
다수의 운동 캠프는 집회와 실무단체의 일일 모임이었다. 오하이오 주의 영
스타운 점거운동(Occupy Youngstown)은 매주 정기적으로 회의를 열었고,
페이스북 페이지에 글을 올린 후 밤늦게 귀가하곤 했다. 다시 말해, 상당히
다양한 저항 방식과 점거운동의 형태가 있었다는 것이다. 어쨌거나 미국 전

역에서 운동이 빠르게 확산된 것만은 확실하다. 인구가 430명인 오리건 주의 모지에(Mozier)는 점거운동이 일어난 가장 작은 도시였고, 모든 주 가운데에서 가장 마지막으로 캠프가 설치된 노스다코타 주에도 한 개의 점거장소가 있었다.

미국의 대평원을 가로지른 점거운동이라는 불길의 빠른 확산은 의미심장하다. 이것은 미국 전역과 사회 일반에서 대다수 국민이 느끼는 분노에 뿌리를 둔 저항의 자발성과 심각성을 보여준다. 또한 경제와 정치에 일반화된 신뢰의 위기 한가운데서 많은 사람이 우려의 목소리를 높이고 대안을 토론하는 기회를 잡았다는 것을 의미한다. 이것은 학생 봉기나 도시의 반문화 시위가 아니었다. 다양하고 다문화적인 사회에서 나타난 만큼 여러 가지 의견과 주장이 나왔다.

그렇다면 이 점거자들은 누구인가? 사실 점거운동에는 사회적·정치적으로 매우 다양한 사람들이 참가했다. 또한 캠프에 상근하는 것부터 집회에 참가하거나 시위 및 저항 활동에 참여하는 것에 이르기까지, 운동의 참여 정도에도 차이가 있었다. 이 글을 쓸 무렵에도 다양한 데이터를 수집하는 것은 여전히 쉽지 않았다. 그러나 매사추세츠 공과대학교의 사샤 코스탄자-촉(Sasha Costanza-Chock)과 미국 점거 활동가들의 점거연구네트워크(Occupy Research Network)[4]가 협력해 진행한 온라인 조사의 신뢰할 만한 데이터 자료에서 몇몇 1차 결과물을 활용할 수 있었다. 또한 바루크 대학교의 헥토르 코르데로-구즈만(Hector Cordero-Guzman)이 온라인사이트 OccupyWallSt. org[5] 방문자의 비대표성 표본을 연구한 결과와 사샤의 데이터를 비교하기도 했다.

이러한 조사를 바탕으로, 그리고 운동에 참여한 사람들을 개인적으로 관찰함으로써 다음과 같은 결과를 얻을 수 있었다. 캠프에 상주하는 사람은 20~40대의 직장인이나 학생이고, 남자보다는 여자의 비율이 좀 더 높았다. 그들 가운데 약 절반이 정규직이었고, 상당수가 실업 상태이거나 불완전 고용, 임시 고용 또는 시간제 고용 상태였다. 참가자 대다수의 소득수준은 미국인 평균 소득수준이었다. 그들 가운데 절반이 대학교 졸업장을 받아 학사학위가 있었고, 절반 이상이 학부 과정을 수료한 것으로 나타났다. 따라서 다른 나라에서 일어난 유사한 운동들과 마찬가지로, 월스트리트 점거운동 참가자들은 현재의 경제 상황에서 취업 전망이 제한된 비교적 젊고 교육받은 사람들이었다. 대부분은 백인이었고, 운동 내에서 그들만의 집회를 여는 미국 흑인과 같은 소수자도 있었다. 실제로 캠프에서 잠을 자는 사람은 점거자의 5분의 1에 불과했다. 하루만 참여하는 경우가 많았고, 약 4분의 3은 거리시위에 나섰다.

운동의 다양성을 파악하려면 활동에 모습을 드러낸 이해당사자들, 특히 50대 노동자들과 실업자들, 그리고 경기침체의 타격을 견디고 있는 사람들, 중년의 노동조합원들을 살펴봐야 한다. 캠프와 시위의 선봉에는 참전군인이 많았다. 또한 점거가 장기화되면서 점거장소 대부분이 음식과 쉼터, 그리고 보호를 바라는 노숙인들의 안식처가 되었다. 노숙인의 높은 사회적 가시성에도 불구하고 점거자 중 그들의 비율은 제한되었다. 노숙인의 처리를 놓고 점거자 간에 갈등이 자주 있었지만, 주류 사회에 퍼진 노숙인에 대한 편견을 그대로 재생산하는 것은 운동 이념상 불가능했다.

점거자들의 이념적·정치적 성향은 더욱더 다양했다. 무정부주의자들의 목소리가 가장 컸지만, 이전 티파티 활동가나 몇몇 과격한 좌파에 실망한 자유주의자(그중 일부는 공화주의자)도 있었다. 운동은 대체로 세상을 바꾸고 삶을 위협하는 위기를 막기 위한 새로운 사회 형태를 찾는, 정치적으로 독자노선을 취한 사람과 민주당 지지자로 구성되었다.

비록 이 운동이 지도자 없이 자연발생적으로 진행되었다고 해도 느닷없이 나타난 것은 아니라는 점은 아마도 점거자들을 설명하는 가장 중요한 특징일 것이다. 점거연구네트워크의 1차 조사 결과에 따르면, 운동에 적극적인 사람의 상당수가 그전에 이미 다양한 사회운동에 참여했고 비정부기구나 정치 선거운동에 관여한 적이 있다. 그들은 또한 인터넷에 영상을 올리고, 정치 포럼들에 활발하게 참여하는 등 인터넷 행동주의 네트워크에도 존재해 왔다. 저항과 대안정치의 다양한 물줄기가 월스트리트 점거운동에 모여들면서, 그들은 평원을 범람시키고 산을 오르고 전국 도시에 둥지를 틀었던 저항과 과업의 큰 강을 형성했다.

이 운동의 빠른 지리적 확산은 인터넷에서의 전염성 있는 확산을 반영한 것이었다. 대다수 점거운동이 구체적인 단체나 여타 사회적 네트워크뿐 아니라 자체 웹사이트를 만든 것에서도 알 수 있듯이, 이 운동은 인터넷에서 생성되어 인터넷을 통해 확산되고 인터넷에서 존재를 이어나갔다.

그러나 동시에 운동의 물리적 형태는 **공공장소 점거**였다. 이 공간은 시위대들이 단합하고 차이를 넘어 공동체를 형성할 수 있는 유쾌한 공간이었다. 또한 불평등한 시스템에 이의를 제기하는 것에서 아래로부터 사회를 재건하는 것으로 움직이기 위해 토론하는 공간이었다. 간단히 말해, 자율적인 공간이었다. 자율적이 됨으로써 그들은 이념적·정치적 통제의 여러 형태를 극복하고, 개인적으로 그리고 집합적으로 새로운 삶의 방식을 찾는다.

이에 따라 점거운동은 주어진 영역에서의 장소적 공간과 인터넷상에서의 흐름적 공간이 혼재된 **새로운 형태의 공간**을 창조했다. 공간은 다른 공간 없이는 기능하지 않는데, 이러한 복합적인 공간이 운동을 특징짓는다. 다 함께 경찰과 대치하고, 일상의 편안함을 버린 채 비와 추위를 견디고, 경험과 위험, 어려움을 공유하면서 장소적 공간은 대면적 상호작용을 가능하게 했다. 한편, 인터넷상에서의 사회적 네트워크는 전 세계로 운동을 확대하고, 연대와 토론 그리고 전략적 계획의 상시적인 토론장을 만들면서 그 경험을 소통시키고 증폭시켰다.

또한 점거된 공간은 **새로운 형태의 시간**을 창조했는데, 일부는 이를 '영원함(forever)'의 감정으로 묘사했다. "판에 박힌 일상은 중단되었다"라는 문구는 이 운동이 무한한 시간의 지평을 향해 열려 있었다는 것을 말해준다. 사람들은 제도가 그들의 비판과 요구에 응답하지 않는 한 점거가 이어질 것이라고 생각했다. 언제라도 그리고 혹시라도 쫓겨날 수 있다는 불확실성 때문에 점거운동은 하루살이 운명이었지만, 그렇다고 끝나는 시점이 정해진 것도 아니었다. 따라서 일상에 점거가 뿌리를 내린 동안에는 그들 스스로 시간의 한계에서 벗어났다. 이는 점거의 끝없는 시간을 고단하지만 신명나는 경험으로 만들었다. 그 이유를 워싱턴 D.C.의 한 점거자는 다음과 같이 썼다.

> 비에 젖고 추위에 떨어 피곤했다. 공동 간이화장실을 이용하고, 통신노조(Communications Workers of America: CWA)가 제공한 샤워 시설을 이용하기 위해 열세 블록이나 걷고, 양치를 하고 눅눅한 종이컵에 침을 뱉는 것도 고생스러웠다. 그러나 우리는 〔총회에 가서〕 모든 사람의 의견과 제안을 들었고, 결국 합의에 이르렀다. …… 거기에 앉아 운동에 완전히 투신한 점거자들을 보며 다시 한 번 감탄했다. 그런 방식으로 되어야만 했다. 우리가 갈 길은 멀지만 희망이 이런 모습일 것이라고 되뇌면서 나는 가끔 등줄기를 타고 흐르는 전율을 느낀다.[6]

이러한 희망은 시위대가 만들어낸 임시 공동체에서는 또 다른 삶이 가능하다는 사실이 검증된 데에서 탄생했다.

뉴욕, 로스앤젤레스, 오클랜드처럼 대규모 점거가 있었던 곳에서 일상은 세심하게 이루어졌다. 텐트가 세워지고, 화장실, 주방, 어린이집, 놀이방, 공동정원, 도서관, 강사를 초청해 점거자들에게 강의를 하는 점거대학(Occupy University), 때때로 자전거 발전기를 이용한 미디어센터•도 설치했다. 의료자원봉사단이나 법률팀의 도움도 받을 수 있었다. 무선인터넷망이 설치되

• 〔옮긴이〕 월스트리트 점거 당시 마이클 블룸버그 뉴욕 시장은 겨울 추위가 닥치면 시위대가 스스로 해산할 것이라고 생각했다. 그러나 바이오 디젤 연료를 사용하는 발전기로 캠프에 전력을 공급하면서 점거가 장기화되자 화재 위험을 구실로 발전기를 압수해 갔다. 시위대는 궁여지책으로 자전거 발전기를 설치해 점거를 이어나갔다.

고, 웹사이트가 구축되었다. 캠프 보안을 관리하고, 분쟁을 중재했다. 운영팀은 점거운동에 호기심이 있거나 참여하고 싶은 방문자들에게 점거장소를 안내했다. 한편 기부금 관리는 어려운 문제였다. 수백 명이 사용하는 비품을 구매하고, 체포된 사람들의 보석금을 내거나 운동의 세부 활동을 지원하기 위해서 자금은 반드시 필요했다. 실제로 점거운동에는 수십만 달러의 기부금이 모였다. 그러나 점거운동은 은행계좌를 개설할 수 있는 법적 실체가 아니었기에 기부금 관리 방법이 문제가 되었다. 기부금위원회를 담당하는 사람들이 기부금을 그들의 개인계좌에 넣어두는 경우도 있었다. 이와 관련해 기부금 횡령 가능성과 개인의 세금 납부 문제가 불거졌다. 과도한 (기금) 유용 사례가 거의 없었다는 것은 놀랄 만한 일이었다. 많은 경우에 캠프가 법적 실체로서 재정 책임을 지고 있었다. 쟁점은 이들 계좌에 예치된 돈에 대한 납세의 의무였고, 자유주의 분파는 이에 반대했다. 이렇게 논란을 거쳐 이루어진 모든 결정은 곧 실험의 과정이었고, 그것은 운동의 핵심이었다.

내부 결속과 외부의 지원을 이끄는 운동의 커뮤니케이션 과정은 물리적 조직만큼이나 중요했다. 커뮤니케이션 네트워크는 점거운동의 동맥이라 할 수 있었다.

네트워크된 운동

월스트리트 점거운동은 디지털로 태어났다. 다양한 블로그(애드버스터스, 앰프트스테이터스, 어나니머스 등)에서 분노의 절규와 점거에 대한 요구가 나타났고, 페이스북과 트위터로 확산되었다. ≪애드버스터스≫는 2011년 6월 9일에 #occupywallstreet라는 해시태그를 등록했다. 또한 블로그에 올린 시위 참여를 요청하는 첫 번째 글에 이 해시태그를 포함시켜 7월 13일에는 페이스북 그룹과 연동했다. 인터넷상의 활동가 단체와 네트워크는 그 요청을 퍼뜨렸으며 지지를 표명했다.

7월에 시작된 첫 번째 트윗들의 파도는 상당 부분 스페인에서 비롯된 것이었다. 스페인에서는 인디그나다스 운동이 금융자본주의의 중심부에 맞서 계획했던 직접 대결에서 새로운 희망을 발견한 바 있다. 이 운동이 확대되면서 트위터는 점거운동들 간 연결, 세부 행동 계획, 캠프 내부의 의사소통에서 중요한 수단이 되었다. 서던캘리포니아 대학교 애넌버그 혁신연구소(Annenberg Innovation Lab)의 케빈 드리스콜(Kevin Driscoll)과 프랑수아 바(Francois Bar)가 수행한 연구의 미간행 보고서는, 2011년 10월 12일부터 점거운동 트윗들과 약 89개의 연관 핵심어들 및 문구들의 확장·전개 조합(evolving set)을 비교하며 트윗 내용을 수집했다. 11월 한 달 동안, 그들은 일상적인 날에는 점거운동 관련 트윗을 12만 개 정도 찾았고, 경찰이 주코티 공원을 급습했던 11월 15일에는 50만 개 이상을 찾아냈다. 길래드 로턴(Gilad Lotan)은 운동과 연계된 트위터 트래픽에 관한 분석에서, 10월 13일에 일어난 경찰의 첫 번째 주코티 공원 단속 시도와 같은 주요 상황과 관련해 트위터 트래픽이 절정에 달했다고 밝혔다.[7] 점거를 위협하는 경찰력이 행사되면, 트위터 연락망은 수많은 사람에게 경보를 발령했고, 연대를 위한 트위터의 즉각적인 동원은 점거자들을 보호하는 데 중요한 역할을 했다. 시위대들은 휴대전화로 트위터를 이용함으로써 정보와 사진, 영상과 댓글을 지속적으로 유포할 수 있었고, 점거공간을 뒤덮는 통신망을 구축했다.

99%라는 테마는 9월 17일 시위에 앞서 8월 중순에 시작된 '우리는 99%다'라는 텀블러(Tumblr) 페이지로 인기를 얻었다. 이 페이지는 뉴욕의 미디어업계 종사자이면서 행동주의에 뛰어든 크리스(Chris, 성은 공개하지 않았다)와 프리실라 그림(Priscilla Grim)이 만들었다. 처음에 크리스와 프리실라는 "월스트리트를 점거할 사람들이 여러분께 보냅니다"라는 익명의 글을 썼다.

그들이 글을 올린 텀블러는 2007년 출범한 소셜 네트워크로, ≪애틀랜틱(The Atlantic)≫의 레베카 로젠(Rebecca Rosen)은 이를 '공동의 고해소

(collaborative confessional)'라고 특징지었다. 그는 사회운동의 사례에서 텀블러와 같은 공간이 '스스로 만드는 역사(self-service history)'를 창조하는 데 이용될 수 있다고 밝히고, "라디오, 책, 유튜브, 텀블러에 있는 개인적 서사의 힘은 시끄럽고 냉소적인 전문가 의견을 제칠 수 있으며, 국가 수준의 서사(our national story)의 틀과 결을 만들어줄 수 있다"라고 설명했다(Rosen, 2011). 기존 블로그에서처럼 장문의 글을 쓰는 것과 달리, 텀블러에 올리는 포스트는 인용구, 사진, 영상 혹은 링크 주소로 구성할 수 있다. 많은 텀블러 블로그는 사진이나 특별한 주제와 관련된 기사로 구성되며, 주제들도 재치 있고 장난스럽다. 이용자들은 다른 텀블러 블로그를 '팔로우'하고, 팔로우한 모든 텀블러 블로그의 글을 한꺼번에 그들의 계정에서 볼 수 있다. 또한 공동으로 '그룹 블로그'를 만들 수 있으며, 다른 사람의 글을 '리블로그(reblog)' 해서 자신의 텀블러 블로그에 올리고 그들의 '팔로어'들과 이를 공유할 수 있다. 게다가 텀블러는 이용자들이 익명의 메시지를 보내는 것이 용이하다. 이는 '우리는 99%다' 그룹의 확산에 결정적이었다. 불공평한 사회에 대한 개인사를 이야기하는 영상에서 얼굴을 가리는 대부분의 사람들에게 익명으로 자신의 이야기를 풀어낼 수 있는 플랫폼을 제공했기 때문이다. 2011년 10월, 이 그룹의 사이트는 하루에 100건의 가입 신청을 받았다. 2012년 2월경에는 그룹에 올라온 글이 225페이지에 달했다.

월스트리트 점거운동의 두드러진 특징으로 텀블러의 역할을 강조하면서 그레이엄-펠슨(Graham-Felsen, 2011)은 다음과 같이 썼다.

왜 텀블러가 이 운동에서 중요한 플랫폼이 되었을까? 우리가 이란에서 본 것처럼 트위터는 시시각각 속보를 전하고 확고한 메시지〔'아메디네자드(Ahmedinejad) 퇴진'〕를 증폭시키는 강력한 방송 수단이 되었다. 또한 이집트에서 페이스북은 시위대를 모으고 타흐리르 광장의 시위를 계획하는 데 중추적인 역할을 했다. 그러나 의도한 구체적인 목표가 없고 지도부 없이 확산된 운동인 월스트리트 점거운동에서 텀블러는 이란과 이집트에서와 같은 목적으로 사용되지 않았다. 그 대신 텀블러는 운동을 인간적으로 만들었다. 텀블러는 강력한 이야기 매체이며, 이 운동은 이야기에 관한 것이다. 한 국가의 경제정책이 학교를 졸업한 우리에게 어떻게 대가를 치르게 하고 빚 구덩이로 몰아넣는지에 관한 이야기이며, 은퇴도 영영 미루고 생활전선에 내몰려 가족과 뿔뿔이 흩어진 것에 관한 이야기이기도 하다. '우리는 99%다'는 대공황 시절 농민의 비참한 실상을 보도사진가들에게 기록하게 했던 농업안정국(Farm Security Administration: FSA)의 업무와 상당히 비슷하며, 이번 경기침체의 확실한 사회사로 기록되고도 남을 것이다.

에즈라 클라인(Ezra Klein)은 ≪워싱턴포스트≫에 따끔한 충고를 썼다. "월스트리트 점거운동이 진정으로 기사화할 만한지 확신을 준 것은 체포된 사람들이 아니다. 정확히 무엇을 성취하고자 하는지 말할 수 없었던 소규모 시위를 보도하는 트위터 언론인들(tweeting journalists)의 언론 전략도 아니다. 그것은 바로 텀블러에서 '우리는 99%다'라고 말하는 것이었다."

인터넷 소셜 네트워크는 시위를 확대하며 함께 공공장소를 점거하려는 사람들에게 충분한 지원을 동원했다. 캠프가 조직되자마자, 그들은 인터넷 상에서의 점거를 분명히 함으로써 존재감을 확립했다. 캠프 대부분이 자체 웹사이트를 구축하거나 페이스북 그룹을 만들었고 둘 다 만들기도 했다. 인터넷위원회의 구성원이 캠프에 핫스팟(hot spot)•을 만들었고, 사람들은 인터넷에 접속하기 위해 휴대전화를 컴퓨터와 연결했다(tethered).•• 점거운동의 다양성은 때때로 다채로운 콘텐츠와 그래픽으로 꾸며진 웹페이지로 확인할 수 있었다.

대부분 큰 규모, 특히 적극적인 점거운동은 자체 웹사이트가 있었다. 이

• [옮긴이] 핫스팟(hot spot)은 무선인터넷 접속이 가능한 지역이다.
•• [옮긴이] 테더링(tethering)은 휴대전화를 모뎀으로 사용할 수 있는 기능으로, PC나 노트북과 같은 IT 기기들을 휴대전화와 연결해서 무선인터넷을 사용할 수 있게 한다.

사이트들은 운동을 조직할 뿐 아니라 운동조직을 위한 공적 역할을 담당했다. 웹사이트는 대체로 다음과 같은 항목으로 구성되었다. 연락처(언론홍보위원회 담당자의 연락처 등), 참여 방법(위원회의 목록, 총회 시간과 장소), 생활용품 기부, 자료실(점거 방법을 설명하는 문서, 총회 의정서, 경찰 대응 방법), 행사및 일정 공지, 게시판(일부는 공개, 일부는 비밀번호 보안) 등이었다. 또한 이러한 웹사이트들에는 방문자가 회원 등록을 하는 토론장이 있었다. 일부 게시판은 어떤 방문자든 볼 수 있었지만, 다른 게시판은 비밀번호를 요구하거나회원만 접근할 수 있었다. 회의록, 제안서 그리고 비준 서류들(요구사항 목록을 포함한)이 웹사이트에 올라왔다. 글 아래에는 보통 댓글들이 달렸다. 이는운동의 투명성을 보장하는 필수적인 행위였다.

많은 점거운동이 페이스북 그룹을 만들었다. 이는 규모가 큰 점거운동의웹사이트를 보완하는 데 활용되었으며, 규모가 작거나 기술 역량이 부족한곳에서는 운동을 조직하는 1차 웹사이트의 역할을 했다. 또한 구성원들이서로 연락을 취하는 디렉터리로 활용되었으며, 개인적인 메시지를 보내거나서로의 페이지에 글을 올리는 데 쓰였다. 페이스북 그룹은 공지사항이나 일정을 알리고, 그룹의 모든 구성원에게 메시지를 보내는 등 조직 운영에 활용되기도 했다. 그 유용성에도 불구하고, 페이스북은 소유자가 있는 플랫폼이기 때문에 운동 내부에서 가치 있게 여기는 개방성과 대치되어 비판을 받았다. 또한 페이스북의 새로운 얼굴 인식 소프트웨어는 사진에서 사람을 자동적으로 태그(tag)했는데, 이 기능은 당국에 소환되었을 때 페이스북이 프라이버시를 보호해주지 않을 것이라는 불신을 불러일으켰고 사람들의 분노를샀다.

기술이 있는 점거자들은 페이스북을 대신해서 N-1, 닝(Ning), 디아스포라(Diaspora) 같은 플랫폼을 사용하려 했다. '페이스북 점거(Occupy Facebook)' 작업에 참여한 사람들은 위키리크스가 홍보한 글로벌스퀘어(Global Square)를 요구했으며, 2012년에는 시제품을 이용할 수 있을 것으로 보인다. 다음은 개발자들의 말이다.

> 플랫폼의 목적은 물리적인 집회를 대체하는 것이 아니라 지역적·초국적 조직과
> 협력하기 위한 온라인 수단을 제공함으로써 사람들의 권한을 증대하는 것이다.
> 플랫폼이 추구하는 이상은 개별적 참여를 촉진하고 단체행동을 조직하는 것이다.
> 글로벌스퀘어는 서로 다른 단체들이 각 지역의 광장과 집회를 조직하기 위해 모
> 일 수 있는 우리만의 공공장소가 될 것이다.[8]

그러나 운동은 전반적으로 이미 상용화된 플랫폼에 의존했다. 활동가들
은 이용자의 프라이버시를 침해하면서까지 트윗에서 정보를 얻으려 하면서
소환될 처지에 놓이기도 했다.[9]

실시간 영상을 인터넷에 방송할 수 있는 라이브스트림(Livestreams)도 중
요한 역할을 했다. 라이브스트림은 일시적이지만 경찰 진압 순간에 필수적
이다. 진압에 대한 주류 언론들의 보도는 당국에 의해 통제되었지만, 라이브
스트리머에게는 그러한 통제가 적용되지 않았다. 예를 들면, 10월 11일 이
른 새벽, 보스턴 점거운동은 경찰의 폭력과 체포에 휩쓸렸는데, 새벽 3시에
8000명이 넘는 사람이 이를 실시간 인터넷 중계로 지켜봤다. 점거 관련 인
터넷 실시간 방송이 끝났다는 것은 사실상 시위의 종료를 뜻했다. 인터넷 실
시간 방송은 집에서 시청하는 사람들에게도 시위를 경험할 수 있게 해주었
다. 그러나 인터넷 생중계는 운동 내부에서는 논쟁거리이다. 라이브스트리
머들은 그들이 본 대로 사건을 묘사하고 그들의 관점에서 운동을 보여주기
때문에, 운동 내부의 많은 사람이 일정 정도 유명세를 타게 되었고, 외부 사
람들에게 대변인으로 인식되기도 했다. 이는 라이브스트리머 중 일부가 인
터넷 생중계 서비스 회사들로부터 받는 후원을 비롯해 개인적 이익을 위해
운동을 이용하고 있다는 비판을 불러일으켰다. 드물게 물리적 진압이나 폭
력 사태가 있었고 기타 활동들이 있기는 했지만, 점거는 굉장히 따분했다.

라이브스트리머들은 점거의 실제 경험들을 왜곡하고 선정주의에 빠지면서 비판받았다. 어느 라이브스트리머의 말처럼, 그들은 점거에 참가한 사람들의 증거를 무심코 경찰에 제공하는 '고자질쟁이'로 비난받기도 했다.**10**

점거운동 사이트는 전 세계와 점거운동 내부를 연결하는 커뮤니케이션 네트워크들의 접점이었다. 이러한 네트워크들은 공동체 건설, 대인적 상호작용, 소셜 네트워크와 인터넷 포스팅에 기반을 둔 디지털적이면서 대면적이기도 한 복합 커뮤니케이션 형식을 띠었다. 그에 따라, 이메일 리스트서브(listserv)가 정보의 확산에 중요했던 것처럼, 활동을 조율하고 연락을 취하는 면에서는 문자 메시지(SMS)가 중요했다. 한편, 멈블(Mumble)•과 기타 인터넷 전화(Voice Over Internet Protocol: VoIP)를 사용하는 화상회의(conference call)로 멀리 떨어진 지역 간 협의가 가능했다. 또한 다양한 지역 회보들과 더불어 ≪월스트리트저널 점거(Occupied WSJ)≫, ≪점거! N+1(Occupy! N+1)≫, ≪타이달(Tidal)≫ 같은 간행물은 중요한 미디어가 되었다.

캠프에서의 협의와 의사결정은 직접적인 대면을 통한 상호작용에 기반을 두었다. 총회에서는 수신호를 이용했고, 인간 마이크가 폭넓게 활용되었다. 인간 마이크는 누군가 청중에게 무언가를 말하면 이를 들은 청중이 각 문장을 크게 반복하는 것으로, 앰프 시설 없이도 모든 사람이 들을 수 있게 하는 것이다. 실용성을 차지하고라도, 인간 마이크는 과거 시민불복종 운동에 사용되었던 커뮤니케이션 형태를 재현하며 공동체 정신과 소속감을 상징적으로 보여주었다.

경찰의 압박과 추위 때문에 점거장소들이 텅 비어버린 후에도 운동은 사

• [옮긴이] 멈블은 음성 인터넷 프로토콜(VoIP) 애플리케이션으로, 비슷한 프로그램인 팀 스피크나 벤트릴로처럼 초창기에는 주로 게이머 전용으로 디자인되었다. 멈블은 같은 서버를 통해 접속하는 사용자들이 서로 대화할 수 있게 해주는 클라이언트 서버 구조를 사용하며, 관리하기 편한 인터페이스와 고음질, 짧은 대기 시간이 특징이다. 모든 대화 내용은 사용자의 프라이버시를 위해 암호화된다(위키피디아).

라지지 않았다. 운동은 다양한 인터넷 네트워크의 형태로 지속되었고, 성명서와 아이디어들로 늘 북적거렸으며, 흐름의 공간에서 장소의 공간으로 다시 옮겨 갈 준비를 했다. 사실상 월스트리트 점거운동은 다양한 커뮤니케이션 방식으로 사이버공간과 도시공간을 연결하는 복합적으로 네트워크된 운동이다. 더 나아가, 이 운동은 불만과 희망을 모두 담은 메시지들을 통해 자율성을 확보한 공공장소와 인터넷에서 스스로를 매개했다. 이는 운동을 99%로부터 유리되지 않게 하고 주류 미디어에 대해 자율성을 획득하도록 하기 위해서였다.

사실 총회에서 사용된 수신호는 인터넷에서의 확산을 쉽게 하려고 만들어진 것인데, 이러한 방식으로 운동은 사회 전체를 연결한다. 따라서 캠프와 시위에서의 활동은 대체로 사람들이 소셜 미디어에서 자신의 의견을 표현하기 위한 이야깃거리가 된다. 사람들이 사진과 영상을 찍어 유튜브나 다양한 소셜 네트워크 사이트에 올리면서 운동에서의 스토리텔링 활동이 지속된다. 이는 시간과 공간을 초월하는 방법이며, 운동의 다양한 목소리들 속에서 매일 자신만의 이야기를 하는 최초의 운동 방식이다. 이 운동은 전 세계적 비전과 우리가 사는 세상의 목소리들에 관심을 기울이고, 역사에 스스로를 내보인다.

더 깊게 들여다보면, 이 운동은 세계 금융을 지배하는 글로벌 네트워크의 핵심 지점인 월스트리트를 점거하기 위해 주변 지역을 점거하고 자유로운 공동체를 만들면서 시작되었다. 점거자들은 상징적인 장소의 공간을 차지하기 위해 인터넷 네트워크라는 자율적인 흐름의 공간을 활용했다. 그들은 여기에서 그들이 존재한다는 사실을 알리고 메시지를 던짐으로써 인간의 삶을 지배하는 글로벌 금융 권력의 흐름의 공간에 도전했다.

사실상의 직접민주주의

시작부터 월스트리트 점거운동은 새로운 형태의 조직, 토의, 의사결정을 학습하고 진정한 민주주의가 무엇인지 실험했다. 이것은 이 운동의 근본적인 특징이다. 가장 중요한 것은 수단이 아니라 진정성이었다. 점거자들은 형식적인 민주주의나 그들이 반대하는 개인화된 리더십(personalized leadership)을 재현하려 하지 않았다. 그들은 점거운동 전반에서 다양하게 나타난 새로운 조직 모델을 개발했다. 그것은 이집트와 스페인의 경험에서 비롯되었고, 상호 교류와 상호 협의, 피드백을 통해 많은 점거장소에서 함께 발전했다. 대부분의 점거운동이 자체 웹사이트를 개설했기 때문에, 조직에 관한 모든 지침과 공동 의사결정의 경험은 점거운동 네트워크 어느 곳에나 알려지고 소통되었다. 이를 통해 상당히 공통적인 조직 양식이 드러났다.

점거운동의 가장 중요한 특징은 공식 지도부를 의도적으로 두지 않았다는 점이다. 지역, 국가, 그리고 세계, 그 어떤 수준에서도 지도자는 존재하지 않았다. 누군가 나서려 하는 경우에도 점거자들은 이를 근본 원칙으로 삼고 실천했다. 이는 사회운동 조직 면에서의 진정한 실험이었다. 그리고 전략적 지침과 수직적 권위가 없다면 사회-정치 과정이 작동하지 않는다는 뿌리 깊은 가정이 거짓임을 보여주었다. 점거운동에는 전통적 리더십, 합리적 리더십, 카리스마적 리더십도 없었으며, 개인화된 리더십도 확실히 없었다. 리더십 기능들이 있었지만, 이 기능들은 점거장소에서 열리는 정기 총회에서 지역 단위로 작동했다. 또한 집합적 결정을 내리는 데 도움이 되는 조율 기능은 인터넷상에서의 반복적인 협의 네트워크(the network of iterative consultation)가 맡았다.

그러나 대표자 없는 자율적 집회의 원칙에 걸맞으면서 효율적인 결의를 보장하기 위한 더욱 복잡한 조직 형태가 나타났다. 이는 운동이 추구하는 근본적인 사회 혁신 중에 하나였기 때문에 좀 더 자세히 분석할 필요가 있다.

조직적 경험의 다양성을 한 가지 양식으로 축소할 수 없는 것은 당연하다. 다음에서 나는 대규모 점거운동에서 자주 반복되었던 핵심 특성들을 정리할 것이다. 그럼으로써 우리는 운동 실행 과정에서 나타난 직접민주주의의 함축적 모델을 음미해볼 수 있을 것이다.

이 분석을 위해, 이상적인 형태로 점거운동 조직을 만들기 위한 참여 및 조직의 방법 지침을 자주 올린 점거운동 웹사이트를 참고했다. 여기에서 묘사한 내용은 이러한 지침들을 직접 인용한 것이다. 운동 내부적으로 그리고 점거장소에서 이 문서들이 자유롭게 배포되었기 때문에 많은 문서가 비슷한 표현과 이미지를 담고 있다. 이는 운동 실행 과정에서의 인터넷의 중요성을 보여주는 또 다른 증거라고 볼 수 있다.

점거장소에서 의사결정 권한은 총회가 독점한다. 총회는 "지도자가 없는 수평적이고 합의에 기반을 둔 공개회의이다"(이 표현은 거의 모든 월스트리트 점거운동 웹사이트와 총회 지침서에 사용되었다). 총회에 출석한 모든 사람이 회의에 참여할 수 있으며, 누구라도 제안서를 제출하거나 발표할 수 있다. 한쪽으로 비켜 있거나 관망하는 사람들을 제외한 모든 사람이 수신호를 이용해 의사결정 과정에 참여할 수 있다. 총회에는 지도자가 없지만, 진행위원회(Facilitation Committee) 회원들이 대개 회의 때마다 돌아가며 총회를 원활하게 진행하고 중재했다.

일부 점거장소에서는 약간 다른 규범을 가지기도 했으나, 대부분은 "총회에 단 한 명의 지도자도 지도부도 없지만 모든 사람의 목소리는 동등하다. 누구라도 총회의 일부로서 자유롭게 생각을 제시하고 의견을 표현할 수 있다"라는 규범을 따른다. 전체 단체에 영향을 미치는 결정만 총회에 회부되는 것이 이상적이지만, 점거운동 외부에서 일어나는 좀 더 작은 규모의 활동들은 총회의 승인 없이 소규모 단체에서 기획할 수 있다. 동호인 집단과 실무단체는 그들 스스로 의사결정을 내릴 수 있지만, 전체 점거운동에 영향을 미치는 사안을 승인받으려면 총회로 가져가야 한다. 각각의 제안은 개인이 제

그림 6-3 **점거운동의 합의 과정과 수신호**

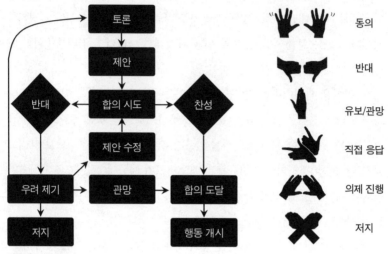

자료: Occupy Atlanta.

안서를 발표하고 제안 이유와 실행 방안을 설명하는 기본 형식을 따른다. 총회의 회원들이 지지를 표명하거나 질문을 하고 제안에 반응을 보인다. 충분한 토론을 거치고 거의 합의에 이를 때쯤, 진행자는 일련의 수신호를 통해 총회 전체에 각각의 제안에 대한 의견을 표할 것을 요청한다(〈그림 6-3〉 참조). 만약 제안에 긍정적으로 합의하면, 안건이 수용되고 바로 활동이 시작된다. 합의에 도달하지 못하면, 제안서를 작성한 사람은 합의에 이를 때까지 제안서를 수정해 총회에 다시 제출해야 한다. 일부 총회에서는 만장일치를 요구하지만, 다른 총회에서는 90% 정도로 변경하거나 부분적인 합의를 채택하기도 했다. 이는 여러 점거장소에서 논쟁거리였다. 합의에 도달하는 것이 너무 어렵기 때문에 총회 회원들은 — 비(非)지지, 유보, 사적인 갈등 등을 이유로 — 물러서기(stand-aside)와 저지(blocking)와 같이 의견 차이를 표현하기도 했다. 합의의 저지는 이론적으로는 극단적인 상황에서 행해지는 것이지만 실제로 꽤 빈번하게 사용되었다.

총회의 결정을 이행하고, 캠프를 조직하며, 활동에 참여하기 위해 위원회가 설치된다. 비록 일부 위원회가 각기 다른 명칭을 사용하거나 조금 다른 범주를 채택하지만, 대부분의 점거장소에 진행, 미디어, 봉사활동(outreach), 먹을거리, 직접 행동, 평화 유지 및 보안, 위생 및 지속가능성, 재정 및 자원, 법무, 의료, 소셜 미디어, 프로그래밍, 유색 인종, 언론홍보 등의 위원회들이 있다. 위원회가 공식적으로 인정받으려면 총회의 동의를 얻어야 하지만, 동호회와 같이 덜 공식적인 단체는 그럴 필요가 없다. 위원회는 세부 사항을 파악하고 전반적인 동의를 얻기 위해 총회에 제출할 제안서를 만들며, 모든 이가 참고할 필요가 있는 정보를 확인하고 소통하는 역할을 맡는다. 누구나 실무단체의 회원이나 지도부가 될 수 있지만, 사실상 정기적으로 참석해 책임지고 약속을 이행하는 사람들로 구성된다. 결국 이러한 역할들은 위원회를 맡고 있는 개인들과 관련이 있다.

지도자의 부재(leaderlessness) 원칙을 위배하지 않으면서 더 원활한 운영을 위해, 실무단체와 위원회 사이의 원활한 의사소통을 보장하고, 책임 의식을 부여하며, 합의 과정의 궤도를 벗어나게 하는 방문자들의 권한을 제한하기 위해, 대변인 회의(spokes council)와 같은 형식을 시도하는 곳이 많았다. 대변인은 위원회와 동호회가 지명한 각 단체의 시각을 대표하는 개인들로 이루어졌다.[11] 대변인 회의의 주요 업무는 운영단체(operation groups)와 운영자 회의(caucuses) 사이의 효율적인 조율, 예산 결정 그리고 총회가 일반적인 사항의 이행에 관한 결정으로 시간을 소모하면서 발목이 잡히지 않고 운동에 관한 좀 더 광범위한 논의를 진행할 수 있도록 만드는 것이다.

대변인 회의는 많은 사람 사이에서 논란거리였고, 일부는 이를 인정하지 않았다. 어느 점거자는 《빌리지 보이스(Village Voice)》에서 다음과 같이 말했다. "나는 실무단체들이 대변인 회의 과정을 통해 조직이 되고 정당이 된다고 생각한다. 왜 우리가 우리 스스로의 가치를 떨어뜨리는 것일까?"[12] 그러나 총회의 승인 없이 점거장소에서 대변인 회의를 열 수 없다. 대변인 회의는 운동을 대표해서 열심히 활동하는 사람들 사이의 생산적이고 신속한 의사결정을 용이하게 하려고 설계되었다. 지켜보는 것은 모든 사람에게 열려 있었지만, 운동에 참여하려는 사람들은 실무단체나 운영자 회의에 적극적으로 임해야 했다. 그리고 개방적이고 투명한 결정을 보장하는 조치들이 취해졌다. 대변인 회의에서 결의된 사안은 모든 사람이 들을 수 있도록 앰프 시설이 갖춰지고 모두가 아는 곳에서 방송되었고, 실시간 인터넷 방송으로 중계되었다. 더 나아가 모든 결정, 회의록, 세부 예산은 투명하게 정리되고 웹사이트에 공개되었다.

다음은 대변인 회의에 참여한 단체들의 목록이다.

① 실무단체: 점거장소를 대표해 후방지원 작업을 실행하는 단체. 일부 점거장소에서는 실무단체에서 분리된 운영단체(operation groups)와 운동단체(movement groups)를 두었다. 운영단체는 운동의 물질적·재정적 조직을 1일 단위로 운영하며, 운동단체는 프로젝트 단위로 캠페인과 활동을 진행한다.

② 운영자 회의: 인종, 젠더, 섹슈얼리티, 신체 능력, 홈리스 등의 차원에서 사회적으로 소외된 공통 경험을 기반으로 만들어진 자기결정단체. 실무단체와 동일한 권한을 갖는다. 또한 각 운영자회의를 지지하는 사람들에게 지나치게 불리한 결과를 가져올 만한 제안들을 중단시킬 수 있는 권한이 있다.

③ 대변인: 캠프에 상근하지만 실무단체나 운영자 회의에 참여하지 않는 사람들을 대변하기 위해 배정된다.

과정으로 보면, 각 실무단체와 운영자 회의는 대변인 회의 전에 조정을 위한 모임(cluster)을 결정한다. 대변인 회의 전에 각 모임은 만나서 토론을 진행하고 제안서를 작성한다. 각각의 모임은 '대변인' 역할을 맡을 사람을 선택한다. 대변인들은 회의 장소 중앙에 둘러앉고, 모임의 나머지 구성원은 그 뒤쪽에 자리를 잡고 앉는다. 복수의 실무단체와 운영자 회의에 소속된 개인들은 소속 모임 어떤 곳에든 그 주변에 자유롭게 앉는다. 대변인은 회의 때마다 돌아가며 맡는다. 대변인은 대변인 회의에서 발언할 수 있는 유일한 사람이지만, 발언하기 전에 모임의 구성원과 협의하고 의견을 정확히 반영해야 한다. 대변인이 모임의 의지를 정확하게 반영하지 못했을 때는 언제라도 대변인을 소환할 수 있다. 대변인은 모임에서 작성한 제안서를 대변인 회의에 제시한다. 모임끼리 제안서를 토론하고, 대변인은 그 토론 내용을 전체 집단에 제출한다. 충분한 논의를 거친 후, 대변인이 제안서에 대한 수정 합의안을 요청한다. 대변인 회의 모델로 인해 개인들은 그들이 소속된 모임의 합의 없이는 다른 제안을 완강히 저지하기(hard block) 어려워졌다.

이 조직 모델의 복잡함은 의사결정 과정에서 권력을 위임하지 않는 것에 근거한 완전한 민주주의의 원칙과 행동에 대한 합의를 이끌어내기 위한 도구적 필요 사이의 긴장을 보여준다. 물론 집회가 주도하고 위원회가 실행하는 운동의 종합적 관점에 따른 상호적·다층적 결정의 흐름에서 벗어난 행동이 여러 번 관찰된 것은 사실이다. 하지만 이마저도 운동 내부에서 새로운 정치적 형태를 깊이 있게 탐색하고 있었다는 증거라고 할 수 있다. 이로써 운동은 사회 전반에 대한 민주주의의 새로운 형태를 예시할 수 있었다. 월스트리트 점거운동은 미국독립혁명의 원칙 중 하나였던 공동체 기반의 민주주의 건설 원칙으로 되돌아가 현재의 미국 정치제도에 도전하고 있다.

요구 없는 운동: "과정이 메시지다"[13]

운동은 분노의 아주 자연스러운 표현이었다. 더 나은 세상을 위한 희망으로 가득했고, 운동은 캠프의 일상에서, 사회적 네트워크 간 협력과 대화에서,

결속된 용기 있는 거리시위에서 구체화되었다. 하지만 무엇을 위해서였을까? 쟁취하거나 협상하려는 명확한 요구사항이 없다는 점 때문에 관찰자들은 월스트리트 점거운동을 평가하는 데 어려움을 겪는다. 시위가 최초로 호소했던 구체적인 요구사항은 월스트리트를 관장하는 독립 기구인 대통령 직속위원회를 설치해달라는 것이었다.

월스트리트의 전직 임원들은 오바마 행정부를 포함한 최근의 미 행정부에서 요직을 맡아왔다. IMF의 보고서는 2000~2006년 금융 산업 로비스트들이 지출한 자금과 국회에서 금융 산업에 우호적으로 표결한 주요 법안 51개 사이의 중요한 통계적 연관성을 찾아냈다.[14] 이에 대한 분노가 월스트리트로 향했다면, 돈과 정치의 분리를 요구하는 것이 운동의 통합 목표가 되는 것은 당연했다. 그러나 그렇지 않았다. 이 운동은 모든 것을 요구하는 동시에 아무것도 요구하지 않았다. 광범위하게 퍼진 운동의 특성을 고려해볼 때, 각 점거운동은 모든 사람이 자신의 불만을 들고 와 스스로 타도 대상을 정하는 그 지역만의 특수성이 있었다. 총회에서 표결되는 다종다양한 제안들이 있었지만, 채무자 및 소비자들에 대한 금융 착취와 모기지 담보의 여파에 맞서 싸우는 것을 넘어서는 정책운동으로 전환하려는 노력은 없었다.

여러 점거운동에서 논의되고 가장 자주 언급되는 요구 목록을 살펴보면, 운동의 목표가 놀랍도록 다양하다는 것을 알 수 있다. 금융 투기, 특히 잦은 투기성 금융거래의 통제, 연방준비제도이사회(FRB)에 대한 감사, 주택 위기 해결, 한도 초과 인출 수수료(overdraft fee) 규제, 통화정책 관리, 일자리 아웃소싱 반대, 단체교섭과 노동조합 권리 보호, 소득 불평등 완화, 세제 개혁, 선거자금 개혁, 기업의 제한 없는 정치자금을 인정한 대법원 판결 철회, 기업 구제 금지, 군산복합체 규제, 퇴역군인 생활 보장 개선, 선출직 정치인의 임기 제한, 인터넷 자유 보호, 인터넷과 미디어에서의 개인정보 보호, 경제적 착취 반대, 교정시스템 개혁, 건강보험 개혁, 인종·여성·외국인 차별 금지, 학자금 대출 개선, 키스톤(Keystone) 파이프라인과 같은 환경 파괴 프로젝트 반대, 지구온난화 방지 대책 시행, 영국 BP 그리고 이와 유사하게 원유를 유출한 기업들에 대한 과징금 부과 및 규제, 동물권(animal rights) 관련 정책 시행, 대체에너지 개발 지원, 사적 권력과 수직적 권위에 대한 비판, 캠프에서의 새로운 민주 문화 시작, 정치체제 내 반대파 포섭(티파티에서 발생했던 것)에 대한 주의 등이었다. 시드니 태로(Tarrow, 2011: 1)에 따르면, "이 운동은 정책 플랫폼이 전혀 아니다. 정책 플랫폼은 이런 새로운 종류의 운동이 추구하는 목적을 가지지 않는다".

포트로더데일과 뉴욕 점거운동 등에서는 요구 목록의 근거를 제공하는 문서들을 상세히 작성하는 것을 승인했다. 2011년 9월 29일, 뉴욕 시 점거운동 총회의 승인을 받은 "뉴욕 시 점거 선언(The Declaration of the Occu-pation of New York City)"은 26개 언어로 번역되어 배포되기도 했다. 이 선언문에는 요구사항보다 불만사항이 더 많이 적혔고, 선언문에 포함된 요구사항들도 일반적인 것이었다. 뉴욕의 "99% 선언(99% Declaration)"이나 시카고, 워싱턴 D.C. 및 여러 도시의 성명서 초안 등은 합의에 이르지 못했으며 엄밀한 의미에서 운동의 관점을 대변하지 못했다. 위원회가 구체적인 개혁 방안을 제안할 때마다 일어났던 불화에서 짐작할 수 있듯이, 운동은 모든 제안에 대해 열려 있었고 지지나 반대를 끌어내는 구체적인 정책 입장을 표명하지 않았기 때문에 많은 사람에게 매력적이었고 대중적이었다. 운동에 참여한 사람들과 외부 관찰자들, 특히 언제나 이상적 정치를 추구하는 좌파 지식인들에게 운동이 요구하는 구체적인 사항이 없다는 사실은 근본적인 약점이었다. 심각한 경제적·정치적 상황에서는 경로의 변경이 절실하며, 이는 운동에 의해 분출된 에너지를 운동의 권한을 강화해줄 어느 정도 달성 가능한 단기 목표로 돌릴 때에만 가능하다.

'이 운동'이 단일체가 아니라는 점이 문제로 지적되기도 하지만, 운동의 수많은 흐름은 기존 질서에 대한 도전으로 수렴된다. 더욱이 요구사항을 관철시키기 위해서 정치시스템의 조정을 거치는 실용적인 접근이 필요하다는 분위기는 운동 내부에서도 꽤 강하게 나타난다. 이는 현 미국의 대의정치제도에 대한 일반화된 불신과는 모순되는 지점이다. 나는 뉴욕 총회의 요구위원회(Demands Committee) 토론에서 얻은 성명서의 일부 내용이 운동 내부에 퍼져 있는 분위기를 잘 표현한다고 생각한다.

나는 이에 대해 다른 사고방식을 제시하고 싶었다. 이 운동은 확신에 찬 과정이기 때문에 요구할 필요가 없다. 이 운동은 변화를 일으키는 힘을 가지고 있지만, 변화를 요구할 필요는 없다. 월스트리트 점거운동은 요구하지 않는다. 우리는 단지 우리가 바라는 것을 성취할 수 있는 권한을 주장할 것이다. 그런 이유로 우리가 더 많이 모인다면, 우리는 더 많은 힘을 가질 것이다. 이 문제들을 해결하기 위해 다른 사람에게 아무것도 요구하지 않는다. 자기 생각을 분명히 주장할 뿐이다.[15]

이러한 입장은 논란의 여지가 있고, 운동 외부의 낡은 정치적 좌파세력은 이를 자멸 행위라고 여기지만, 이 입장은 다음의 두 가지 기본 추세에 부합한다. ① 많은 사람이 현재의 정치적 과정들을 신뢰하지 않기 때문에 그들은 자신만을 믿는다. ② 이 운동은 여느 때처럼 정치를 생략하고 분노와 꿈을 통합했기 때문에 광범위하고 강력하다. 이는 운동의 강점이기도 하지만 약점이기도 하다. 그러나 이것이 바로 월스트리트 점거운동이다. 이 운동은 언제나 바뀌지 않는 세계관을 지지해줄 새로운 세력을 찾는 낡은 좌파를 대리한 것이 아니다. 이 운동은 아무것도 요구하지 않는다. 이 사회의 일부가 아니라 다른 사회의 전부를 요구한다.

비폭력운동을 향한 폭력

점거운동은 철학과 실천 모두에서 압도적으로 비폭력적이었다. 그러나 자치권을 위해 공간을 점거하고, 시스템의 기능적 접점에 가까운 거리에서 시위를 벌이는 운동 전략은 경찰의 진압 활동과 충돌했기 때문에 대립을 피할 수 없었다. 이는 운동 참여자들도 예상한 일이었다. 제도화된 경로 바깥에서 체제에 도전하는 것은 경찰 탄압의 위험을 감수하는 것을 의미했다. 하지만 늘 적법성과 정치적 계산의 회색지대가 있기 마련이고, 운동은 그 이점을 활용하려 했다. 예를 들어, 점거된 주코티 공원은 사유지인 데다 이를 소유한 기업이 시위대 해산 요구에 따른 비용 대비 이익을 분석하는 데 시간을 보내느라 역설적이지만 얼마 동안 점거운동이 보호받기도 했다.

점거운동이 일어난 도시들의 지역 당국은 운동과 관련해 그들이 취할 수 있는 여러 가지 선택지들을 검토하고, 이에 대한 대중의 잠재적 반발을 따져봐야 했다. 이것은 그들의 정치적 미래를 위해서도 필수적이었다. 예를 들어, 정부 고위직을 향한 정치적 야망을 키우고 있던 로스앤젤레스 시장 안토니오 비야라이고사(Antonio Villaraigosa)는 시의원들과 함께 운동의 목표를 지원한다는 성명서를 발표했지만, 시청 앞 잔디밭을 장기간 점거하는 것을 지원하지는 못했다(시청은 할리우드 영화에서 워싱턴 D.C.를 대신해 자주 사용되었기 때문에, 단지 민주주의 활성화를 목적으로 너무 오랫동안 사용될 경우 시의 수입이 줄어들 것이었다). 로스앤젤레스는 점거운동이 최후까지 버틴 장소였는데, 할리우드 영화 스타일의 공권력이 점거자들 축출에 투입되었지만(완전무장을 한 경찰 수백 명이 건물에서 갑자기 나타났다), 큰 사고는 없었다. 반면에 오클랜드 시는 시위자들에 대한 부당한 살해, 구속, 폭력 행사 등 여러 사건으로 그 지역뿐 아니라 전국에서도 유명한 전투경찰을 투입했다. 오클랜드에서 점거자들을 축출하려는 여러 차례의 시도로 몇 차례 중대한 폭력 대치가 일어났다. 이 사건으로 수십 명이 부상당하고 수백 명이 체포되었으며, 그중 참전군인 두 명은 심각한 부상을 당해 병원에 실려 가기도 했다. 이러한 경찰 진압 때문에 오클랜드의 운동은 11월 3일에 시위대가 경찰과의 대격전을 각오하고 미국 태평양 연안의 제2 항구인 오클랜드항을 폐쇄할 정도로 과격해졌다. 운동 초기에 뉴욕에서는 점거 허용과 몇 차례의 가혹한 탄압이 오락가락했다. 예일, 버클리, 하버드 같은 일부 명문 대학교를 포함한 많은 대학교가 점거되었다. 한때 캠퍼스 보안 담당 부서는 점거된 하버드 야드(Harvard Yard)의 출입을 하버드 대학교 신분증을 소지한 사람에게만 허용했다. 점거된 대학 당국의 반응은 다양했다. 캘리포니아 대학교 데이비스 캠퍼스에서는 대학교의 경비원들이 정당한 사유 없이 평화롭게 연좌 농성을 하는 시위대를 향해 최루가스를 살포했다. 이는 전 세계의 분노를 자아냈으며, 해당 관리자들은 정직 처분을 받았다.

이 운동은 차분했지만 결연함이 있었다. 일부 경찰들은 개인적으로 운동에 지지를 표하기도 했지만, 지역 경찰은 최소한의 법적 허가만으로 시위대를 가격했고 체포하려 했다. 시위에 빈번히 뒤따랐던 폭력은 두 가지 상이한 결과를 낳았다. 한편으로, 폭력은 탄압이 벌어졌던 지역을 넘어서는 광범위한 동원을 촉진하며 폭력의 대상이 된 점거자들의 결속력을 강화했다. 다른 한편으로, 텔레비전에 방송되는 폭력적인 모습은 운동이 대변하고자 하는 99%와 운동 사이를 틀어지게 했다. 폭력으로부터 운동을 보호하는 결정적인 행동은 시위 참가자 수백 명이 휴대전화로 현장 상황을 전달하는 것이다. 주류 미디어는 편집자가 원하는 것만 보도했지만, 이 운동에서는 대치 상황에서 발생했던 사건들을 참가자가 인터넷에 올리며 모든 것을 자체 보도했다. 경찰의 만행을 고발한 영상이 시위대의 열기를 돋우기도 했고, 일부 언론에서 운동을 폭력적으로 묘사했던 편견에 맞서 대중의 동정을 불러일으키기도 했다.

한편, 일부 급진적이고 조직적인 단체들〔특히 블랙 블록(Black Bloc)〕과 경찰, 공공건물, 은행, 상점을 공격하는 시위에 참가하는 '자율적인 행동가'도 있었다. 경찰이 폭력적인 분위기를 유발하는 상황에서 이들의 행동은 폭력을 조장하는 효과만 있을 뿐이었다. 특히 2012년 1월 28일 시위대가 시청에 침입해서 성조기를 불태웠던 오클랜드의 사례가 그러했다.

그러나 총회는 폭력을 주제로 자주 토론했고, 운동 외부의 선동가들이 포함된 비주류 세력인 급진파의 선동과 경찰 폭력을 분산시키는 전략에 조직적으로 반대했다. 그리고 운동 내부에서 비폭력 원칙은 대체로 잘 지켜졌다. 하지만 참가자들을 위협하는 경찰의 존재는 점거장소나 거리 행진에서 계속 느껴졌다. 두려움이 일상을 지배한다는 인식이 사람들을 사로잡았다. 이러한 인식과 운동 사이의 분열이 가중되면서 운동의 급진주의적 성향이 강해졌다.

2011년 11월 중순경, 한 기사는 점거운동이 활발하게 진행되고 있는 18개 도시의 시장들이 운동의 처리 방안을 논하기 위해 화상회의를 열었다고 보도했다. 이는 사람들에게 행동을 조율하는 것으로 비추어졌고, 이후 몇 주 동안 미국 전역에서 수많은 점거장소가 철거되었다. 점거장소에서는 청소와 위생 관리가 매일 이루어졌는데도, 강제 철거의 구실로 '공중위생의 우려'를 들먹이는 것은 어디나 똑같았다. 잔류자들이 겨울을 다른 곳에서 나기로, 그리고 새로운 형식으로 공세적인 봄을 맞이하기 위한 전략을 재정비하기로 결정했기 때문에 지역 경찰들은 약간의 무력행사만으로 점거자들을 점거장소에서 몰아낼 수 있었다. 그러나 점거운동은 계속되었다.

운동의 성과

운동이 구체적인 정책의 지원을 끌어내지 못했기에 운동에서 직접 도출된 주요한 정책 변화는 없었다. 그러나 수많은 불공정 행위에 대해서 부분적인 정정을 얻어낸 캠페인이 꽤 있었다. 특히 월스트리트 점거운동의 주요 주제인 주거 캠페인이 두드러졌다. 월스트리트 점거운동 참가 단체들은 행동의 날인 12월 6일, 대출조건이 실질적으로 완화되도록 대출기관들을 압박할 목적으로 미국 전역에서 압류 주택들을 '점거했다'. 그들은 일부분 성공을 거두었고, 심지어 이전에 취소된 모기지 주택 담보를 회복시키기도 했다. 그들은 대중적인 관점에서 노인들이나 병든 퇴역군인들의 가슴 아픈 압류 사례들을 소개함으로써 불공정한 시스템을 비판했다.

또한 고객들의 힘을 활용해 주요 은행들에 압력을 가하는 '거래 은행 전환의 날(Bank Transfer Day)' 계획을 세우기도 했다. 이 계획에는 월스트리트에 있는 미국에서 가장 큰 은행들에서 벗어나 지역의 금융기관이나 비영리 신용조합으로 옮겨 갈 것을 개인과 기관에 독려했던 기존의 캠페인들이 합류했다. 이들 가운데는 2009년 아리아나 허핑턴(Arianna Huffington)의 '당신의 돈을 옮기세요(Move Your Money)'와 2010년 밸런타인데이 운동인 '은행 거래를 끊으세요(Break up with your Bank)' 같은 캠페인이 있었다.

그 후 2011년 9월, 뱅크 오브 아메리카(Bank of America)가 직불카드와 당좌예금계좌에 월 5달러의 수수료를 부과하려 하자, 많은 고객이 자신의 계좌를 취소하는 저항의 물결이 일었다. 반발이 일어나자 뱅크 오브 아메리카는 수수료 부과를 철회했지만, 슬그머니 다른 수수료들이 생겨났다. 2011년 10월 15일, 이런 캠페인에 전념했던 어느 페이스북 페이지에는 5만 4900개가 넘는 '좋아요' 의견이 달렸다.

일반 상업은행 계좌를 영리를 추구하지 않는 신용조합으로 이전할 것을 촉구하는 '거래 은행 전환의 날'이 2011년 11월 5일로 선포되었다.[16] 전국신용조합협회(Credit Union National Association: CUNA)는 신용조합의 서비스를 홍보하는 이 기간에 협회 홈페이지의 트래픽이 두 배로 증가했다고 밝혔다. 전국신용조합협회는 9월 말에서 캠페인 당일인 11월 5일 사이에 거의 65만 명에 달하는 고객이 신용조합에 새로운 계좌를 개설한 것으로 추산했다. 새롭게 창업한 금융기관들도 있었다. 서던캘리포니아의 오렌지카운티 점거운동(Occupy Orange County)은 자신들만의 신용조합을 설립하기도 했다. 이와 유사하게 샌프란시스코와 보스턴 그리고 워싱턴 주에서도 공동체 기반의 신용조합이 설립된 것으로 알려졌다.

이러한 활동들이 모범 사례인 것은 맞지만, 운동이 맞서고 있는 불평등의 바다에 떨어지는 물방울일 뿐이었다. 이러한 계획들이 사람들에게 저항할 용기를 주고, 사회적으로 용인할 수 없는 상황을 대중에게 알린다는 것만이 희망이었다. 이런 의미에서 조지 레이코프(Lakoff, 2011)가 월스트리트 점거운동을 공적 담론에 영향을 주는 도덕적인 운동으로 묘사한 것은 관찰에 근거한 것으로 보인다.

한계도 있지만 여론조사는 이번 운동의 활동과 선언이 미국에서 불러일으킨 상당한 문화적 변화를 잘 보여준다. 2011년 11월 9일, 《뉴욕타임스》가 전국을 표본으로 한 여론조사에 따르면, 대중의 약 50%가 운동의 기저에 깔린 정서가 미국인 대부분의 의견을 반영했다고 생각했다.[17] 또한 퓨 리서치센터(Pew Research Center)에서 2011년 12월 15일에 발표한 전국의 성인 1521명을 대상으로 실시한 월스트리트 점거운동에 대한 태도 조사에서는,[18] 운동을 지지한 사람이 응답자의 44%, 반대한 사람이 39%였다(부록 2 참고). 한편, 응답자의 48%는 월스트리트 점거운동이 제기한 문제의식에 동의했지만, 30%는 동의하지 않았다. 전략(점거, 시위)에 대해서는 49%가 동의하지 않았고, 29%만이 동의했다. 비록 저항의 이유에 동의하더라도, 비제도적 활동으로 어떤 선을 넘는 것에 대해서는 거부감을 느끼는 시민이 많았다고 볼 수 있다.

운동에 관한 태도는 소득수준, 교육수준, 나이, 정치적 견해에 따라 다양했다. 나이가 많고, 보수적이며, 부유하고, 교육을 많이 받지 못한 사람들은 운동에 반대했지만, 그 외의 계층은 운동을 광범위하게 지지했다. 하지만 가장 두드러진 점은 운동이 제도권 정치 밖에 스스로 확실히 자리매김하고, 세계 자본주의의 심장부 ― 말하자면 월스트리트 ― 바로 앞에서 벌인 도전이 미국 주류 사회의 상당한 지지를 받았다는 것이다.

그러나 사회운동의 정치적 효과를 평가하면서 정말로 결정적인 것은 내가 이 책에서 그리고 이전의 저술에서 좀 더 상세히 주장해온 것처럼, 사람

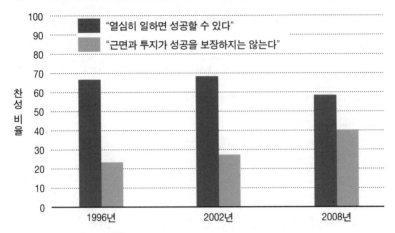

그림 6-4 **"근면 성실함이 성공을 가져온다"는 인식의 감소** (단위: %)

찬성비율

- "열심히 일하면 성공할 수 있다"
- "근면과 투지가 성공을 보장하지는 않는다"

1996년 / 2002년 / 2008년

자료: Pew Research Center(2011).

들의 의식에 끼친 영향이라 할 수 있다(Castells, 2003, 2009). 운동의 결과로 그리고 운동이 인터넷과 주류 미디어에서 불러일으킨 논쟁으로, 99%와 1% 사이의 대비를 보여주는 사회적 불평등의 문제는 공적 담론의 중심이 되었다. (오바마 대통령을 포함한) 정치인들, 미디어 평론가들, 코미디언들은 그들이 99%를 대변한다며 99%라는 용어를 받아들였다. 정치적 미래를 위해서라는 전제조건을 붙이며 말하는 냉소적 진술과 상관없이, 금융가와 기업가의 이익을 옹호해온 정치계급이 99%와 1%의 이분법을 받아들인다는 단순한 사실은 시스템의 형평성에 대한 신뢰 면에서 심각한 결과를 불러온다. 2011년 12월 퓨 리서치센터에서 발표한 결과를 신뢰한다면(〈그림 6-4〉, 〈표 6-1〉, 〈표 6-2〉 참조), 개인의 노력에 따라 기회는 평등하게 주어진다는 오래된 이상인 아메리칸 드림은 산산이 부서진다. 더 나아가 이 조사의 응답자 61%는 미국 경제시스템이 "부자들에게 유리하도록 편향되어 있다"라고 생각하며, 공화당 지지자 53%를 포함한 응답자의 77%가 "소수의 부자들과 대기업들에 너무 많은 권력이 편중되어 있다"라는 말에 동의한다.

표 6-1 **사회적 갈등에 대한 인식: ○○와 ○○ 사이의 갈등이 "상당히 심각하다" 또는 "심각하다"라고 응답한 비율** (단위: %)

	2009년	2011년
부자와 가난한 사람	47	66
이민자와 내국인	55	62
흑인과 백인	39	38
청년과 노인	25	34

자료: Pew Research Center(2011).

표 6-2 **월스트리트 점거운동에서 시위대의 문제의식과 운동 방식에 대한 지지 및 반대** (단위: %)

	공화당 지지자	민주당 지지자	무소속 지지자	전체
월스트리트 점거운동 전반				
지지	21	60	46	44
반대	59	21	34	35
둘 다 아님	5	4	7	6
모름	15	15	14	16
월스트리트 점거운동이 제기한 문제의식				
동의	31	62	50	48
반대	47	19	27	30
모름	22	19	23	22
월스트리트 점거운동 방식				
찬성	14	43	29	29
반대	67	37	49	49
모름	19	20	22	23

주: 소수점 이하 반올림하여, 각 수치의 총합이 100%가 아님.
자료: Pew Research Center(2011년 12월 7~11일, 2011년 12월 8~11일).

월스트리트 점거운동은 내가 계급투쟁이라고 부르는 현실에 대한 미국인들의 의식을 형성했다는 암시를 주는데, 이 지점은 비교적 새롭고 의미 있다. 퓨 리서치센터에서 전국 18~34세의 성인을 대상으로 조사해 2012년 1

월 11일에 발표한 결과에 따르면, 응답자의 66%가 부자와 가난한 자들 사이에 '상당히 심각한' 또는 '심각한' 갈등이 존재한다고 믿고 있는데, **이는 2009년 조사 결과보다 19%p나 증가한 수치이다.** 계급 갈등의 인식이 더 일반적으로 증대해왔을 뿐 아니라, 이러한 분쟁이 심각한 수준이라는 인식도 커졌다. 또한 응답자의 30%가 가난한 사람과 부유한 사람들 사이에 "상당히 심각한" 갈등이 있다고 보며, 이는 비슷한 의견을 물었던 2009년 7월의 조사 결과의 두 배에 달하는 수치이고, **1987년 처음으로 이 질문을 던졌던 이래로 가장 큰 비율에 해당한다.**

빈부 갈등은 현재 이민자와 내국인, 흑인과 백인 그리고 젊은 세대와 노인 세대라는 잠재적인 집단 갈등 요인에 앞서 랭크된다. 모든 주요 인구 집단이 2년 전보다 현재의 계급 갈등이 더 심각하다고 인식한다. 그러나 조사에서는 노인, 남성, 공화당 지지자, 백인 혹은 히스패닉보다 젊은 성인, 여성, 민주당 지지자, 흑인이 빈부 격차에 강한 반감이 있는 것으로 드러났다. 주요 정당에 가입하지 않은 정치적 자유주의자들과 미국인들 사이에서 계급 갈등에 대한 인식이 가장 큰 폭으로 증가했다. 각 집단에서, 부유한 미국인과 가난한 미국인 사이에 중대한 의견 차이가 있다고 응답한 비율이 **2009년 이래 20%p 이상 증가했다.** 보고서를 인용하면 다음과 같다.

상당히 짧은 기간의 이러한 태도 변화는, 2011년 말 전국을 뒤덮은 월스트리트 점거운동에서 시위대가 문제를 제기해 미디어의 관심을 고조시킨 소득과 부의 불평등에 관한 메시지를 반영한다. 이 변화는 미국 사회가 부의 분배 면에서 근본적인 변화가 필요하다는 대중적 인식이 커졌음을 보여준다.[19]

그러나 2010년 이후 자본주의와 사회주의에 대한 인식이 거의 변하지 않았다는 점은 주목할 만하다. 사실 점거운동을 지지하는 사람들이 공개적으로 자본주의를 비난하지는 않는다. 자본주의의 계층에 관해서는 부정적인 견해만큼이나 긍정적인 견해도 있다. 비판은 주로 자본주의 자체가 아니라 금융자본주의와 그것이 정부에 미치는 영향에 집중된다. 월스트리트 점거운동은 과거의 이데올로기들을 끌어안지 않으며, 미래를 위해 공동체를 재조명하고 현재의 악을 일소하는 것을 목표로 한다. 이 운동의 근본적인 기여는 또다른 삶이 가능하다는 희망에 다시 불을 붙인 것이다.

세상의 소금[20]

사람들이 정치제도를 신뢰하지 않고 앞서 말한 제도들을 폭력으로 전복시키는 데 참여하는 것을 거부한다면, 대의제도의 메커니즘이 제대로 작동하지 않는다면, 금융기관과 미디어 기업 등 책임지지 않는 권력이 틀에 짜인 선택 영역 내에서 협의와 의사결정의 기간과 결과를 제한한다면, 그리고 편파적인 게임의 룰에서 크게 벗어난 행위들이 보안 당국과 정치적으로 임명된 사법부에 의해 위협당한다면, 어떻게 근본적인 변화를 시행할 수 있을까? 이것은 금융위기가 불공평하게 부과한 고통을 떠안아야만 했을 때, 체념과 수동성에 굴하지 않고 사회 변화와 정치 저항의 새로운 길을 찾으며 위험을 감수했던 사람들이 마주한 딜레마였다.

사람들은 서로 연락하고 함께하는 관계가 되기 위해 주로 인터넷 네트워크상에서 협의하고, 때때로 비정기 오프라인 모임을 열었다. 그들은 적을 물리치기 위해 적과 같아지려는 유혹에 굴복하지 않으려면 가장 오래된 전략에 기댈 수밖에 없었고, 그래서 시민불복종 운동에 가담했다.

그들은 자신과 모든 사람의 삶을 파고든 가장 필수적인 상품인 가상화폐를 겨냥했다. 가상화폐의 가치는 물질적으로 존재하지는 않지만, 모든 것에 스며들어 있다. 그 가치는 세계금융시장의 컴퓨터 네트워크 속으로 숨어들었지만, 사람들이 거주하는 장소의 공간에서 금융 흐름의 공간을 관리하고 통제하는 영역의 접점에 여전히 남아 있다. 글로벌 자본의 대양을 끼고 있는 나라에서 절대적 금융 권력의 신성불가침에 도전함으로써, 삶을 질식시키는 탄압의 근원을 폭로하고 통치자 위에 원칙을 수립하는 저항을 구체화했다. 사람들은 권력과 탐욕의 본거지 앞에 유쾌한 공동체를 세웠고 불복종함으로써 새로운 경험을 빚어냈다. 그들은 세계와 그들 자신을 스스로 매개했다. 그리고 그들은 평화적인 자기주장으로 폭력의 위협에 대항했으며, 권리라고 생각하는 것을 믿었다. 그들은 서로를 연결하고 다른 사람들에게도 손을 내밀었으며, 함께하는 것의 의미를 찾았다. 그들은 돈을 모으지 않았고, 그들의 채무를 갚지도 않았다. 그들은 그들 자신을 얻었으며, 세상의 소금을 얻었다. 그리고 그들은 자유로워졌다.

7 네트워크된 사회운동

글로벌 트렌드인가

이 장은 시간을 뛰어넘는다. 우리는 지금 2014년 12월에 있다. 새로운 사회운동들이 전 세계에서 폭발한 후 4년간을 돌이켜 보았을 때, 우리는 글로벌 네트워크 사회에서 사회 변화의 매개체인, 사회운동들의 잠재력을 어떻게 평가할 수 있을까?

개요

2012~2014년 사이에 이 책에서 다양한 맥락으로 분석한 것과 같은 성격의 중대한 사회운동들이 일어났다. 그중 가장 두드러진 것은 2013년 6월 게지 공원(Gezi Park) 수호와 관련한 터키 운동과 2013~2014년 사이 정치적 부패와 싸우면서 인간의 존엄을 주장하고 개발 모델과 공공 지출에서 우선순위의 교체를 주장하며 브라질에서 일어난 끈질긴 시위라고 할 수 있다. 더 나아가 다음과 같은 여러 중대한 사회운동이 있었다. 2011년 5월에 시작되어 2014년까지 이어진 칠레의 학생운동, 2012년 5월에 정치 쇄신을 추구하며

결성된 멕시코의 '나는 132번째다(#YoSoy132)' 운동, 2014년 9월에 멕시코의 게레로(Guerrero) 주 이구알라(Iguala) 시에서 마약 조직 조직원들이 학생들을 납치·암살한 것에 항의하며 2014년 9~11월 사이에 벌어진 대규모 군중 시위, 2011~2012년 사이에 푸틴의 권위주의에 저항해 민주적 권리를 지키기 위해 일어난 모스크바 시위, 2013년 키예프에서 독립 광장(Maidan Square)을 점거한 우크라이나의 민족운동, 2014년 9월과 10월에 홍콩에서 일어난 우산 혁명(Umbrella Revolution), 그리고 스페인과 그리스, 포르투갈에서 지속적인 시위가 있었다.

이 모든 사건, 그리고 내가 집필하고 있는 시간과 독자들이 이 책을 읽고 있는 시간 사이에 일어날 수도 있는 여러 사건은 서로 성격과 결과가 다르지만 새로운 형태의 사회운동의 생명력과 지속성을 표현하고 있다. 또한 중국을 비롯한 많은 국가들의 도심 지역에서 일어나고 사이버공간에서 양성된 다양한 지역 시위도 있었다〔예를 들어, 2013년 1월 광저우에서 일어난 남방주말(南方周末) 사건, 또는 2011~2012년 광둥 성에서 토지 수탈에 저항해 일어난 우칸(烏坎) 촌 봉기〕. 이러한 운동들에 관한 상세한 분석은 이 책의 영역과 필자의 역량을 넘어서는 것이다. 다행스럽게도 이런 근본적인 연구 주제에 대해 사회연구자들(그중 일부는 행동 연구를 기반으로 한다)의 관심이 늘고 있는 덕분에, 현재 우리는 네트워크 사회의 사회운동들의 특징을 이해할 수 있는 믿을 만한 관찰과 분석의 형체를 파악할 수 있다.[1] 따라서 나는 여기에서 이 책의 다른 장에서 서술했던 상세한 사례 연구 전략을 추구하지는 않는다. 그 대신, 후속 장에서 드러나는 분석의 실증적 기반을 넓히기 위해 이러한 운동의 일부 주요 특성을 간략하게 되짚어볼 것이다.

2012~2014년 사이에 발생한 일부 상당히 중요한 운동들에 초점을 맞추기 전에, 네트워크된 사회운동이 서로 다른 문화와 제도적 배경, 발전 단계뿐 아니라 매우 다양한 경제적·정치적 환경 등 극단적으로 상이한 맥락에서 발생한 것을 강조하는 것은 중요하다. 아랍 국가들에서 일어난 봉기가 장

기 독재정권의 타도를 목표로 하고, 유럽과 미국의 금융위기가 시위를 촉발하는 동안, 브라질과 터키, 칠레는 지난 십 년간 민주주의 정권하에서 높은 경제성장을 누렸다. 브라질은 룰라 대통령과 지우마 호세프(Dilma Rousseff) 대통령이 이끄는 노동당(Partido dos Trebalhadores: PT)이 집권한 가운데 진보 정부를 구성했고, 2014년의 경제 불황에도 빈곤이 큰 폭으로 감소하고 민중의 전반적인 생활수준이 과거에 비해 크게 개선되었다. 터키와 칠레에서는 빈곤 지역이 남아 있었지만, 대다수 경제적·사회적 여건은 크게 나아졌다. 따라서 사회운동이 경제위기나 빈곤, 권위주의 정권의 직접적인 결과가 아니라는 사실을 강조하는 것은 중요하다. 그것은 일부 사례에는 맞지만, 다른 사례에 그대로 적용되지는 않는다. 그러나 이러한 운동들은 대부분 내가 다음 장에서 요약하려고 하는 유사한 특성들을 보인다. 또한 운동들은 결정적인 듯한 두 가지 주된 맥락적 요소들을 공유한다. 그 첫 번째로, 정권의 형태가 권위주의적이거나 민주적 선거에 기반을 둔 것과는 관계없이 정치체제의 근본적인 정통성 위기를 들 수 있다. 대부분의 국가에서 정당들은 멸시당하고 있고, 정부의 부패는 반복되는 주제이며, 전 세계 시민 대부분에게 직업 정치인 집단은, 투표하고 보수를 주는 민중을 대변하는 존재가 아니라 그들의 기득권에만 신경 쓰는 듯한 '계급(La Casta)'으로 인식된다.[2] 이것은 중요한 사실이다. 이런 정치제도하에서 민중은 어떤 불만이 있든 자신의 의견을 드러내고 충분히 반영할 통로를 찾지 못하기 때문이다. 따라서 민중은 자신의 요구와 열망의 직접적인 표시로 대안적인 형태에 의지하며, 민주주의의 재창조를 목표로 삼는다. 그러므로 사회운동과 정치제도 사이의 상호작용은 사회 변화의 매개체로서 이러한 사회운동이 실질적인 가능성을 창출할 수 있느냐 하는 근본적인 물음과 마주하게 한다. 나는 이 책의 마지막 장에서 이 문제를 좀 더 자세하게 다룰 것이다.

이러한 모든 운동이 형성된 맥락에서 공통적인 두 번째 주요 특징은 자율적인 커뮤니케이션 역량이라 할 수 있다. 운동들은 스마트폰과 커뮤니케이션 네트워크의 전체 군(群)을 통해 중개되는 새로운 소셜 미디어를 통해 참여자 사이와 사회 전체를 연결한다(Cardoso and De Fatim, 근간). 이런 새로운 커뮤니케이션 시스템은 인터넷뿐 아니라, 지난 십년 동안 폭발적으로 증가한 인터넷과 무선통신에 기반을 둔 디지털 소셜 네트워크라 할 수 있다. 최초의 유의미한 소셜 네트워크 사이트인 프렌드스터(Friendster)는 2002년에 만들어졌고, 페이스북은 2004년, 트위터는 2007년에 만들어졌다. 현재 여러 다양한 사이트가 서로 다른 모습으로 제도적 환경에 의존하면서 퍼져 있다. 〈그림 7-1〉에서 볼 수 있듯이, 2013년에 30억 명이 이러한 소셜 네트워크를 이용하고 있었다.

이런 커뮤니케이션 잠재력은, 디지털 커뮤니케이션 기술에 능숙하며 견디기 어려운 사회질서에 반대하는 좀 더 저항적인 젊은 인구 집단(주로 16~34세 사이)에 편중되어 있다. 그러나 터키의 에르도안(2014년에 대통령에 선출되었다) 총리가 언급한 것처럼("트위터는 민중의 적이다"), 소셜 네트워크가 사회운동의 원인이라고 말할 수는 없다. 소셜 네트워크는 어느 개인들, 혹은 그들의 시각을 알리고 싶어 하고, 분노를 공유해서 사람들을 도시공간의 시위에 합류하도록 요청하는 개인들이 스스로 만든 네트워크가 이용할 수 있는 수단이다. 이런 사이버 공공공간 사이의 연결, 통제된 주류 미디어 우회, 공권력에 도전하는 도시 공공장소 점거는 말하자면, 새로운 사회운동의 핵심에 있다고 할 수 있다. 사실, 인터넷 기반의 소셜 네트워크의 확산은 우리 시대의 이런 새로운 사회운동들의 존재를 위한 필요조건이지만 충분조건은 아니다.

소셜 네트워크 이용에 관해서 구스타부 카르도수(Gustavo Cardoso)가 진행한 세계 연구 조사에서 인터넷 이용자의 18% 미만이 사회 · 정치 운동을 이유로 소셜 네트워크를 사용하는 것으로 나타났다(Cardoso, 2014). 세계의 대다수 젊은 인구들에게 소셜 네트워크의 존재는 다양한 인간 활동의 범위에서 모든 종류의 목적을 위한 단순한 삶의 방식이다. 그래서 그들은 저항할 때, 그들이 거주하는 소셜 네트워크에서도 저항했다. 하지만 그들이 반드시 저항하지는 않는다. 사실 대다수 국가에서 저항은, 심지어 소셜 미디어까지도 활용했지만, 정치적 중요성의 단계에까지 확대되지는 못했다. 따라서 나는 기존 사회의 사회 불안과 저항의 가능성을 충분히 고려해, 소셜 미디어의 광범위한 이용으로 개별적 저항이 사회저항이 되고 궁극적으로는 사회운동이 된다고 말할 수 있다(Cardoso and DeFatima, 근간).

그러나 어떤 상황에서, 역사·문화·제도는 이러한 시위들을 각기 다른 형태의 정치적인 표현으로 풀기도 하는데, 이는 자율적인 사회운동에서 벗어나 정치체제 속의 포퓰리즘적 행동과 가까워진다. 그런 예로 유럽의 극우 정치운동, 즉 프랑스의 민족전선(French Front National), 영국의 독립당(UKIP), 그리스의 황금새벽당(Golden Dawn), 핀란드의 진정한 핀란드인당(True Finns) 또는 미국의 공화당과 연계된 티파티 등을 들 수 있다. 물론 사회운동들만큼은 아니더라도 이런 모든 정파도 요즘 모든 사람이 그렇듯 소셜 네트워크를 활용하는데, 이들은 인터넷에서 만들어져 공간과 기관을 점거하는 사회저항의 자율적인 표현 속에서 양성되지 않는 직설적인 정치 행위자들이다. 다시 말해, 본래의 사회운동들은 자율적인 커뮤니케이션 환경 속에서 사회운동이 된다. 그러나 사회저항이 모든 사회에 존재하는 것은 아니며, 일부 사회저항은 정치 선동의 포퓰리즘 전통 속에서 작동하기도 한다.

이런 분석의 일부 요소들은 2012~2014년 사이에 일어난 몇몇 의미 있는 사회운동들을 간략히 언급함으로써 명확하게 설명할 수 있다. 나는 본문에서 그러한 사건들을 이해하기 위한 중요한 특성만 언급할 뿐, 그 사건들을 자세히 서술하지는 않을 것이다.

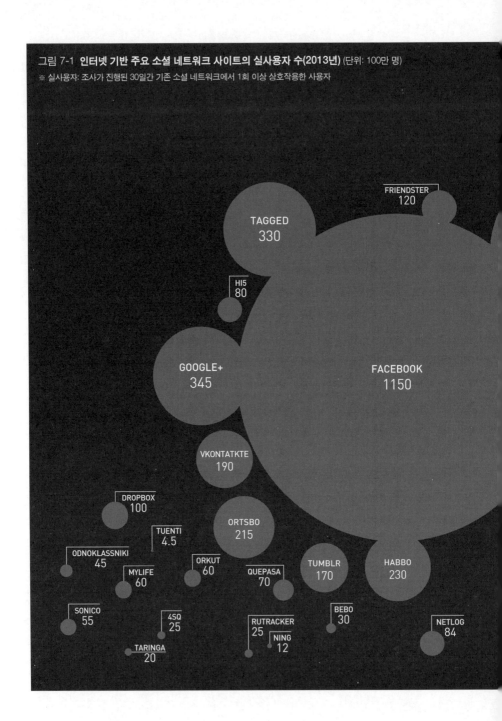

FRIENDSTER
120

TAGGED
330

HI5
80

GOOGLE+
345

FACEBOOK
1150

VKONTATKTE
190

DROPBOX
100

TUENTI
4.5

ORTSBO
215

ODNOKLASSNIKI
45

ORKUT
60

MYLIFE
60

QUEPASA
70

TUMBLR
170

HABBO
230

SONICO
55

4SQ
25

BEBO
30

NETLOG
84

RUTRACKER
25

NING
12

TARINGA
20

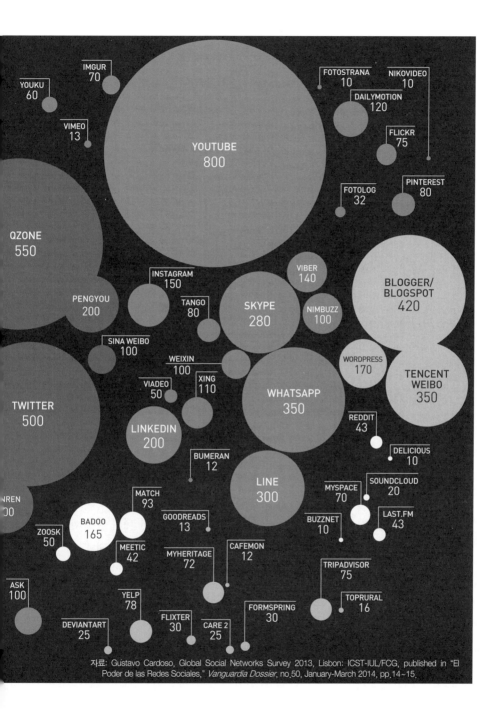

YOUKU
60

IMGUR
70

VIMEO
13

FOTOSTRANA
10

NIKOVIDEO
10

DAILYMOTION
120

FLICKR
75

YOUTUBE
800

FOTOLOG
32

PINTEREST
80

QZONE
550

INSTAGRAM
150

VIBER
140

BLOGGER/
BLOGSPOT
420

PENGYOU
200

TANGO
80

SKYPE
280

NIMBUZZ
100

SINA WEIBO
100

WEIXIN
100

WORDPRESS
170

TENCENT
WEIBO
350

VIADEO
50

XING
110

TWITTER
500

LINKEDIN
200

WHATSAPP
350

REDDIT
43

DELICIOUS
10

BUMERAN
12

LINE
300

MYSPACE
70

SOUNDCLOUD
20

~REN
~0

MATCH
93

GOODREADS
13

BUZZNET
10

LAST.FM
43

ZOOSK
50

BADOO
165

MEETIC
42

MYHERITAGE
72

CAFEMON
12

TRIPADVISOR
75

ASK
100

YELP
78

FLIXTER
30

CARE 2
25

FORMSPRING
30

TOPRURAL
16

DEVIANTART
25

자료: Gustavo Cardoso, Global Social Networks Survey 2013, Lisbon: ICST-IUL/FCG, published in "El
Poder de las Redes Sociales," *Vanguardia Dossier*, no.50, January-March 2014, pp.14~15.

터키의 신구 세력 간 충돌: 2013년 6월 게지 공원

2013년 6월 이스탄불의 게지 공원 방어는 에르도안의 정의개발당(AKP) 정부가 탁심 광장(Taksim Sqaure) 인근에 있는 이스탄불의 역사적 중심지에 마지막으로 남은 공원을 파괴하기로 결정하자, 사회저항의 주요 근원이 되었다. 역사적인 포병 병영 주변의 이 공원은 관광객을 위한 쇼핑센터와 테마파크를 짓기 위해 파괴되었다. 그런데 그 과정에서 토지 이용을 변경하기 위해 법적으로 필요한 행정 절차가 무시되었다. 게지 공원은 동성연애자들에게 만남의 장소일 뿐 아니라 생태운동가와 환경보호 건축가에게 상징적 장소가 되었다. 탁심 광장과 이스티클랄(Istiklal) 거리 인근에 있는 이 공원은 이스탄불 젊은이들에게 음악과 예술의 장소이자 약속 모임을 위한 만남의 장소였다. 따라서 공원이 파괴될 위험에 처했을 때, 자유로운 삶의 방식을 추구하는 사람들이 공원의 파괴를 막기 위해 탁심 광장에 캠프를 차려 공원을 보존하기로 결의했다.

총리가 직접 내린 지시에 따라 전투경찰들이 폭압으로 시위대를 공격했다. 경찰의 폭력적인 이미지가 즉각적으로 유튜브와 여러 소셜 네트워크에 유포되어 광범위한 분노를 자아냈다. 게지 공원의 시위에 참가한 수천 명의 시위대를 동원하는 데 트위터가 집중적으로 사용되었는데, 수천 명의 사람들이 이스탄불의 다른 지역〔베식타스(Besiktas) 등〕과 더불어 터키의 여러 도시, 특히 앙카라(Ankara) 같은 곳에서도 이를 활용했다.[3] 그러한 대치 상황은 몇 주간이나 지속되었고 전국적인 논란을 불러일으켰는데, 여기에 에르도안은 비판자들에게 맞서 경멸적인 용어를 사용하고 가혹한 탄압 조치로 위협하며 적극적으로 개입했다. 총 7명이 사망했고(이 가운데 한 명은 경찰관이다), 수백 명이 부상당했으며, 수천 명이 체포되었다. 결국 당시의 터키 대통령과 이스탄불 주지사의 유화적 태도, 야당 일부 의원들의 지원, 그리고 전국의 많은 젊은이들의 공감으로 정부의 게지 공원의 파괴는 무기한으로 연기되었다. 하지만 도시 개발 계획에 대한 반발은 집권당인 정의개발당의 정책에 대한 전반적인 비판으로 확대되었다. 그런데 2014년에 터키에서 실시된 지방선거와 국회의원 선거가 모두 정의개발당의 압승으로 끝나면서, 사회저항 시위를 묵살하는 에르도안에게 정당성을 주는 것처럼 보였다.

그 운동의 강렬함과 대다수 국민의 정치적 의견 사이의 확실한 대비는 두 가지 요인으로 설명할 수 있다(Cinmen 2014; Gokmenoglu 2013a, 2013b, 2014). 하나는 주류 미디어들 스스로 정부와 보조를 맞추어, 처음에는 운동에 관한 보도를 하지 않다가 그다음에는 경찰의 개입이 뒤따르는 폭력적인 사건에 집중하면서 정보를 조작했다는 것이다. 다른 하나는 게지 운동이 터키 사회의 극심한 문화적·사회적 격차를 드러냈다는 것이다. 탁심 광장의 청년 문화 표출에 맞서서 법과 질서를 내세우는 정부와 에르도안의 대응은 무슬림의 엄격한 보수적 가치를 사람들, 특히 여성의 개인적 일상 속으로 점진적으로 끌어들이려는 광범위한 정책의 일환이었다. 주류 판매에 부과한 엄격한 제한은 상당히 현대적인 터키 사회의 새로운 세대들이 인정하고 있는 개인적 자유와 직접적으로 충돌했다. 환경보호주의와 민주주의, 관용의 가치들은 농촌 지역과 교육받지 못한 도시 인구 계층에 퍼져 있는 전통적이고 종교적 색채가 짙은 문화와는 맞지 않았다.

사실 이 운동의 영향은 정치에 개입한 군부가 선호하는 세속주의 통치와 합의하면서, 정의개발당에 권력을 가져온 연합의 분열을 심화시켰다. 정의개발당 지지자들은 지방의 보수적인 종교 다수파와, 군부 통치에 반대하고 유럽식 민주주의를 지지하는 자유주의 성향의 도시 중산층 사이의 연합을 대변했다. 선거를 통한 정통성으로 포장된 에르도안은 터키를 중도 이슬람주의 국가로 점진적으로 변모시키기 위해 케말 아타튀르크(Kemal Ataturk)의 권위적 세속주의의 유산에 맞설 수 있었다. 그러나 이는 완전한 유럽인이 되려는 고학력의 도시 중산층의 열망과는 직접적으로 대치되는 것이었다. 더 나아가, 에르도안은 문화적으로 근본주의자(integrist)가 되는 한편, 상당한 경제적 성공으로 경제 세계화와 신자유주의 정책들을 수용했다. 또한 그는 세계 정치 무대에서 이슬람 세계와 서구 세계 사이의 정치적 가교 역할을 자처하기도 했다.

이것이 바로 게지 공원 시위가 환경보호주의와 투기적 개발주의 사이의 충돌, 그 이상이 된 이유였다. 게지 공원 시위는 공공장소에 대한 시민의 권리와, 문화적 삶을 제한하고 전통적인 가족생활 양식으로 이를 굴복시키려는 보수적인 정책, 예를 들어 여자는 최소 세 명의 아이를 출산해야 하고, 낙태를 엄격하게 금지하며, 일상생활에서 베일을 착용해야 하고, 공공장소 이용을 규제하고, 통행금지를 시행하는 것들 사이의 모순을 상징하는 도시공간을 둘러싼 싸움이었다. 이런 문화적 충돌은 게지 공원에서 공개적인 대립이 일어나기 오래전부터 소셜 네트워크에서 일어나기 시작했다. 이는 청년 단체, 정치 활동가, 예술인, 음악인, 생태운동가, 여성 단체, 동성애 단체 그리고 반자본주의 운동들이 점점 억압적이고 문화적으로 보수적인 정통 이슬람 정당에 대항해 그들의 활동을 논의하고 조율함으로써 시작된 자발적인 논의에서 발생했다. 다른 맥락에서, 소셜 네트워크에 관한 논의는 도시공간으로 이동했는데, 즉 게지 공원이 자율적인 도시 생활의 상징적인 장소가 되는 것을 의미한다. 새로운 터키 사회의 가장 근본적인 충돌은 현대 사회운동의 측면에서 발생했는데, 낡고 억압적인 국가와 신(神)의 세력과 맞서기 위해, 자율적인 소셜 네트워크가 자율적인 도시공간을 건설하고 현재 세계 자본주의 속에서 네트워크를 통합함으로써 강화되었다.

개발 모델에 대한 도전과 정치 부패를 향한 규탄: 2013~2014년 브라질

2013년, 그리고 그 정도는 덜해졌지만 2014년에 브라질은 네트워크된 사회운동의 선두에 있었다(Branco, 2014a, 2014b). 2013년 1월, 특정 지역의 시위로 시작된 이러한 운동들의 영향은 세계에서 가장 역동적이고 중요한 국가 가운데 하나인 브라질에서 대중 논의와 정치 지형을 변모시켰다. 이 사례에서 시위가 최초로 초점을 맞춘 것은 도시 대중교통이었다.

모든 개발도상국과 마찬가지로 브라질의 지형은 대도시화의 거대한 파도에 의해 변모되었는데, 인구의 82%가 도시에 거주하고 있고, 국가의 신경 중추를 이루는 거대 도시 지역 가운데 인구 1800만의 상파울루는 가장 큰 도시이면서 삶의 질 측면에서 가장 문제가 많은 도시이다. 브라질은 2014년의 경기침체에도 지난 20년 동안 경제성장 가도를 달려왔고, 빈곤이 상당 수준 감소한 동시에 교육과 건강 부문에서도 큰 개선을 이뤘다. 그러나 이러한 대도시의 생활 여건은 환경과 주거, 도시 시설, 대중교통 측면에서는 사실상 더욱 악화되었다. 부동산, 도시 기반시설 산업과의 사사로운 결탁과 정치 후원에 기반을 둔 부패한 지방정부는 도시 거주자들의 삶의 질을 담보로 건설사와 운송회사의 이익을 따르는 투기적인 토지 개발 형태에 굴복했다. 통근하는 데 일반적으로 하루 평균 서너 시간이 들었다. 생계를 위한 시간이 투기자들의 이익과 무책임한 관료들의 안일함 때문에 허비된 것이다. 비효율성에서 비롯된 비용 증가에 대한 대중교통회사들의 유일한 대응은 독점적 시장 지위를 이용해 힘없는 이용자들에게 요금을 올려 받는 것이었다. 2012년 말, 대중교통회사들이 새롭게 요금을 인상하는 과정에서 부정을 저지른 사실이 밝혀졌고, 2013년 1월 1일 포르투알레그리(Porto Alegre)에서 수백 명이 참여한 가운데 요금 인상에 항의하는 시위가 벌어졌다.

포르투알레그리는 현 사회 변화에서 상징적인 도시이다. 진보 성향의 올리비우 두트라(Olivio Dutra) 시장은 예산 결정 협의 과정을 포함한 대담한 시민 참여 조치를 시행했다. 그는 뒤에 리우그란데두술(Rio Grande do Sul)의 주지사로 선출되어 1999년부터 2003년까지 행정을 이끌었다. 주 정부에 인터넷을 활용한 참여 제도를 확대한 타르주 젠후(Tarso Genro)는 두트라의 시장과 주지사직 모두를 승계했다. 포르투알레그리는 다보스(Davos)에서 열리는 세계경제포럼(World Economic Forum)의 대안으로 조직된 글로벌 회합인 세계사회포럼(World Social Forum)의 첫 세 차례 회의가 열린 곳이기도 하다. 따라서 자연스럽게, 2013년에는 새로운 대중교통 봉쇄투쟁(Block of Struggles for Public Transportation)이 이곳에서 결성되었다. 이 운동은 곧바로 다른 지역으로 퍼졌고, 특히 아마존, 리우그란데두노르테(Rio Grande do Norte), 바이아(Bahia) 등으로 확대되었다.

2013년 2월과 5월 사이, 소셜 네트워크에 올라온 요청에 따라, 수천 명이 교통요금 인상에 반대해 여러 도시에서 시위를 벌였다. 남미 대륙의 경제와 지식의 주요 중심지인 상파울루에서 2013년 6월 3일, 대규모 시위가 발생했다. 대중교통 무료 이용 운동(Movement for Free Pass, 포르투갈어로 Movimento de Passe Livre, 줄여서 MPL)으로 시작된 대중교통 운동은 정확히 2005년 포르투알레그리의 세계사회포럼 회의에서 발생되어 상파울루로 확대되었다. 한 판사가 지역 당국이 지시한 요금 인상을 무효화한 뒤 MPL, 어나니머스, 닌자(Ninja: 브라질의 독립 언론)가 인터넷에서 결성한 조직 시위가 6월 6일, 전국에서 일어났다. 상파울루에서는 2만 명의 시위대가 대중교통 무료 이용을 요구하며 주요 거리를 봉쇄했다. 주립 경찰과 지방 경찰의 폭력적인 탄압이 있었고, 일부 시위대는 똑같은 방법으로 이에 대응했다. 이 시위는 6월 13일 상파울루 중심지에 방어벽이 세워져 극적인 대치 상황으로 치달을 때까지 며칠 동안 계속되었다.

이와 관련해, 2014년 월드컵 준비 과정에서 축구 경기장 건설과 연계된 부패와 비용 낭비에 관한 새로운 문제가 시위의 핵심으로 떠올랐다. 지우마 호세프 대통령이 참석한 브라질리아의 새로운 경기장 준공식이 열린 6월 15일이 결정적인 날이었다. 새로운 폭력 충돌이 뒤이어 일어났고, 국회 일부가 점거되었으며, 플라나우투(Planalto)의 상징적 건축물인 외교부 일대가 약탈당했다. 미디어가 이 운동에 관심을 가졌지만, 운동의 요구는 묵살하고 폭력적인 행위에만 초점을 맞추었다. 그러나 미디어의 관심으로 시위의 전반적인 원인들을 여론이 인지하게 되었고, 폭력을 비난하는 한편, 부패한 공기업과 건설 회사들의 이익을 위해 책임감 없이 경기장과 기간 시설에 막대한 비용을 쏟아붓는 것에 대한 비판에 대다수 여론이 지지를 보냈다. 축구를 사랑하는 브라질 사람들의 일반적인 이미지를 고려해볼 때, 자국의 월드컵 준비를 반대하는 시위는 상상할 수도 없는 일이었다. 그러나 "10개의 경기장을 병원 하나와 맞바꾸자"라는 슬로건은 시위의 표어가 되었다.

6월 말 즈음에 운동은 그 요구의 범위를 확대하면서 리우데자네이루를 필두로 100개의 도시로 확대되었다. 대중교통과 의료, 교육에 더 많은 공공 투자를 할 것을 요구하고, 지역 정치인들과 유착 기업들의 부패를 줄여달라고 연방정부에 호소했다. 시위의 인기와 기세가 오르자 일부 지방정부들이 대중교통 요금 인상을 취소했다. 그러나 운동은 중단되지 않았다. 실제로는 활동가들이 단지 20센트 인상을 이유로 그러한 혼란을 야기했다는 비난을 받게 되자, 그들은 "20센트에 관한 문제가 아니라, 우리의 권리에 관한 문제다"라고 맞받았다. 그것은 사실상 존중받고자 하는 외침이었고, 그들이 말한 것과 같이 존엄을 주장하기 위한 것이었다.

6월 20일에는 상파울루에서 150만 명이 참여한 대규모 시위가 일어났는데, 정부 행정과 정치인 일반에 드러난 정치 부패가 시위의 주요 표적이 되었다. 사건의 깜짝 놀랄 만한 반전은 지우마 호세프 대통령이 시위대의 손을 들어준 것이었다(물론 폭력에 대해서는 비난했다). 호세프 대통령은 공공서비스 요금의 수정을 약속했고, 요금 인상을 무효화할 것을 요청했으며, 대중교통과 도시 서비스, 의료, 교육에 대한 공공 지출을 대폭 늘리겠다고 발표했다. 더 나아가, 호세프 대통령은 6월과 9월의 유엔 총회 연설에서, 정치체제의 결함과 정실주의, 정당의 무책임, 그리고 정치인들이 장악한 국회를 건너뛰어 국민투표에 붙일 새로운 헌법의 필요성을 인정했다.

7월, 운동의 압력은 국회 내의 불법 행위에 대한 사법 통제 감독의 기소를 박탈하는 PEC 37(Proposta de Emenda Constitutional: 포르투갈어로 헌법 개정안을 의미)로 알려진 법의 폐지를 이끌어냈다. 그러나 브라질의 대규모 시위는 이후에도 반복해서 일어났다. 브라질의 독립기념일인 2013년 9월 7일에 브라질리아, 상파울루, 리우데자네이루, 포르투알레그리, 벨루오리존치, 그 밖의 여러 도시에서 수십만 명이 거리를 점거했다. 이때의 주요 표적은 정치인의 부패였는데, 국회에서 공금 횡령 혐의로 수감되었는데도 수감 중 급여 지급을 요구했던 동료 의원인 나탄 도나동(Natan Donadon)의 급여 유지 건을 표결한 것이 도화선이 되었다. 모든 도시의 시위대들이 자체적으로 지역의 부정부패 인사의 명단을 추가했는데, 여기에는 지하철 시스템 건설 과정에서 불법 거래 혐의를 받고 있는 상파울루의 주지사 제라우두 아우크밍(Geraldo Alckmin)도 포함되었다.

리우데자네이루에서는 판자촌에 사는 수백 명의 어머니가 특수경찰의 급습으로 아이들이 사라진 것에 항의하며 시위를 벌였다. 여론과 미디어, 그리고 정치인은, 대다수 여론이 거리와 소셜 네트워크에서 운동이 비판하는 바를 지지하는 것을 비롯해 시위의 인기와 그 강도에 놀랐고 충격을 받았다(일부 조사에 따르면 89%의 여론 지지율을 보였다). 호세프 대통령이 운동의 정당함을 이해하고 있었는데도, 여당인 노동당(PT)의 지도부를 포함한 모든 정당들이 다음 두 가지 사건에 이의를 제기하며 시위를 비난했다. 룰라 대통령이 '거리의 목소리'에 대한 긍정적인 응답을 요구하며 호세프 대통령과 합류한 것, 그리고 2010년 대통령 선거에서 녹색당(Green Party)을 이끈 생태보호운동가이자 활동가인 마리나 시우바(Marina Silva)와 그녀의 '지속가능성 네트워크(Sustainability Network)'가 2014년에 완전한 정치적 의미를 띤 움직임을 보이던 운동의 편에 선 것이 그것이다.

그러나 시위가 집권 노동당 정부에 도전하자, 2013년 9월, 시위는 거리보다 소셜 네트워크 안에서 더 많은, 상당한 규모의 보수 극우 집단의 존재를 목격했다. 예컨대, 소셜 네트워크에서 가장 눈에 띈 집단은 "독립기념일에 브라질 사상 가장 큰 시위"를 외친 보수파 상원의원 데모스테네스 토레스

(Demóstenes Torres)가 이끄는 '반부패운동(Movement Against Corruption)'이었다. 그는 언론에서 부패를 비난하면서 명성을 쌓았지만, 뇌물을 받는 장면이 경찰의 함정수사에 포착되어 결국에는 기소되었다. 어나니머스가 시위를 지원했지만, 브라질에는 7개의 어나니머스 단체가 경합하고 있었는데, 그들 가운데 일부는 경제단체들이 재정을 지원하는 극우 단체의 감시를 받았다. 그러나 순수하게 사회저항을 표현하는 여러 단체들은 시위를 사회 변화를 위해 그들의 요구를 주장하는 플랫폼으로 인식했다. 이는 특히 농업 개혁과 가족농장 보호를 위해 결성된 진보적인 가톨릭 운동인 '토지의 절규(Grito da Terra)' 같은 사례에서 그러했다.

요컨대, 브라질의 소셜 네트워크와 거리가 수많은 이들에게 저항의 장소가 되면서, 정치 질서에 대한 비판에서 덜 자발적이고 더 모호한 입장을 취하는 다면적인 운동으로 모든 형태의 사회적 요구와 이념적 분류, 정치적 과제가 모여들었다. 브라질 역사상 가장 진보적인 정부에 대한 우익의 반대는 정치 부패 반대와 새로운 형태의 참여민주주의를 위한 사회운동이 취한 입장과 어우러졌다.

사회저항의 이런 모순되는 특징은 2014년 6월 월드컵 개막을 앞둔 몇 주 동안 발생한 잇따른 저항의 국면에서 더 확실하게 드러났다. 일부 저항은 특히 상파울루 같은 여러 지역에서 경기장 건설을 위한 토지를 정지하는 과정에서 쫓겨난 도시 거주자들의 권리에 초점을 맞추었다. 연방정부는 그러한 요구를 받아들여 월드컵과 관련한 공적 행위로 피해를 본 모든 이에게 보상하는 작업에 착수했다. 다른 한편으로, 좌파 정부에 대한 반대를 끌어 모은 급진적인 무정부주의자와 보수 단체들은 월드컵의 실패를 장담하면서 월드컵 반대를 주도했다. 그러나 이 시기의 저항은 큰 규모가 아니었고, 주로 활동가들이 참여했다. 그들은 또한 급진적인 무정부주의자, 폭력조직의 일원, 선동가가 섞인, 블랙 블록(Black Bloc)의 폭력적인 분파와 자주 마주쳤다. 많은 경기가 경찰과의 폭력 충돌의 그림자 아래에서 진행되었는데, 여론은 이를 무시했다. 대다수 국민은 여전히 월드컵의 성공을 기원했고, 실제로 대회 행사를 지원했으며, 자국 팀의 성적이 저조했는데도 대회는 성공적이었다. 이처럼 사회저항은 대다수 브라질 사람들의 삶을 지배하는 정치·경제 시스템에 대한 심각한 불만을 여전히 보여주긴 했지만, 시위대는 브라질 국민 전체의 호응을 얻을 기회를 잃었다. 대통령 선거가 2014년 10월 5일로 다가오자, 운동의 많은 에너지가 대통령 후보들이 해결해야 할 문제들에 관한 대중 논의로 전달되었다. 그러한 논의는 운동이 한 해를 넘는 동안 소셜 네트워크에서의 끈질긴 캠페인과 거리시위로 내세웠던 요구 및 제안을 통해 확실하게 짜였다. 저항을 표현하는 두 가지 형태의 통합은 리우데자네이루에서 발생한 가장 큰 규모의 거리시위 가운데 하나를 주관했던 "우리는 소셜 네트워크다(We are the social networks)"라는 거대한 플래카드로 명확하게 나타났다. 즉, 소셜 네트워크는 사람들로 이루어졌고, 사람들은 인터넷 네트워킹 사이트에서 토론하고 브라질 도시들의 거리에서 행진하기도 했다.

브라질 운동의 목적과 관련해 두 가지 주제가 가장 중요하게 나타났다. 첫째는 정치인과 정치의 부패 그리고 민주주의 실제 기능에 대한 비판이 존재함에도 불구하고 여전히 대의민주주의를 수호하는 것, 둘째는 모든 이념 가운데 브라질의 정치·경제 엘리트들이 지난 20년 동안 수용했던 개발 모델에 도전하는 것이다. 사실 이것은 어떤 희생을 치르더라도 수백만의 사람들을 빈곤에서 끌어내기 위한 자원을 만들고, 도시 생활의 질이 떨어지는 것을 대가로 국민의 삶의 질을 개선하고자 하는 전통적인 성장 모델이다. 요구 사항이 자연스럽게 대부분 도시 교통이나 주거, 공공서비스(주로 교육과 의료 등)에 집중되는 것은, 제대로 된 삶을 살아가는 데 일자리와 소득만으로는 충분하지 않다는, 사람들 대부분의 인식을 보여준다. 이와 더불어, 운동으로부터의 비판은 전통적인 노동조합의 외부에서 표출되었고, 브라질의 역사적인 지도자 룰라 대통령의 인기에도 불구하고 좌파 노동당 정부를 포함한 모든 정당들을 향했다. 룰라와 호세프 대통령을 제외한 사실상 거의 모든 정치인은 운동을 민주주의에 대한 위협으로 여기며 극도로 비판적인 태도를 보였다. 따라서 2013년과 2014년 사이에 벌어진 브라질의 시위는 규제받지 않는 경제성장에 기반을 둔 개발 모델에 대한 도전과 브라질의 국가권력을 장악한 정치인들에 대한 반론으로 볼 수 있다. 이 운동에는 조직적인 리더십은 고사하고 정확한 프로그램도 없었지만, 참여민주주의의 실험과 다차원적인 삶의 질에 관한 연구에 근거해 다른 종류의 국가와 사회를 창조하려는 집단적인 열망을 명확하게 보여주었다.

신자유주의를 넘어서: 2011~2013년 칠레 학생운동

2011년과 2013년 사이 인터넷 소셜 네트워크에 뿌리를 두고 산티아고(Santiago)와 여러 도시들의 거리를 주기적으로 점거했던 의미 있는 칠레 학생운동에 관한 유사한 해석이 제시되었다. 칠레는 수십 년의 중도 좌파 정부 통치 뒤에 2010년 선출된 세바스티안 피녜라(Sebastián Piñera) 대통령의 보수적인 행정부 시기 동안, 남아메리카 전체를 통틀어 여전히 세계화와 자유화의 틀 속에서 가장 성공적인 경제성장 사례로 여겨진다. 하지만 대다수 칠레 사람들은 칠레의 경제 모델에 대해 상당히 비판적이었고, 교육과 의료, 연금, 환경의 질, 사회적 재분배 같은 문제에 관해서 정부의 더 많은 관심을 요구했다(Calderon and Castells, 2014). 칠레 학생운동은 처음에 공립대학 학비 축소와 재정 지원 획득, 그리고 열악한 사립대학에 대한 정부의 더욱 엄격한 통제를 요청하면서 결성되었으며, 무상 대학교육 및 의료와 주거, 교육의 전반적인 개선, 여성과 인디언 소수부족인 마푸체(Mapuche)의 권리 보호를 요구하는 것으로 확대되었다. 학생들은 또한 참여민주주의의 새로운 형태와 정치 부패에 대한 엄격한 통제를 요구하기도 했다. 사실 그들은 정당의 권력 독점에 기반을 둔 전통적인 민주주의의 정통성에 의문을 품었다. 그 요구가 광범위했기 때문에, 학생운동은 80%가 넘는 시민들의 변함없는 지지를 얻었고, 민주국가 칠레에서 사회 변화의 전조가 되었다.

칠레 학생운동은 자율적인 사회운동과 정치적 좌파 행동주의가 혼재된 특성을 보여준다. 이 운동의 카리스마 있는 지도자는 카밀라 바예호(Camila Vallejo)라는 학생인데, 공산당 당원이기도 했지만 민주적 집회의 결정을 존중했다. 이처럼 공산주의자들은 무정부주의자, 사회주의자, 학생 독립 단체와 같은 운동 내에서 공존했으며, 운동을 당파 정치에서 분리시키고자 모두가 주의를 기울였다. 2014년 중도 좌파이자 평생 사회주의자인 미첼 바첼레트(Michelle Bachelet) 후보는 선거운동에서, 임기 말까지 공립대학을 무상교육으로 전환하겠다는 공약을 포함해 학생운동의 요구사항을 대부분 명쾌하게 채택했고, 압도적 다수의 지지를 받아 칠레 대통령에 당선되었다. 그녀는 공약을 이행하기 위해 빠르게 움직였다. 게다가 바예호를 포함한 몇 명의 학생 지도자들이 다양한 정당의 이름으로 국회의원에 선출되었다. 이를 통해 칠레 학생운동은 전통적인 정당과 기성 정치인의 비판을 정면으로 받으면서도 정치시스템과의 직접적인 연계 가능성을 보여주었다. 이는 자신이 속한 사회당(Socialist Party)을 포함한 정당 보스들의 영향에서 자유롭다고 알려진 미첼 바첼레트 대통령의 리더십 덕분에 가능했다고 보인다. 자율적인 사회운동과 카리스마 있는 정치지도자 사이의 상징적인 연계는 민주주의 제도를 안에서부터 개혁할 수 있는 사회 변화의 모델을 제공한다. 그러나 운동의 자율성 구축은 애초에 소셜 네트워크의 자유 공간에서 일어났고, 민주주의 예상 형태를 실험하는 점거된 대학 현장의 총회와 거리시위에서도 표현되었다.

미디어-국가 복합체의 실패: 멕시코의 '나는 132번째다' 운동

멕시코의 '나는 132번째다(#YoSoy132)' 운동은 네트워크된 사회운동의 가장 흥미로운 사례 가운데 하나이다. 왜냐하면 이 운동이 대부분의 사회에서 정치권력은 통제된다는 것의 본보기로서 주류 대중매체와 제도정치 사이의 연계를 직접적으로 다루기 때문이다. 멕시코는 두 개의 텔레비전 방송사〔텔레비자(Televisa)와 아즈테카 텔레비전(Television Azteca)〕가 시장을 지배하는 복점체제로 명확하게 구분되어 있으며, 두 방송사 모두 시장 지배 사업자의 이익과 정치엘리트들과 직접적으로 연계되어 있다. 다른 한편으로, 크게 두 개의 정당이 (합법적 또는 불법적 과정을 통해) 멕시코를 움직이고 있는데, 70년 동안 멕시코 정치를 지배한 제도혁명당(Revolutionary Institutional Party: PRI)과 최근까지 대권을 잡은 국민행동당(Conservative Partido de Acción Nacional: PAN)이 그들이다. 진보 성향의 민주혁명당(Partido Revolucionario Democrático: PRD)은 멕시코시티를 비롯한 일부 지역과 주 정부에서 의석을 차지했지만, 노골적인 선거 부정 때문에 이따금씩 국가권력에서 밀려났다. 따라서 정당과 텔레비전 방송사의 복점체제와 그들의 관계는 멕시코의 정치권력시스템의 핵심을 이룬다. 즉, 우연한 환경에 의해 자발적인 '나는 132번째다' 운동이 일어나 저항하게 된 것이다.

이 운동에 대한 간략한 묘사는 그 중요성을 이해하는 데 도움이 될 것이다(Monterde and Aragon, 2014). 멕시코의 대통령 선거운동 기간 중인, 2012년 5월 11일, 제도혁명당 후보인 엔리케 페냐 니에토(Enrique Peña Nieto)는 멕시코시티의 예수회 소속 주요 대학교인 이베로아메리카나 대학교(Universidad Iberoamericana)의 커뮤니케이션 학부 학생들이 주최한 행사에 패널로 참석했다. 이 자리에서 일부 학생들이 그가 멕시코 주 주지사로 재임 중일 때 발생한 아텐코(Atenco) 주민들에 대한 경찰의 잔인한 폭력을 들어 그를 비난했다. 페냐 니에토 후보가 자신의 정책을 옹호하자 객석에서 학생들 대부분이 그에게 야유를 보내기 시작했다. 그는 화장실로 대피했고, 수백 명의 청년들이 부패한 제도혁명당의 정책을 반대하는 시위를 벌이고 있는 와중에 전담 경호원의 호위를 받아 학교를 떠났다. 학생들이 현장을 촬영해서 바로 소셜 네트워크에 올렸고, 영상은 널리 유포되었다. 텔레비전 방송사와 제도 혁명당 지도부는 이 시위를 정치적 음모로 치부하며 시위대들이 사실 대학 생도 아니며, 대학생은 시위대의 소수일 뿐이라고 주장했다. 이런 성명에 대응해 131명의 이베로아메리카나 대학생들이 그들의 실명을 밝히고 학생증을 공개하며, 정치적으로 어디에도 소속되어 있지 않음을 밝히는 영상을 제작해 유튜브에 공개했다. 몇 시간도 지나지 않아, 2만 명의 유튜브 이용자들이 이 영상을 전달했다. 학생들을 지지하는 시위는, 시위를 처음에 시작한 131명 다음에 자신을 더한 의미의 해시태그인 #YoSoy132를 달면서 소셜 네트워크에서 자발적으로 시작되었다. 다른 시위와 마찬가지로 이 시위도 이즈음 소셜 네트워크에서 멕시코시티의 거리로 옮겨졌다. 2012년 5월 19일에는 3만 명이 페냐 니에토에게 항의하면서 소칼로(Zocalo: 도시의 중심 광장)로 행진했다. 5월 30일에 '나는 132번째다'는 멕시코의 중심 대학교인 멕시코 국립대학교(Universidad Nacional Autónoma de México)에서 첫 번째 총회를 주최했다. 15명의 패널들이 교육에서부터 유전자 변형 식품에 이르기까지 새로운 정책을 제안하고 논의했으며, 신자유주의에 맞설 전략을 짜기도 했다. 그러나 운동의 주요 요구사항은 국영 텔레비전 방송사들의 조작에 항의하며 표현의 자유를 되찾는 것이었다.

이후에 이 운동은 선거운동에 참여하기로 결정했고, 주요 대통령 후보들 사이의 토론을 주최했다. 다른 모든 후보가 초청되어 참석했지만, 페냐 니에토만 불명예스럽게 제외되었다. 이 운동은 정치 노선을 뛰어넘는 발언과 참여를 요구하는 독립적인 청년들의 플랫폼으로 스스로 자리매김했다. 7월에 이 운동은 선거운동과 선거 자체에서 일부 부정행위들을 추적한 폭로 영상을 공개했다.

결과적으로는 페냐 니에토가 멕시코 대통령으로 당선되었다. 새로운 운동이 멕시코 전역에 걸쳐 있는 후원 세력과 미디어 공세를 되돌리기에는 제도혁명당 주변 이권들의 연합이 너무나 막강했던 것이다. 그러나 오랫동안 멕시코를 통치했던 부패한 엘리트들에 반대하는 것과 같은 변화가 멕시코 청년들의 마음속에서 일어났다. 게다가 정보의 독점도 깨졌다. 텔레비전은 더 이상 멕시코의 현실을 보도하는 유일한 소식통이 아니었다. 이 운동은 제도혁명당의 확고한 포퓰리스트 조직의 대안을 구축할 방법을 찾으면서, 커뮤니케이션의 자율성을 확립했고, 특히 진보 성향의 민주혁명당에서 정치시스템의 커뮤니케이션 자율성 부분에 영향을 주었다. 2014년 멕시코 전역에 걸쳐 '나는 132번째다' 운동에서 비롯된 단체가 출현했고, 모든 범위의 지역 사례에서 정당한 사유를 주장했다. 수천 명의 마음속에 변화의 씨앗이 심겨졌고, 소셜 네트워크에서 지속적으로 논의에 영감을 불어넣었다. 이러한 씨앗은 네트워크된 사회운동을 특징짓는 뿌리줄기 방식(rhizomatic logic)을 따라 날마다 자라났다.

2014년 9월, 게레로 주에 있는 지방 학교의 학생들이 마약 밀매업자들과 결탁한 지방 경찰들에게 납치되거나 살해되자, 수십만 명의 멕시코 국민들이 모든 분야의 정부 당국과 범죄 조직 사이의 공모를 비난하며 10월과 11월에 거리로 몰려나왔다. 이러한 사회운동의 결과로, 대다수 멕시코 사회가 멕시코 정부의 정통성을 부정하는 것과 같은 중대한 변화가 대중의 마음속에 일어나게 되었다(2014년 11월, 78%의 멕시코 국민들이 정당이나 정부를 신뢰하지 않았다). 또다시 네트워크된 사회운동은 의식을 키우는 매개체가 되었고, 이에 따라 사회 및 정치 변화를 위한 여건을 조성하고 있다.

네트워크된 사회운동과 사회저항

세계 곳곳의 다양한 사회운동의 현장에서 유사한 보고들이 들어왔는데, 그 가운데 일부는 그 지역 밖으로는 잘 알려지지 않았다. 왜냐하면 새로운 형태의 사회저항에 대한 대중매체의 의도적인 불명확성 때문이었다. 그러나 이와 관련한 나의 분석적 목표는 상당히 다양한 맥락과 광범위한 동원 안에서 공통적인 형태를 지닌 사회동원의 등장을 보여주는 것이다. 과정으로서 그리고 새로운 사회정치 프로젝트로서의 공통적인 형태를 다음 장에서 규명하도록 노력할 것이다. 그러나 현시대의 모든 사회저항이 이런 새로운 형태의 사회운동을 표현하는 것은 아니라는 점을 염두에 두어야 한다. 사회저항이 소셜 네트워크를 활용하고 거리시위를 통해 궁극적으로 사회질서를 붕괴시킨다 해도, 사실 거의 대부분이 새로운 형태의 사회운동을 표현하는 것은 아니다. 전통적인 정치 혹은 모든 종류의 봉기도 소셜 네트워크에서 일어나기도 한다. 그러나 이것이 네트워크된 사회운동을 만들지는 않는다. 딱 들어맞는 사례가 중국이다. 중국 정부의 데이터에 따르면, 엄격한 통제가 이뤄지는 국가라는 서구의 이미지와는 반대로 2010년에 10만 건이 넘는 무질서한 시위들이 있었는데, 이는 1만 건 미만이던 10년 전보다 증가된 수치이며, 그 가운데 많은 시위가 폭력적이었다(Hsing, 2014). 다른 자료에서는 이 수치를 18만 건으로 표기하고 있다. 그러나 공간과 시간이 제한된 몇몇 동원을 제외하고는, 이러한 역동성을 통해 형성된 자율적인 사회운동의 사례는 거의 없다. 이는 대의민주주의 권리를 주장하면서 베이징의 통제에 도전한, 진정한 의미에서 자율적이고 네트워크된 사회운동인 2014년 9월과 10월의 홍콩우산 혁명과 대조를 이룬다(Fang, 2014). 따라서 사회동원과 정치운동이 폭넓게 소셜 네트워크를 활용한다 해도 그것들이 네트워크된 사회운동과 다르다면, 네트워크 사회에서 사회 변화의 매개체를 만드는 사회운동의 구체적인 요소는 무엇일까? 이제 이에 관해서 분석해볼 차례이다.

8 　네트워크 사회 속에서 변모하는 세상

우리는 두려움의 벽을 허물었다

당신들은 우리 집의 벽을 허물었다

우리는 우리의 가정을 다시 일으킬 것이다

그러나 당신들은 결코 두려움의 벽을 세우지 못할 것이다

— @souriastrong(Rawia Alhoussaini)의 트윗

역사에서 사회운동은 지속적으로 사회 변화의 지렛대가 되어왔으며, 지금도 여전히 그렇다.[1] 사회운동은 보통 일상적인 삶을 견디기 어렵게 만드는 생활조건의 위기에서 비롯되며, 사회를 관장하는 정치제도에 대한 깊은 불신에서 촉발된다. 삶의 물질적 조건의 악화와 국정을 관할하는 통치자의 정통성 위기가 복합된 상황은, 사람들이 규정된 제도적 경로 밖에서 집단행동을 통해 문제를 다루고 요구사항을 내걸며, 결국 통치자를 교체하고 심지어 삶을 형성하는 규칙까지 바꾸도록 유도한다. 그러나 이것은 위험한 행위이다. 사회질서의 유지와 정치제도의 안정이라는 것은, 필요하다면 위협과 (최후의 수단인) 공권력에 의해 작동하는 권력관계를 의미하기 때문이다.

역사적 경험과 이 책에서 분석한 운동들에 대한 관찰에 따르면, 사회운동은 몇몇 의미 있는 사건에서 생겨난 감정으로 촉발된다. 그 감정은 저항 행위에 내재된 위험에도 불구하고 시위대가 두려움을 극복하고 권력에 도전하는 데 일조한다. 최근의 사회신경과학 연구에 따르면, 사회 변화는 사실 모든 인간 행위와 마찬가지로, 감정적으로 동기가 부여된 개인 그리고/또는 집단의 행동을 포함한다(Damasio, 2009). 정치 커뮤니케이션 분야의 감정지능 이론에서는 인간의 여섯 가지 기본 감정이 두려움, 혐오, 놀람, 슬픔, 기쁨, 분노(Ekman, 1973)라는 신경과학자들의 규정을 받아들여, 사회운동의 도화선은 분노이며 억제 인자는 두려움이라고 주장한다(Neuman et al., 2007).

분노는 부당한 행위에 대한 인식과 그 행위에 책임이 있는 행위자에 대한 확인과 함께 커진다. 두려움은 위험 회피와 연관된 걱정을 불러일으키지만, 의사소통 행위 과정을 통한 공유와 다른 사람과의 동일시를 통해 극복된다. 그 뒤에 분노가 위험을 감수하는 행동을 이끄는 역할을 인계받는다. 집단행동과 변화를 유도하는 의사소통 행위 과정이 이루어지면 가장 강한 긍정의 감정인 열정이 확산된다. 열정은 목적이 있는 사회동원에 힘을 실어준다. 네트워크된 열정적인 개인들은 두려움을 극복하고 의식 있는 공동 행위자로 변모한다. 그러므로 의사소통 행위에서 비롯된 사회 변화는 커뮤니케이션 네트워크를 거쳐 커뮤니케이션 환경에서 발생한 신호에 자극받은 인간의 두뇌 신경 네트워크 간의 연결을 포함한다. 이러한 커뮤니케이션 네트워크의 기술과 형태는 동원 과정을 형성하고, 이에 따라 과정이자 결과로서의 사회 변화를 만들어낸다(Toret, 2014).

최근 큰 규모의 커뮤니케이션은 심오한 기술적·조직적 전환을 겪었다. 이런 변화는 쌍방향의 수평적 네트워크, 인터넷상의 다각적 커뮤니케이션, 나아가 무선통신 네트워크로 어디에나 커뮤니케이션 플랫폼이 퍼져 있는 현 상황에 기반을 둔, 내가 '매스 셀프커뮤니케이션'이라고 이름 붙인 것의 등장과 함께 이루어졌다(Castells, 2009; Castells et al., 2006; Hussain and Howard,

2012; Shirky, 2008; Nahon and Hemsley, 2013). 이것은 새로운 맥락, 새로운 사회구조인 네트워크 사회의 핵심이며, 여기에서 21세기 사회운동이 형성된다.

이 책에서 연구하는 운동, 그리고 세계에서 일어난 이와 유사한 사회운동들은 구조적인 경제위기와 정통성 위기의 심화에서 비롯되었다(부록 3 참조). 2008년부터 세계 정보자본주의의 근간을 흔들었던 금융위기는 유럽과 미국의 번영에 의문을 제기했다. 금융 붕괴로 정부, 국가, 주요 기업들이 위협받았고, 수십 년 동안 사회 안정을 구가했던 복지국가들이 크게 움츠러들었다(Castells et al., 2012; Engelen et al., 2011). 세계 식량위기는 아랍 국가들에서 국민의 생계에 영향을 미쳤다. 생필품, 특히 빵의 가격은 쥐꼬리만 한 수입의 대부분을 식량을 사는 데 소비하는 국민들이 감당할 수 있는 수준을 넘어섰다. 희망도 믿음도 없이 경제위기에 고통받는 사람들에게 곳곳에 만연한 사회적 불평등은 참을 수 없는 것이 되었다. 사회적·정치적 분노가 폭발하기 일보 직전이었다. 그러나 사회운동은 단지 빈곤이나 정치적 절망으로부터 일어나지 않는다. 사회운동은 노골적인 불평등에 대한 분노와 다른 지역에서 일어난 봉기의 성공이 보여준 변화 가능성에 대한 희망, 즉 감정의 동원을 요구한다. 각각의 봉기는 인터넷에서 이미지와 메시지를 주고받으면서 그다음에 일어날 봉기에 영향을 미친다. 이 운동들이 일어난 맥락은 서로 확연히 다르지만, 확실한 공통점이 있다. 바로 인터넷 시대의 사회운동의 형성이라는 점이다.

네트워크된 사회운동: 새로운 형태인가

최근에 전 세계에서 발생한 여러 운동뿐만 아니라,[2] 이 책에서 다루는 사회운동은 여러 가지 공통적인 특성을 보여준다.

그 운동들은 다양한 형태로 네트워크된다. 인터넷과 이동통신 네트워크 활용은 필수적이지만, 네트워킹 형태는 다양하다. 기존의 사회적 네트워크와 운동의 활동 단계에서 형성된 네트워크 그리고 온·오프라인의 네트워크가 모두 포함된다. 네트워크들은 세계의 다른 운동과 인터넷 블로고스피어(blogosphere),* 언론, 사회 전체와 함께 운동 안에 있다. 네트워킹 기술은 운동의 형태를 바꾸는 지속적이고 광범위한 네트워킹 행위의 플랫폼을 제공한다는 점에서 유의미하다. 대개 이 운동들은 점거와 거리시위를 통해 도심 공간에서 자리를 잡았지만, 그것이 계속 진행 중이라는 존재감은 자유로운 인터넷 공간에서 피어난다. 또한 이 운동은 네트워크들의 네트워크이기 때문에, 인식할 수 있는 중심이 없고, 많은 연결점 사이의 상호작용에 의한 협의와 조정 기능을 보장할 뿐이다. 그러므로 공식 지도부, 지휘 통제 센터, 또는 정보나 지시를 전달하는 수직적인 조직을 필요로 하지 않는다. 이 운동들이 정해진 틀 없이 국민의 참여 정도에 따라 늘 스스로를 재구성하는 개방 네트워크라는 점을 고려하면, 운동의 탈중심적 구조가 참여 기회를 극대화한다는 것을 알 수 있다. 이는 또한 탄압의 위협에 대한 운동의 취약점을 완화시킨다. 점거장소 외에는 구체적인 탄압 대상이 없고, 공동 목표와 공유 가치로 느슨하게 연결된 운동에 충분한 참가자들이 있는 한, 네트워크가 스스로를 개선할 수 있기 때문이다. 이 운동의 생활양식인 네트워킹은 운동의 적대세력과 운동 내부의 관료화 및 조작에 대항해서 운동을 보호한다.

이러한 운동은 보통 인터넷 소셜 네트워크상에서 시작되지만, 광장을 점거하거나 거리시위를 지속하며 **도심공간을 점거함으로써 하나의 운동이 된다.** 운동의 공간은 인터넷 및 무선통신 네트워크상의 흐름의 공간과 저항의 타깃인 상징적인 건물 및 점거 현장이라는 장소의 공간 사이에서 벌어지는 상호작용으로 만들어진다. 사이버공간과 도심의 이러한 접목은 내가 '자율

---

* [옮긴이] 블로고스피어란 블로그를 통해 연결된 네트워크 공간을 의미한다.

공간(the space of autonomy)'이라 부르는 제3의 공간을 구성한다. 자율성은 자유로운 커뮤니케이션 네트워크 공간에서의 조직 역량만으로 보장될 수 있고, 동시에 시민을 위한 도시공간을 되찾아 제도 질서에 도전함으로써 변혁의 힘으로 작용할 수도 있다. 저항 없는 자율성은 후퇴한다. 흐름의 공간에 자율성의 영구적 기반이 없는 저항은 연속성 없는 행동주의와 마찬가지이다. **자율공간은 네트워크된 사회운동의 새로운 공간 형태이다.**

이 운동들은 지역적인 동시에 글로벌하다. 구체적인 맥락과 자체적인 이유로 시작된 운동은 독자적인 네트워크를 구축하며, 도심을 점거하고 인터넷 네트워크와 연결해 운동의 공공공간을 형성한다. 그러나 운동은 전 세계와 연결되어 있고, 다른 경험들에서 배우며, 자신의 운동 동원에 활용하려고 이 경험들에서 영감을 얻기도 한다는 점에서는 글로벌하다. 더 나아가 이 운동은 인터넷에서 범세계적인 논의를 지속하며, 때로는 각 지역의 네트워크에서 같은 시각에 글로벌 시위를 함께하자고 촉구하기도 한다. 한편, 이 운동은 대체로 뒤얽힌 인간(humanity)의 문제와 이슈에 대한 예리한 인식을 드러내며, 구체적인 정체성에 발 딛고 있으면서도 범세계적 문화(cosmopolitan culture) 성향을 띤다. 또한 글로벌 개인 네트워킹과 지역적 공동 정체성 (communal identity) 사이의 현재의 분열을 일정 정도 대체하는 모습도 보여준다.

역사에서 일어난 여러 사회운동처럼, 이 운동은 **시간을 뛰어넘는 시간** (timeless time)이라는 초월적 시간 형태를 스스로 만들어냈다. 이는 서로 다른 두 가지 유형의 경험이 조합된 것이다. 한편으로, 사람들은 점거지에서 언제 퇴거당할지 모른 채 마치 그들의 꿈인 대안적 사회가 가능한 것처럼, 운동의 시간에는 끝이 없는 것처럼, 그리고 시간순으로 제한되던 이전의 일상에서 해방된 것처럼 일상을 꾸리면서 지낸다. 다른 한편으로는, 운동의 실행 과정에서 출현한 공동체와 삶의 새로운 형태가 지닌 무한한 가능성을 이야기한다. 운동은 경험 면에서는 현재에 충실하며, 기대 면에서는 역사에 남을 미래의 시간을 계획한다. 이러한 두 가지 시간적(temporal) 행위 사이에서, 운동은 그것의 실존에 대해 크로노미터(chronometers)가 부과하는 부차적인 시간(the subservient clock time)을 거부한다. 인간의 시간은 단지 인간 행위 안에 존재하기 때문에, 이러한 이중의 '시간을 뛰어넘는 시간'이 공장 조립라인 노동자의 계측 시간이나 금융관료의 24시간보다 덜 사실적인 것도 아니다. 그것은 현재(now)와 긴 현재(long now) 사이에서 혼종된 대안적인 시간이다.

이 운동들은 **그 발생이 대체로 자연적이며, 보통 분노로써 촉발된다는 특징이 있다.** 분노는 구체적인 사건이나 통치자의 행동에 넌더리가 난 상황과 관련이 있다. 흐름의 공간에서 행동을 요구하면서 탄생한 모든 운동은 장소의 공간에 즉각적인 저항 공동체를 세우는 것을 목표로 한다. 행동을 촉구하는 소식통의 형식은 불특정 다수의 수신자에게 영향을 주는 메시지보다는 중요하지 않다. 수신자들의 감정은 메시지의 형태와 내용에 연결되기 때문이다. 이미지의 힘은 무엇보다 중요하다. 운동 초기에 유튜브는 아마 가장 강력한 동원 수단 중 하나였을 것이다. 특히 경찰과 용역이 무자비하게 탄압하는 모습을 담은 이미지들이 유의미했다.

한편, 인터넷 네트워크의 논리에 따라 **운동은 확산적**(viral)**이다**(Nahon and Hemsley, 2013). 이는 메시지 자체 — 특히 사람들을 동원하는 이미지 — 의 바이러스처럼 퍼지는 특성과 도처에서 일어난 운동들의 과시효과(demonstration effect) 때문이기도 하다. 우리는 한 국가에서 다른 국가로, 한 도시에서 다른 도시로, 한 기관에서 다른 기관으로의 바이러스적 현상(virality)을 관찰해왔다. 어딘가 다른 곳, 심지어 서로 다른 맥락과 문화를 가진 곳에서의 시위를 보고 듣는 것만으로 변화의 가능성에 대한 희망을 불러일으켰기 때문에 동원은 고무되었다.

자율공간에서의 숙의를 통해 분노는 희망으로 전환한다. 의사결정은 보통 집회와 집회에서 정한 위원회에서 이루어진다. 늘 그런 것은 아니지만, 사실상 이는 **지도부 없는 운동**을 의미한다. 지도자가 될 인물이 부족해서가 아니라 운동 참가자 대부분이 권력 위임 형태에 깊은 불신을 품고 있었기 때문이다. 운동에서 관찰된 이러한 특징은 운동의 이유 중 하나, 즉 평상시의 정치 경험에서 배신감을 느꼈고 조종당하고 있다고 생각한 유권자의 정치적 대표자에 대한 거부에 근거한다.

운동에 전적으로 투신한 일부 참가자가 다른 사람들보다 적극적이거나 영향력을 가지는 사례는 많다. 하지만 이러한 활동가들은 그들 스스로 중요한 결정을 내리지 않는다는 전제 아래 그 역할을 인정받고 있을 뿐이다. 운동의 일상 업무에서의 갈등이 분명 있는데도, 참가자들은 운동은 자치(self-government)를 통해 운용한다는 절대적인 원칙을 수용했다. 이는 운동에서 진정한 민주주의를 실행함으로써 그것의 미래 기반을 다지는 조직 절차이자 정치적 목표이다.

인터넷과 도심공간 모두에 있는 수평적·다중적 네트워크는 '**함께하기**'의 상황을 만들어낸다. 바로 이 '함께하기'를 통해서 두려움을 극복하고 희망을 찾기 때문에 이는 운동의 핵심 이슈이다. '함께하기'가 공동체를 의미하지는 않는다. 공동체는 일련의 공통 가치를 함축하지만, 이 운동에 참여하는 사람들은 각자의 동기와 목표를 가지기 때문이다. '함께하기'는 사람들이 운동을 실천하면서 잠재적 공통점을 찾는, 운동에서 진행 중인 작업이라 할 수 있다. 그러므로 공동체는 성취해야 할 목표이지만, "우리는 함께할 수 있어요(Juntas podemos)"라는 구호가 보여주듯이 '함께하기'는 역량강화의 근원이자 출발점이다. **수평적 네트워크는 공식 지도부의 필요성을 배제하면서 협력과 연대를 지지한다.** 따라서 경쟁과 냉소로 특징되는 정치문화 환경에 저항한다는 이유로 어떠한 공동 행동도 취하지 않는다면, 사실상 신뢰의 기반을 필요로 하는 협의와 의사결정은 그저 비효율적인 것이 되고 만다. 운동은 그들이 반대하는 사회적 가치의 파급에 맞서 스스로 해결책을 만든다. 목적으로 수단을 정당화하지 않으며, 수단이 변혁의 목표를 구현한다는 것은 이 운동들의 일관된 원칙이다.

이 운동들은 자기성찰적이다. 운동은 스스로 지속적으로 탐문한다. 그들은 운동으로서, 그리고 개인으로서, 그들이 누구인지, 하고자 하는 바와 성취하고자 하는 바 ─ 염원하는 사회와 민주주의의 모습 ─ 는 무엇인지, 그리고 많은 운동이 ─ 특히 자치와 주권의 정치적 위임 면에서 ─ 그들이 변혁시키려고 했던 시스템의 메커니즘을 스스로 답습함으로써 빠졌던 함정을 어떻게 피해야 하는지 자문한다. 이러한 자기성찰은 집회의 숙의 과정과 인터넷의 여러 토론장, 소셜 네트워크상의 무수히 많은 집단토론과 블로그에서 나타난다. 토론의 주요 주제 가운데 하나는 운동을 실행하면서 어디에서나 부딪히는 폭력에 관한 문제이다. 원칙적으로 **이 운동들은 비폭력 운동이다.** 운동은 평화적인 시민불복종 운동으로 이루어진다. 그러나 사람들은 제도적 통로에서 공정한 참여가 가능할 것으로 생각하지 않기 때문에, 반드시 정치기관 및 기업에 압력을 행사하기 위해 공공장소 점거 및 파괴 전술을 활용하기 마련이다. 따라서 제도적 맥락과 운동의 도전 강도에 따라 폭력의 수위가 달라지는 탄압은 집단행동의 전 과정에서 되풀이된다. 모든 운동의 목적이 전체 사회를 대신해서 목소리를 내는 것이기에, 운동의 평화적인 성격을 구조적 폭력과 나란히 배치함으로써 정당성을 유지하는 것이 중요하다. 모든 사례에서, 경찰이 폭력을 행사하는 모습은 시민들이 운동에 동조하도록 고무하고, 운동 자체를 다시 활성화했다.

한편, 개별적 혹은 집단적으로 자기방어의 본능을 억누르는 것은 어려운 일이다. 아랍의 민주화 운동이 극도의 군사적 폭력으로 학살이 반복되는 상황에 직면했을 때 특히 중요했다. 일부 민주화 운동은 결국 피비린내 나는 내전에서 경쟁 상대가 되었다. 자유민주주의 사회에서의 상황은 확실히 다르지만, 경찰이 폭력을 재량껏 휘두를 수 있을 뿐 아니라 폭력 행사에 대한 면책특권을 가진다는 사실은, 경찰의 폭력성을 알리기 위해 폭력으로라도 시스템에 대항할 준비가 된 작고 결연한 조직들에게 행동의 계기를 제공했다. 폭력은 극적이고 선택적인 장면을 미디어에 제공하며, 운동에서 터져 나온 비판을 가능한 한 재빨리 억누르고 싶은 정치인과 사회지도층의 계략에 이용되기도 한다. 폭력이 골치 아픈 문제인 이유는 이것이 단지 전술의 문제가 아니기 때문이다. 그것은 운동의 생성과 소멸을 정의하는 문제이다. 왜냐하면 운동의 실천과 담론이 사회 전반(the 99%)에서 공감대를 형성할 때에만 운동이 사회 변화를 일으킬 기회를 유지하기 때문이다(Lawrence and Karim, 2007).

독재정권을 끌어내리는 것과 같이 명확하고 단일한 이슈에 목표를 맞추는 것을 제외하면, **이 운동들은 거의 계획을 따르지 않는다.** 운동은 복합적인 요구들을 담고 있다. 모든 가능한 요구들은 자신의 삶의 조건을 결정하려는 열망이 있는 시민들에게서 나온다. 그러나 요구들은 다양하고 동기도 광범위하며, 운동에서의 합의나 '함께하기'는 구체적인 목표를 염두에 두고 설계된 프로그램을 이행하는 것이 아니라 즉석에서 이루어지는 숙의와 시위에 달려 있기 때문에, 운동은 어떤 조직이나 리더십도 공식화할 수 없다. 여기에는 광범위한 호소가 가능하다는 강점이 있지만, 성취하고자 하는 목표가 정의되지 않았을 때 어떻게 그것을 달성할 수 있을 것인지 등의 약점도 있다. 그런 이유로 운동은 한 가지 과업이나 계획에만 집중할 수 없다. 한편 별로 중요하지 않은 정치 행동으로 방향을 돌릴 수도 없다. 비록 정당이 운동이 일으킨 여론의 심경 변화에서 이득을 보기는 하지만, 누구에게서나 신뢰를 잃은 정당이 운동을 끌어당길 수는 없다. 이런 의미에서 이 운동들은 **사회의 가치 변화를 목표로 하는** 사회운동이며, 또한 선거 결과에 영향을 미치는 여론운동이라 할 수 있다. 이 운동들은 국가를 장악하는 것이 아니라 개혁하는 것을 목표로 한다. 비록 운동이 정치 마케팅을 위한 선택의 대상이 될지도 모르지만, 정당을 만들거나 정부를 지지하지는 않으며, 감정을 표출하고 토론을 활성화할 뿐이다.

그러나 이 운동들은 **기본적으로 상당히 정치적**이다. 특히 운동은 네트워크된 민주주의에 기반을 둔 직접민주주의와 숙의민주주의를 제안하고 실행한다. 운동은 지역공동체와 가상공동체의 상호작용에 기반을 둔 네트워크된 민주주의의 새로운 유토피아를 기획한다. 유토피아는 단지 환상이 아니다. 자유주의, 사회주의, 공산주의와 같은 정치체제에 뿌리를 둔 현대의 정치 이데올로기의 대부분은 유토피아에서 유래했다. 왜냐하면 유토피아는 사람들의 마음속에 자리 잡고 꿈을 불어넣음으로써, 또한 행동을 이끌고 반발을 일으킴으로써 물질적인 힘(material force)이 되기 때문이다. 이러한 네트워크된 사회운동들은 실행 과정에서 네트워크 사회 문화의 핵심인 새로운 유토피아, 즉 사회제도에 관한 자율적 주체의 유토피아를 제안한다. 사회가 기존의 제도로 구조적 위기를 극복하지 못한다면, 변화는 체제 밖에서 권력관계의 전환을 통해 일어난다. 권력관계의 전환은 사람들의 마음속에서 시작되며, 스스로를 새로운 역사의 주인공이라고 여기는 새로운 행위자들이 기획한 네트워크 형태로 발전한다. 그리고 모든 기술처럼 물질문화를 구현하는 인터넷은 자율성의 사회적 건설을 위한 특권화된 플랫폼이다.

인터넷과 자율 문화

이 책에서 줄곧 언급했듯이, 현재 네트워크된 사회운동에서 인터넷과 무선통신의 역할은 중대하다. 그러나 사회운동의 근간이 통신기술이라는 점을 부정하는 미디어와 학계의 무의미한 논의 때문에 네트워크된 사회운동들에 대한 이해는 명료하지 않았다. 이것만은 분명하다. 인터넷도, 그 어떤 다른 기술도 사회적 원인의 근원일 수는 없다. 사회운동은 특정 사회의 모순과 갈등에서 발생하며, 운동은 사람들의 분노와 그들의 다채로운 경험에서 기인한 기획이다. 그러나 지금의, 그리고 역사에서의 사회운동의 형성과 실행에서 커뮤니케이션의 중대한 역할을 강조하는 것은 필수적이다.[3] 왜냐하면 사람들은 서로를 연결하고, 분노를 공유하며, 함께함을 느끼고, 자신과 사회 전반을 위한 대안을 마련함으로써만 지배에 도전할 수 있기 때문이다.

사람들끼리의 연결에는 쌍방향 커뮤니케이션 네트워크가 활용된다. 또한 대규모 수평적 커뮤니케이션의 기본 형태는 인터넷과 무선통신망에 기반을 둔다. 대면적 커뮤니케이션과 도심 점거의 상호작용에서도 운동은 디지털 커뮤니케이션 네트워크를 통해서 살아 움직인다. 이 운동들이 존재하는 동안 디지털 커뮤니케이션 네트워크는 조직과 실행 면에서 필수적인 요소이다. 우리 시대의 네트워크된 사회운동은 대체로 집단행동에 대한 충분한 요소는 아니지만 필요한 요소인 인터넷에 기반을 두고 있다. 인터넷과 무선 플랫폼을 기반으로 하는 디지털 소셜 네트워크는 동원, 조직, 숙의, 조율, 판단을 위한 결정적인 수단이다. 그러나 인터넷의 역할은 수단에 그치지 않는다. 인터넷은 지도부 없는 운동의 생존, 숙의, 조율, 확대를 가능하게 하는 공동의 행동 양식을 위한 환경을 창출한다. 인터넷은 제도적 지배를 극복하려는 사회 변화의 대장정에서 운동 내부와 전체 사회와의 소통을 유지함으로써 그들의 해방된 물리적 공간을 탄압하려는 정권에 맞서 운동을 수호한다 (Juris, 2008).

그뿐만 아니라 인터넷과 네트워크된 사회운동 사이에는 좀 더 깊고 근본적인 연관이 있다. **이 둘은 특정 문화, 자율의 문화, 현대사회의 기본적인 문화적 기반을 공유한다.** 사람들의 고통에서 출현한 사회운동은 저항운동 (protest movement)과는 구분된다. 사회운동은 본질적으로 문화운동이며, 운동에는 현재의 요구와 내일에 대한 계획이 연결되어 있다. 그리고 우리가 관찰한 이 운동들은 사회제도에 관한 자율성을 단언함으로써 사람들을 자기 삶의 주체로 전환하는 근본적인 계획을 포함한다. 이것이, 운동이 국민 대다수가 겪고 있는 현재의 불행에 대한 개선 방안을 요구하면서 집단 행위자로서 현 제도를 신임하지 않고 새로운 사회계약을 찾음으로써 유쾌하고도 새로운 형태를 만드는 불확실한 길에 참여한 이유이다.

이러한 사회 변화 과정의 배경에는 우리 사회의 문화적 전환이 있다. 나는 다른 저서에서도 이러한 문화적 개혁의 중요한 특성이 개별화와 자율로 규정되는 일련의 새로운 가치의 출현을 의미한다고 서술했다. 이러한 새로운 가치는 1970년대 사회운동의 결과물이며, 이후 수십 년간 점점 확실하게 사회 전체에 스며들었다(Castells, 2009: 116~136). 개별화는 개인 행위를 지향하는 가장 중요한 원칙으로 그 또는 그녀의 활동을 강조하는 문화적 현상이다(Giddens, 1991; Beck, 1992). 개별화는 개인주의가 아니다. 왜냐하면 개별자들의 활동은 환경보존이나 공동체 건설과 같은 집단행동과 공유된 이상에 맞춰진 반면, 개인주의는 개인의 안락한 삶이 그 또는 그녀의 개인화된 활동의 궁극적인 목표라는 점에서 차이가 있기 때문이다.

자율의 개념은 개인 또는 집단 행위자 양쪽 모두와 관련이 있기 때문에 광범위하다. 자율은 사회행위자의 이해와 가치에 따라 사회제도와 관계없이 만들어진 계획들로 행동을 규정함으로써 하나의 주체가 되려는 사회행위자의 역량을 말한다. 개별화에서 자율로의 전환은 네트워킹을 통해 이루어지는데, 개별 행위자들은 그들이 선택한 네트워크에서 동질감을 느끼는 사람들과 함께 자율성을 만들어나간다. 나는 인터넷이 자유의 문화를 자율의 실천으로 변환하는 조직적인 커뮤니케이션 플랫폼을 제공한다고 생각한다. 인터넷 발전에 관한 역사 기록이 보여주듯이, 인터넷 기술은 자유의 문화를 구현하기 때문이다(Castells 2001).

인터넷은 어떠한 지휘본부의 통제도 견뎌낼 수 있는 탈중심화된 컴퓨터 통신 네트워크로, 과학자들과 해커들이 신중하게 고안한 것이다. 인터넷은 1970년대 대학 캠퍼스에 확산된 자유의 문화에서 출현했다(Markoff, 2006). 인터넷은 시작부터 오픈 소스 프로토콜(open source protocols)에 기반을 두었으며, 빈트 서프(Vint Cerf)와 로버트 칸(Robert Kahn)에 의해 TCP/IP 프로토콜이 개발되었다. 인터넷은 팀 버너스 리(Tim Berners-Lee)가 발명한 또 다른 오픈 소스 프로그램인 월드 와이드 웹(World Wide Web: WWW) 덕분에 대대적인 사용자 친화적 환경이 만들어졌다.

자율성 구축을 강조하는 맥락에서, 21세기의 처음 10년 동안 인터넷이 가져온 가장 중대한 사회 전환은, 인터넷에서 개인 및 기업의 상호작용 변화(예를 들어 이메일 사용)부터 인터넷 사용자에 의해 주도되고 통제되는 소셜 네트워크의 자율적인 구축까지였다. 인터넷이 불러온 변화는 광대역 통신(broadband), 소셜 소프트웨어의 발전과 인터넷 네트워크를 충족시키는 광범위한 분배시스템(distribution system)의 등장에서 비롯되었다. 더 나아가, 모든 사물과 사람을 뒤덮은 커뮤니케이션망으로서 무선통신은 디바이스, 데이터, 사람, 조직 등을 소셜 네트워킹의 저장소로 등장한 클라우드와 연결한다. 그런 의미에서 오늘날 인터넷에서 가장 중요한 활동들은 소셜 네트워킹 사이트(SNS)를 거친다. SNS는 개인적 친목이나 채팅뿐만 아니라 마케팅, 전자상거래, 교육, 문화적 창조성, 미디어와 엔터테인먼트의 유통, 의료서비스, 사회정치적 행동주의에 이르기까지 모든 활동을 위한 플랫폼이 되고 있다. SNS는 삶의 모든 차원을 연결하는 살아 있는 공간이다(Naughton, 2012). 이는 중요한 흐름이며, 공유의 문화를 조성하고 문화를 탈바꿈시킨다. SNS 사용자들은 시간과 공간을 초월하며, 콘텐츠를 생산하고 링크를 만들어 활동을 연결한다. 인간 경험의 모든 차원에는 지금 계속해서 네트워크되는 세상이 있다. 네트워크 안에 있는 사람들은 영속적이고 다양한 상호작용으로 공진화한다. SNS는 그룹을 나누는 구체적인 기준과 폭넓은 친목 네트워크를 토대로 사용자가 스스로 구축하며 사람들에 의해 범주화된다. 이는 다양한 수준의 프로파일링과 프라이버시를 가진 자유로운 커뮤니케이션 관련 기업가들이 제공한 플랫폼을 기반으로 한다. SNS 성공의 핵심은 익명성이 아니라, 그와 반대로 현실 속 사람과 접속하는 현실 속 사람의 자기표현이다. 또는 그와 반대로 실제 사람과 사람을 연결하는 자기표현이다. 사람들은 다른 사람과 함께 있기 위해, 그리고 그들이 함께 있고 싶은 사람과 함께 있기 위해 네트워크를 만드는데, 네트워크의 기준은 그들이 이미 알고 있거나 알고 싶은 사람들이다

(Castells, 2010). 그래서 SNS는 그 자체로 끊임없는 연결을 기반으로 하는 자가구축된(self-constructed) 네트워크 사회이다. 그러나 이것이 전적인 가상사회는 아니다. 가상 네트워크와 삶 속에 있는 네트워크 사이에는 밀접한 연관성이 있다. 우리 시대의 현실세계는 가상세계도 아니고, 오프라인 상호작용에서 온라인이 떨어져 나간 격리된 세계도 아닌 복합적인 세계이다(Wellman and Rainie, 2012). 또한 이러한 세계에서 네트워크된 사회운동은 사회성부터 분노, 희망 그리고 투쟁에 이르기까지 많은 것을 공유함으로써 그것의 자연발생적인 이행 과정에서 활기를 띠었다.

그러므로 사회 수준에서의 자유의 문화, 그리고 사회적 행위자 수준에서의 개별화와 자율의 문화는 인터넷 네트워크와 네트워크된 사회운동을 유도한다. 이 두 가지 발전 사이에서 시너지 효과가 발생한다. 나는 2002~2007년에 투벨라 등과 함께 수행했던 카탈루냐 인구 대표표본 조사의 결과로 다음과 같은 분석을 내놓았다(Castells and Tubella et al., 2005, 2007). 우리는 경험상 자율성에 대한 통계적으로 독립적인 여섯 가지 ─ 개인적, 직업적, 기업가적, 의사소통적, 신체적, 사회정치적 ─ 차원을 정의했다. 그리고 사람들이 자율성의 여섯 가지 차원 가운데 한 차원에서 자율적일수록 인터넷을 더 자주 집중적으로 사용한다는 것을 발견했다. 또한 시간이 지나 인터넷을 많이 사용할수록 자율성의 정도 역시 더 증가한다는 것을 알았다. 여기에는 정말 자유를 위한 기술과 지배의 틀에서 해방되고 싶은 마음 사이의 선순환이 존재한다.

이러한 발견은 미시간 대학교의 세계가치조사(World Values Survey)에서 얻은 글로벌 데이터에 근거해 사회학자 마이클 윌모트(Michael Willmott)가 주도한 2010년의 분석과도 인지적 일관성이 있다. 그는 2005~2007년에 조사된 3만 5000명의 응답을 토대로 분석했다. 이 연구는 인터넷 사용이 사람들에게 안전, 개인적 자유, 영향력의 감정을 증가시켜 사람들의 역량을 증대시키며, 이런 감정들은 개인적 안녕에 긍정적인 효과를 준다고 밝혔다. 이 효과는 특히 저소득층, 특별한 능력이 없는 사람, 개발도상국가의 국민, 그리고 여성에게 긍정적으로 작용했다. 역량강화, 자율성 그리고 향상된 사회성은 인터넷에서의 빈번한 네트워킹 행위와 밀접한 연관이 있는 것으로 보인다.

역사 속의 모든 사회운동처럼 네트워크된 사회운동은 그 사회의 특징을 나타낸다. 네트워크된 사회운동은 대체로 현실적 가상(real virtuality)의 복합 세계에서 디지털 기술을 익숙하게 여기는 개인들로 이루어진다. 또한 이 사회운동의 가치와 목적, 조직 양식은 이제 막 시작한 젊은 세기의 젊은 세대를 특징으로 하는 자율 문화를 의미한다. 네트워크된 사회운동은 인터넷 없이는 존재할 수 없으며, 그 중요성은 더욱 커지고 있다. 네트워크된 사회운동은 네트워크 사회에서 변화를 이끄는 역할에 적합하며, 이는 사회구조로부터 물려받아 오랜 세월에 걸쳐 교체되어온 한물간 정치제도와는 크게 대비된다.

네트워크된 사회운동과 정치 개혁: 이루어질 수 없는 사랑?

대부분의 관찰자들이 볼 때 사회운동이 사회 일반에 미치는 영향은, 정치 행위자들에 의해 형성되고 통제된 사회제도를 통해 운동의 가치와 요구사항들이 처리되는 것을 요구한다. 그러나 이러한 운동들의 과제는 정치엘리트의 정통성을 부정하고 금융엘리트들에게 복종하는 그들을 비판하는 것이기 때문에, 대부분의 정부가 이 가치들을 진정으로 수용할 여지는 별로 없어 보인다. 주로 미국에 초점을 맞춘 사회운동의 정치적 영향에 관한 경험연구를 종합적으로 검토한 내용을 보면, 한편으로는 과거의 대규모 사회운동들이 여러 방면, 특히 정책 의제 설정에의 기여 등에서 정치적으로 영향력이 있었음을 알 수 있다. 다른 한편으로, "운동의 영향력에 대해, 정부 관계자들은 운동을 새로운 선거 연합을 증강 또는 결속시키며, 정부기관의 임무 수행을 지원하거나, 여론의 지지를 얻는 등의 정부의 목표를 촉진 또는 방해할 잠재력이 있는 요소로 볼 필요가 있다"(Amenta et al., 2010: 298).

다시 말해, 정치와 정책에 대한 사회운동의 영향력은 대체로 정치 행위자가 의제를 설정하는 데 잠재적으로 기여하는지에 달려 있다. 그러나 이는 내가 연구해온 네트워크된 사회운동의 주요 비판과 정면으로 충돌한다. 왜냐하면 네트워크된 사회운동이 비판하는 것은, 돈과 미디어의 힘에 좌우되고 정치엘리트들의 이익을 위해 설계된 편향된 선거법으로 제한되는 선거를 통해서 대표성을 상실한 정치엘리트이기 때문이다. 저항에 대한 정치엘리트들의 일상적인 반응은 "이전 선거에서 표출된 것이 민의가 아니냐"는 것과 "다음 선거 결과에 따라 정치가 변화할 기회가 생길 것이다"라는 것이다. 부록에서 볼 수 있듯이, 이는 전 세계 시민들과 운동들에서 반대하는 것이다. 운동은 대의민주주의 원칙에 반대하지는 않지만, 오늘날과 같은 민주주의 행태를 비난하며 정당성을 인정하지 않는다. 이러한 상황에서, 정치 개혁을 밀어붙이기 위한 운동과 정치엘리트 사이에 긍정적이고 직접적인 상호작용이 이루어질 기회는 없다. 말하자면, 대부분의 사회운동은 정부기관 개혁을 요구사항으로 내걸었는데, 그 내용은 정치 참여의 통로를 넓히고 정치시스템 내의 압력단체와 로비의 영향을 제한하는 것을 골자로 한다.

운동이 정치에 미치는 가장 긍정적인 영향은 일부 정당 또는 몇몇 이슈와 운동의 요구사항을 이끄는 지도자들에 의해, 특히 그들이 시민들에게 인기를 얻는다는 가정을 통해 간접적으로 일어난다. 미국의 사례를 들면, 99%와 1% 사이의 사회적 균열에 대한 언급은 불평등의 확대를 상징한다. 그러나 오바마와 같은 신중한 지도자들은 운동에서 표출된 열망을 대변할 것을 주장하면서도, 급진적인 행위를 용납하는 것으로 비치는 것에 대한 두려움 때문에 운동의 행동주의를 지지하는 것은 꺼렸다. 사실, 2기 오바마 행정부는 미국 역사에서 잠시 동안 변화의 이상을 상징했던 대통령의 일상적인 접근법에 따라 점거운동의 희망과 실용 정치 사이에 확실한 선을 그었다.

정책은 정치 변화를 거쳐 바뀌고, 정치 변화는 정치인의 이해에 따라 이루어지기 때문에, 운동이 정책에 미치는 영향은 제한적이다. 적어도 단기간에 전체 시스템에 대한 점검을 요구하는 아이슬란드의 상황과 같은 큰 위기가 없는 상황에서는 그러하다.

그럼에도 사회운동과 사회 변화를 활성화할 수 있는 정치 개혁 사이에는 좀 더 깊은 연관성이 있다. 운동의 실제 목표는 시민들의 의식 수준을 끌어올리고, 삶과 국가에 대해 숙고하고, 운동에 참여해 역량을 강화하며, 정치계급과 관련하여 그들 자신이 결정을 내릴 능력이 있다고 믿게 만드는 것이다. 운동은 가장 예기치 못한 방법을 통해 전체 국민에게 영향을 준다.[4] 만약 운동의 문화적·사회적 영향력이 확대된다면, 특히 더 젊고 더 역동적인 세대로 확대된다면, 선거에서의 이득을 추구하는 약삭빠른 정치인들은 그들의 가치와 관심사를 다룰 것이다. 물론 정치자금 후원자에 대한 충성의 범위 내에서만 그렇게 하겠지만 말이다. 그러나 운동이 커뮤니케이션 네트워크를 통해 그것의 메시지를 전달할수록, 시민의 의식은 더욱 고취되며 커뮤니케이션의 공론장은 경쟁의 장이 된다. 한편 단순히 겉치레에 불과한 조정으로 요구들과 주장들을 합치려는 정치인들의 능력은 더 줄어들 것이다. 사람들은 사회 변화를 위한 최후의 전투를 염두에 두고 있다.

이런 의미에서 네트워크된 사회운동은 국제적인 수준에서 중요한 진전을 이룬다. 부록 3에서 볼 수 있듯이, 23개국을 대상으로 2011년 11월 실시된 국제 여론조사에서, 일본을 제외한 나머지 국가에서는 월스트리트 점거운동 및 이와 유사한 운동에 호의적이었으며, 대다수 시민이 정부, 정치인, 금융기관에 대한 그들의 비판에 동의했다. 이 운동이 제도권 밖에서 시민불복종에 참여한다는 점에서 이런 결과는 특히 주목할 만하다. 사실 미국에서 운동의 전략에 관해 조사했을 때, 운동을 지지한 사람은 소수에 불과했다. 하지만 응답자 25~30%가 운동의 파괴적 행동을 찬성했다는 점은 시민의 신뢰를 잃은 제도에 도전하는 사람들에 대한 지지가 고조되었음을 나타낸다. 잘 알지 못하는 정치 변화 과정의 불확실성은 이미 현 권력의 비정통성(illegiti-macy)을 폭로해온 운동이 극복해야 할 주된 장애물인 것 같다. 그럼에도 사회적 행동주의와 정치적 개혁주의 사이의 사랑은 불가능하게만 보이지 않는다. 그것은 시민들이 욕망과 체념 사이에서 마음이 흔들리는 동안 가려져 보이지 않을 뿐이다. 따라서 나는 이러한 가설을 분석하기 위해 2012~2014년에 선택된 국가들에서 정치적 변화의 관찰에 근거한 네트워크된 사회운동의 정치적 효과에 관한 구체적인 분석에 들어갈 것이다.

9   네트워크된 사회운동과 정치 변화

개요

현실정치 면에서 합의라는 것은 개혁이든 혁명이든, 결국 사회 변화의 꿈은 희석되고 정치제도를 통해야만 한다는 것을 의미하는 것처럼 보인다. 혁명이 일어났다고 해도 마찬가지다. 혁명적인 생각들은 새롭게 자리 잡은 권력과 그들의 새로운 헌정질서에 의해 (배신당하거나?) 재해석될 것이다. 이는 분석과 실현의 면에서 운동의 정치적 생산성을 평가할 때 중대한 딜레마를 초래한다. 대부분의 운동이 기존 정치제도를 불신하고 정치적 대의제의 기존 통로에 대한 참여 가능성을 믿지 않기 때문이다. 그러나 절대 아니라고 말할 수는 없다. 사회 변화의 과정은 놀라움의 연속이다. 정치제도, 정치 활동, 궁극적으로 공익 보호에 영감을 받은 정책들에서 관찰되는 운동의 효과를 위해 가끔 시차도 필요하다. 예를 들면, 2009년 7월 주로 모바일 커뮤니케이션 네트워크에서 조직된 심각한 사회저항은 근본주의 성향의 마무드 아마디네자드(Mahmoud Ahmadinejad) 대통령의 재선거 부정 이후 이란의 정치체제를 흔들었다. 이 저항은 아야톨라(Ayatollahs)● 권력 구조의 자유 성향 파벌의 지원을 받았지만, 잔혹하게 탄압받았고 결국 진압되었다. 지도자도 없고 주로 즉흥적이며 대부분 청년에 의해 진행된 이 운동은 서구 미디어의 시각에서 보기에 비효율적이었다(개인적 연락 자료, 2009). 그러나 2013년 자유 성향의 모하마드 하타미(Mohammad Khatami) 전 대통령과 연합한 개혁가 하산 로하니(Hassan Rouhani)가 특히 테헤란에서 도시 청년과 그를 지지하는 중산층의 대규모 동원을 바탕으로 예상치 않게 대통령에 당선되었다. 그의 당선은 서구와의 평화로운 협력과 민주화를 위한 초석을 닦으며, 이란 정치에서 중대한 변화의 방향을 알렸는데, 그 과정에서 세계 질서에 중요한 결과를 가져왔다. 2009년의 봉기와 2013년 선거 사이의 인과관계는 신뢰할 만한 정치 여론 자료의 부족으로 실증적으로 나타낼 수 없다. 그러나 많은 청년들이 로하니를 지지하고 시위에 참여한 것을 고려할 때, 30세 이하가 인구의 70%를 차지하는 나라에서 동원의 경험이 많은 사람에게 정신적 변화를 일으켰다고 생각할 수도 있다.

넓은 의미에서, 의미 있는 정치 변화의 길은 민심에 영향을 주는 운동을 거치는 것으로 나타난다. 연구 대상이었던 운동들과 이와 유사한 다른 운동들에서, 희망에서 실행으로 가는 길은 운동의 요구사항이 정치기관의 벽을 뚫을 수 있는지(permeability)와 협상에 참여하려는 운동의 의지에 달려 있다. 긍정적인 면에서 양쪽의 조건이 충족되면, 다양한 수준의 변화와 함께 많은 요구가 충족되고 정치 개혁이 일어날지도 모른다. 그러므로 사회운동과 정치 변화 사이의 막다른 관계는 여러 국가에서 등장한 네트워크된 사회운동 이후 2012~2014년에 실제로 일어난 운동에 대한 관찰과 마주해야 한다. 그럼으로써, 정치체제(정치 변화를 유도하는 핵심 요소)에 관한 정치적 정통성 위기의 영향과 사회운동 그 자체의 구체적 영향을 구별하게 될 것이다.

- [옮긴이] 아야톨라는 '신의 징표'라는 의미로, 이란에서 시아파의 고위 종교지도자들에게 붙이는 존칭이다.

정통성과 정치 변화의 위기: 글로벌 관점

나의 다른 저서에서도 살펴보았듯이, 세계 곳곳의 정치체제는 대부분 정치적 정통성 위기와 국가의 세계화로 제기된 도전으로 흔들리고 있다(Castells, 2003, 2009). 그러나 다수의 시민사회와 사회 활동가들이 정치제도에 도전한 강도는 맥락에 따라 큰 차이를 보인다.

이 글을 쓰고 있는 동안 홍콩에서 벌어진 사회운동이 주된 예외이기는 하지만, 아시아와 아프리카의 여러 개발도상국에서 권위주의와 부패, 정실주의는 잠시 동안 체제의 제한 속에서 사회저항과 사회운동의 잠재적인 도전을 잠재우는 데 대체로 성공적이었다. 국가기관의 무책임성이 이따금 무질서하고 폭력적이며 대중적인 분노를 유발하곤 하지만(중국과 태국의 경우가 그렇다), 대부분의 국가들이 최소한 표면상으로는 세계화의 바람이 엘리트들과 도시 중산층에게 경제적인 행복을 주는 동안은 사회를 통제하고 있는 것으로 보인다.

반대로 남아메리카의 경우에는 아래에서 분석할 내용처럼 칠레, 우루과이, 브라질, 멕시코에서 정치 변화의 싹을 틔우면서, 네트워크된 사회운동이 증가하고 정치체제에 압력을 가하고 있다. 그러나 남아메리카의 대부분에서 2000년대의 자율적인 사회운동의 출현은 민족주의 성향의 정부를 출범시키기 위해 1990년대에 실행된 신자유주의 성장 모델에 반기를 든 포퓰리즘 정치의 성공에 의해 선점되었는데, 이는 볼리비아, 에콰도르, 베네수엘라, 페루의 사례에서처럼 전통적인 정치엘리트들로부터 소외당한 사회집단들의 지지를 얻었다(Calderon and Castells, 근간). 그러나 베네수엘라에서 포퓰리즘 정책이 가져온 심각한 계층 간 균열과 갈수록 심해지는 정권의 권위주의는, 중산층이 지지하고 학생들이 실행하는 사회저항을 불러일으켰는데, 이는 포퓰리스트에 대해 반대하는 네트워크된 사회운동으로 발전했다. 에콰도르, 볼리비아, 우루과이, 아르헨티나의 일부 범위(아르헨티나의 **페론주의**는 항상 특별한 경우이기는 하지만)에서처럼, 전체적으로 국가가 사회의 요구에 더 반응할수록, 자율적인 사회운동의 강도는 덜해진다. 그러나 사회운동이 존재하고 국가기관이 변화에 열려 있다면, 사회운동의 혁신적인 잠재력은 칠레와 브라질에서와 같이 제도적인 방법을 찾게 될 것이다.

대부분의 유럽 국가에서, 경제적 위기로 심화된 정치적 정통성의 위기는 항상 극우 민족주의 형태와 종종 외국인 혐오 같은 극우 포퓰리스트 정치 행동을 촉발시켰는데, 이는 유럽연합을 위협하고 있으며, 중도 우파와 중도 좌파 블록의 정치체제 독과점(복점)을 문제 삼고 있다. 2014년 5월 25일의 유럽의회 선거는 이런 점에서 전환점이었다. 극우 민족주의, 반(反)유럽의 영국독립당(UKIP)은 영국에서 가장 많은 표를 얻었다. 마린 르 펜(Marine Le Pen)의 극우 국민전선(Front National)은 프랑스 선거에서 승리자가 되었으며, 2014년 가을의 여론조사에서는 2016년 프랑스 대통령 선거에서 르 펜의 승리를 예측하기도 했다. 준(準)나치 정당인 진정한 핀란드인(True Finns)은 핀란드에서 지속적으로 인기를 얻고 있으며, 다음 선거에서 정권을 잡게 될 수도 있어 보인다. 이와 비슷한 외국인 혐오 정당들의 강한 영향력은 덴마크, 노르웨이, 네덜란드, 그리스에서도 나타나는데, 노골적인 신나치주의 극우 민족주의 정당인 황금새벽당(Golden Down)은 그리스 각지의 선거에서 승리를 거두고 있다. 신나치주의가 금지된 독일에서조차 다른 유럽 국가들에 대한 독일의 '관대함'에 반대하는 소수의 민족주의 정당들이 정치체제 속으로 진출하고 있는데, 이들은 보수 정당과 사회민주 정당들이 양당제의 마지막 보루 속에서 대연정을 통해 스스로 몸집을 줄이도록 압박했다.

이 책이 분석적 시각의 측면에서 본질적으로 강조하고자 하는 것은 앞서 언급한 국가 중 그리스를 제외한 다른 모든 국가에서 이 책에서 분석한 것과 유사한 자율적인 사회운동이 없었다는 것이다. 그 이유는 각 나라의 역사와 정치문화 속에 깊게 자리하고 있다. 예를 들면, 프랑스는 지난 반세기 동안 사회운동의 선구자였던 68운동의 본거지인데도 모든 사회적·문화적 삶의 영역 속에 자리한 국가의 강력한 존재감은 저항의 대부분을 선거 과정과 정치 계책으로 돌리게 했다(브르타뉴의 지역 정체성 수호 또는 가톨릭 청년들의 낙태와 동성 결혼 반대 같은 매우 구체적인 동원은 예외이다). 이런 사실을 고려할 때, 정치체제는 갈수록 시끌벅적해지는 대중의 요구를 흡수할 수 없었고, 정치인들이 국가를 나눠먹고 공금을 횡령하며 일상적으로 뇌물을 탐닉하고 싸움에 빠져 있었기 때문에,[1] 정치체제 속에서 이전의 신파시스트, 반유대주의였던, 외국인을 배척하는 국민전선을 통해 저항의 한 방식이 시작되었다. 파시스트 공수부대원임을 공공연히 떠벌리는 국민전선 설립자(장 마리 르펜)의 딸인 마린 르 펜 아래에서 국민전선은 이민 거부 그리고 유럽의회 내 독일의 독주에 맞서 프랑스 주권을 수호하는 데 초점을 맞추면서 합법적인 정치 영역을 차지했다.

극우 포퓰리즘의 등장 원인은 나라마다 다양하지만(그 원인 모두가 외국인 혐오와 유럽 통합 거부에 뿌리를 두고 있기는 하다), 풀뿌리에서부터 공적인 삶을 이끌 수 있는 자율적인 사회운동의 부재는 공통적이다. 국가와 사회의 관계적인 시각에서부터 가설을 제시할 수도 있는데, 다시 말해 네트워크된 사회운동과 반동적인 포퓰리스트 운동은 기능적으로 동일하고(그 가치는 근본적으로 다르지만) 그 행동의 결과인 정치 활동의 진화는 정치 기득권에 대한 도전의 근원에 따라 크게 갈라질 것이다.

그러나 자율적인 사회운동과 포퓰리즘 정치 사이의 차이는 분석적으로 중요하지만 사실상 때때로 모호해지기도 한다. 사회 변화 과정에서 이런 모호성에 관한 가장 의미 있는 사례는 2009~2014년 이탈리아에서 정치체제를 흔들었던, 베페 그릴로(Beppe Grillo)가 주도한 5성운동(Five Stars Movement: M5S)이다(Pellizzetti, 2014).

이탈리아 의회민주주의의 실패에 대한 내부로부터의 도전: 베페 그릴로와 5성운동

이 운동과 관련한 사실들은 대부분 미디어에서 폭넓게 다뤄졌는데(유럽 전역에서 정치인들이 이 운동을 경멸했기에, 종종 왜곡된 견해들이 있었다), 나는 사회정치적 의미를 반영하기 위해 새로운 정치 실험으로 여겨지는 것의 핵심 요소들을 종합할 것이다. 왜냐하면 새로운 정치 실험이 전통적인 대의민주주의 위기의 징후이기 때문이다.

전통적인 정당에 맞서 이탈리아에서 유럽의회·중앙·지방 선거의 후보들을 지지하는 수단으로서 2009년에 창설된 이 운동은, 카리스마 있는 TV 코미디언에서 정치 활동가이자 블로거로 변모한 모두가 인정하는 지도자, 베페 그릴로의 개성에 따라 특징지어졌다(Grillo and Casaleggio, 2011). 이탈리아 사회당원인 그는 사회당 당수이자 총리인 베티노 크락시(Bettino Craxi)의 당내 부정에 이의를 제기한 뒤 1987년에 텔레비전 방송에서 쫓겨났다. 크락시는 결국 튀니지로 망명했고, 이탈리아 사법 당국에 의해 탈주범으로 낙인찍혔다. 탄젠토폴리(Tangentopoli: 뇌물공화국)로 알려진 중요한 정치 스캔들 이후에 사회당은 다른 정치세력과 함께 사라졌는데, 결국 1994년에 탄젠토폴리는 훨씬 더 부패한 부동산·미디어 거물이자 크락시의 이전 동료인 실비오 베를루스코니(Silvio Berlusconi)에게 권력을 가져다주었다.

그릴로는 환경문제에 관한 운동을 벌였고, 모든 정당의 정치 부패를 비판하는 데 집중했다. 베테랑 방송인이었던 그는 기업과 정치의 방송사 통제로 방송 출연을 포기했고, 그 대신에 인터넷이 제공하는 가능성을 발견했다. 그가 시작한 정치 블로그는 유럽에서 방문자가 가장 많은 블로그 중 하나가 되었다. 그는 여론 형성을 위한 웹 활용 실력으로 평판이 높은 광고 회사 임원이던 지안로베르토 카살레지오(Gianroberto Casaleggio: 당시 그릴로의 친구)와 한 팀을 이뤘다. 그들은 기존 정당을 위한 정치제도를 집행하는 편향적인 법률을 비판하면서 정치인을 꾸짖었다. 그들은 심지어 2009년에 운동이 정식으로 설립되기 전부터 여러 선거에서 후보자를 지원했다. 운동은 볼로냐에서 그릴로가 브이(V) 데이〔부패 정치인들을 향해 '꺼져라(Vaffanculo)'라고 말하는 날을 의미〕로 정한 2007년 6월 14일에 최초의 모습을 드러냈다. 그날 모임에서 발표한 주된 요구는 범죄 전과가 있는 의원들(이탈리아 국회의원의 상당수)의 출마를 막는 것뿐만 아니라 재선까지로 선출을 제한하도록 선거법을 개정하는 것이었다. 그의 개인 블로그가 항상 운동의 등불이 되었지만, 그릴로는 미국의 미트업(MeetUp)● 모델을 따라 이탈리아 전역에서 지역단체를 결성했고, 인터넷 플랫폼을 활용해 모든 영역의 정치 문제에 관한 논의를 심화시켰다.

2009년 10월 4일에 정식으로 설립된 운동의 명칭은 운동이 제기한 다섯 가지 주요 현안, 즉 환경 정책, 지속 발전, 지속가능 교통, 물 관리 정책, 인터넷에 자유롭게 접속할 권리를 가리킨다. 그릴로의 블로그에서 전파된, 운동 프로그램의 핵심 주제는 부패에 맞선 싸움, 그리고 지역 의회와 광범위한 인터넷 사용을 통한 직접민주주의에 대한 강조였다. 2013년의 어느 시점에는 이탈리아 의회 해산과 이를 시민 숙의 시스템으로 대체하는 것, 그리고 인터넷을 통한 투표가 이 프로그램에 포함되었다. 따라서 이러한 관점에서 인터넷 접속은 근본적인 민주적 권리로서 제한 없이 자유롭게 이루어져야 한다. 5성운동(M5S)은 웹에서 개별 후보들이 운동의 등록 회원들에게 영상으로 각자의 경험과 자질을 발표하는 등 후보자를 선출하는 숙의 매체로 인터넷을 활용함으로써 새로운 정치 형태를 예시했다. 그런 다음에 회원들은 결선에 나갈 최종 후보를 선택해 투표하게 된다. 선출직은 국가에 대한 한시적인 봉사로 여겨져야 하며, 직업 정치인들을 근절하기 위해 두 번 이상 임

● [옮긴이] 미트업이란 원래 하워드 딘(Howard Dean)의 선거 조직으로, 스콧 하이퍼먼(Scott Heiferman)이 뉴욕을 필두로 전국에서 결성한 온라인 소셜 네트워킹 포털이다. 세계 각지에서 다양한 주제에 관해 공통의 관심사를 나누기 원하는 사람들을 위한 오프라인 모임을 활발히 조직하고 있다.

기를 수행하는 것은 없어야 한다. 처음에 5성운동이 선거에서 거둔 성공은 예상을 뛰어넘는 것이었으며, 이탈리아 정치인들을 놀라게 했다. 2011년 5월의 지방선거에서 5성운동은 28개 지방자치단체에서 지방의원들을 선출했다. 2012년 선거에서 운동은 더 나은 성과를 거두었는데, 운동의 회원 가운데 한 사람이 파르마의 시장으로 선출되었고, 파르마는 새로운 참여 정치를 위한 실험의 장이 되었다. 2012년 시칠리아 지방선거에서 단지 이탈리아 북중부의 정당이라는 인식이 무색하게 5성운동은 가장 많은 표를 얻었고, 정책의 일부를 시행하는 지방정부 구성에서 결정권을 행사하게 되었다.

이 운동의 정점은 베를루스코니의 결정적인 몰락을 보게 되는 중대한 정치 위기가 한창일 때인 2013년 2월의 총선에서 다가왔다. 5성운동은 소셜 네트워크와 블로그에서의 적극적인 운동과 도시 광장에서의 대규모 시위를 결합시켰다. 5성운동의 제안 가운데는 유로화에서 벗어날 것, 국가 주권 유지를 위해 유럽연합에서 이탈리아의 회원 자격을 재협상할 것, 정치인의 급여와 특권을 줄일 것, 정치 부패에 반대하는 엄격한 법안을 승인해 시행할 것, 시민들의 개별적 상황과는 별개로 시민의 권리인 최저임금을 모든 이탈리아 시민에게 제공할 것, 기존 정당에 우호적인 많은 법 조항을 바로잡기 위한 선거법을 수정할 것 등의 내용이 있었다. 비록 그릴로는 자동차 사고의 범법 행위로 운동의 규정에 따라 후보자가 될 수는 없었지만, 풀 죽은 많은 시민들에게 희망과 열정을 불러일으키며 선거운동의 지도자가 되었다. 2013년 2월 22일, 수십만 명의 사람들이 베페 그릴로의 선동적인 연설을 듣기 위해 로마의 산 조반니(San Giovanni) 광장에 모였다. 비록 선거에서 민주당이 이끄는 중도 좌파 연합과 베를루스코니가 이끄는 중도 우파 연합이 더 많은 의석을 차지해 5성운동이 정부에 들어오는 것을 막았지만, 5성운동은 25.6%를 득표해 하원에서 가장 많은 표를 얻은 정당이 되었다. 이 운동은 리구리아(그릴로의 고향), 시칠리아, 사르디니아를 비롯한 많은 지역에서 가장 큰 정치세력이 되었다. 민주당에는 단 2명밖에 없는 상원의원을 5성운동은 54명이나 배출했고, 대통령 임명과 같은 법안의 승인과 저지에서 중요한 역할을 맡았다. 하원과 상원은 인터넷을 통해 등록된 회원들이 여러 입법 조치 중에서 선택한 결정들을 대변했다. 운동 소속 의원들은 새로운 정치 사례를 만들고자 수백만 유로의 급여를 국가 부채 상환 펀드와 창업 기업 소액 융자 펀드에 반납했는데, 다른 정당들은 이를 선동이라며 일축했다. 또한 운동은 많은 동조자들로부터 클라우드펀딩을 받는 대신에 정부로부터 받는 선거운동 자금은 거절했다.

그러나 운동의 성공은 의사결정 시스템 관리에서 발생한 실수와 갈등으로 곧바로 퇴색되었다. 다층적 협의에 기반을 둔 시스템은 쉽게 시행되지 못했는데, 이는 의회 단체 내부에서 파벌주의가 발생하고, 카리스마 있는 지도자가 자신의 블로그에서 정책과 반대파를 비난하고, 그가 정한 규정에 도전하는 사람들을 운동에서 쫓아내며, 그의 손에서 최종 결정이 이루어졌기 때문이었다. 이러한 논란의 결과로, 총선 몇 주 뒤에 열린 2013년 지방선거에서 5성운동은 로마를 비롯한 여러 도시에서 다수의 지지표를 잃었다. 그러나 미디어와 정치인들이 그렇게 통제 불가능한 운동의 종말을 축하하는 동안 5성운동은 2014년 유럽의회 선거에서 반등했는데, 비록 40%의 표를 얻어 이탈리아 정치를 장악한 새로운 젊은 지도자 마테오 렌치(Matteo Renzi)의 리더십을 바탕으로 성공한 민주당에 가려졌지만, 21%를 득표해 제2당이 되었다. 렌치는 정치시스템 안정을 대변하는 **그릴리니**(Grillini)•의 위협을 견제하는 방식으로 베를루스코니의 자유인민당과 때때로 합의를 이루기도 했다.

지도자의 변덕스러운 성격에 완전히 의존하고 있었기에 이러한 운동 또는 정당의 미래는 불확실하다. 또한 다양한 유권자들 사이에 짙은 이념적 모

• [옮긴이] 5성운동의 베페 그릴로가 유튜브를 통해 9만 5000명이 참여한 전자투표에서 945명의 후보자를 선출했는데, 이 가운데 하원에 109명, 상원에 54명, 총 163명이 당선되었다. 이런 정치 신참들을 '그릴리니'라고 부른다.

호함이 있었다. 특히 이민에 대한 일반 대중의 입장이 여러 사례에서 외국인 혐오의 저의를 보이고 있는데(예를 들어, 밀입국자를 막기 위한 강력한 조치를 요구하려고 에볼라 바이러스의 공포를 활용하는 것), 이는 5성운동을 프랑스의 국민전선과 같은 유럽의 외국인 혐오 정당으로 결론짓게 했다. 더 나아가, 정치인과 주류 미디어에 대한 증오는 운동에 비판적인 어느 이탈리아 작가의 책을 불태우는 것 같은 극단적인 행위를 유발했는데, 이는 이탈리아의 파시스트 전통과 연관되어 일부 지식인들의 주의를 촉발했다. 그러나 그릴로는 이러한 행동들을 비난했으며, 부패한 이탈리아 정치체제에 대한 위협인 운동의 주장을 파괴하기 위한 악의적인 선동행위라고 주장했다.

운동의 이념과 실행 속에서 참여민주주의의 실체에 관해서는 아직 뭐라고 단언하기 어렵다. 그럼에도 확실한 것은 5성운동이 내가 다른 나라에서 관찰한 것과 같은 자율적인 네트워크된 사회운동이 아니라는 것이다. 왜냐하면 그 운동은, 자신의 블로그의 영향력을 활용하며 운동 실행에 절대적 권력을 지닌 단 한 사람의 지도자 베페 그릴로의 존재를 통해 만들어지고 엄격히 통제되고 있기 때문이다. 이런 의미에서, 5성운동은 결국 권위를 잃은 정치체제에 정면으로 도전하는 것을 기반으로 한 정치적 행동이 되는 포퓰리스트 운동의 전통에 더 가깝다. 그러나 5성운동은 이탈리아와 유럽에서 발생한 대의민주주의 위기의 가장 흥미로운 징후이며, 조작된 선거 시스템을 통해 제도를 통제하고 정당 조직에 의존하는 전통적 형태의 정치 활동에서 벗어날 힘을 지닌 조직 동원의 매체로서 인터넷의 잠재력도 보여준다.

경제적·정치적 위기가 한창일 때, 스페인과 포르투갈 혹은 그리스에서 발생한 것과 유사한 자율적인 사회운동이 이탈리아에서는 없었다는 것을 살펴보는 것도 중요하다. 시민들의 분노는, 운동 또는 정당이 시행하고 일반 대중의 관심을 사로잡는 능력이 있는 어느 홍보 전문가가 영감을 준 정치 전략을 통해 직접적으로 전달되었다. 젊은 층의 인구가 그릴로의 도발적인 메시지를 가장 잘 받아들였다. 이것은 부분적으로, 정치 면책 특권을 잃자마자 결국 유죄 판결을 받은 베를루스코니 같은, 마피아가 후원하는 사기꾼이 오랜 세월 지배한 이탈리아 정치에 대한 젊은 층의 혐오 때문이기도 했다. 5성운동은 시민사회에서 일어나는 도전의 부재 속에서 유럽에서 가장 부패하고 이기적이며 탈법적인 정치의 하나인 이탈리아 정치의 특수한 맥락에서 이해되어야 한다(Rizzo and Stella, 2007). 역설적인 것은 5성운동이 가져온 영향 중의 하나가, 1992년 탄젠토폴리 사태와 유사하게도, 시스템의 새로운 붕괴를 두려워한 정치인들의 각성의 결과로 일어난 이탈리아의 정치제도와 정당의 쇄신이다. 이는 특히, 이탈리아에서 덜 부패하고 잘 정비된 정당이자, 옛 이탈리아 공산당과 기독민주당에서 진화한 사회민주주의 세력이며, 낡은 부패 정당의 정치 장악과 포퓰리스트의 반란 사이에서 중도 노선을 걸으려 하는 39세의 피렌체 시장인 렌치를 통한 리더십의 교체에 기대를 걸고 있는 민주당이 해당한다. 2014년 선거의 승리는 렌치의 계획이 정당함을 입증했지만, 이는 베를루스코니를 비롯한 일부 반(反)민주 세력들과의 타협을 요구하기도 했다. 만약 이탈리아 정치 장악을 위한 막후 협상이 지속된다면, 이는 베페 그릴로에게 새로운 기회가 될 수도 있을 것이다. 마피아가 그의 뒤를 봐주지 않는다면 말이다.

정치체제에 관한 네트워크된 사회운동의 영향

진정한 자율적 사회운동이 정치체제에 미친 잠재 영향을 평가하기 위해서 나는 2011년부터 2014년 사이에 중대한 네트워크된 사회운동이 발생한 미국, 터키, 브라질, 스페인 등 4개국을 다룰 것이다. 이는 단순히 논의를 실제로 발생한 사건 위에 붙잡아 둠으로써 성찰과 논의를 자극할 목적으로 쓴 요약 분석이다.

국가가 아니라 마음을 점령하기: 미국 점거운동 이후의 우울

2012년 허리케인 샌디(Sandy)로 피해를 입은 수천 명의 이재민을 돕는 보기 드문 연대에서부터 지역신용조합에 대한 지방정부의 투자 철수, 압류된 주택에서의 퇴거 반대 시위, 학생 대출금 공제 운동에 이르기까지, 미국 전역의 여러 지역 활동에서 그 운동의 반향과 유산이 존재했지만, 이는 이 책에서 기록한 미국 월스트리트 점거운동의 강도와 타당성이 정치체제에 미친 희미한 영향과는 확실한 대비를 이룬다. 혹은 점거운동이 남긴 잠재적으로 고조된 저항의 좀 더 심각한 표현으로서, 경찰 폭력에 면죄부를 준 것에 항의하는 대규모 시위가 2014년 11월과 12월에 뉴욕을 비롯한 미국의 도시에서 발생하기도 했다. 그렇지만 여러 관찰자들이 빌 드 블라시오(Bill de Blasio)가 뉴욕의 점거운동에 동정심을 보인 것이 그가 2013년 뉴욕 시장 자리에 오르는 데 긍정적인 요인으로 작용했다고 여겼음에도, 특히 민주당의 경우를 볼 때 정치체제는 정당 관료체제에 기반을 둔 채 그대로 남아 있었다. 시애틀에서는 샤마 사완트(Kshama Sawant)가 점거운동의 주제를 바탕으로 한 저항운동을 이끈 뒤에 시의원에 선출되었다. 드 블라시오와 사완트는 둘 다 2011년의 점거 시위에서 경찰에게 체포된 바 있다. 역설적으로 공화당이 티파티라는 보수적 풀뿌리 운동을 통합하는 데 더 민감했고, 티파티는 선거에서의 성공이라는 측면에서 의미 있는 결과를 불러오면서 공화당 내에서 혁신세력이 되었다.

미국의 제도권 정치에서 점거운동의 직접적인 영향력이 약한 이유는 너무 다양하고 복잡하기 때문에 여기에서 검증하기란 어렵다. 일부분만 말하자면, 진정한 저항운동인 오바마 선거운동에 참여한 많은 활동가들이 오바마 대통령의 정책에 배신감을 느끼고 소진되었던 것이다. 사실상 오바마 선거운동에서 빠져나온 망명자들은 오바마를 향해 일반적인 정치인의 또 다른 사례라며 실망감을 표현하면서 점거운동의 가장 적극적인 참가자가 되었다. 오바마 행정부의 감시 아래, 미국 연방수사국(FBI)이 운동의 일부 핵심 활동

가들을 감시하고 협박하자 이러한 실망은 분노로 변했다. 지방과 연방 기관들은 서구 사회에서 유례가 없는 이런 종류의 운동에 대한 억압 정책을 조정했다. 따라서 오바마에게 걸었던 희망이 실패로 바뀐 경험은 자율적인 사회운동과 정당정치 사이에 더 깊은 분리의 간극을 만들었다. 게다가 미국 정치는 돈이 지배하는 직종이며, 양당제의 철창 밖으로 밀려난 변화의 이상에는 여지를 주지 않은 채, 자원에 대한 영향력과 접근에 대해서 개인적인 보상을 하는 것에 초점을 맞추었다(Castells, 2009). 당분간 미국에서 직업 정치인들의 냉소와 사회 활동가들의 이상주의 사이에 만남의 공간은 드물 것이다. 그렇기에 운동과 정치 사이의 점거운동 이후 상호작용은 우리가 관찰한 그대로 드러나게 된다.

그러나 일상에 스며든 사회 부조리와 조악한 민주주의에 대한 미국 시민의 인식에는 어떤 문화적 변화가 있었다. 점거운동의 이런 정신적 충격이 정치 행위와 보통 예측할 수 없는 복잡한 요인들에 의존하는 제도정치에 영향을 주게 될 것이다.

거리와 여성 대통령, 그리고 미래의 여성 대통령: 브라질의 대중 시위와 대통령 선거
이 글을 쓰고 있는 동안에는 비록 그 증거가 결정적이지는 못하지만, 2013년 브라질에서의 네트워크된 사회운동의 중대한 영향은 정치 지형 속에서 관찰될 것이다. 앞서 언급한 것처럼, 2013년 6월의 시위 이후에 압도적 다수의 정당과 정치지도자들은 거리시위를 민주주의에 대한 위협이라며 반대했다. 사실, 정치인 집단이 시위를 비난하고, 폭력이 일상적 부패와 무자비한 만행으로 악명 높은 헌병대에 의해 시작되었는데도 운동의 폭력에 초점을 맞춰 비합법화로 몰아갔던 것은, 운동이 주된 도전 대상으로 삼은 것이 정치인의 부패와 대표성 부족이기 때문이었다.

그러나 여기에 주된 예외가 있었는데, 바로 지우마 호세프 대통령이었다. 6월 21일에 그녀는 시위대의 불만은 타당하며, "거리의 목소리를 들어야 한

다"라고 언명했다. 그 이후에도 그녀는 유엔 총회를 비롯한 여러 장소에서 이런 견해를 되풀이했다. 더 나아가 그녀는 '대중교통 무료 이용 운동'과 여러 조직의 대표단을 받아들였고, 지역과 국가 단위의 교통요금 인상 무효화를 지지했으며, 교육과 의료 부문에 대한 공공 지출을 늘리기로 약속했다. 그녀는 또한 정치적 논의를 시작했고, 많은 정치인의 부패와 무책임성에 대한 비판을 인정했으며, 광범위한 정치 개혁을 제시했다. 그녀는 정당에 더 많은 책임성을 부여하는 법안 제정을 위한 초석을 다지는, 헌법 개정을 위한 제헌의회 요청 계획을 발전시켰다. 또한 부패에 반대하고 정치 참여의 새로운 메커니즘을 위한 더욱 긴박한 법안을 요청했다. 헌법 개정안은 국회를 통과해 국민투표에 부쳐졌다.

운동은 그녀의 선의를 받아들였지만, 그녀를 신뢰하지는 않았다. 2013년 7월 중순까지 그녀의 인기는 급격히 추락했다. 운동의 비관적인 인식은 정확했다. 정치인들은 국회에서 대통령의 제안을 저지하기 위해 집결했다. 특히 2014년 대통령 선거의 강력한 경쟁자인 사회민주당(PSDB)은 대통령이 민중을 선동한다며 반대의 목소리를 높였다. 더욱이 룰라 대통령이 지우마 호세프를 지지한다고 밝혔는데도 그녀가 속한 노동당은 그녀의 제안에 미지근한 반응을 보였고, 때로는 노골적으로 적대감을 표하기도 했다. 이에 따라 상파울루의 노동당 의원인 칸디두 바카레자(Candido Vaccarezza)는 국회 위원회에서 호세프의 제안을 뒤덮기 위해 막강한 동맹인 민주운동당(MDB)과 합의를 이루었다. 월드컵에 반대하는 사회저항이 상당히 미약했던 상황에서, 지우마 호세프는 정당의 반대에 굴복했고 정치 개혁안을 연기했다. 그러나 2014년 대통령 선거를 몇 주 앞두고 호세프는 재선을 위한 프로그램의 일환으로 개혁안을 다시 꺼내들었다. 뜻밖에도 이는 그녀의 강력한 도전자인 마리나 시우바가 저항운동을 변함없이 지지하는 유일한 지도자였고 시위대에게 비난받지 않는 사람이었기 때문이다.

2014년 8월 중순에서 9월 중순 사이의 짧은 기간에 마리나 시우바는 10

월 26일의 2차 투표에서 브라질의 새로운 대통령이 될 중대한 기회를 잡은 듯 보였다. 그런 인기의 주된 요인이 2013년의 운동에 참여하거나 이를 지지한, 변화의 열망에 홀로 남겨진 사람들이 보내는 지지라는 것이 일부 여론조사에서 드러났다. 사실 시우바는 이런 변화의 열망을 자각했다. 에두아르두 캄푸스(Eduardo Campos)가 비행기 사고로 사망한 직후 2014년 8월 20일 대통령 후보로 선출된 시우바는 뜻밖의 지지도 급상승의 주된 원인으로 2013년의 운동에 대한 그녀의 지지 때문이라고 언급했다. 캄푸스는 부통령 후보로 선거에 나서는 시우바와 함께 소수 정당인 사회당(PSB)의 대통령 후보였다. 시우바는 민중의 압력만이 낡고 부패한 브라질 정치체제를 바꿀 수 있다고 확신했다. 2014년 9월 18일 AP와의 인터뷰에서, 시우바는 "변화를 가져올 수 있는 것은 정당도 정치지도자도 아니다. 우리를 바꾸는 것은 운동이다"라고 언급했다.

사회운동의 희망과 마리나 시우바의 정치 계획 간의 융합은 그녀의 매력적이고 극적인 개인사와 더불어 필요하다면 영향력 있는 자리도 버리면서 신념을 지키고 믿음을 위해 싸우는 데서 보여준 탄력성으로 설명할 수 있다. 빈곤한 아마존의 아크레 주의 작은 마을에서 태어난 흑인 여성인 그녀는, 완전히 착취당하는 고무농장 노동자 가족과 극도의 가난 속에서 성장했다. 어린 시절에 그녀는 말라리아와 여러 가지 질병으로 심하게 앓았다. 그녀는 살아남았지만, 그녀의 어머니는 그렇지 못했다. 15세에 고아가 되자, 가톨릭 수녀들이 그녀를 수녀원으로 데려갔고, 거기에서 읽기와 쓰기를 배웠다. 그녀는 가정부로 일하면서 저녁에는 중등교육 과정을 공부했고, 그 이후에는 역사학을 전공해 대학교를 졸업했다. 그녀는 정치극 단체에 가담해 활동가가 되었고, 노동자 권익 옹호와 아마존 환경보호를 함께 묶어 세계적인 명성을 얻은 전설적 인물인 치코 멘데스(Chico Mendes)가 이끄는 고무채취노동조합에 가입했다. 치코는 파괴적인 벌목 사업 계획에 간섭하는 것을 참지 못한 토지 소유자들에게 1988년 암살당했다. 그의 죽음에 충격을 받은 국내외 여론은 브라질 정부가 행동에 나설 것을 촉구하여, 아마존 보호를 위한 새로운 법안이 도입되었고, 연방 당국은 토지소유자들 손에 놀아나는 부패한 지역 공무원과 경찰을 엄중히 단속했다. 유명한 환경운동가가 된 시우바의 마음속에 이런 경험은 영원히 남을 것이다.

시우바는 좌파인 노동당에 가입했고 상원의원에 당선되었다. 그리고 2003년에 룰라 대통령은 1기 내각에 그녀를 환경부 장관으로 임명했다. 환경 정책에 관해 타협하지 않았기 때문에 그녀는 농업경영 압력단체와 충돌했고, 노동당 정부의 다른 장관들과도 공공연하게 대립각을 세웠다. 특히 브라질의 천연자원을 경제성장의 엔진으로 활용하는 것을 강력히 지지한 지우마 호세프 당시 에너지 장관과도 맞섰다. 사실 호세프와 시우바 사이의 대립은 개인적 경쟁 관계의 문제가 아니었다. 그것은 재생 에너지, 환경보존 그리고 열대우림에서 해저에 이르기까지 곳곳에서 석유와 가스 채취를 담당하는 거대 국영석유회사인 페트로브라스(Petrobras)의 권한 제한과 경제성장 지상주의 모델 사이의 대립이었다.

가장 전통적인 형태의 좌파 정당 가운데 노동당은 마르크스와 같이 진보의 지렛대로서 생산력 발전의 미덕을 신봉했다. 전임 대통령인 페르난두 엔리케 카르도수(Fernando Henrique Cardoso)가 "브라질은 가난한 나라가 아니라 부조리한 나라다"라고 말한 것처럼, 룰라와 호세프는 브라질에서 빈곤을 줄이고 궁극적으로는 빈곤을 뿌리 뽑는 것에 우선순위를 두고 싶어 했다. 그런데 오래된 부조리를 바로잡기 위해서는 경제적 자원이 필요했고, 천연자원 경제는 브라질의 성장을 촉진하는 주요 자산이었다. 빈곤에 처해본 경험이 있는 시우바 역시 빈곤 반대 정책에 관여했다. 그러나 치코 멘데스가 남긴 유산에 따라 그녀는 개발을 제한하지 않되 농업경영의 이권과 공기업의 관료주의에 굴복하지 않으면서 개발과 지속가능성을 조화시킬 방법을 찾고 있었다. 이에 따라 2009년에 그녀는 장관직에서 물러나 노동당을 떠났고, 지속가능한 개발과 참여 정치를 지지하는 '지속가능성 네트워크' 운동을 만들었다. 2010년에는 녹색당 대통령 후보로 선거에 출마했는데, 19%의 꽤 괜찮은 득표율을 얻었다.

시우바는 풀뿌리 단계에서 운동을 육성했지만, 내부 파벌주의에 실망하고 당을 떠났다. 그녀는 자신이 일체감을 느꼈던 2013년의 운동 뒤에, 운동의 후보로서 2014년 대통령 선거에 출마하기로 결심했다. 그러나 선거관리위원회는 그녀가 후보가 되기 위해 받아야 했던 50만 명의 지지 서명을 무효화했고, 그녀를 선거 일정에서 제외시키는 계책을 썼다. 시우바는 이전 선거에서 녹색당보다 더 적은 득표를 한 브라질 사회당에 즉시 합류하면서 새로운 탄력성을 보여주었다. 그런데 사회당은 2차 투표에 진출하기 위해 페르남부쿠 주지사이던 역동적이고 친기업 성향의 에두아르두 캄푸스의 매력에 기대를 걸고 있었다. 시우바의 지지는 정확히 사회당이 필요로 했던 것이고, 그래서 그들은 시우바에게 브라질 주요 정당 가운데 영향력 없는 한 정당의 거의 승산 없는 부통령 후보직을 제안했는데, 주요 정당은 모두 노동당 정부의 사람들이 통제하고 이익을 빼내는 공기업들을 비롯한 영향력 있는 산업 집단들로부터 엄청난 자금과 지원을 받고 있었다. 시우바는 경선 흥행에서 선두주자로 나서자마자 여론조사에서 지지율이 급등했고, 사회민주당 후보이자 정치적으로 중도 성향의 기술 관료인 아에시오 네베스(Aécio Neves)를 멀찌감치 3위로 밀어냈다. 1997년 마리나 시우바가 가톨릭에서 오순절주의자(Pentecostalist)로 개종한 이후, 그녀의 카리스마뿐 아니라 사회 일부 분야에 대한 그녀의 부정적 인식의 주된 요인은 그녀의 깊은 기독교 신앙에 있었다. 한편, 현재 브라질 인구의 22%가 오순절주의자다. 다른 한편으로, 시우바는 그녀의 신앙에 따라 낙태와 동성 결혼〔동성 간 합법적 동거(civil unions) 제외〕을 반대함으로써 여성단체와 동성애 지지자들의 비판을 받았다. 게다가 시우바는 공기업의 정치적 관료체제와 정부의 중앙은행 통제에 반대했는데, 이는 그녀를 시장자유화 및 국제무역 지지자 그리고 금융 산업과 제휴를 맺게 했다. 확실히 호세프는 룰라와 같이 마르크스 좌파의 국가통제주의 전통에 정확히 위치한 반면, 시우바는 좌파나 우파로 분류할 수가 없었다. 시우바의 두 가지 주요 주제는 환경보호주의와 정치시스템에 대한 강한 개혁의 필요성이었다. 이는 정확히 2013년의 네트워크된 사회운동이 제기한 주된 이슈였다. 그리고 운동의 요구와 시우바의 저항운동 사이의 융합은 전술적인 문제가 아니었다. 그것은 지속 불가능한 브라질 대도시들에서 악화되는 삶에 대한 정당화로서, 정치 관행과 경제성장 모두를 공유한 실제적인 비판에 근거를 두고 있다. 따라서 2013년의 사회운동들은 여론에 영향을 주었고, 막강하고 대부분 부패한 정치인들에게서 위협받지 않고 운동의 요구와 연계된 한 정치지도자를 뒤에서 지지할 수 있는 장을 마련했다. 이러한 점에서 그 영향이 지속되지는 못했지만, 브라질 정치체제에 사회운동이 중요한 영향을 미쳤다.

브라질 대통령으로서 마리나 시우바의 동화 속 이야기는 10월 5일에 치러진 1차 투표로 사실상 막을 내렸다. 21%의 표를 얻은 시우바는 44%를 득표한 지우마 호세프와 37%를 득표한 사회민주당의 아에시오 네베스에 이어 3위에 머물렀다. 그녀는 대통령 선거의 2차 결선 투표에서 탈락했다. 단 2주만에 시우바의 출마가 갑작스레 실패로 돌아간 것에는 몇몇 단순한 이유가 있는데, 이는 주로 선거 정치 메커니즘에서 발견할 수 있다. 노동당 행정부가 국가 통제력 상실의 위험을 인식한 뒤, 곧바로 정치 마케팅 공세의 기본 수단을 사용해 시우바를 맹공격하기 시작했다. 특히 가난한 사람들을 빈곤에서 끌어내기 위해 소득을 보조해주는 '저소득층 생계지원 프로그램(Bolsa Familia Program)'을 폐지하려는 시우바의 계획을 비난하는 등, 일부의 가장 대중적인 문제에 관한 시우바의 입장을 곧바로 왜곡하기도 했다. 또한 노동당은 2차 투표에서 물리치기가 더 쉽다고 판단한 다른 후보, 아에시오 네베스에게는 공격을 유보하는 현명한 전략을 펼치기도 했다. 결정적인 순간은 선거 며칠 전에 있었던 텔레비전 토론이었는데, 여기에서 강인한 모습의 호세프가, 심리적 압박을 참지 못하고 감정적으로 흔들린 종교적인 모습의 마리나 시우바를 제압했다. 미디어에서 "대통령이 되기에는 너무 유약하다"라는 의문이 제기되었고 호세프 대통령을 다시 호출하게 되었다. 브라질 사람 대부분도 이에 동의하는 듯 보였다. 정치는 권력 그 자체와 공개적 대립을 둘러싸고 펼쳐진다. 후원금은 또 다른 요소였는데, 경제에 대한 국가의 과도한 개입을 반대하는 시우바의 견해에 일부 금융기관이 지원했는데도, 호세프의 선거운동 모금액은 시우바의 다섯 배로 앞서 있었다. 더 나아가 국가의 모든 자원, 그리고 브라질 미디어에 대한 직접적인 국가의 영향력이 정치 기득권 밖의 위협에 맞서 싸우는 데 동원되었다. 시우바의 핵심 지지 세력인 도시 중산층을 멀어지게 만든 낙태와 동성 결혼에 관한 그녀의 취약점 때문에, 그들의 파괴 전술은 훨씬 더 효과적이었다.

그러나 운동의 모든 반향이 시우바의 패배로 사라진 것은 아니다. 운동은 참여민주주의 요구를 회복시키면서 전진했고, 마리나 시우바는 지우마 호세프에게 진보적 지식인들, 그리고 노동당의 전통적 지지 세력이었던 시민단체들을 만족시키는 정치 개혁 공약을 재개하라고 촉구했다. 이에 따라, 정치 기득권에 도전했던 사회운동은 가장 치열했던 대통령 선거에서 나온 논의에서 비롯된 잠재적인 정책 및 주제와 연결되었다.

그러나 정치적인 면에서, 시우바의 선거 패배보다 아마 더 중요한 것은 대통령 선거와 동시에 열렸던 총선에서 보수 후보들이 당선된 일일 것이다. 상파울루, 리우데자네이루, 리우그란데두술, 미나스제라이스 같은 주요 주에서 운동과 직접적으로 맞선 일부를 포함한 중도 우파 혹은 중도 좌파 정치인들이 당선 또는 재선되었다. 노동당은 국회에서 기반을 잃은 반면, 중도 성향의 사회민주당, 우파의 부패한 민주운동당(PMDB), 그리고 여러 극우 후보들이 이득을 보았다. 결과적으로, 2014년 선거의 결과로 브라질 국회는 군사정권이 종식한 이래로 가장 보수적인 국회가 되었다. 이 선거에서 사회운동의 간접적인 영향이 있었다면, 그것은 정치체제의 우경화라고 말할 수 있다. 그리고 브라질이 경험한 중요한 교훈은 운동이 제시한 제안과 가치에 부합하는 정치체제에 대한 사회운동의 직접적인 영향을 평가하기가 어렵다는 것이다. 왜냐하면 사회에서 표출된 분노를 새로운 정치의 희망으로 바꾸는 과정이 이러한 희망을 표현하기 위해 준비도 안 된, 그리고 의지도 없는 정당 조직들에 의해 중재되었기 때문이다. 그들은 그들 자신의 관료적·경제적·개인적 이익을 재생산하려고 한다. 이는 엄밀히 말해, 기성 정치를 향한 운동의 비판이다. 사회로부터 드러난 새로운 목표와 가치, 절차에서 정치체제가 격리된 것은 이런 비판을 입증하는 듯 보이는데, 이는 정치 변화와 정치제도 사이의 간극이 넓어지는 것과 사회 안정을 위협하는 개발의 문제를 제기하고 있다.

터키 사회의 정치적 정신분열증: 세속주의 운동과 이슬람 정치

터키에서 특히 판사들이 부패한 몇몇 장관을 고발하고 사임을 압박한 일련의 정치 스캔들로 에르도안 정부가 요동치게 된 후인 2013년 6월, 게지 공원 방어를 둘러싸고 일어난 중대한 결집은 2014년의 지방선거에 큰 영향을 미칠 것으로 예상되었다. 이 스캔들은 이슬람 보수 굴렌(Gulen) 운동에서 영감을 받았는데, 중도 이슬람 정의개발당의 이전 동맹자인 이들은 경제권력 공유를 둘러싸고 정의개발당과 결별하기도 했다. 다른 정치세력들은 두 이슬람 파벌 간의 싸움에서 중립을 지키기로 결정했고, 궁극적으로 스캔들의 영향은 처음에 생각했던 것만큼 심각하지는 않았다. 사실상 2014년의 지방선거는 터키의 주요 도시뿐만 아니라 국가 전체에서 정의개발당의 승리로 예측되었다. 표의 분산은 뚜렷한 안정성을 보여준다. 정치적으로 보면 최근 터키는 네 개의 주요 정당으로 나뉘었다. 즉, 중도 이슬람주의자인 정의개발당, 세속주의 법률을 지지하는 공화인민당(CHP), 민족주의자인 민족주의행동당(MHP), 그리고 대부분이 쿠르드족으로 구성되었으며 다른 정당보다 좀 더 진보적이지만 쿠르드 소수민족(주로 터키 남동부에 집중되어 있으며, 전체 인구의 약 15%에 불과하다)에 뿌리를 둔 평화민주당(BDP)이 그것이다. 정의개

발당은 이스탄불과 앙카라에서 거둔 승리와 더불어, 전국 득표에서 25.6%인 세속주의 공화인민당, 17.7%인 민족주의행동당, 5% 미만인 평화민주당에 맞서 43.3%의 득표율을 기록했다. 게지와 정치 스캔들 모두를 활용해서 정의개발당 통치의 대안이 되려던 공화인민당의 선거운동은 전통적으로 부패한 정치인이라는 당의 정체성 탓에 실패했다. 민족주의자들은 군부와 함께 민주주의를 되돌린다는 음모로 항상 의심을 받았다. 그리고 특히 이스탄불에서 쿠르드족 일부가 민족주의자, 심지어 지난해의 자치 요구를 거부한 공화인민당에도 지쳐버렸는데, 이는 이 문제에 관해 좀 더 열린 태도를 보인 정의개발당과 대조를 이루었다. 선거에서 유일한 변화는 이념적으로 좌파이며 여성과 소수민족 권익을 대변하는 새로운 진보정당인 인민민주당(HDP)의 존재였다. 인민민주당은 게지 운동에서 조성된 여론에서 일정 범위의 이득을 보았지만, 일반적으로 터키 서부에서 표를 얻으려는 쿠르드 계열 정당이 만든 조직으로 인식되었는데, 대부분의 비쿠르드계 인구가 쿠르드 민족주의에 대한 인민민주당의 지지에 의심을 품게 되면서 선거에서 겨우 2%의 표를 얻는 데 그쳤다.

터키 정치에서 정의개발당의 우위를 확인하며 대통령 임기를 연장하고자 헌법을 개정한 후, 2014년에 처음으로 열린 대통령 선거에서는 정의개발당의 당수이자 게지 운동의 가장 직접적인 상대였던 에르도안이 손쉽게 당선되었다.

2013년 6월에 일어난 게지 운동의 대중성과 2014년 선거에서의 반박할 여지가 없는 정의개발당과 에르도안의 승리 사이의 이러한 인지적 부조화를 설명하고자 여러 가지 근거가 제시되었다. 얽히고설킨 터키 정치를 통해 복잡한 분석 과정을 필요로 하는 특정 상황을 넘어 가장 확실한 설명은, 확고히 변하지 않는 엄격한 정치적 편제의 터키 사회에서 근본적인 균열의 지속이라 할 수 있다. 이는 (공화인민당과 정의개발당 간의 대립으로 표현된) 세속주의와 종교 사이의 역사적으로 뿌리 깊은 적대감을 내포한다. 즉, (케말주의

무장 세력에게 여전히 지지를 받는) 민족주의와, 중산층의 민주적 열망과 세속
주의 무장 세력에 대항하는 방패막이로 민주적 제도를 활용하려는 이슬람의
필요성이 결합된 친민주주의 운동 사이의 대립이라 할 수 있으며, 또한 터키
국민, 특히 터키 민족주의와, 자치권 획득 및 궁극적으로 독립을 추구하는
쿠르드 소수민족 사이의 심각한 분열이라 할 수 있다. 이러한 사회적이고 이
념적인 주요 균열 사이의 복잡한 상호작용으로 말미암아 더욱 급진적인 정
치적 선택지들이 다양한 집단으로 흩어졌는데, 이들은 현재 인터넷에 존재
하고, 게지 운동에서 존재했으며, 이들의 희망에 똑같이 적대적인 그 어떤
주요 정치세력과도 타협하지 않았다.

게지 운동과 2014년 선거 사이의 시간 간격이 이러한 역사적·이념적 균
열을 메우기에는 너무 짧았고, 비록 저항의 물결이 여전히 사람들의 마음과
소셜 네트워크 속에서 살아 있지만, 불과 몇 개월 안에 선거 현장으로 내보
낼 수 있는 즉각적인 정치 행위자는 없었던 것이다.

분노와 희망, 그리고 희망적인 실용주의 사이의 위험한 이행에서 협상해
야 하기 때문에, 제도적 시스템에서 간접적 정치 표현으로의 사회운동의 이
행은 시간을 요하게 된다. 이는 아마도 우리의 관찰에서 남겨둘 수 있는 중
요한 교훈일 것이다.

정치의 재창조, 양당제 패권의 전복: 스페인의 포데모스
2012~2014년 사이의 스페인 인디그나다스 운동의 정치적 경험은 사회정치
변화의 이론과 실행을 위한 가치 있는 교훈을 일궈냈다. 나는 지금 이 글을
쓰면서 가네모스(Ganemos)•라는 공동 명칭으로 2015년 스페인 지방선거
를 위해 준비된 지방선거 연합의 경험과 새로운 종류의 정치 행위자인 포데
모스(Podemos)••의 등장에 초점을 맞추며 이에 대해 분석하고 있다(Arnau

• [옮긴이] 가네모스는 마드리드 포데모스의 명칭이다.

Monterde, 개인적 연락 자료, 2014).

  2011년의 15-M(5·15) 운동은 스페인 시민들의 마음속에 중대한 영향을 주었는데, 그들은 정치·금융 엘리트들의 경제위기 관리에 반대하고, 정치 체제에 관해서 운동이 표출한 비판을 압도적으로 지지했다. 대다수 사람들이 국가의 중대한 상황에서 이 운동이 별다른 차이를 가져오지 못한다고 생각했다 하더라도, 2011년 6월에 인구의 81%가 시위대의 요구에 동의했으며, 지지율은 2012년과 2013년에는 78%, 2014년에는 72%로 나타났다. 사실상, 거의 전체 정치인들이 운동의 적법성을 부인했는데, 일부는 그들의 분노를 이해하지만 거리와 인터넷 네트워크에서의 즉각적인 행동이 문제를 해결하는 방법은 아니라며 거들먹거리기도 했다. 정치인의 관점에서 볼 때 저항은 정당과 선거 과정을 통해 독점적으로 전달되어야 한다. 그런데 이렇게 제한된 정치 형태야말로 운동이 거부하는 것이다. 그러므로 2011년과 2013년 사이의 저항은 그 위치와 시간에 따라 각기 다른 강도로 지속되었다. 여러 구체적인 요구들이 이행되었다. 은행의 담보권 행사로 쫓겨나는 거주자들을 위한 싸움과 같은 한 가지 특별한 이슈에서 전국적인 운동이 결성되었는데, 바르셀로나의 한 지식인인 아다 콜라우(Ada Colau)의 강력한 리더십 아래, 주택담보대출 피해자 연합(Plataforma de Afectados por la Hipoteca: PAH)이 만들어졌다. PAH는 스페인 전역에서 자율적인 모임을 조직해 운동을 시작했으며, 퇴거에 물리적으로 맞섰고, 소셜 네트워크와 미디어에 개입했으며, 스페인 의회에서 심의를 거부한 입법 제안을 지지하는 수십만 명의 서명을 받아 결국에는 유럽재판소(European Court of Justice)에 항소했고, 퇴거를 중지하라는 법원의 명령을 얻어내면서 새로운 법안이 논의되었다. 운동의 대중성과 강도를 고려해 보수 정부와 은행들은 퇴거 중단에 동의했다. 하지만 다른 대부분의 문제, 특히 정치 개혁에 관한 문제에서 운동은 반대의

●● [옮긴이] 포데모스는 스페인어로 '우리는 할 수 있다'라는 의미이다.

벽에 부딪혔고, 시위대가 거리로 나가면 운동을 몰아내려 진압 경찰이 투입되었다. 이에 따라, 2013년 초 운동의 여러 활동가들은 경제위기로 갈수록 심각한 상황에 빠지는 수백만 명의 이익을 보호하는 방편으로 제도정치 영역 개입 가능성을 모색하기 시작했다. 더욱이 좌·우·민족주의자 등 모든 정당의 부패가 드러나자 민주제도의 적법성 기반까지 약화되고 있었다. 왕권은 왕실 일부 인사들의 부패와 카를로스 국왕의 개인적 스캔들로 흔들렸고, 국왕은 민주적 성향으로 폭넓은 지지를 받고 있는 청렴하고 영리한 펠리페 왕자에게 왕위를 물려주기를 여전히 거부하고 있었다. 운동에서는 서서히 2014년에 있을 유럽의회 선거에 출마할 의도로 정당 형태로 발전시키려는 여러 계획이 생겨났다. 유럽의회 선거는 국가별 단일 선거구 정의에 따라 이루어지므로, 절차상으로 편파적인 국내 선거보다 좀 더 민의를 대변하는 선거가 될 수 있다고 보았기 때문이다.

2013년 1월에 파르티도 에키스(Partido X: X당)가 처음으로 결성되었고, 그 뒤를 이어 발렌시아에 근거를 둔 '유럽의 봄(European Spring)', '백지 투표 의석(Blank Vote Seats)' 연합, 소수집단 연합인 '해적연합(Confederacion Pirata)', 마지막으로 '포데모스'가 2014년 1월에 조직되었다. 이들은 모두 이들이 반대하는 기존의 정치와 조직에 사로잡히지 않고 운동의 원칙과 목표에 합법적인 정치 형태를 부여하자는 원칙에 근거하고 있었다. 이들은 논의와 협의, 조직을 위해 인터넷을 광범위하게 활용했는데, 한편으로는 지역 단위 풀뿌리 모임 회의에 실질적으로 의존하기도 했다. 이들 대부분은 다음과 같은 사항을 제시했다. 즉, 파벌 구도 속에서 선거를 통제하지 않는 공개적 논의를 통한 후보 선출, 회원들에 의해 선출된 이들의 일반적인 책임과 자격 취소 가능성, 정치시스템에 따라 행동하는 공유된 프로세스 구조 속에서 다른 정치 단체들과의 협력과 상호작용 의지, 각각의 단체를 신뢰하는 시민들의 표현에 따라 99% 민중의 의지를 담는 수단이 되고자 노력하면서 특정 이념을 거부하는 것이었다. 주도자들은 대부분 민중의 권익 표현이 새로운 형태의 정치 행위로 이행되는 데는 오랜 시간이 걸릴 것이라고 여겼다. 그러나 2014년 5월 25일의 유럽의회 선거는 대부분의 유럽 국가와 마찬가지로 스페인에서도 정치적 지각변동을 일으켰다. 그렇지만 다른 유럽 국가와 달리, 스페인에서의 반정부운동은 사회운동에서 등장한 연합과 정당에서 비롯되었다. 이는 포데모스의 특이한 사례이기도 했는데, 포데모스는 선거를 6개월 앞둔 시점에는 존재하지도 않았지만, 전국에서 8%(120만 표)를 득표하며 스페인에서 네 번째로 큰 정치세력이 되었고, 다섯 명의 유럽의회 의원(스페인에는 54석이 부여되었다)을 배출했다.

　등장한 지 1년도 채 안 되는 기간에 보여준 포데모스의 부상은 놀라운 것이었다. 2014년 11월, 명망 있는 일간지 ≪엘 파이스(El Pais)≫는 여론조사에서 포데모스가 2015년 선거에서 27.7%를 얻어 26.2%의 사회노동당, 그리고 2011년 선거에서 44.6%의 득표를 했지만 2014년 11월의 여론조사에서는 20.7%로 지지율이 붕괴한 정부 여당인 보수 국민당에 앞서 가장 많은 표를 얻을 것으로 예측했다. 좌파인 좌익연합(Izquierda Unida: IU)은 운동으로부터 등장한 새로운 정치와 낡은 좌파 사이에서 차이를 드러내며 네 번째로 멀찌감치 밀려났다. 비록 이것이 단지 정치 여론조사에 지나지 않는 것이라 하더라도, 이는 관찰자들에게 중대한 정치 변화일 뿐만 아니라 지난 40년 동안 스페인 민주주의를 지배해온 양당 체제의 종언을 고할 신호로 여겨졌다. 2014년 12월, 위키피디아에 올라온 한 연구 자료는 마지막 총선이 있었던 2011년 11월과 2014년 12월 사이의 다양한 자료에서 여론조사 결과를 취합했다. 이러한 자료를 바탕으로 이 연구는 여론조사에서 추출한 2015년 11월 선거에서의 종합적인 투표 의향 지표를 작성했다. 〈그림 9-1〉은 그런 실행의 결과를 보여준다. 명확성을 높이기 위해 그래프는 주요 정당인 보수당(국민당)과 사회노동당, 그리고 포데모스에 관한 데이터로만 한정했다. 그래프는 포데모스가 불과 11개월 만에 투표 의향 면에서 두 정당을 어떻게 앞질렀는지를 보여준다. 이 데이터를 종합하기 위해 활용한 세부 데이터와 방

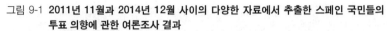

그림 9-1 **2011년 11월과 2014년 12월 사이의 다양한 자료에서 추출한 스페인 국민들의 투표 의향에 관한 여론조사 결과**

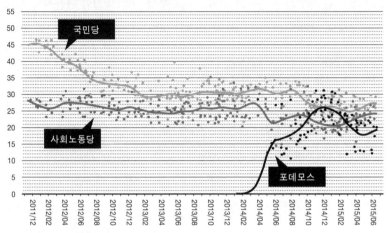

주: [옮긴이] 원서에 실린 그래프는 2014년 12월까지의 조사 결과를 반영했으나, 이 책에는 최신 자료를 더해 2015 년 6월까지의 조사 결과를 반영했다.

법론은 위키피디아의 연구 자료에서 찾아볼 수 있다(http://en.wikipedia. org/wiki/Opinion_polling_for_the_Spanish_general_ election,_2015). 다음 의 회에서의 의석 할당은 투표율에 비례해서 적용되지 않았는데, 이는 선거구 획정에서 비롯되는 전통적인 정당들에 대한 일반적인 우호적 편견 때문이 다. 그러나 포데모스는 사회주의 정당(사회노동당)을 크게 앞지르고 보수 정 당(국민당)에는 매우 근접했는데, 2014년 12월의 여론조사에 따르면, 보수 정당은 101~104석의 포데모스와 77~80석의 사회주의 정당에 맞서 115~ 118석을 차지할 것으로 예측되었다. 비록 2015년 11월의 선거 결과가 이러 한 여론조사 기반의 예측과 다르다 하더라도, 나는 이 예측들이 단독으로 정 부를 구성할 정당이 없다는 최종 결론에 충분히 근접하리라고 확실히 예견 할 수 있다. 1977년의 민주 정부 수립 이래 국민당과 사회노동당 사이의 정 권 교체를 기반으로 하면서 스페인 민주주의를 특징지었던 양당제의 패권을 포데모스가 불과 몇 개월 만에 종식시킨 것이다.

여론조사를 넘어 여러 지표들이 포데모스의 부상을 보여준다. 2014년 5월의 선거 승리 이후, 이미 소셜 네트워크에서 지배적인 존재였던 포데모스는 2014년 9월을 기준으로 트위터 추종자가 35만 명(국민당 15만 5000, 사회노동당 15만 7000), 페이스북 추종자가 75만 명에 이르렀다. 불과 6월부터 가입을 받기 시작했는데, 2014년 12월에는 30만 명이 포데모스에 가입했다. 이는 20세기를 통틀어 스페인 정치에서 중요한 역할을 담당한 오래된 사회주의 정당인 사회노동당의 당원 수 약 20만 명과 비교되는 수치다.

포데모스는 소셜 네트워크에서 결성되었는데, 특히 2014년 9월, 2만 5000명의 독특한 이용자와 다양한 제안에 관한 100만이 넘는 누적 투표수를 지닌 플라자 포데모스(Plaza Podemos)라는 가상공간을 통해서 열린 토론과 의사결정 시스템이 이루어졌다. 또한 포데모스는 스페인 전체 지역 단위에서 800개가 넘는 모임(서클)도 있었다(Flesher Flominaya, 2014).

이 글을 쓰던 당시 포데모스는 2014년 9~11월 사이에 조직 구성, 지도부 선출 절차, 궁극적으로는 지도자와 후보자 선출 선거에 관한 기본 계획 플랫폼을 정하는 두 달 동안의 조성 작업을 마쳤다. 플라자 포데모스를 통해 집회는 현실공간과 가상공간 모두에서 열렸다.

포데모스의 놀라운 성장률은 경찰과 매일 충돌하지 않고도 시민들의 분노와 희망을 전달할 수 있는 새로운 정치에 대한 상당히 큰 잠재 수요가 있었다는 것을 보여준다. 포데모스의 발생과 주류 정당들에 대한 유권자들의 반발은 정치제도 속에서 즉각적으로 위기를 만들었다. 사회노동당의 지도부가 사퇴했고, 긴급 선거로 더 젊은 새로운 사무총장을 뽑았는데, 그는 여론 지지도와 당원 가입자 수의 급락을 포함한 어려운 과제를 맡게 되었다. 심각한 부패 스캔들에 지속적으로 흔들린 보수 국민당은 일부 정책, 예를 들어 낙태 금지 법안 폐기와 같은 정책을 갑자기 수정했는데, 이 때문에 당내 분열이 일어났고 일부 지도부의 교체가 임박해 보였다. 좌익연합은 좌파 가운데 그들의 직접적인 경쟁자인 포데모스와 연합하라는 젊은 지지자들의 압박을 받았고, 카를로스 국왕은 침몰하는 왕실을 살리기 위한 최후의 노력으로 펠리페 왕자를 위해 결국 퇴위를 선택했다.

포데모스의 즉각적인 성공은 무엇으로 설명할 수 있을까? 15-M 운동에서 부터 불과 몇 개월 만에 주요 정치세력의 형태로 어떻게 이행할 수 있었을까? 15-M 운동의 가치와 행동과 새롭게 등장한 정치 행위자 사이에는 어떤 관련성이 있는가? 15-M 운동이 포데모스의 모체였다는 것에는 의심의 여지가 없지만, 포데모스가 제도정치와 사회운동 사이에서 명확한 선을 그으면서 15-M 운동도 아니고 15-M 운동이 되려고 하지 않는다는 것 역시 명확하다. 운동의 실행 속에 뿌리내린 새로운 정치 행위자들의 이러한 의식은 사회운동에 관한 기존 정당들의 마케팅 전략에서 다른 세력들과 포데모스를 구분 짓는 주목할 만한 특징이었다.

포데모스는 스페인의 다양한 사회운동들, 특히 반세계화 운동에서 일익을 담당했으며 15-M 운동에 적극적으로 참여했던 노련한 좌파 과격분자들의 한 집단에 의해 결성되었다. 그들 가운데는 후안 카를로스 모네데로(Juan Carlos Monedero), 이니고 에레혼 테레사 로드리게스(Inigo Errejon Teresa Rodriguez), 미구엘 우르반(Miguel Urban), 산티아고 알바(Santigo Alba), 칸디도 곤잘레스(Candido Gonzalez), 비비아나 메디알데아(Bibiana Medialdea)와 그 밖의 여러 사람이 있었다. 2014년 1월 12일에 그들은 적극적으로 반세계화 운동을 펼친 단체인 반자본주의 좌파(Izquierda Anticapitialista)가 본래 내부 문서로 작성했던 것을 바탕으로, "이동: 분노를 정치 변화로 전환하기(Mover ficha: convertir indignacion en cambio politico)"라는 상당히 노골적인 제목을 붙인 성명서를 발표했다. 성명서에서는 2014년의 유럽의회 선거와 더불어, 선거 영역에서 15-M 운동의 계획과 요구를 수용할 수 있는 정당을 창립해야 한다고 주장했다. 그들은 인터넷에 올린 성명서가 최소 5만 명의 지지서명을 받을 때에만 행동에 들어가겠다고 언급했는데, 그 숫자를 넘기기까지는 24시간이 채 걸리지 않았다. 1월 14일, 성명서의 발의자들은 국립 마드리드 대학교(Universidad Complutense de Madrid)의 정치학 교수인 35세의 파블로 이글레시아스(Pablo Iglesias)를 운동의 대변인으로 임명했다. 그는 곧 포데모스의 중요한 자산이 되었고, 그의 의사소통 능력으로 그와 동료들이 만든 〈라 투에르카(La Tuerka)〉라는 프로그램을 포함한 일부 소규모 텔레비전 토크쇼의 진행자를 맡게 되었다. 그의 능력을 눈여겨본 두 곳의 주요 텔레비전 방송사들이 정치토론 프로그램에 그를 빈번하게 초청했다. 텔레비전에서의 그의 강력한 존재감은 신생 정당의 성공에 일익을 담당했다. 사실 포데모스의 첫 투표용지에는 정당의 일반적인 로고 대신에 파블로 이글레시아스의 얼굴을 넣었는데, 말하자면 이는 무명의 정당과 잘 알려진 인물의 연계를 원하는 정당이 상당히 중요하게 여기는 일종의 개인숭배라 할 수 있었다. 이 전략은 잘 먹혔다. 하지만 이탈리아의 5성운동(M5S)의 사례처럼 포데모스를 카리스마 있는 지도자에 의해 배타적으로 운영되는 운동으로 인식하는 것은 잘못인데, 왜냐하면 파블로 이글레시아스는 항상 운동의 집단 결정에 맡겼고, 그가 지닌 대중성의 자산을 간과하지 않고 투명하고 민주적인 의사결정 과정을 만들려는 원칙에 입각한 태도를 고수했기 때문이었다. 사실상 포데모스는 15-M 운동과 상당히 비슷한 다층적인 조직이다. 포데모스는 모든 주요 결정이 이루어지는 소셜 네트워크에서의 강한 존재감을 지역 모임과 집회, 특히 텔레비전 같은 주류 미디어에 대한 개입과 결합하여 활동을 벌였다. 이러한 다층적 커뮤니케이션 구조는 타당성 있는 봉기의 메시지를 수용하는 수십만의 결집된, 그리고 식견을 갖춘 사람들에게 상승 동력을 만들어주었다.

포데모스는 15-M 운동의 여러 원칙을 실행에 옮겼는데, 예컨대 공직 후보자를 선정할 때 당의 사전 통제를 배제하고 시민의 공모를 실시하는 것이나, 은행 자금을 거부하는 대신에 클라우드펀딩을 신뢰하는 것, 그리고 조직의 회계 처리에서 투명성을 중시하는 것 등이 그것이었다. 사실 유럽의회 선거에서 주요 정당들이 각각 500만 유로의 후원금을 모금한 것에 비해, 포데모스의 후원금은 약 10만 유로 정도였다. 프로그램 측면에서 장기적인 프로그램은 여전히 논의되었지만, 포데모스의 일부 견해는 사회운동의 제안으로 직접 거슬러 올라가는데, 그것은 다음과 같다. 스페인의 모든 국민이 최소한의 소득을 받아야 할 권리가 있다는 개념, "어떠한 형태 또는 누가 소유했는지 간에 국가의 모든 부는 국민의 이익에 종속되어야 한다"라는 헌법 제128조의 전면적 시행, 유럽연합, 특히 독일에 맞서 스페인의 주권 수호, 공적 자금으로 구제된 은행에 대한 정부의 통제, 사회복지사업 축소를 막기 위한 기업 과세의 활용, 스페인에 있는 모든 외국 군사기지의 철수, 세계의 평화와 결속을 위한 스페인의 적극적인 역할, 카탈루냐 사람들이 그들의 미래를 결정할 수 있는 권리를 포함한 스페인 각 지방 사람들의 자기 결정권에 대한 존중, 그리고 가장 중요한, 정당과 관료의 부패에 관한 강력한 통제와 새로운 선거법을 통한, 민주적 제도의 개혁이다. 하지만 이 모든 요구는 유럽의회 선거 준비 과정에서 급하게 논의되고 결정된 것이었다. 이 글을 쓰는 동안에 포데모스는 진정으로 계획한 목표를 논의하고 있었고, 참여자들을 제한하지 않는 플라자 포데모스에서 수만 명의 참여자들에게 협의 과정이 개방됨에 따라 그 목표들은 유동적이었다. 그러나 포데모스는 또한 기술적으로 정교한 조직이었는데, 보안과 참여 활동을 보장하기 위해 스페인에서 이전에 실행된 그 어떤 것보다 훨씬 발전된 다수의 웹 어플리케이션의 도움으로 참여 절차를 구성했다. 포데모스는 진정한 디지털 시대의 정당이라 할 수 있다(Frediani, 2014).

그러나 포데모스는 중앙집중적 의사결정 구조를 지닌 지역 모임과 인터넷을 통한 당원들의 대규모 참여를 결합했다. 지도부가 선출되고 나면, 그들은 단호한 방식으로 리더십을 실행했다. 이러한 점에서, 그들은 사회운동의 관행에서 확실히 벗어났다. 그들은 기성 정치체제의 공격을 받았던, 정당을 약화시키는 파벌주의와 당내 투쟁을 방지하는 것을 포함해, 효율성이라는 명목으로 이런 중앙집중적 구조를 정당화했다. 특히 2014년 12월에 인터넷으로 지방선거 후보자를 선정하는 과정에서, 포데모스의 참여민주주의 비전과 후보자 선거의 현실 사이에서 모순점이 드러나기 시작했다. 포데모스의 지도부는 많은 당원들로부터 비난받는 결함의 원인을 내부 선거 절차를 관리하는 컴퓨터 시스템의 고장 탓으로 돌렸다. 그러나 정치인과 미디어는 포데모스를 교활한 조직이라고 비난할 기회를 잡았다. 신구 정치 사이의 대립은 공개 토론에서 세간의 주목을 끌었다.

사실 포데모스의 근본적인 참신함은, 민주주의의 재건을 요구하고, 체험 학습 과정 속에서 협의와 대의의 새로운 형태를 찾으려 노력하며, 그들이 '라 카스타(계급)'라고 이름 붙인 정치인 계급에 저항하려는 그들의 의지에서 찾을 수 있다. 이런 점에서 포데모스는 진정한 민주주의를 위한 15-M 운동의 근본적인 요구와 명확한 연속성을 띤다. 포데모스가 성공하고 관행적인 민주주의의 부패를 맹비난했기에, 포데모스는 정치인과 지식인, 저명한 여론 주도자들에게서 전면적인 비판을 받았는데, 이들은 심지어 파블로 이글레시아스를 아돌프 히틀러와 비교하기도 했다.

포데모스의 성공에 뒤이어, 지역 단위에서 다양한 단체들은 2014년 말까지 2015년 5월의 지방선거 출마를 위한 일련의 운동 연합들을 결성하기로 결의했다. 그 첫 번째 연합은, 스페인 전역에서 가장 대중적인 운동인 주택담보대출 피해자 연합(PAH)의 지도자 아다 콜라우의 시장 출마와 관련해 바르셀로나에서 결성되었다. 아다 콜라우의 카리스마와 독립적 기질로, 좌파인 이니시아티바 포르 카탈루냐(Iniciativa por Catalunya) · 좌익 연합, 파르티도 에키스(X당), 프로세 컨스티튜언트(Procés Constituent: 주민 소송)와 기타 여러 단체를 비롯한 여러 정당과 단체가 강력한 연합을 이루었다. 그들은 현재 이 지방의 주요 정당인 카탈루냐 민족주의 정당과 사회주의 정당에 도전할 것으로 예상되었다. 이 연합은 바르셀로나에서 "카탈루냐에서 승리합시다"•라는 이름을 채택했으며, 마드리드와 주요 도시에서 좋은 성과가 기대되는 높은 가능성으로 가네모스라는 이름 아래 최소한 수십 개의 유사한 연합들에 영감을 주었다. 포데모스는 그들에게 동조하기는 하지만, 이러한 연합에 참여함으로써 포데모스의 선거 전망을 위태롭게 하지는 않기로 결정했고, 2015년 5월의 지방선거와 2015년 가을의 총선에 집중하기로 했다.

만약 현재의 선거 계획이 옳다고 입증된다면, 기존 정당의 광범위한 부패가 드러난 곳이 어디이고, 또 누구인지를 좀 더 잘 파악하는 시민들이 있는 지방과 지역 단위에서 스페인의 중대한 정치 혁신이 시작될 것이다.

이 글을 쓰고 있는 2014년 12월에 스페인 정치 변화의 주요 매개체로서 포데모스와 가네모스 연합의 잠재력을 평가하기에는 아직 이르다. 그러나 우리가 포데모스에 관해서 변함없이 말할 수 있는 것은, 경험과 자금이 없고 검증되지도 않은 한 정당이 스페인 정치의 전면에 나타나 불과 몇 개월 만에 압도적 우위를 보이던 사회주의 정당을 몰아내려 했다는 것이며, 이처럼 좌파에게 활력을 불어넣고, 확고부동한 양당 정치권력의 지배에 운동이 도전할 수 있게 되었다는 점이다.

2013년, 미구엘과 캄푸스(Miquel and Campos, 2013)를 비롯한 선거분석가들은 2015년의 새로운 선거 이후에 보수 정당(국민당)과 사회주의 정당(사회노동당)이 그들이 통제하는 스페인 정치에 대한 공격을 물리치는 유일한 방법으로 의회 혹은 정부에서 연합(흔히 말하는 '대연정')을 하게 될 것이라고 예측했다. 이것은 필히 그들의 정통성 상실을 초래하게 되며, 따라서 그 모체를 2011년 인디그나다스 운동에서 찾을 수 있는 정치 행위자들과 정당들의 선거를 위한 초석을 다지게 될 것이다. 이러한 운동이 유도한, 정치 행위자들을 위한 도전은 그들이 그 운동에서 배웠고 궁극적으로 구현하고자 하는, 희망을 불러일으켰던 가치와 행위를 제도권 영역으로 가져오게 될 것이다. 일상적인 정치 혹은 새롭고 혁신적인 정치는 스페인을 비롯한 여러 곳에서 일어난 네트워크된 사회운동의 유산이 직면한 딜레마이며, 이 딜레마의

●● [옮긴이] Guanyem Barcelona: Let's win in Catalunya.

해결 방안이 다가올 미래의 민주주의 활동을 결정하게 될 것이다.

정치 변화의 지렛대?

내가 이 책에서 살펴보았듯이, 그리고 이 장에서 2013~2014년 사이 다양한 국가에서 일어난 변화들을 되새기면서 강조했듯이, 네트워크된 사회운동은 정치체제 내의 변화에 영향을 미칠 잠재력을 지니고 있다. 모든 경우에 변화의 근원은 이러한 운동이 개별적으로 그리고 집단적으로 사람들의 마음속에 자리한 영향에서 비롯되는데, 그들이 느끼고 생각하는 것을 표현함으로써, 그리고 기존 질서에 대한 저항의 가능성을 터놓음으로써 삶과 민주주의의 대안을 제시한다. 물론 정치에 영향을 미치려는 사회운동이라면 처음에 이러한 실천 속에 존재해야 하는데, 사회저항이 도처에서 일어나고 있고 요즘 그 모든 사례가 인터넷 네트워크를 기반으로 일어난다 해도, 현재까지 대부분의 국가에서 이러한 실천이 일반적이지는 않다. 그러나 내가 이 책에서 주장해왔고 이전 장에서 사회운동의 새로운 사회적 활동을 특징지었던 것과 같이, 사회운동은 집단행동의 다른 형태라 할 수 있다. 하지만 어느 한 사회에서 사회운동이 일어난다고 해도, 그 사회운동이 필연적으로 정치 변화를 유발할 잠재력을 지니게 되는 것은 아니다. 그것은 정치 행위자들과 운동의 실제 활동에 못지않게 문화적·제도적 특수성에 달려 있다. 이 장에서 분석한 강력한 운동의 주요 사례에서 내가 관찰한 것은 미국이나 터키만큼 서로 다른 국가의 정치체제에도 사회운동의 직접적인 영향이 거의 미치지 않는다는 것이다. 다른 사례, 특히 그리스와 칠레, 브라질, 무엇보다 스페인에서는, 비록 지배적 정당들이 아니라 대통령직 단계, 또는 그리스와 스페인의 경우 정치체제의 제도적 좌파를 통해서였지만, 정치체제에 몇 가지 기회가 발생했다. 이러한 상황 아래, 정치 개혁을 위한 전략에 순풍을 불어넣으며, 사회운동의 정당성을 인정하고 그 열망을 기꺼이 전달하려는 정치지도자와 사회운동 사이의 연합이 이루어졌다. 스페인의 사례에서 나는 포데모스라는 새로운 정치 행위자의 탄생을 확인했다. 제도권 정치의 실용주의가 유토피아적 사회 변화의 열망을 통제하려고 하는 동안, 주로 15-M 운동을 기반으로 하여 생겨난 포데모스는 운동을 가장하지 않고 운동의 요구와 제안에 부응하고자 했다. 더욱이 선거에서 보여준 포데모스의 성공은 지방자치 단계에서 시민의 분노와 희망을 제도 혁신으로 전환하고자 노력하는 다수의 지역 연합들에 영감을 주었다. 약 4년이라는 상당히 짧은 기간에 정치적 표현 방법을 찾아내고 있는 사회운동이 스페인이라는 나라에 존재한다는 것은 그리 놀라운 일도 아니다. 왜냐하면 스페인은 예나 지금이나 유럽에서 가장 강력한 네트워크된 사회운동이 이루어지는 지역이고, 세계에서 아랍 혁명 이후 월스트리트 점거운동을 비롯한 여러 사회운동의 모체와 목표라 할 만한 첫 번째 국가이기 때문이다.

그러나 역사는 미리 써지지도, 긍정적인 사회 변화를 향해 직선의 궤도를 따르지도 않는다. 사실 대부분의 역사적 경험은 그 반대를 보여준다. 그것의 극적인 예시는 2010~2011년의 아랍 혁명이다. 아랍 혁명은 비범한 정치적 결과를 낳았고, 사실상 아랍 세계 전체를 뒤집어 놓았다. 만약 누군가가 정치 변화의 매개체인 네트워크된 사회운동의 개념에 도전한다면, 이른바 아랍의 봄은 네트워크된 사회운동이 틀렸다는 것을 증명하게 될 것이다. 그러나 나는 (아랍의) 봄이라 부르는 것에 항상 이의를 제기했는데, 왜냐하면 이집트, 리비아, 특히 시리아의 정치체제에서 민주적인 풀뿌리 운동이 열어놓은 틈 속에서 이슬람 근본주의 운동과 지정학적 이해의 개입으로, 단기적으로는 아랍 세계의 광대한 지역에 겨울이 내려앉았기 때문이었다. 다양성 속에서 운동이 여전히 건재한 혁명적인 이집트 사회에서, 미국의 지원을 받는 새로운 군부 독재가 불안한 영향력을 유지하고 있는 반면, 리비아와 시리아는 중동과 전 세계를 불안정하게 만든 여러 차례의 외세 개입이 직접적으로 유발한 잔혹한 내전으로 산산조각이 났다. 아랍 혁명의 근원지인 튀니지만이 이슬람주의와 세속주의 사이의 긴장에도 불구하고 민주주의 건설을 위한 공존의 방식을 어느 정도 찾고 있는 것으로 나타났다. 하지만 한편으로, 나의 견해는 여기에서 아랍 혁명을 다시 논하자는 것이 아니라, 아랍과 전 세계에서 예기치 않게 일어났던 네트워크된 사회운동의 특별한 정치적 영향을 강조하려는 것이며, 다른 한편으로는 정치적 변화가 사회운동 자체에서 계획된 변화이지도 않을뿐더러, 우리가 바라는 변화도 아니라는 것을 말하려는 것이다.

그래서 우리는 우리 시대의 사회운동의 형태를 대변하는 네트워크된 사회운동의 첫 번째 물결의 궁극적인 정치적 결과에 대해 제대로 파악하지 못하고 있다. 왜냐하면 확실히 진행 중인 사회운동의 폭발에 깜짝 놀란 모든 전문가들처럼, 나를 포함한 많은 사회 분석가들이 한동안 글을 쓰면서도, 나 자신 또는 그 누구도 사회 변화 과정에서 어떤 것도 예측할 수 없기 때문이기도 하다(Castells, 2009; Shirky, 2008). 엄밀히 말해서 나는 우리가 미래를 예측할 수 없다는 것을 알고 있기에, 포데모스와 그 후속편들이 스페인 전체 정치인들의 맹공에서 살아남을 수 있을지는 확신할 수 없다. 왜냐하면 이는 여러 사안 가운데 카탈루냐와 스페인 사이의 헌정 위기 상황에 달려 있기 때문이다. 게다가 2014년 12월, 인종차별적인 잔혹 행위를 저지른 경찰의 면책에 항의하는 대규모 동원이 불공정에 반대하는 저항 정신이 살아 있음을 보여주었지만, 점거운동으로 미국 사람들의 마음속에 뿌려진 씨앗들이 사회적 위기의 순간에 솟구쳐 오를지도 알 수가 없다. 또는 오바마 정부의 유산이 가져온 희망의 잔해 위에서 새로운 저항 후보들이 선출되는 일이 미국에서 일어날지도 모르며, 재선에 성공한 브라질의 지우마 호세프 대통령이 2014년 선거를 거의 좌지우지할 뻔했던 사회운동의 도전을 받아들일 수도 있다. 내가 자신 있게 말할 수 있는 것은, 중대한 정치 변화가 머지않아 네트워크된 사회운동의 실천에서 비롯될 것이며, 이러한 운동이 카탈루냐에서 홍콩까지 전 세계에 걸쳐 계속될 것이라는 점이다. 왜냐하면 사회적 위기와 갈등이 우리가 살고 있는 이러한 역사적 이행의 시대에 일어나고 있기 때문이며, 현재 거의 모든 곳의 정치제도들이 시민들의 마음속에서 비효율적이고 불합리하게 여겨지기 때문이다. 마음은 자유로운 커뮤니케이션의 바람에 의해 열리게 되고 두려움 없는 젊은이들이 실행하는 권한 강화 행위에 영감을 준다.

10 분노와 희망을 넘어서
네트워크된 사회운동의 생성과 소멸

그것은 위기가 아니다,

단지 내가 더는 당신을 사랑하지 않는다는 것이다.

— 점거된 플라자 델 솔에 걸린 슬로건, 2011년 5월 마드리드.

나와 여러분이 이 책에서 공유한 경험인 네트워크된 사회운동은 앞으로도 계속 싸우고 토론할 것이며, 역사상 모든 사회운동이 그랬듯이 진화하여 결국 현재의 모습은 사라질 것이다. 운동이 스스로를 정치 행위자, 정당 혹은 새로운 형태의 대리자로 전환한다면(그럴 가능성은 거의 없지만), 바로 이 사실만으로 운동은 존재하기를 그칠 것이다. 사회운동의 의미를 평가하는 유일하게 적절한 질문은 운동의 사회적·역사적 생산성과 운동 참가자들과 운동이 변화시키려 했던 사회에 대한 운동의 영향력에 관한 것이기 때문이다. 이런 의미에서, 정권이 교체되고, 제도들이 도전받고, 승승장구하던 세계 금융자본주의에 대한 믿음이 흔들리는 것은 사람들의 마음속에서 돌이킬 수 없는 방향으로 진행되고 있다고 말할 수 있지만, 이 운동들의 궁극적인 결과를 평가하는 것은 시기상조이다.

최근의 분석에 따르면, 사회운동의 유산은 운동의 실행을 통해서 생산된 문화적 변화라고 할 수 있다. 왜냐하면 만약 우리가 우리의 개인적·사회적 삶의 몇몇 결정적인 차원에 관해 다르게 생각한다면, 어떤 시점에서 제도 역시 양보해야 할 것이고 변화가 일어날 수밖에 없기 때문이다. 역사적 의미라고 생각되는 바가 때로는 타당하지 않기 때문에, 역사상의 변화도 미리 정해진 길을 따르지 않으며 모든 것은 변한다. 이런 점에서, 네트워크된 사회운동의 가능한 유산으로 여전히 진행 중인 것은 무엇일까? 그것은 바로 민주주의, 결코 실현되지 않은 인류의 오랜 열망인 새로운 형태의 민주주의다.

사회운동에서는 필요와 소망이 다양하게 표현된다. 모든 사람이 절망의 자루를 비우고 희망의 마술 상자를 열 때 해방의 순간을 맞는다. 우리는 이러한 운동들의 행동과 주제, 특히 투기적 금융시장이라는 컴퓨터화된 오토마톤(Automaton)에 나날이 고통에 빠진 사람들을 밀어 넣는 무자비한 경제 시스템에 대한 엄중한 비판에서 인류의 모든 가능한 전망을 찾을 수 있다. 만약 여기에 대단히 중요한 주제, 무시할 수 없는 외침, 혁명적인 이상이 있다면, 이는 정치적 협의, 대의제 그리고 의사결정의 새로운 형태를 촉구하는 것이다. 이는 모든 요구와 계획의 실현을 위한 효과적이고 민주적인 거버넌스의 선결조건이기 때문이다. 만약 시민들이 자치의 수단과 방법을 갖지 못하면, 잘 짜인 정책, 정교한 전략, 많은 지지를 받는 계획들도 이행 과정에서 비효율적으로 되거나 왜곡될 수 있다. 도구는 기능을 결정한다. 민주적 정치체만이 사람 중심의 경제와 인간 가치 및 개인의 행복 추구라는 임무를 수행하는 사회를 보장할 수 있다. 누누이 강조하지만, 전 세계의 네트워크된 사회운동은 새로운 형태의 민주주의를 요구했다. 운동은 그 실행 과정에서 새로운 형태의 민주주의의 절차를 찾지 않고, 그것의 원칙을 탐색했다. 이 운동들과 여론은 많은 나라에서 유명무실해진 민주적 이상을 규탄하는 데 뜻을 같이한다(부록 3 참고). 이것은 자신의 사고틀 안에서는 진지하고 정직한 정치 행위자의 주관의 문제가 아니다. '시스템'이 문제인 것은 틀림없다. 시스템의 문제는 누구도 개인적으로는 마주치지 않지만, 그것의 효과는 모든 이의 삶에 퍼져 있어서 실체를 이해하기 어렵게 만든다. 그래서 절망의 밑바닥에서, 그리고 곳곳에서 꿈과 계획이 밀려들었다. 민주주의를 재창조하기 위해서, 그리고 마음속에서는 공유되고 일상에서는 보통 무시했던 원칙들에 따라 삶을 집합적으로 꾸려가기 위한 방법을 찾기 위해서 말이다. 이러한 네트워크된 사회운동은 새로운 형태의 민주적 운동이다. 지역공간과 인터넷 네트워크 사이의 상호작용으로 세워진 자율공간에서 공론의 장을 재건하는 운동이며, 집회 기반의 의사결정을 실험하고, 인간 상호작용의 토대인 신뢰를 다시 만드는 운동이다. 이러한 운동은 계몽주의 시대의 자유혁명에서 유래한 원칙을 인정하는 한편, 이 원칙들이 지속적으로 — 여성, 사회적 소수자, 식민지 국민에게 완전한 시민권을 부여하는 것을 거부했던 것을 시작으로 — 저버린 것들을 정확히 짚고 넘어간다. 운동은 시민 기반의 민주주의와 최고 입찰인에게 팔려고 내어놓은 도시 사이의 모순을 강조한다. 운동은 처음부터 다시 시작할 권리를 주장한다. 현재의 제도에 의해 자기 파괴의 문턱에 다다른 후에야 새로운 출발이 시작되는 법이다. 운동은 운동의 행위자들을 믿는다. 나는 단지 그 행위자들의 말을 차용했을 뿐이다. 네트워크된 사회운동의 유산은 진정한 민주주의 속에서 함께 사는 방법을 다시 학습할 가능성을 불러일으킬 것이다.

NETWORKS OF OUTRAGE AND HOPE

Social Movements In The Internet Age

각 장의 주

1장 시작하며: 생각을 연결하고, 의미를 창조하고, 권력에 저항하라

1 2011년 세계 도처에서 일어난 사회운동의 분석적이고 정통한 개론은 다음을 참조할 것. Paul Mason, *Why It's Kicking Off Everywhere: The New Global Revolutions* (London: Verso, 2012).

2 네트워크 사회에 대한 개념 정의는 필자의 다음 책을 참조할 것. *The Rise of the Networked Society* (2nd ed. Oxford: Blackwell, 1996; 2010). 한편 네트워크 권력 이론에 관한 간결한 설명은 필자의 다음 글을 참조할 것. "A Network Theory of Power," *International Journal of Communication*, 5(2011), pp.773~787.

3 도시 혁명에 관한 역사적 분석은 필자의 다음 책을 참조할 것. *The City and the Grassroots* (Berkeley: University of California Press, 1983), pp.15~88.

4 W. Rusell Neuman, G. E. Marcus, A. N. Crigler and M. MacKuen(eds.), *The Affect Effect: Dynamics of Emotions in Political Thinking and Behavior* (Chicago, IL: University of Chicago Press, 2007).

5 나의 책 *Communication Power* (Oxford: Oxford University Press, 2009), pp.146~155에서 감정지능이 사회적·정치적 동원 연구에 미치는 영향을 논한 바 있다.

6 현재 네트워크된 사회운동의 성공에 관한 개척자적 분석은 다음을 참조할 것. Jeff Juris, *Networked Futures*(Durham, NC: Duke University Press, 2008).

7 나의 책 *The City and the Grassroots*, pp.15~26에서 파리코뮌의 역사적 기록들을 논한 바 있다.

2장 혁명의 전주곡: 여기에서 모든 것이 시작되었다

1 튀니지 혁명에 관한 최고의 분석은 추크리 흐메드(Hmed, 2011)의 것이다. 나의

분석에서 몇몇 핵심 요소는 그의 분석에 기반을 두고 있다. 비비안 베타이에브 (Bettaieb, 2011)도 자세한 설명을 제시하고 있다. 튀니지 시위에서 인터넷 소셜 네트워크, 텔레비전, 휴대전화의 역할에 관해서는 와그너(Wagner, 2011)와 로탄 외(Lotan et al., 2011)를 참조할 것.

2 아이슬란드 혁명에 관한 통찰력 있고 잘 정리된 분석은 길퍼슨 외(Gylfason et al, 2010)와 군나르손(Gunnarson, 2009)의 연구에서 찾아볼 수 있다. 사회운동의 역동성 속에서의 인터넷 소셜 네트워크의 중요성은 베넷(Bennett, 2011)과 가르시아 라마르카(Lamarca, 2011)의 연구를 참조할 것. 아이슬란드의 금융위기와 경제정책에 관한 내용은 이 장의 참고문헌을 참조할 것.

3 www.wired.co.uk./news/archive/2011-08/01/icelandconstitution

4 영어로 번역된 헌법 초안은 다음에서 볼 수 있다. http://www.politics.ie/forum /political-reform/173176-prop osed-new-icelandic-constitution.html

5 www.nakedcapitalism.com/2011/10

6 장 자크 루소, "코르시카 헌법 초안"(Edinburgh: Thomas Nelson and Sons, 1765), 리버티 도서관(Liberty Library)에서 검색(Original URL: www.constitu tion.org/jjr/corsica.htm).

3장 이집트 혁명

1 2011년 이집트 혁명의 배경과 사건에 대한 자세한 설명은 다음을 참조할 것. Mona El-Ghobashy, "The praxis of the Egyptian Revolution," in MER258, Middle East Research and Information Project(2011), www.merip.org/mer/ mer258/praxis-egyptian-revolution

2 4·6 운동의 공식 웹사이트(http://6april.org, 아랍어). 에스라 압델 파타 아메흐드 라시드(Esraa Abdel Fattah Ahmed Rashid)는 이 운동의 공동 발기인 중 한 명이며, 후에 운동단체와 결별했다. 자세한 정보는 PBS 방송 프로그램 〈프론트라인 (Frontline)〉참조("Inside April 6th Movement," http://www.pbs.org/wgbh/ pages/frontline/revolution-in-cairo/inside-april6-movement/).

3 2009년 여름, 아델은 비폭력 혁명 전략을 공부하러 세르비아로 떠났다. ≪포린 폴리시(Foreign Policy)≫에 티나 로즈버그(Tina Roseberg)가 기고한 "What Egypt learned from the students who overthrew Milosevic"(http://www.foreignpol icy.com/articles/2011/0216/revolution_u?page=full)와 PBS 방송의 4월 6일 운

동에 관한 다큐멘터리 〈Revolution in Cairo〉 참조(http://www.pbs.org/wgbh/pages/frontline/revolution-in-cairo/inside-april6-movement/).

4 '우리는 모두 칼레드 사이드다'라는 페이스북 그룹의 회원들이 구상한 '조용한 혁명(Silent Revolution)'에 관해서는 다음 글을 참조할 것. Adel Iskandar, "Reclaiming Silence in Egypt," *Egypt Independent*(2010.7.22.) http://egyptindependent.com/node/58201

5 축구팀 알아흘리 팬들이 무바라크 반대 시위에서 중요한 역할을 했다는 점은 중앙보안 경찰에 의해 각인되었다. 2012년 2월 1일, 포트사이드에서 열린 지역 팀과 알아흘리 간의 경기에서 포트사이드 팀의 팬으로 가장한 수백 명의 무장 폭력배들이 운동장에 배치된 경찰들의 어떠한 제지도 받지 않은 채 선수들과 알아흘리의 팬들을 공격했다. 74명이 죽고 수백 명이 다쳤다. 낡은 무바라크 정권의 경찰이 이를 공모한 것이 명백했다. 군사정권의 공격을 묵인했다는 사실은, 2월 2~3일 카이로에서 수천 명이 경찰서로 돌진해 알아흘리의 깃발을 내걸며 폭력 시위를 일으키는 빌미를 제공했다. 이 시위로 몇 명이 사망하고 수백 명이 부상당했다.

6 타흐리르 광장 점거 기간에 콥트기독교도들과 과격 이슬람단체 사이에 일부 긴장이 있었다. 그러나 운동의 위험성과 목표를 공유하면서 무슬림, 콥트교도 그리고 세속주의자 사이에 관용과 협력의 분위기가 피어났다. 예를 들면, 2011년 2월 6일, 신도 수천 명이 참가한 가운데 여러 종교단체가 타흐리르 광장에서 축하 행사를 열었다. 그러나 10월 9일, 콥트기독교도들이 이집트 최고군사위원회 의장 무함마드 후세인 탄타위(Muhammad Hussein Tantawi)의 사임을 요구하고 언론 보도에 항의하기 위해 국영 텔레비전 방송국 건물 앞에서 시위를 벌이는 도중에 심각한 폭력 사태가 발생하여 시위 참가자 25명이 사망하고 200명이 다쳤다. 언론에서는 이슬람교도들이 폭력을 주도했다고 묘사했지만, 믿을 만한 소식통은 세속주의자들의 폭력을 유발하기 위해 경찰이 공격을 계획했다고 지적했다. 11월 21일, 타흐리르 광장에서 무슬림들이 금요기도회를 진행하는 동안, 콥트기독교도들은 폭력 사태가 일어날 것을 우려해 광장 주변을 지켰는데, 이는 종교 사이의 연대를 나타내는 명백한 증거이다.

7 이집트의 전면 차단은, 특정 라우터만 차단해 제한적으로 인터넷을 통제한 튀니지, 인터넷 접속을 극도로 지연시키기 위해 트래픽을 통제하는 이란과는 차원이 전혀 달랐다. 이집트의 인터넷 차단은 인터넷 연결이 필수적인 민주주의국가들에 비해서 상대적으로 쉬웠다. 이집트에는 ISP 기업이 네 곳뿐이었고, 외부세계와 접속할 수 있는 라우터도 상대적으로 적었다. 미국에서 인터넷을 차단하려면 수많은 회사를 처리해야 했을 것이다. 그리고 이집트에서는 법령에 의해 합법적으로 통신

기업의 업무를 정지시킬 수 있는 반면에, 미국에서는 통신 채널에 개입하려는 연방정부의 권력이 제한된다. 그러나 우리는 미국의 국회의원들이 '사이버안전 긴급 사태(cybersecurity emergency)'의 경우에 버튼만 한 번 누르면 인터넷이 '완전 차단(Kill Switch)'되는 법안을 계획하고 있음을 상기해야 한다.

8 경계 경로 프로토콜(BGP)은 인터넷에서 각 네트워크로 경로를 설정하는 메커니즘의 핵심에 있는 프로토콜(설정 규약)이다. 라우터가 홉(hop: 안테나에서 전리층으로 다시 지구로 되돌아오는 무선전파의 활동 — 옮긴이)을 이용해 데이터 경로 트래픽에 관한 정보를 공유하기 위해 BGP를 사용하기도 한다.

9 알누르당의 공식 웹사이트의 FAQ(http://www.alnourparty.org/page/answer)와 단체 소개 페이지(http://alnourparty.org/about).

10 이집트의 처녀 검사를 금지시킨 데에는 사미라 이브라힘(Samira Ibrahim)이라는 여성의 공이 컸다. E. Flock, *Washington Post*(2011), http://www.washington post.com/blogs/blogpost/post/samira-i-brahim-is-the-woman-behind-egypts-ban-of-virginity-tests/2011/12/27/gIQACKNgKP_blog.html

11 전문가들은 국회의 여성 의원 수가 적을 것으로 전망했다. H. Moore, *Daily News Egypt*(2012), http://www.thedailynewsegypt.com/egypt-elections-2011/experts-weigh-in-on-low-female-representation-in-parliament.html

12 무슬림형제단은 기독교인과 여성의 대통령 선거 출마 금지 법안을 지지한다. *Egypt Independent*(2011), http://www.egyptianindependent.com/node/35273

13 Komsan, N. A.(ed.), "Press Release: Women's Status Report of 2011: The Egyptian Women between the Wings of the Revolution and Stripping the Reality" The Egyptian Center for Women's Right, http://ecwronline.org/?p= 4573

14 무슬림형제단은 처음 출연한 방송에서 "우리는 기회주의자가 아니며 이란식의 모델도 거부한다"라고 밝혔다. M. Adib and H. Waziri, *Al-Masry Al-Youm*(2011), http://www.almasry-alyoum.com/article2.aspx?ArticleID=288427

15 "Muslim Brotherhood to establish 'Freedom and Justice Party'," *Egyptian Independent* (2011), http://www.egyptianindependent.com/node/325599

16 무슬림형제단은 "우리는 이집트와 이스라엘 정부 간에 서명한 모든 조약들을 존중한다"라고 말한 바 있다. M. Adib and H. Waziri. *Al-Masry Al-Youm*(2012), http://www.almasry-alyoum.com/article2.aspx?ArticleID=288347

4장 존엄, 폭력, 지정학: 아랍 봉기와 그 종말

1 이 장은 언론인이자 학자인 메이사 알하셴의 조언과 그가 수집하고 제공한 데이터
및 정보의 도움을 크게 받았다. 아랍의 봄에 관한 그녀의 분석 내용은 다음을 참조
할 것. Maytha Alhassen and Ahmed Shihab-Eldin(eds.), *Demanding Dignity:
Young Voices from the Arab Revolutions* (Ashland, OR.: White Cloud Press, 2012).

2 http://www.democracynow.org/2011/12/13/the_arab_people_have_woken_up

3 각국의 사정은 2011년으로 제한된 시위 사례들을 어느 정도는 설명해준다. (이러
한 상황은 향후에도 여전히 보인다.) 따라서 알제리에서 활발한 시위가 있었고,
2012년 1월에 다시 재현되었음에도, 알제리와 레바논에서는 끔찍한 내전의 기억
이 마비효과(paralyzing effect)를 불러일으켰다. 이라크에서는 전쟁, 점령, 내전
그리고 만성적 테러의 고통스러운 시간이 국민들을 지치게 했고 평화를 갈망하도
록 만들었다. 사우디아라비아에서 3월 11일에 제한적으로 발생한 시위는 다수의
수니파에 의해 고립되었고 효과적인 보안 조직들에 의해 쉽게 진압되었다. 사우디
아라비아에서 가장 중대한 사회운동은 여성이 자동차를 운전할 수 있는 권리를 요
구하는 운동이었으며, 이 운동은 여성의 다른 권리로 확대될 수 있는 잠재력을 지
닌 가운데 여전히 진행 중이다. 대부분의 거주자가 시민권이 없는 이주민으로 구
성된 아랍에미리트에서는 풍족한 생활보조금을 누리는 시민에게 자유의 결핍이
꼭 불편한 것은 아니지만, 이주민에게는 위협적인 요인이 된다.

4 아랍의 독재정권들에 관한 논의는 Marzouki(2004), Schlumberger(2007)를 참조
할 것.

5 봉기 현장의 목격자 이야기와 시리아 활동가들의 사회적 배경에 관해서는 다음의
탁월한 분석을 참조할 것. Mohja Kahf, "The Syrian Revolution on Four Packs a
Day"(2012), http://www.jadaliyya.com/pages/index/4274/the-syrian-revolu
tion-on-four-packs-a-day

6 세계 식량 가격 인상이 아랍 국가들(아랍은 세계 어느 지역보다 식량을 많이 수입
한다)의 사회 상황에 미쳤던 영향에 관해서는 다음의 기사를 참조할 것. "Let
them eat baklava," *Economist*, Mar 17, 2012, http://www.economist.com/no
de/21550328?fsrc=scn/tw/te/ar/letthemeatbaklava

5장 리좀 혁명: 스페인 인디그나다스

1   스페인에서 일어난 운동에 이름을 붙이는 것에 대해서는 여러 의견이 있다. 운동에 참여한 사람들은 단순하게 '운동'이라고 부른다. 운동을 가장 빈번하게 표현하는 말은 '15-M(5·15 운동)'이다. 이는 스페인 전역에서 일어난 시위들의 서막을 알린 최초의 대규모 시위가 2011년 5월 15일에 발생한 것에서 따온 중립적인 용어이다. 나는 '인디그나다스(Indignadas)'라는 용어를 사용한다. 이 용어가 인터넷에서 처음 알려진 #스페인혁명(#spanishrevolution)이라는 명칭이 사용되지 않은 후로는 가장 많이 사용되었기 때문이다. 일부 활동가들은 이 용어가 단지 분노만 드러낼 뿐 긍정적이고 발의적인 운동의 차원을 보여주지 않는다는 이유로 선호하지 않는다. 나의 분석에서 이러한 이중적 특징이 뚜렷하게 드러난다. 내가 관찰한 바에 따르면, 스페인에서는 운동에 동조하는 사람들이 이 운동을 '인디그나도스(indignados)'라고 불렀는데, 이것이 그들의 감정에 부합했기 때문이었다. 나는 전통적인 남성 지배적 의미의 언어를 바꾸고, 이 운동의 문화적 습성을 고려해 여성형인 '인디그나다스'를 사용했다.

2   이 장에서 논의되는 연구는 바르셀로나 카탈루냐 개방대학교에서 대안문화를 연구하는 아말리아 카르데나스, 조애나 코닐과 함께 연구팀을 꾸려 수행한 현장조사, 참가자 관찰, 인터뷰에 기반을 둔 것이다. 아말리아와 조애나가 현장조사와 인터뷰의 대부분을 진행했다. 한편, 우리는 인터넷에 있는 보고서와 이야기를 통해 운동을 이해하기도 했다. 2012년 2월에 아말리아와 조애나가 진행한 두 번의 인터뷰는 내가 운동을 이해하는 데 중요한 역할을 했다. 인터뷰이는 하비에르 토레와 아르나우 몬테르데였는데, 이 둘은 DRY의 초창기에 중요한 역할을 했던 자기성찰적인 활동가들이다. 나와 이 두 사람과의 첫 대화가 분석의 핵심 자료가 되었다. 인터넷과 인쇄물에서 얻은 여러 정보들은 본문에 섞여 있기에 구체적인 언급 없이 참고문헌으로 정리했다.

3   DRY의 설립 초기와 바르셀로나에서 지속적으로 확대되는 운동에 관해서 몬테르데(Monterde, 2010~2011)의 탁월한 분석을 참고했다.

4   2012년 2월, 바르셀로나에서 아말리아가 인터뷰하고 번역했다.

5   운동이 일어나기 몇 개월 전에 스테판 에셀의 소책자가 스페인어로 번역되어 출간되었고, 많은 사람이 이 소책자를 읽었다. 이 책은 전 세계적으로 300만 부나 팔렸다. 활동가들은 그의 직접적인 영향을 인정하지 않았고, 운동에 영감을 준 무언가를 운동 외부에서 찾으려는 미디어의 강박이 만들어낸 해석이라고 보았다. 하지만 나는 원로세대의 한 사람이 시스템에 대해 엄격한 비판을 해준 것에 깊은 존경과

감사를 표현하는 것을 많이 보았다. 제2차 세계대전 당시의 프랑스 레지스탕스가 품은 가치를 말하는 이 소책자의 내용이 이번 운동과는 아무 관계가 없었다고 해도 말이다. 에셀은 운동이 성공하기 위해서는 지도력이 필수라고 촉구했지만, 이는 이번 운동의 철학과는 명백히 충돌하는 것이었다. 그러나 한 존경받는 원로가 유럽 정부들에 의해 훼손된 원칙을 지키고자 호소하는 것에 대해서는 애정 어린 감동을 느낄 수 있었다. 그가 이번 운동에 크게 기여한 점은 아마도 반향을 불러일으킬 수 있었던 한 단어를 찾아준 것이 아닐까.

6 http://blog.lavanguardia.com/guerreros-del-teclado/

7 2012년 2월, 아말리아가 하비에르 토레를 인터뷰하고 이를 영어로 번역했다.

8 2012년에 발생한 많은 시위, 특히 바르셀로나에서 일어난 시위에서는 쓰레기통을 불사르고 은행과 상점의 유리를 부수는 소수의 청년단체와 경찰 사이의 폭력적인 충돌이 있었다. 이러한 행동의 원인은 불분명하지만, 어떤 긍정적인 대응 없이 그들의 생활조건에 분노해 폭력에 가담하려는 성향이 일부 청년들 사이에 있었던 것은 확실하다. 이런 폭력적인 행동은 미디어에 의해 과장되기도 했고, 정부 당국이 운동을 불법으로 규정하는 데 이용되었다. 도시 게릴라 세력의 등장이라며 비난받기도 했는데, 이 비난은 도시 게릴라가 무엇인지에 대한 국제적인 경험을 고려할 때 분명한 과장이었다. 이 특별한 운동은 압도적으로 비폭력적이지만, 폭력의 문제는 역사적으로도 사회 변혁적 행위자들 사이에서 모호한 것으로 남아 있다. 마르크스는 『자본론』에서 폭력의 문제에 관해 "폭력은 새로운 사회를 잉태한 모든 사회의 산파이다. 그것은 경제적인 힘 그 자체이다"라고 밝혔다. Bruce Lawrence and Aisha Karim(eds.), *On Violence: A Reader* (Durham, NC: Duke University Press, 2007), p.17. 이 책은 사회 변화 과정 속의 폭력에 관해 논의한 탁월한 개론서이다.

9 리좀 혁명(rhizomatic revolution)의 개념은 이시도라 샤콘(Isidora Chacon)이 내게 제안한 것이다. 위키피디아에 따르면, 리좀은 "수평 줄기의 특성을 갖는 식물로 대개 땅 속에서 자라며, 종종 뿌리로 뻗어나가고 마디에서 싹이 튼다. 리좀(뿌리줄기)이 따로 분리되면, 각 줄기에서 새로운 식물들이 자라난다."

10 http://actasmadrid.tomalaplaza.net/?p=2518

11 http://www.simplelogica.com/iop/iop11002.asp

6장 월스트리트 점거운동: 세상의 소금을 캐다

1 오바마가 선거에서 승리한 이후 나는 오바마 선거운동을 분석하며 다음과 같이 결론지었다. "현 세계의 가혹한 경제적·지정학적 현실과 마주했을 때, 그가 그의 이상에서 얼마나 많이 벗어나야만 할지는 미래에 판단할 문제이자 향후 연구할 문제이다. 그러나 내가 이 글을 쓰고, 또 여러분이 이를 다른 시공간에서 읽은 바와 같이 우리가 간직해야 할 근본 교훈은 우리에게 절망이 갑작스럽게 덮쳐오는 결정적인 순간에 희망의 저항 정치가 어떻게 세계 정치의 중심으로 왔는지 생각하는 것이다. 우리는 항상 베를린을 역사의 교훈으로 간직할 것이다. 그러한 점에서 시카고 그랜트 공원(Grant Park)도 마찬가지일 것이다"(Castells, 2009: 412).

적어도 힐러리 클린턴 지지자와 공화당 지지자에게 반대해 미국 흑인을 대통령으로 뽑은 사람들에게는, 절망 다음에 희망이 온 것이었다. 그 후 미국 전역에 상당히 빠른 속도로, 그리고 그의 열렬한 지지자들 사이에 다시 절망이 퍼졌다. 그러나 베를린과 그랜트 공원에서 오바마에게 환호했던 많은 사람의 가슴속에 뿌리 내린 희망의 씨앗은 위기관리의 위기에도 씻겨 내려가지 않았다. 분노를 넘어 움직일 시간이 다시 왔을 때, 그들은 다른 형태들 속에서 새로운 희망을 만들었다. 사실 오바마에게 실망한 이들의 에너지가 월스트리트 점거운동으로 이동했다는 징후가 있다. 포드햄 대학교 정치학 교수 코스타스 파나고풀로스(Costas Panagopoulos)가 2011년 10월부터 조사한 결과에 따르면, 점거자의 60%가 2008년 대선에서 오바마를 뽑았지만, 점거자의 73%가 오바마의 대통령 직무 수행 방식에 불만을 가진 것으로 나타났다. 뉴욕의 월스트리트 점거운동에 내걸린 한 현수막에는 "우리가 뽑은 버락 오바마가 우리와 함께 여기에 있을 것이다"라고 쓰여 있었다. 또 다른 현수막에는 2008년 대통령 선거운동 당시 오바마 선거 캠프가 썼던 슬로건을 참조해서 "우리가 투표했던 변화의 가치를 옹호하자"라고 적혀 있었다. 디모인 점거운동(Occupy Des Moines)의 자원봉사자인 데이비드 구드너(David Goodner)는 "2008년에 오바마를 지지했던 사람들이 바로 점거운동을 조직했다. 같은 에너지가 선거 현장에서 거리로 이동했다"라고 2011년 12월 ≪로스앤젤레스타임스≫와의 인터뷰에서 말했다. 2008년에 유명세를 탔던 오바마의 희망 포스터를 제작한 셰퍼드 페어리(Shepherd Fairey)는 어나니머스를 대표하는 가이 포크스(Guy Fawkes)의 이미지와 똑같은 스타일로, "우리는 대통령이 우리 편이기를 희망한다"라고 적힌 새로운 포스터와 "우리는 99%다"라고 적힌 작은 엠블럼을 제작했다. 작가는 그의 웹사이트에 다음과 같이 썼다. "나는 여전히 오바마가 우리가 현재 가진 가장 가까운 '내부의 실력자(a man in the inside)'라고 본다. 확실히 투표만으로는 충분하지 않다. 우리의 목표와 이상을 성취하기 위해서 우리의 모든 수단을 이용해야 한다. 그러나 나는 이상주의와 현실주의가 서로 손을 잡고 공존할 필요가 있다고 생각한다. 변화는 한 번의 선거, 한 번의 집회, 한 명의 지도자에 관한 것이 아니라, 전진하기 위한 지속적인 헌신 그리고 올바른 방향으로 계속되는 분투 그 자체이다."

그렇기는 해도 점거자들에 관한 일부의 조사 결과, 압도적 다수가 2012년 대통령 선거에 투표할 의향이 있었고, 그들 중 절반은 민주당 후보에게 투표하는 것으로 기울었으며, 극소수만이 공화당 후보를 지지한다는 것은 알려져야 한다. 그러나 거의 40%에 달하는 사람들이 누구에게 투표할지 결정하지 못한 상태였다. 운동의 요구사항을 관철시키기 위해 선거에 출마하려는 적극적인 운동 참여자들도 있었다. 예를 들면, 필라델피아 점거운동의 적극적인 참여자인 29세의 네이트 클라인만(Nate Kleinman)은 하원의원 선거에 민주당의 현직 의원인 앨리슨 슈워츠(Allyson Schwartz)에 맞서 펜실베이니아 제13지역구의 후보로 나섰다. 그러나 운동은 그의 출마를 지지하지 않았다. 다시 말해, 점거자들 대부분이 정치적이었고, 그들 중 다수는 진보적이었다. 그들은 단지 일반 대중의 마음속에서 먼저 변화가 없다면 선거로는 그들의 목적을 이룰 수 없다고 생각했다.

2 D. DeGraw, "The economic elite have engineered an extraordinary coup, threatening the very existence of the middle class," in AmpedStatus/Alternet (2010), http://www.alternet.org/economy/145667/?page=entire

3 C. Chase-Dunn and M. Curran-Strange, "Diffusion of the Occupy Movement in California, IROWS Working Paper # 74"(2011), http://irows.ucr.edu/papers/irows 74/irows74.h

4 Occupy Research Network, "General Demographic and Political Participation Survey"(2012), http://occupyresearch.net

5 H. Cordero-Guzman, "Main Stream Support for a Mainstream Movement: The 99% Movement Comes From and Looks Like the 99%"(2011). occupy wallst.org에서 인터넷 트래픽 개요를 파악했다. http://occupywallst.org/media/pdf/OWS-profile1-10-18-11-sent-v2-HRCG.pdf

6 http://www.michaelmoore.com/words/mike-friends-blog/we-restill-here

7 G. Lotan, *#OccupyWallStreet Analyses* (2011), http://giladlotan.com/2012/02/occupywallstreet-analyses

8 The Global Square, "The Global Square: A project to perpetuate the creative and cooperative spirit of the occupations and transform them into lasting forms of social organization"(2011), http://theglobalsquare.org

9 12월 14일, 보스턴 지방검찰청은 보스턴 경찰국의 고위 경찰 40명의 온라인 접속 내역, 집 주소, 급여 정보를 공개한 어나니머스 회원들과 보스턴 점거운동과 관련된 것으로 보이는 두 개의 해시태그, 두 개의 계정 및 한 명의 이름과 관련한 계정들에 관한 모든 정보의 이용을 요청하는 소환장을 트위터에 보냈다. 소환장이 너무 혼란스럽게 작성되어 있어서 지방검찰청이 트위터가 어떻게 움직이는지 제대로 이해하지 못하는 것처럼 보였다. 해시태그와 관련된 특정 계정의 정보를 요청한 것이 아니기 때문에, 해당 해시태그를 사용한 모든 이용자의 정보를 원한다면 수십만 개의 계정을 일일이 검색해야 할 판이었다. 게다가 @occupyboston은 휴면 계정이어서 점거운동과 관계가 없었다. 트위터는 공표금지령(gag order)을 받지 않는 한 이용자들이 소명할 기회를 가질 수 있도록 이용자들에게 소환장을 보낸다는 정책을 취했다. 소환 대상자인 한 이용자가 트위터에서 소환장 사본을 받아 인터넷에 올린 듯했다. 미국시민자유연맹(American Civil Liberties Union: ACLU)이 소환장 철회 소송을 제기했지만, 캐럴 볼(Carol Ball) 판사가 이를 기각했고 또한 압수명령을 발동했다. 압수명령은 일반적으로 민감한 안보 문제, 수사 문제, 증인 위협 혹은 용의자가 도주할 가능성이 있을 경우에 한에서만 발부되는, 원고와 피고 양쪽의 논쟁을 막으려는 예외적인 조치이다. 한편, 또 다른 사례로, 2012년 1월에 뉴욕 시 형사법원은, 2011년 10월 5일 700명이 체포되었던 브루클린 다리에서와 마찬가지로 체포된 점거 시위자인 맬컴 해리스(Malcolm Harris)가 소유한 계정인 @destructuremal에 관한 2011년 9월 15일부터 12월 31일까지의 '모든 이용자 정보'를 요청한 바 있다.

10 T. Dupay, "The rise of the livestream: telling the truth about Occupy in real time," *AlterNet*(2012), http://www.alternet.org/occupywallst/154272/rise_of _the_livestre am er_tellin g_the_truth_about_occupy_in_real_time?page=1

11 '대변인 회의(Spokes Council)'라는 명칭은 각자의 집단을 대변하는 '대변인 (spokespeople)'을 의미하며, 좀 더 은유적으로는 원형으로 둘러앉은 그룹의 모양과 같은 바퀴의 '살(spokes)'을 의미하기도 한다. 대변인은 회의마다 교체된다.

12 R. Gray, "Occupy Wall Street debuts the new Spokes Council," *The Village Voice*(2011), http://blogs.villagevoice.com/runninscared/2011/11/occupy_wall _str_25.php

13 점거운동 참여자 메이건 셰리든(Meghann Sheridan)은 ≪뉴욕타임스≫에 실린 호프먼(M. Hoffman)의 글 "Protesters debate what demands, if any, to make" 을 인용해서 보스턴 점거운동 페이스북 페이지에 "과정이 메시지"라고 썼다(http:

//www.nytimes.com/2011/10/17/nyregion/occupy-wall-street-trying-to-set
tle-on-demands.html).

14 T. Lawson-Remer가 인용한 내용. "#OccupyDemocracy," *Possible Futures: A Project of the Social Science Research Council* (2011), http://www.possible-futures.org/2011/12/08/occupydemocracy

15 'Demands Working Group'에 관한 내용, http://occupywallst.org/article/so-called-dem ands-working-group/#comment-175161

16 M. Rapport, "Bank Transfer Day: CUNA Says 650,000 have so far," *Credit Union Times* (2011), http://www.cutimes.com/2011/11/03/bank-transfer-day-cuna-says-650000-have-so-far

17 "Public opinion and the Occupy Movement," *The New York Times* (2011), http://www.ny times.com/interactive/2011/11/09/us/ows-grid.html

18 "Frustration with congress could hurt Republican incumbents," The Pew Research Center for the People and the Press(2011), http://www.people-press.org/2011/12/15/frustration-with-congress-could-hurt-republican-incum bents/

19 "A Political Rhetoric Test: little change in public's response to "Capitalism", "Socialism"," The Pew Research Center for the People and the Press(2011), http://www.people-press.org/files/legacy-pdf/12-28-11%20Words%20release.pdf

20 "너희는 세상의 소금이니 소금이 만일 그 맛을 잃으면 무엇으로 짜게 하리오 후에는 아무 쓸 데 없어 다만 밖에 버려져 사람에게 밟힐 뿐이니라(마태복음 5장 3~16절)". "세상의 소금: 무리들 가운데 가장 훌륭한 사람이나 집단"(콜린스 영어사전). 이에 걸맞은 역사적 사건으로, 영국령 식민정부가 금지한 것에 도전하며 소금을 채취하려고 바다로 향한 간디의 여정을 들 수 있다. 이는 제국을 종식시킨 여정의 시작이었다. 나는 테라 로슨-리머(Terra Lawson-Remer)가 제시한 비유에 동의한다.

7장 네트워크된 사회운동: 글로벌 트렌드인가

1 2011년과 2013년 사이의 가장 중요한 네트워크된 사회운동에 관한 탁월한 분석과 정보 자료는 *Vanguardia Dossier*, no.50(2014)에서 발행한, 다양한 국가의 연구자

들과 목격자들이 쓴 일련의 기사 원문과 보고서이다. 구스타부 카르도수(Gustavo Cardoso)와 브랑쿠 데 파티마(Branco De Fatima)의 근간도 참조할 것.

2 '라 카스타(계급, The Cast)'라는 용어는 이탈리아에서 유래되었는데, 세르지오 리조(Sergio Rizzo)와 지안 안토니오 스텔라(Gian Antonio Stella)라는 2명의 언론인이 쓴 *La Casta*라는 책에서 비롯되었다. 이 책은 무책임한 정치인들의 특권들을 언급한다. 이 용어는 정치인들의 오만과 냉소를 의미하는 경멸적인 용어로, 특히 사회운동의 영향 아래 전 세계에 알려졌다. 제도들이 더 이상 민주적이라고 여겨지지 않기에, 전 세계적인 정치 정통성의 위기는 현시대의 여러 사회운동의 원천이 되고 있다. 대부분의 국가에서 다수의 여론이 이러한 견해에 호응하고 있다.

3 언론인 이실 신멘(Isil Cinmen)은 "터키 혁명은 텔레비전으로 중계되지 않았지만, 트위터로 전송될 것이다"라고 썼다(Cinmen, 2014).

8장 네트워크 사회 속에서 변모하는 세상

1 사회운동 분석에 관한 나의 이론적인 관점은 알랭 투렌(Touraine, 1978)의 이론에 기반을 두고 있다. 나의 분석적 관점을 가장 완벽히 정식화한 것은 *The City and the Grass Roots: A Cross-cultural Theory of Urban Social Movements* (1983)와 이를 참고한 *The Power of Identity* (2003)에서 찾아볼 수 있다. Johnston(2011), Snow et al.(2004), Tilly(2004), Staggenborg(2008), Chesters and Welsh(2000), Diani and McAdam(2003), Hardt and Negri(2004)도 참조할 것.

2 2008~2012년에는 본문에서 다룬 사례 외에도, 서로 다른 기원과 강조점, 지향점을 가진 강력한 네트워크된 사회운동이 이란, 그리스, 포르투갈, 이탈리아, 이스라엘, 칠레, 러시아 등 전 세계에서 일어났다. 공공장소의 상징적 점거 면에서는 대부분의 유럽 국가나 일부 남미 국가에서 일어났던 본격적 사회운동의 수준에 이르지 못했다. Shirky(2008), Scafuro(2011), Mason(2012), Cardoso and Jacobetti (2012)를 참조할 것.

3 역사의, 그리고 현대사회의 사회운동이 발전하는 과정에서 커뮤니케이션이 어떤 역할을 했는지는 나의 책(2003, 2009)과 함께 다음을 참조할 것. Thompson (2000), Downing(2000), Couldry and Curran(2003), Oberschall(1996), Neveu (1996), Curran(2011), Juris(2008), Cardoso and Jacobetti(2012).

4 예를 들어, 2012년 3월 23일, 크리스틴 그윈(Kristen Gwynne)이 얼터넷 (AlterNet)에 올린 글에 따르면 다음과 같다.

"섹스 파업은 은행에 대항한 행동주의의 한 형태로 활용되었다. ≪RT뉴스≫에 따르면, 스페인 마드리드의 고급 콜걸(high-class escort)들이 그들의 가장 인기 있는 상품인 섹스를 은행가에게 파는 것을 거부하면서 은행 업계에 저항하고 있다. ≪RT뉴스≫의 보도 내용: 스페인 수도에서 가장 큰 고급 콜걸 동업조합(trade association)은 은행가들이 스페인의 일반 가구 및 중소기업, 기업들에 신용융자(credits)를 제공할 때까지 무기한 총파업에 들어갔다. 이 모든 것은 고급 콜걸 여성 한 명이 ─ 그녀는 그녀의 고객들 중 한 명에게 여신한도(line credit) 및 대출의 승인을 강요했다 ─ 그가 '그의 사회적 책무를 다할 때'까지 섹스 서비스를 중지하면서 시작되었다. 고급 콜걸 동업조합의 여성 대변인은 앞서 정부와 스페인 중앙은행이 어떻게 신용 흐름 조절에 실패했는지를 강조하면서 조합의 성공에 찬사를 보냈다. 그녀는 '우리는 (은행)업계를 압박할 실질적인 능력을 가진 유일한 사람들'이라면서, '우리는 지금까지 3일 동안 파업했으며, 그들은 더 이상 견딜 수 없을 것이다'라고 말했다. 그녀는 위의 말에 대한 근거로, 은행가들은 섹스 서비스를 갈구하고 있고, 다른 직업을 가진 척하는 것에 실패해 너무나도 가여워졌으며, 정부에 도움을 요청할 정도라고 말했다. 보도에 의하면, 스페인의 경제경쟁력부 장관 루이스 데 긴도스(Luis de Guindos)는 섹스 산업을 규제할 근거가 없어 정부가 개입하기 어렵다고 멕시코의 웹사이트 SDPnoticias.com에 밝혔다. 또한 그는 '파업의 공식적인 입장조차 전달되지 않았다. 다들 알다시피 콜걸들은 (손님을) 받고 안 받고는 그들의 권리라는 점을 활용하고 있다. 따라서 누구도 협상할 수 없다'라고 말했다. 이로써 섹스는 중요한 수단이며, 이를 거부하는 것은 매우 강력하고 직설적인 메시지를 전달한다는 점이 명확해졌다."

(2012년 3월 23일 크리스틴 그윈이 얼터넷에 글을 올렸고 같은 날 인쇄되었다. http://www.alternet.org/newsandviews/866354/sex_strike%21_madrid%5C%27s_escorts_launch_coordinated_attack_against_banks%2C_withhold_sex_services_from_desperate_bankers).

9장 네트워크된 사회운동과 정치 변화

1 2014년 9월, 새로운 내각 구성에 따른 신임 투표에서 사회당의 몰락을 막기 위한 마누엘 발스(Manuel Valls) 총리의 필사적인 시도가 있었지만, 신임 국제무역 장관이 세금을 납부하지 않은 것으로 드러났는데, 그는 '행정공포증(administration phobia)'이 있다는 이유를 댔다.

참고문헌

2장 혁명의 전주곡: 여기에서 모든 것이 시작되었다

튀니지 혁명

Beau, N. and J. P. Tuquoi. 2002. *Notre ami Ben Ali: l'envers du miracle tunisien*. Paris: La Decouverte.

Bettaieb, V. 2011. *Degage-La revolution tunisienne. 17 December 2010~14 Janvier 2011*. Paris: Editions du Layeur.

Cherni, A. 2011. *La revolution tunisienne: s'emparer de l'histoire*. Paris: Al Bouraq.

De Leon, J. C. and C. R. Jones(eds.). 2011. *Tunisia and Egypt: Unrest and Revolution. Global Political Studies*. New York: Novinka.

Elseewi, T. A. 2011. "A revolution of the imagination." *International Journal of Communication*, Vol.5, pp.1197~1206. http://ijoc.org/ojs/index.php/ijoc/article/view/1237/596

Haloui, Y. 2011. *Life in Revolution: Resistance and everyday life in the Tunisian revolution*. Saarbrücken: Lambert Academic Publishers.

Hatzenberger, A. 2011. "L'hiver à Tunis et le printemps." *Les Temps Modernes*, May-July, pp.21~25.

Hmed, C. 2011. ""Si le peuple un jour aspire à vivre, le destinse doit de répondre": Apprender à devenir révolutionnaire en Tunisie." *Les Temps Modernes*, May-July, pp.4~20.

Laurent, J. 2011. "Points d'inflexion des revoltes arabes." *Les Temps Modernes*, May-July, pp.63~84.

Lotan, G., E. Graeff, M. Ananny, D. Gaffney, I. Pearce and D. Boyd. 2011. "The revolutions were tweeted: Information flows during the 2011 Tunisian and Egyptian revolutions." *International Journal of Communication*, Vol.5, pp.1375~1405. http://ijoc.org/ojs/index.php/ijoc/article/view/1246

Newsom, V. A., L. Lengel and C. Cassara. 2011. "Local Knowledge and the revolutions: A framework for social media information flow." *International Journal of Communication*, Vol.5, pp.1303~1312. http://ijoc.org/ojs/index.php/ijoc/article/vi ew/1245/607

Piot, O. 2011. *Dix Jours qui ebranlerent le monde arabe*. Paris: Les Petits Matins.

Wagner, B. 2011. ""I have understood you": The co-evolution of expression and control on the internet, television and mobile phones during the Jasmine Revolution in Tunisia." *International Journal of Communication*, Vol.5, pp.1295~1303. http://ijoc.org/ojs/index.php/ijoc/article/view/1174/606

아이슬란드 혁명

인터넷 자료

Bennet, N. 2011. "Iceland's crowdsourced constitution: a lesson in open source marketing." http://socialmediatoday.com/nick-bennett/305690/icelands-crowdsourced -constitution-lesson-opensource-marketing(검색일: 2012.1.9.).

Boyes, R. 2009.2.7. "Age of Testosterone comes to end in Iceland." http://www.times online.co.uk/tol/news/world/europe/article5679378.ece(검색일: 2012.1.9.).

Brown, M. 2011.8.1. "Icelanders turn in first draft of crowdsourced constitution." *Wired News*. http://www.wired.co.uk/news/archive/2011-08/01/iceland-constitution(검색일: 2012.1.9.).

Constitution Society. 1994. *Constitutional Project for Corsica*. http://www.constitution.org/jjr/corsica.htm(검색일: 2012.1.9.).

Crawford, S. 2011.8.1. "Digital Governance: from Iceland to New York City." *Center for Democracy and Technology*. http://www.cdt.org/blogs/018digital-governance(검색일: 2012. 1.9.).

DryIslandia. 2011. El impulsor de la revolución islandesa, manda un mensaje de apoyo a los españoles. http://www.youtube.com/watch?v=cBAgEUCCdp8&feature=player_ embedded(검색일: 2012.1.9.).

Finbar10. 2011.10.16. "Proposed New Icelandic Constitution." http://www.politics.ie/forum/political-reform/173176-proposed-new-icelandic-constitution.html(검색일: 2012.1.9.).

Fontaine, P. 2011.10.31. "Occupy Reykjavík begins, police clear out protesters camping in front of Parliament." *The Reykjavík Grapevine*. http://www.grapevine.is/Home/Re adArticle/Occupy-Reykjavík-Begins(검색일: 2012.1.9.).

Garcia Lamarca, M. 2011.6.22. Learning from Iceland's "Kitchenware Revolution." http://www.thepolisblog.org/2011/06/learning-from-icelands-kitchenware.html(검색 일: 2012.1.9.).

Gunnarson, V. 2009.2.2. "Iceland's Rainbow Revolution." *The Reykjavík Grapevine*. http://www.grapevine.is/Features/ReadArticle/icelands-rainbow-revolution(검색일: 2012.1.9.).

Gylfason, T. 2010. "Iceland's special investigation: The plot thickens." http://www.vo xeu.org/index.php?q=node/4965(검색일: 2012.1.9.).

_____. 2011a. "Crowds and constitution." http://voxeu.org/index.php?q=node/7090(검

색일: 2012.1.9.).

_____. 2011b. "Crowds and constitution." http://www.VoxEU.org/index.php?q=node/ 7077(검색일: 2012.1.9.).

Siddique, H. 2011.1.9. "Mob rule: Iceland crowdsources its next constitution." *The Guardian*. http://www.guardian.co.uk/world/jun/09/iceland-crowdsourcing-constitu tion-facebook/print(검색일: 2012.1.9.).

아이슬란드 금융위기

언론 자료

Wade, R. and S. Sigurgeirsdottir. 2010. "Lessons from Iceland." *New Left Review*, Vol.65, pp.5~29.

보고서

Hreinsson, P., G. Tryggvi and B. Sigríður. 2009. *Causes of the Collapse of the Icelandic Banks-Responsibility, Mistakes and Negligence* (Special Investigation Common Report, Act No.142/2008), Althingi: Icelandic Parliament.

인터넷 자료

Barley, R. 2011.6.10. "Investors reward Iceland's steady progress." *The Wall Street Journal*. http://online.wsj.com/article/SB10001424052702304259304576375340039763 606.html(검색일: 2012.1.9.).

Central Intelligence Agency. 2011. "The World Fact Book: Iceland." https://www.cia. gov/library/publications/the-world-facebook/geos/ic.html(검색일: 2012.1.9.).

IceNews. 2011.5.21. Spain adopts Iceland's Kitchenware Revolution idea. *IceNews*. http://www.icenews.is/index.php/2011/05/21/spain-adopts-icelands-kitchenware-re volution-idea/(검색일: 2012.1.9.).

Jiménez, D. 2011.5.21. "Islandia se mueve ante la crisis." *Noticias Positivas*. http://www. noticiaspositivas.net/2011/03/21/islandia-se-mueve-ante-la-crisis/(검색일: 2012.1.9.).

Lamant, L. 2011.4.8. "A gentle cure for the crisis." http://www.presseurop.eu/en/con tent/article/590821-gentle-cure-crisis(검색일: 2012.1.9.).

Neate, R. 2011.6.7. "Iceland's former premier denies criminal negligence over banking crisis." *The Guardian*. http://www.guardian.co.uk/business/2011/jun/07/ice land-for mer-premier-trial-banking-crisis(검색일: 2012.1.9.).

Roos, J. 2011. "Democracy 2.0: Iceland crowdsources new constitution." http://roar mag.org/2011/06/iceland-crowdsources-constitution-investors-spain-greece/(검색일: 2012.1.9.).

Sibert, A. 2010. "Love letters from Iceland: Accountability of the Eurosystem." http://

voxeu.org/index.php?q=node/5059(검색일: 2012.1.9.).

Valdimarsson, O. R. 2011.4.11. "Icelanders reject foreign depositor claims, forcing year-long court battle." *Bloomberg*. http://www.bloomberg.com/news/2011-04-07/icelanders-may-reject-icesave-accord-in-april-9-referundum.html(검색일: 2012. 1.9.).

Wienberg, C. and O. R. Valdimarsson. 2011.4.14. "Iceland president defends pre-crisis tours promoting bank model." *Bloomberg*. http://www.bloomberg.com/news/2011-04-14/iceland-president-defends-pre-crisis-tours-promoting-bank-model.html(검색일: 2012.1.9.)

3장 이집트 혁명

• 사용한 자료들과 아랍어로 쓰인 문서들은 독자의 편의를 위해 영어로 번역했다.

이집트 혁명의 사건과 배경

6 April Youth Movement(공식 사이트). 2011. http://6april.org/

Al Arabiya. 2011. http://www.alarabiya.net/articles/2011/02/11/137168.html

Al Jazeera(Arabic). 2011a. "Egyptian protests continue and high death toll." http://www.aljazeera.net/news/pages/585df5cd-4ee1-46d3-ae2e-bb82d15221ce

_____. 2011b. "Dead and Wounded: Demonstrations in Egypt." http://aljazeera.net/news/pages/9b5f8d6d-afed-4584-a502-cabf184ec070

_____. 2011c. "Round up: Developments in Egypt." http://aljazeera.net/news/pages/fc20dc11-146b-4081-b745-a1222bba2953

_____. 2011d. "Mobilization of two million in Tahrir Square." http://www.aljazeera.net/news/pages/b35ad6ba-80e2-4105-a310-35b980547b04

Al Jazeera(English). 2011. "Timeline: Egypt's Revolution." http://www.aljazeera.net/news/middleeast/2011/01/201112515334871490.html

Al-Khalsan, M. 2011. "The Army and the economy in Egypt." *Jadaliyya*. http://www.jadaliyya.com/pages/index/3732/the-army-and-the-economy-in-egypt

Cook, S. O. 2011. *The Struggle for Egypt: from Nasser to Tahrir Square*. Oxford: Oxford University Press.

El-Gobashy, M. 2011. "The praxis of the Egyptian Revolution." *Middle East Report* (Spring edition), Vol.41(MER258).

Elmeshad, M. and L. Sarant. 2011. "Violence erupts as pro-Mubarak forces pour into Tahrir." *Al Masry Al Youm*. http://www.almasryalyoum.com/node/308110(Arabic).

Ghonim, W. 2012. *Revolution 2.0: The Power of the People is Greater than the People in Power. A Memoir*. Boston, MA: Houghton-Mifflin-Harcourt.

Kouddous, S. A. 2012. "Tahrir on year later: The fight for Egypt's future." *The Nation*, http://www.thenation.com/article/165735/tahrir-one-year-later-fight-egypts-future

Shatz, A. 2012. "Whose Egypt?" *London Review of Books*(January). http://www.lrb.co.uk/v34/n01/adam-shatz/whose-egypt

PBS Frontline. 2011a. "Inside April 6th Movement. Revolution in Cairo." http://www.pbs.org/wgbh/pages/frontline/revolution-in-cairo/inside-april6-movement

_____. 2011b. "Day to Day" Timeline. http://www.pbs.org/wgbh/pages/frontline/revolution-in-cairo/day-to-day

혁명 과정에서 인터넷 네트워크, 소셜 네트워크, 공공장소 사이의 상호작용

Allagui, I. and J. Kuebler. 2011. "The Arab Spring and the role of ICTs." *International Journal of Communication*, Vol.5, pp.1435~1442. http://ijoc.org/ojs/index.php/ijoc/article/view/1392/616

Aouragh, M. and A. Alexander. 2011. "The Egyptian experience: Sense and non-sense of the Internet Revolution." *International Journal of Communication*, Vol.5, pp.1344~1358. http://ijoc.org/ojs/index.php/ijoc/article/view/1191/610

Eltantawy, N. and J. B. Wiest. 2011. "Social media in the Egyptian Revolution: reconsidering resource mobilization theory." *International Journal of Communication*, Vol.5, pp.1207~1224. http://ijoc.org/ojs/index.php/ijoc/article/view/1242/597

Harlow, S. and T. Johnson. 2011. "Overthrowing the protest paradigm? How the New York Times, Global Voices and Twitter covered the Egyptian Revolution." *International Journal of Communication*, Vol.5, pp.1359~1374. http://ijoc.org/ojs/index.php/ijoc/article/view/1239/611

Iskander, E. 2011. "Connecting the national and the virtual: Can Facebook activism remain relevant after Egypt's January 25 uprising?" *International Journal of Communication*, Vol.5, pp.1225~1237. http://ijoc.org/ojs/index.php/ijoc/article/view/1165/598

Lotan, G., E. Graeff, M. Ananny, D. Graffney, I. Pearce, and D. Boyd. 2011. "The revolutions were tweeted: Information flows during the 2011 Tunisian and Egyptian revolutions." *International Journal of Communication*, Vol.5, pp.1375~1405. http://ijoc.org/ojs/index.php/ijoc/article/view/1246

Rinke, E. M. and M. Röder. 2011. "Media ecologies, communication culture, and temporal-spatial unfolding: Three components in a communication model of the Egyptian regime change." *International Journal of Communication*, Vol.5, pp.1273~1285. http://ijoc.org/ojs/index.php/ijoc/article/view/1173/603

Russell, A. 2011. "Extra-national information flows, social media, and the 2011 Egyptian uprising." *International Journal of Communication*, Vol.5, pp.1375~1405. http://ijoc.org/ojs/index.php/ijoc/article/view/93/630

Wall, M. and S. El Zahed. 2011. "'I'll Be Waiting for You Guys": A YouTube Call to Action in the Egyptian Revolution." *International Journal of Communication*, Vol.5, pp. 1333~1343. http://ijoc.org/ojs/index.php/ijoc/article/view/1241/609

이집트 혁명에서 미디어

Iskandar, A. 2012. "A year in the life of Egypt's media: A 2011 Timeline." *Jadaliyya*. http://www.jadaliyya.com/pages/index/3642/a-year-in-the-life-of-egypts-media_a-20 11-timeline

이집트 혁명에서 여성

Abdel-Fattah, B. 2012. "Egyptian women victims of the revolution and the election." Al Jazeera(Arabic). http://www.aljazeera.net/NR/EXERES/4A52E5A7-B70A-4CD6-B64A-83B12CADC5CA.htm

Carr, S. 2011. "Women march against SCAF brutality, hope for a nascent movement." *Al-Masry Al-Youm*. http://www.almasryalyoum.com/en/node/559926

Egyptian Center for Women's Rights(English). http://www.ecwronline.org/english/in dex.html

Elsadda, H. 2012. "Exclusive Egypt: the revolution will continue." The Women's Media Center. http://www.womensmediacenter.com/feature/entry/egypt-the-revolution-will -continue

Elwakil, M. 2011.5.8. "Women's demo outlines controversial demands." *Egypt Inde-pendent*. http://www.egyptindependent.com/node/344981

Komsan, N. A.(ed.). 2011. "The Egyptian women between the wings of the revolution and stripping the reality. Press Release: The Status of Egyptian Women in 2011." The Egyptian Center for Women's Rights. http://www.ecwronline.org/english/press%20rel ess/2011/Press%20Release-%20English-%20Women's%20Status%20Report%202011.pdf

이집트의 이슬람 정치

Adib, M. and H. Waziri. 2011a. "The Brotherhood Renewed Demands for Mubarak's Departure and For a Peaceful Transition of Power." *Al-Masry Al-Youm*. http://www.almasry-alyoum.com/article2.aspx?ArticleID=287453

_____. 2011b. The Brotherhood in their first TV appearance: "We are not opportunists and reject the Iranian Model." *Al-Masry Al-Youm*. http://www.almasry-lyoum.com/article2.aspx?ArticleID=288427

_____. 2012. The Brotherhood: "We respect all the treaties signed between Egypt and

Israel." *Al-Masry Al-Youm*. http://almasry-alyoum.com/article2.aspx?ArticleD=288347

Al-Nour Party(Arabic). 2012a. http://www.alnourparty.org

_____. 2012b. Who we are. http://www.alnourparty.org/about

_____. 2012c. FAQ. http://www.alnourparty.org/page/answer

Ashour, A. 2011. "Islamist parties in Turkey." *AL-AHRAM*. http://weekly.ahram.org.eg/2011/1072/op42.htm

Bokhari, K. and F. Senzai. 2011. "The many shades of Islamist." *The Huffington Post*. http://www.huffingtonpost.com/kamran-bokhari/the-many-shades-of-islami_b_1102063.html

Egypt Independent. 2011. "Muslim Brotherhood to establish "Freedom and Justice Party"." http://www.egyptindependent.com/node/325599

El-Shobaki, Amr. 2011. "Where does the Brotherhood's strength lie?" *Egypt Independent*. http://www.egyptindependent.com/node/470381

Freedom and Justice Party ("hurryh")(Arabic). http://www.hurryh.com

Freedom and Justice Party(English). http://www.fjponline.com

Iskandar, A. 2010. ""We are All Khaled Said" group members: Reclaiming silence in Egypt." *Egypt Independent*. http://www.egyptindependent.com/node/58021

Muslim Brotherhood(Arabic). http://www.ikhwanonline.com

Muslim Brotherhood(English). http://www.ikhwanweb.com

Party Platforms 2011. 2011. http://www.fjponline.com/articles.php?pid=80

아랍 민족주의와 이슬람 정치의 관계

Castells, M. 2010. *The Power of Identity*. Oxford: Blackwell, pp.13~23.

Carre, O. 2004. *Le nationalisme arabe*. Paris: Payot.

Keppel, G. 2008. *Beyond Terror and Martyrdom: the Future of the Middle East*. Cambridge, MA: Harvard University Press.

Roy, O. 2007. *Secularism Confronts Islam*. New York: Columbia University Press.

4장 존엄, 폭력, 지정학: 아랍 봉기와 그 종말

Council of Foreign Affairs. 2011. *The New Arab Revolts: What Happened, What it Means, and What Comes Next*. New York: Council of Foreign Affairs.

Howard, P. 2011. *The Digital Origins of Dictatorship and Democracy. Information Technology and Political Islam*. Oxford: Oxford University Press.

Hussain, M., M. and P. Howard. 2012. "Democracy's Fourth Wave? Information Technology and Fuzzy Causes of the Arab Spring." unpublished paper presented to the meeting of the International Studies Association, San Diego(2012.4.1~4.4.).

Marzouki, M. 2004. *Le mal arabe. Entre dictatures et integrisme: la democratie interdite*. Paris: L'Harmattan.

Noland, M. 2011. *The Arab Economics in a Changing World*. Washington, D.C.: Peter G. Peterson Institution for International Economics.

Schlumberger, O. 2007. *Debating Arab Authoritarianism: Dynamics and Durability in Nondemocratic Regimes*. Stanford, CA: Stanford University Press.

5장 리좀 혁명: 스페인 인디그나다스

Bennasar, S. 2011. *La primavera dels indign@ts*. Barcelona: Meteora.

Calvo, K., T. Gomez-Pastrana, and L. Mena. 2011. "Movimiento 15M: quienes son y que reivindican?" *Zoom Politico*, 4/11, pp.4~17. Laboratorio de Alternativas: Salamanca.

Castells, M. 2009. *Communication Power*. Oxford: Oxford University Press.

The Cocktail Analysis. 2011. *Movimiento #15M/Democracia Real Ya: Representatividad, Movilizacion y canales de informacion*. Madrid: The Cocktail Analysis. www.tcanalysis. com(검색일: 2012.1.18).

Conill, J., A. Cardenas, M. Castells, and L. Servon. 2012a. "Another life is possible: the rise of alternative economic cultures." in M. Castells, J. Caraca and G. Cardoso(eds.). *Aftermath. The Cultures of the Economic Crisis*. Oxford: Oxford University Press.

_____. 2012b. *Otra vida es posible: practicas economicas alternativas en la crisis*. Barcelona: Ediciones UOC Press.

Fernandez-Planells, A. and M. Figueras. 2012. *Plaza en red. Características del seguimiento informativo de la @acampadaBCN por parte de los/las jóvenes participantes en Plaza Cataluña*. http://hdl.handle.net/10230/16284

Hessel, S. 2010. *Indignez-vous!* Montpellier: Indigene.

Jimenez Sanchez, M. 2011. "Influyo el 15M en las elecciones municipales?" *Zoom Politico*, 4/11, pp.18~28. Salamanca: Laboratorio de Alternativas.

Lawrence, B. and A. Karim(eds.). 2007. *On Violence: A Reader*. Durham, NC: Duke University Press.

Metroscopia. 2011.6.22. "Opinion de los Espanoles ante el 15M."

Molinas, C. 2011.11.12. "La izquierda volatil sigue decidiendo pero ……." *El Pais*.

Monterde Mateo, A. 2010~2011. *Movimients moleculars a la ciutat-xarxa, produccio de noves subjectivitats connectedes y emergencia dels "commons"*. Un preludi del 15M. Barcelona: Universitat Oberta de Catalunya, Master Thesis del Programa de Master en Societat de la Informcio i el Coneixement(unpublished).

Serrano, E. 2011.6. "El poder de las palabras." Madrilonia.org

Simple Lógica. 2011. *Indices de opinión publica sobre el movimiento 15 M, Madrid*. http://

www.simplelogica.com/iop/iop11002.asp(검색일: 2012.1.18.).

Taibo, C. 2011. *El 15-M en sesenta preguntas*. Madrid: Los libros de la Catarata.

Various Authors. 2011a. *Nosotros los Indignados*. Barcelona: Destino.

_____. 2011b. *Las voces del 15-M*. Barcelona: Del Lince.

_____. 2011c. *La rebelion de los indignados*. Madrid: Popular.

Velasco, P. 2011. *No nos representan. El Manifiesto de los Indignados en 25 propuestas*. Madrid: Temas de Hoy.

운동의 진화

15October.net. 2011. October 29 #Robinhood global march. [Online] http://15octo ber.net/(검색일: 2012.2.25.).

Acampadasol. 2011. "Cómo fue #acampadasol, texto para difusión internacional." http:// madrid.tomalaplaza.net/2011/07/16/como-fue-acampadasol-texto-para-difusion-inter nacional/(검색일: 2012.2.25.).

Antibanks. 2011. "September 17th everywhere." http://antibanks.takethesquare.net/ 2011/08/15/september-17th-everywhere/(검색일: 2012.2.25.).

Bcnhubmeeting. 2011.9.18. "15SHM statement." http://bcnhubmeeting.wordpress. com/(검색일: 2012.2.25.).

Blanco, J. L. 2011.10.26. "Análisis estadístico del movimiento 15M: ¿Cuántos y quiénes se han manifestado? Ciencia explicada." http://www.ciencia-explicada.com/2011/ 10/analisis-estadistico-del-movimiento-15m.html(검색일: 2012.1.18.).

Bretos, D. 2011.5.30. "Democracia Real Ya convoca una manifestación internacional para el 15 de octubre. Nación Red." http://www.nacionred.com/sociedad-civil-digi tal/democracia-real-ya-convoca-una-manifestacion-internacional-para-el-15-de-octubre (검색일: 2012.2.25.).

Buentes, P. 2011. "¿Como se gestó el 15M?" http://storify.com/pablobuentes/que-es-y- como-se-gesto-el-movimiento-15m(검색일: 2012.2.25.).

Democracia Real Ya. 2011. "Datos de participación oficiales de DRY." http://www.face book.com/notes/democracia-real-ya/datos-de-participaci%C3%B3n-oficiales-de-dry/ 139427826133836(검색일: 2012.2.25.).

De Soto, P. 2011.10.15. "Los mapas del 15M al 15O." http://tomalapalabra.periodismo humano.com/2011/10/15/los-mapas-del-15m-al-15o/(검색일: 2012.2.25.).

Fernández-Savater, A. 2011.6.9. "Apuntes de AcampadaSol." http://blogs.publico.es/fu eradelugar/531/apuntes-de-acampadesol-8(검색일: 2012.2.25.).

Galarraga, N. 2011.10.14. "951 ciudades en 82 países (por ahora) se suman a la pro testa planetaria del 15-O." *El Pais*. http://politica.elpais.com/poltica/2011/10/13/actu alidad/1318509855_468846.html(검색일: 2012.2.25.).

Kaosenlared. 2011. "Inside 15M: 48 horas con l@sindignad@s." http://www.portaloaca. com/videos/documentales-/3194-documental-inside-15m-48-horas-con-ls-indignads. html(검색일: 2012.2.25.).

Lenore, Victor. 2011.11.19. "15 datos que explican el 15M." http://madrilona.org/2011/ 07/15-datos-que-explican-el-15m/(검색일: 2012.2.25.).

Letón, H. and D. Sanz. 2011.5.4. "¿Quién es quién en las protestas de la red?" Diagonal Web. http://www.diagonalperiodico.net/Quien-es-quien-en-las-protestas-de.html(검색일: 2012.2.25.).

Noor, O. 2011.6.6. "Espagne labs: Inventer la démocratie du futur." *Owni*. http://owni. fr/2011/06/06/espagne-labs-inventer-la-democratie-du-futur/(검색일: 2012. 2.25.).

Saleh, S. 2011.6.8. "El núcleo del 15-M acuerda irse el domingo." *El Pais*. http://www. elpais.com/articulo/madrid/nucleo/15-M/acuerda/irse/domingo/elpepiespmad/2011 0608elpmad_1/Tes(검색일: 2012.2.25.).

Sánchez J. 2011.6.25. "El 15M rompe otro tópico y Ilena Madrid en verano." http://peri odismohumano.com/sociedad/el-15m-rompe-otro-topico-y-Ilena-madrid-en-verano. html(검색일: 2012.2.25.).

Sandiumenge, L. 2011.5.2. "La calle (y la red) es nuestra." http://blogs.lavangurdia.com/ guerreros-del-teclado/2011/05/02/la-calle-y-la-red-es-nuestra/(검색일: 2012.2.25.).

Taylor, A. 2011.10.7. "Occupy Wall Street Spreads beyond NYC." *The Atlantic*. http:// www.theatlantic.com/infocus/2011/10/occupy-wall-street-spreads-beyond-nyc/10016 5/(검색일: 2012.2.25.).

Versus Sistema. 2011.11.23. "¿Qué ha pasado con la Spanish Revolution?" *Versus Sistema*. http://www.versussistema.com/2011/09/%C2%BFque-ha-pasado-con-la-spanish -revolution/(검색일: 2012.2.25.).

폭력

Hotmatube. 2011. "¿Quiénes son los violentos?" http://www.youtube.com/watch?v=pb huEVgU9mI&feature=player_embedded(검색일: 2012.2.25.).

Teclista. 2011. "Quince de mayo no tuvimos miedo." http://vimeo.com/29544229(검색일: 2012.2.25.).

캠프에서 인터넷

상호작용 지도
BifiUnizar. 2011. "Interacciones entre usuarios 15m." http://15m.bifi.es/ index.php(검색일: 2012.2.25.).

점거광장의 트위터 활용

15October.net. 2011. "Reports." http://map.15october.net/(검색일: 2012.2.25.).

Algo grande. 2011.5.23. "Clasificación de las acampadas por el volumen de su conversación." http://algogrande.org/seccion/analisis/(검색일: 2012.2.25.).

Comscore. 2011.7.7. "El tiempo en la Red crece en España un 17% en mayo, influido por los acontecimientos nacionalese internacionales." http://www.comscore.com /esl/Press_Events/Press_Releases/2011/7/comScore_Releases_Overview_of_Euro pean_Internet_Usage_for_May_2011(검색일: 2012.2.25.).

Congosto, M. L. 2011.5.21. "Evolución de la propagación del 15M en la plaza de Twitter." http://www.barriblog.com/index.php./2011/05/21/evolucion-de-la-propagacion -del-15m-en-la-plaza-de-twitter/(검색일: 2012.2.25.).

미디어와 운동

Ibarrondo J. 2011.7.14. "Medios de comunicación y 15-M: un avispero fuera de control." http://www.diagonalperiodico.net/Medios-de-comunicacion-y -15-M-un. html(검색일: 2012.2.25.).

Castells, M. 2011.7.18. "Medios de comunicación y 15-M. Análisis Madrid 15M." http:// analisismadrid.wordpress.com/2011/07/18/medios-de-comunicacion-y-15m-juan-ibar rondo/(검색일: 2012.2.25.).

Público.es. 2011.10.5. "Los manifestantes de "Occupy Wall Street" son como los nazis." *Público*. http://www.publico.es/internacional/399995/los-manifestantes-de-occupy-wa ll-street-son-como-los-nazis(검색일: 2012.2.25.).

리더십

Balblogger, R. 2011.10.12. "Cómo se hace una asamblea en Wall Street." http://tuami guelturrayyoafiladelfia.blogspot.com/2011/10/como-se-hace-una-asamblea-en-wall.h tml(검색일: 2012.2.25.).

일반 자료

15m.cc. 2011. "Project." http://www.15m.cc/[이 웹사이트에서 무료로 일련의 문서와 인터 뷰들을 이용할 수 있다. 다큐멘터리 제작이 진행 중이다(검색일: 2012. 2.25.)]

Centro de documentación Ciudadana. 2011. http://www.archive.org/details/centrode documentacionciudadana(검색일: 2012.2.25.).

운동 웹사이트

#Acampadasol. 2011. http://madrid.tomalaplaza.net/(검색일: 2012.2.25.).

Acampadabcn. 2011a. http://acampadabcn.wordpress.com/(검색일: 2012.2.25.).

_____. 2011b. Actes de l'Assemblea. [Online] http://acampadabcn.wordpress.com/do cuments/actes-de-lassemblea-general/(검색일: 2012.2.25.).

Acampadatrs. 2011a. http://acampadatrs.net/(검색일: 2012.2.25.).

_____. 2011b. "Acampadatrs-Pads." http://agora.acampadatrs.net/es/node/3/content/pads (검색일: 2012.2.25.).

_____. 2011c. "Agora." http://agora.acampadatrs.net/(검색일: 2012.2.25.).

Análisis Madrid. 2011. http://analisismadrid.wordpress.com/(검색일: 2012.2.25.).

Democracia Real Ya. 2011. http://www.DemocraciaRealYa.es/(검색일: 2012.2.25.).

Marchapopularindignada. 2011. http://marchapopularindignada.wordpress.com(검색일: 2012.2.25.).

N-1. 2011. http://n-1.cc/[다른 곳에서는 접근할 수 없는 운동의 내부 문서와 상호작용에 관 해 중요한 자료이다(검색일: 2012.2.25.)].

Occupy Wall Street. 2011. http://occupy-wallst.org/(검색일: 2012.2.25.)

Tomalaplaza.net. 2011a. "Actas de #acampadasol." http://actasmadrid.tomalaplaza. net/ (검색일: 2012.2.25.)

_____. 2011b. "Grupo Pensamiento." http://madrid.tomalaplaza.net/category/grupos-de-trabajo/pensamiento/(검색일: 2012.2.25.)

6장 월스트리트 점거운동: 세상의 소금을 캐다

Castells, M. 2003. *The Power of Identity* (2nd ed). Oxford: Blackwell.

_____. 2009. *Communication Power*. Oxford: Oxford University Press.

Costanza-Chock, S. 2012. "Preliminary Findings: Occupy Research Demographic and Poltical Participation Survey 2012." *Occupy Research*. http://www.occupyresearch.net/ 2012/03/23/preliminary-findings-occupy-research-demographic-and-political-particip ation-survey/

Graham-Felsen, S. 2011. "Is Occupy Wall Street the Tumblr Revolution?" *GOOD: Tech-nology*. http://www.good.is/post/is-occupy-wall-street-the-tumblr-revolution

Klein, E. 2011. "Who are the 99 percent?" *The Washington Post*. http://www.washington post.com/blogs/ezra-klein/post/who-are-the-99-percent/2011/08/25/gIQAt87jKL_blo g.html

Lakoff, G. 2011. "How Occupy Wall Street's moral vision can beat the disastrous con-servative world view." *AlterNet*. http://www.alternet.org/teaparty/152800/lakoff%3A

_how_occupy_wall_street%27s_moral_vision_can_beat_the_disastrous_conservative_
worldview

Lawson-Remer, T. 2011. "#OccupyDemocracy." *Possible Futures: A Project of the Social Science Research Council*. http://www.possible-futures.org/2011/12/08/occupydemocracy

Rosen, R. 2011. "The 99 Percent Tumblr: self-service history." *The Atlantic*. http://www.theatlantic.com/technology/archive/2011/10/the-99-percent-tumblr-self-service-history/246385/

Tarrow, S. 2011. "Why Occupy Wall Street is not the Tea Party of the Left." *Foreign Affairs*(Snapshot). http://www.foreignaffairs.com/articles/136401/sidney-tarrow/why-occupy-wall-street-is-not-the-tea-party-of-the-left

월스트리트 점거운동의 시작과 발전

Beeston, L. 2011. "The ballerina and the bull." *The Link*. http://thelinknewspaper.ca/article/1951

Chafkin, M. 2012. "Revolution Number 99: An oral history of Occupy Wall Street." *Vanity Fair*. http://www.vanityfair.com/politics/2012/02/occupy-wall-street-201202

Eifling, S. 2011. "AdBusters' Kalle Lasn talks about Occupy Wall Street." *The Tyee*. http://thetyee.ca/news/2011/10/07/Kalle-Lasn-Occupy-Wall-Street/

Elliott, J. 2011. "The origins of Occupy Wall Street explained." *Salon*. http://www.salon.com/2011/10/04/adbusters_occupy_wall_st/

Kaste, M. 2011. "Exploring Occupy Wall Street's "AdBuster" origin." *NPR Morning Edition*. http://www.npr.org/2011/10/20/141526467/exploring-occupy-wall-streets-adbuster-origins

Kennedy, M. 2011. "Global solidarity and the Occupy Movement." *Possible Futures*. http://www.possible-futures.org/2011/12/05/global-solidarity-occupy-movement/

Kroll, A. 2011. "How Occupy Wall Street really got started." *Mother Jones*. http://motherjones.com/politics/2011/10/occupy-wall-street-international-origins

Schwartz, M. 2011. "Pre-occupied: the origins and future of Occupy Wall Street." *The New Yorker*. http://www.newyorker.com/reporting/2011/11/28/111128fa_fact_sc hwartz

Sledge, M. 2011. "Reawakening the radical imagination: the origins of Occupy Wall Street." *The Huffington Post*. http://www.huffingtonpost.com/2011/11/10/occupy-wall-street-origins_n_1083977.html

Weigel, D. and L. Hepler. 2011. "A timeline of the movement, from February to today." *Slate*. http://www.slate.com/articles/news_and_politics/politics/features/2011/occupy_wall_street/what_is_ows_a_complete_timeline.html

캠프의 일상

Ashraf, N. 2011. "Brown Power at #OccupyWallStreet." http://killing newyork.tumblr.com/post/10839600460/brownpower

Carney, J. 2011. "Occupy Wall Street: What life is like for protesters." *NetNet, CNBC.* http://www.cnbc.com/id/44874685/Occupy_Wall_Street_What_Life_Is_Like_for_Prot esters

Donovan, J. 2011. "Who are the people in your neighborhood, #OccupyLA?" http://www.occupythesocial.com/post/12316820038/who-are-the-people-in-your-neighborhood-occupyla

Kleinfield, N. and C. Buckley. 2011. "Wall Street occupiers, protesting till whenever." *New York Times.* http://www.nytimes.com/2011/10/01/nyregion/wall-street-occupi ers-protesting-till-whenever.html?pagewanted=all

Packer, G. 2011. "All the angry people." *New Yorker.* http://www.newyorker.com/re porting/2011/12/05/111205fa_fact_packer

Scradie, J. 2011. "Why tents (still) matter for the Occupy Movement." http://www.com mondreams.org/view/2011/11/24-1

Stoller, M. 2011. "#OccupyWallStreet is a church of dissent, not a protest." http://www.nakedcapitalism.com/2011/09/matt-stoller-occupywallstreet-is-a-church-of-diss ent-not-a-protest.html

Tool. 2011. "A day in the life of Occupy Wall Street." http://www.dailykos.com/story/2011/10/23/1029380/-A-Day-In-A-Life-At-Occupy-Wallstreet

Fire Dog Lake. 2012. "The State of the Occupation." http://firedo glake.com/state-of-the-occupation

운동의 커뮤니케이션 네트워크

Captain, S. 2011. "Inside Occupy Wall Street's (kinda) secret media HQ." Threat Level, *Wired.* http://www.wired.com/threatlevel/2011/11/inside-ows-media-hq/?pid=195&pageid=32957

Donovan, J. 2012. "Conference calling across the Occupy rhizome." *The Occupied Wall Street Journal.* http://occupiedmedia.us/2012/02/conference-calling-across-the-occupy-rhizome/

Gladstone, B. 2011. "Occupy Wall Street after Zuccotti Park." http://www.onthemedia.org/2011/nov/18/ows-communication/

Global Revolution. 2012. http://www.livestream.com/globalrevolution

Kessler, S. 2011. "How Occupy Wall Street is building its own Internet." *Mashable.* http://mashable.com/2011/11/14/how-occupy-wall-street-is-building-its-own-internet

-video/

Martin, A. 2011. "Occupy Wall Street is building its own social network." *Atlantic Wire*. http://www.theatlanticwire.com/national/2011/10/occupy-wall-street-building-its-own-social-network/43637/

Occupy Streams. 2012. http://occupystreams.com

Polletta, F. 2011. "Maybe you're better off not holding hands and singing We Shall Overcome." *Mobilizing Ideas*. http://mobilizingideas.wordpress.com/2011/11/21/maybe-youre-better-off-not-holding-hands-and-singing-we-shall-overcome/

Porzucki, N. 2011. "The informal media team behind Occupy Wall Street." *All things Considered*. http://www.npr.org/2011/10/19/141510541/the-informal-media-team-ehind-occupy-wall-street

Santo, A. 2011. "Occupy Wall Street's media team." *Columbia Journalism Review*. http://www.cjr.org/the_news_frontier/occupy_wall_streets_media_team.php

Shlinkert, S. 2011. "The technology propelling Occupy Wall Street." *Daily Beast*. http://www.thedailybeast.com/articles/2011/10/06/occupy-wall-street-protests-tech-gruns-televise-the-demonstrations.html

Stetler, B. 2011. "Occupy Wall Street puts protests in the spotlight." *New York Times*. http://www.nytimes.com/2011/11/21/business/media/occupy-wall-street-puts-the-coverage-in-the-spotlight.html

Trope, A. and L. Swartz. 2011. "A visual primer of the occupation, month one and counting." http://civicpaths.uscannenberg.org/2011/10/the-visual-culture-of-the-occupation-month-one-and-counting/

Ungerleider, N. 2011. "How virtual private networks keep Occupy Wall Street net works up and protesting." http://www.fastcompany.com/1792974/why-occupy-wall-street-uses-vpns

Wagstaff, K. 2012. "Occupy the Internet: Protests give rise to DIY data networks." *Techland, Time*. http://techland.time.com/2012/03/28/occupy-the-internet-protests-give-rise-to-diy-networks/

Weinstein, A. 2011. ""We are the 99%" creators revealed." *Mother Jones*. http://motherjones.com/poltics/2011/10/we-are-the-99-percent-creators

캠프의 조직과 의사결정

Graeber, D. 2011a. "Enacting the impossible (on consensus decision making)." http://occupywallst.org/article/enacting-the-impossible/

_____. 2011b. "Occupy Wall Street's anarchist roots." Al Jazeera. http://www.aljazeera.com/indepth/opinion/2011/11/201111282835904508.html

Grusin, R. 2011. "Premediation and the virtual occupation of Wall Street." *Theory and*

Event, Vol.114, No.4.

Helper, L. and D. Weigel. 2011. "Twinkling, "mic check," and Zucotti Park: a guide to protest terminology." *Slate*. http://www.slate.com/articles/news_and_politics/politics /features/2011/occupy_wall_street/what_is_ows_a_glossary_of_the_protest_moveme nt_.html

Kim, R. 2011. "We are all human microphones now." *The Nation*. http://www.thena tion.com/blog/163767/we-are-all-human-microphones-now

Klein, A. 2011. "Jazz hands and waggling fingers: How Occupy Wall Street makes decisions." *New York Magazine*. http://nymag.com/daily/intel/2011/10/occupy_w all_ street_hand_gestur.html

Loofbourow, L. 2011. "The livestream ended: How I got off my computer and into the streets at Occupy Oakland." http://www.theawl.com/2011/10/the-livestream-ended-how-i-got-off-my-computer-and-in-to-the-streets-at-occupy-oakland

Schneider, N. 2011. "Wall Street occupiers inch toward a demand-by living it." http:// wagingnonviolence.org/2011/09/wall-street-occupiers-inch-toward-a-demandby-living -it/

Vargas-Cooper, N. 2011. "The night Occupy LA tore itself in two." http://www.theawl. com/2011/10/the-night-occupy-los-angeles-tore-itself-in-two

Wood, D. and G. Goodale. 2011. "Does "Occupy Wall Street" have leaders? Does it need any?" *Christian Science Monitor*. http://www.csmonitor.com/USA/Politics/2011/ 1010/Does-Occupy-Wall-Street-have-leaders-Does-it-need-any

W. W. 2011. "Leaderless, consensus-based participatory democracy and its discon-tents." *Economist*. http://www.economist.com/blogs/democracyinamerica/2011/10/oc cupy-wall-street-3

Zick, T. 2012. "Occupy Wall Street and democratic protest." Al Jazeera. http://www. aljazeera.com/indepth/opinion/2012/03/20123185220379942.html

폭력과 비폭력

Calhoun, C. 2011. "Evicting the public." *Possible Futures*. http://www.ssrc.org/calhoun/ 2011/11/18/evicting-the-public-why-has-occupying-public-spaces-brought-such-heavy -handed-repression

Elliott, J. 2011. "Occupy Wall Street's struggle for non-violence." *Salon*. http://www. salon.com/2011/10/17/occupy_wall_streets_struggle_for_non-violence

Goodale, G. 2012. "Occupy Wall Street non-violence: Is Oakland the exception or the future?" *The Christian Science Monitor*. http://www.csmonitor.com/USA/Politics/2012/ 0131/Occupy-Wall-St.-nonviolence-Is-Oakland-the-exeption-or-the-future-video

Gordillo, G. 2011. "The human chain as a non-violent weapon. Space and Politics."

http://spaceandpolitics.blogspot.com/2011/11/weapon-of-occupy-movement_23.html

Graeber, D. 2012. "Counting the Violent Peace-Police: an open letter to Chris Hedges." *N+1*. http://nplusonemag.com/concerning-the-violent-peace-police

Haberman, C. 2011. "A new generation of dissenters." *New York Times*. http://cityroom. nytimes.com/2011/10/10/a-new-generation-of-dissenters

Hedges, C. 2012. "The cancer in Occupy." *Truth Dig*. http://www.truthdig.com/re port/item/the_cancer_of_occupy_20120206/

Schneider, N. 2011. "What "diversity of tactics" really means for Occupy Wall Street." http://wagingnonviolence.org/2011/10/what-diversity-of-tactics-really-means-for-occ upy-wall-street/

The Guardian. 2011. "Occupy LA protesters are evicted - in pictures." http://www.guardi an.co.uk/world/gallery/2011/nov/30/occupy-la-protesters-are-evicted-in-pictures

운동의 캠페인과 활동

Doll, J. 2011. "Kristen Christian, who created "Bank Transfer Day." the November 5 Abank boycott, tells us why." *The Village Voice*. http://blogs.villagevoice.com/runnin scared/2011/10/kristen_christian_bank_boycott_bank_transfer_day_occupy_wall_st reet.php

Gabbat, A. 2011. "Occupy aims to shut down West Coast ports — as it happened." *The Guardian*. http://www.guardian.co.uk/world/blog/2011/dec/12/occupy-west-coast-ports-shut-down

Goodale, G. 2011. "Bank Transfer Day: How much impact did it have?" *Christian Science Monitor*. http://www.csmonitor.com/USA/Politics/2011/1107/Bank-Transfer-Day-How -much-impact-did-it-have

Hamilton, W., S. Reckard, and P. Willon. 2011. "Occupy Movement moves into neigh-borhoods." *Los Angeles Times*. http://articles.latimes.com/2011/dec/06/business/la-fi -occupy-home-20111206

Riquier, A., P. Gopal, and N. Brandt. 2011. "Occupy Movement targets home evictions in US Day of Action." *Bloomberg*. http://www.bloomberg.com/news/2011-12-06/occu py-protest-movement-targets-home-evictions-in-u-s-day-of-action-.html

Swartz, L. 2010. "Ghoulish ATMs, It's a Wonderful Bank, and Bloody Valentines: Personal finance as civic communication." http://civicpaths.uscannenberg.org/2010/ 11/ghoulish-atms-its-a-wonderful-bank-and-bloody-valentines-personal-finance-as-ci vic-communication/

Occupy Wall Street. 2011. "Occupy Wall Street goes home." http://occupywallst.org/arti cle/occupy-wall-street-goes-home/

Bowers, C. 2011. "Politicians start to take sides on Occupy Wall Street." *Daily Kos*. http://www.dailykos.com/story/2011/10/05/1023087/-Politicians-start-to-take-sides-on-Occupy-Wall-Street

Dovi, C. 2011. "Can Occupy and the Tea Party team up?" *Salon*. http://www.salon.com/2011/12/07/can_occupy_and_the_tea_party_team_up/

Francis, D. 2011. "The politics and economics of Occupy Wall Street." *US News*. http://money.usnews.com/money/business-economy/articles/2011/12/12/the-economics-of-occupy-wall-street

Gauteney, H. 2011. "Why Occupy Wall Street wants nothing to do with our politicians." *Washington Post*. http://www.washingtonpost.com/national/on-leadership/why-occupy-wall-street-wants-nothing-to-do-with-our-politicians/2011/10/21/gIQAc2wT3L_story.html

Klein, R. 2011. "Democrats seek to own "Occupy Wall Street"." ABC News. http://abcnews.go.com/Politics/democrats-seek-occupy-wall-street-movement/story?id=14701337

Lawler, K. 2011. "Fear of a slacker revolution." http://www.posssible-futures.org/2011/12/01/fear-slacker-revolution-occupy-wall-street-cultural-politics-class-struggle/

Lessig, L. 2011. "#OccupyWallSt, then #OccupyKSt, then #OccupyMainSt." *Huffington Post*. http://huffingtonpost.com/lawrence-lessig/occupywallst-then-occupyk_b_995547.html

Marcuse, P. 2011. "Perspective on Occupy: occupiers, sympathizers, and antagoists." http://pmarcuse.wordpress.com/2011/12/31/perspective-on-occupy-occupiers-sympathizers-and-antagonists/

Neal, M. 2012. "Politicians react to the Occupy Wall Street Movement." *Huffington Post*. http://www.huffingtonpost.com/2011/10/17/occupy-wall-street-politician-reactions_n_1014273.html

Pierce, C. 2011. "We must give Occupy a politics worthy of its courage." http://www.esquire.com/blogs/politics/occupy-class-warfare-6592653

Wolf, N. 2011. "How to Occupy the moral and political high ground." *The Guardian*. http://www.guardian.co.uk/commentisfree/2011/nov/06/naomi-wolf-occupy-movement

AP/Huffington Post. 2011. "Occupy Wall Street protesters fed up with both parties." http://www.huffingtonpost.com/2011/10/06/occupy-wall-street-protesters_n_999289.html

여론과 운동

Bartels, L. 2012. "Occupy's impact beyond the beltway." *Bill Moyers*. http://billmoyers.com/2012/01/18/has-the-occupy-movement-altered-public-opinion/

Montopolli, B. 2011. "Occupy Wall Street: More popular than you think." CBS News. http://www.cbsnews.com/8301-503544_162-20120052-503544.html?tag=mncol;lst;l

Occupy Oakland. 2012. "Bay Areas news group poll finds 94% support for Occupy Oakland." http://occupyoakland.org/2012/02/bay-area-news-group-poll-finds-94-support-occupy/

Reich, R. 2011. "Occupy Wall Street has transformed public opinion." *Salon*. http://www.salon.com/2011/10/31/how_ows_has_transformed_public_opinion/

Sargeant, G. 2011. "Will Occupy Wall Street alienate the middle of the country? It hasn't yet." *Washington Post*. http://www.washingtonpost.com/blogs/plum-line/post/will-occupy-wall-street-alienate-the-midddle-of-the-country-it-hasn'tyet/2011/10/24/gIQAZ1zJDM_blog.html

일반 자료

Blodget, H. 2011. "CHARTS: Here's what the Occupy Wall Street protesters are so angry about." *Business Insider*. http://www.businessinsider.com/what-wall-street-protesters-are-so-angry-about-2011-10?op=1

"By the Numbers." 2011. http://archive.demos.org/inequality/numbers.cfm

Gilson, D. 2011. "Charts: Who are the 1%?" *Mother Jones*. http://motherjones.com/mojo/2011/10/one-percent-income-inequality-OWS

Gosztola, K. 2011~2012. "The dissenter." *Fire Dog Lake*. http://dissenter.firedoglake.com/

Inter Occupy: Connecting Occupations. http://interoccupy.org

Kilkenny, A. 2011. "Occupy Wall Street: Searching for hope in America." *The Nation*. http://www.thenation.com/blog/163462/occupywallstreet-searching-hope-america

Mitchell, G. 2011~2012. "The Occupy USA blog." *The Nation*. http://www.nation.com/blogs/greg-mitchell

New York City General Assembly. http://www.nycga.net/

Occupied Wall Street Journal. http://occupied-media.us/

Occupy! N+1. http://nplusonemag.com/occupy/

Occupy Together. http://www.occupytogether.org/

Rushkoff, D. 2011. "Think Occupy Wall Street is a phase? You don't get it." CNN. http://www.cnn.com/2011/10/05/opinion/rushkoff-occupy-wall-street/index.html

Samuelson, T. 2011. "Meet the occupations." *New York Magazine*. http://nymag.com/

news/intelligencer/topic/occupy-wall-street-2011-10/

Sassen, S. 2011. "The global street comes to Wall Street." http://www.possible-futures. org/2011/11/22/the-global-street-comes-to-wall-street/

Schneider, N. 2011. "Occupy Wall Street: FAQs." *The Nation*. http://www.thenation. com/article/163719/occupy-wall-street-faq

Sifry, M. 2011. "#OccupyWallstreet: There's something happening here, Mr. Jones." http://techpresident.com/blog-entry/occupywallstreet-theres-something-happening-h ere-mr-jones

Tidal: Occupy Theory, Occupy Strategy.http://www.occupytheory.org

Waging Nonviolence. http://wagingnonviolence.org

Weigel, D. 2011. "A complete guide to the anti-corporate protests taking place around the nation." *Slate*. http://www.slate.com/articles/news_and_politics/politics/features/ 2011/occupy_wall_street/what_is_ows_a_guide_to_the_anti_corporate_protests.html

Wolff, R. 2011. "Occupy Wall Street ends capitalism's alibi." *The Guardian*. http:// www.guardian.co.uk/commentisfree/cifamerica/2011/oct/04/occupy-wall-street-new -york

7장 네트워크된 사회운동: 글로벌 트렌드인가

Branco, M. 2014a. Brasil 2013. La calle y la presidenta. *Vanguardia Dossier*, no.50, pp.83~ 93.

_____. 2014b. 개인적 연락 자료.

Calderon, F. and M. Castells, 2014 "Development, democracy and social change in Chile." in M. Castells and P. Himanen(eds.). *Reconceptualizing Development in the Global Information Age*, pp.175~204. Oxford University Press, Oxford.

Cardoso, G. 2014. "Movilizacion social y medios sociales." *Vanguardia Dossier*, no.50, pp.17~28.

Cardoso, G. and De Fatima, B. (forthcoming). "People are the message: Social Mobiliza- tion and Social Media in Brazil."

Cinmen, I. 2014. Turquia: La Rebelion de Junio. *Vanguardia Dossier*, no.50, pp.72~80.

Fang, K. 2014. *New Media Technology in Hong Kong's Umbrella Revolution*. Philadelphia: Annenberg School of Communication, University of Pennsylvania, Center for Global Communication Studies, Research Paper(published online).

Gokmenoglu, B. 2013a. *The Gezi Movement: A comparative perspective*. Los Angeles: University of Southern California, Department of Sociology, Research Paper.

_____. 2013b. *The Gezi Movement: A personal account*. Los Angeles, University of Southern California, Department of Sociology, Research Paper.

_____. 2014. *The 2014 local elections in Turkey: A research note.* Los Angeles, University of Southern California, Department of Sociology.

Hsing, Y.-T. 2014. "Development as culture: Human development and information development in China." in M. Castells and P. Himanen(eds.). *Reconceptualizing Development in the Global Information Age*, pp. 116~139. Oxford University Press, Oxford.

Monterde, A. and P. Aragon. 2014. "#YoSoy132: Un movimiento en red. Autocommunicacion, redes policentricas y comunicaciones globales." Barcelona: Internet Interdisciplinary Institute, Universitat Oberta de Catalunya, Research Report.

Vanguardia Dossier. 2014. "El Poder de las Redes Sociales." no.50, January-March 2014. Barcelona: Ediciones La Vanguardia.

8장 네트워크 사회 속에서 변모하는 세상

Amenta, E., N. Cohen, E. Chiarello and Y. Su. 2010. "The political consequences of social movements." *Annual Review of Sociology*, Vol.36, pp.287~307.

Beck, U. 1992. *The Risk Society*. Cambridge: Polity Press.

Cardoso, G. and P. Jacobetti. 2012. "Surfing the crisis: Alternative cultures and social movements in Portugal." in M. Castells, J. Caraca, and G. Cardoso(eds.). *Aftermath: The cultures of the economic crisis*. Oxford: Oxford University Press.

Castells, M. 1983. *The City and the Grassroots. A cross-cultural theory of urban social movements*. Berkeley, CA: University of California Press.

_____. 2001. *The Internet Galaxy*. Oxford: Oxford University Press.

_____. 2003. *The Power of Identity*. Oxford: Blackwell.

_____. 2009. *Communication Power*. Oxford: Oxford University Press.

_____. 2010. *Social Networks in the Internet: What Research Knows About It.* "Web Science, a New Frontier" on the Occasion of the 35-th Anniversary of the Royal Society Lomdon(2010.9.28).

Castells, M., J. Caraca, and G Cardoso(eds.). 2012. *Aftermath: The cultures of the economic crisis*. Oxford: Oxford University Press.

Castells, M., M. Fernandez-Ardevol, L. Qiu, and A. Sey. 2006. *Mobile Communication and Society. A global perspective*. Cambridge, MA: MIT Press.

Castells, M., I. Tubella, et al. 2005. "The transformation of the social structure of the network society: Social uses of the Internet in California." in M. Castells(ed.). *The Network Society: A cross-cultural perspective*. Malden, MA: Edward Elgar.

Castells, M., I. Tubella, et al. 2007. *La transicion a la sociedad red*. Barcelona: Ariel.

Chesters, G. and I. Welsh. 2000. *Complexity and Social Movements: Multitudes at the edge of chaos*. London: Routledge.

Couldry, N. and J. Curran(eds.). 2003. *Contesting Media Power: Afternative media in a networked world*. Lanham, MD: Rowman and Littlefield.

Curran, J. 2011. *Media and Democracy*. London: Routledge.

Damasio, A. 2009. *Self Comes to Mind*. New York: Pantheon Books.

Diani, M. and D. McAdam. 2003. *Social Movements and Networks*. Oxford: Oxford University Press.

Downing, J. 2000. *Radical Media: Rebellious communication and social movements*. Thousand Oaks, CA: Sage Publications.

Ekman, P. 1973. *Darwin and Facial Expression: A century of research in review*. New York: Academic Press.

Engelen, E., et al. 2011. *After the Great Complacence: Financial crisis and the politics of reform*. Oxford: Oxford University Press.

Giddens, A. 1991. *Modernity and Self-Identity: Self and society in the Late Modern Age*. Cambridge: Polity Press.

Hardt, M. and A. Negri. 2004. *Multitude: War and democracy in the age of Empire*. New York: Penguin.

Howard, P. 2012.4.1. "Digital technologies in the Arab Revolutions." Paper delivered at the meeting of the International Studies Association, San Diego.

Hussain, M. M. and P. N. Howard. 2012.4.1. "Democracy's Fourth Wave? Information Technology and the Fuzzy Causes of the Arab Spring." Unpublished paper presented at the meeting of International Studies Association, San Diego.

Johnston, H. 2011. *States and Social Movements*. Cambridge: Polity Press.

Juris, J. 2008. *Networked Futures*. Durham, NC: Duke University Press.

Lawrence, B. B. and A. Karim(eds.). 2007. *On Violence: A reader*. Durham, NC: Duke University Press.

Markoff, J. 2006. *What the Dormouse Said: How the sixties counterculture shaped the personal computer industry*. New York: Penguin.

Mason, P. 2012. *Why It's Kicking Off Everywhere: The new global revolutions*. London: Verso.

Nahon, K. 2012.4.27. "Network Theory and Networked Social Movements: Israel, 2011." Paper delivered at the meeting of the Annenberg Network on Networks, Los Angeles.

Nahon, K. and J. Hemsley. 2013. *Going Viral*. Cambridge: Polity Press.

Naughton, J. 2012. *What You Really Need to Know About The Internet: From Guttenberg to Zuckerberg*. London: Quercus.

Neuman, W. Russell, G. E. Marcus, A. N. Crigler, and M. MacKuen(eds.). 2007. *The Affect Effect: Dynamics of emotions in political thinking and behavior*. Chicago, IL: University of Chicago Press.

Neveu, E. 1996. *Sociologie des movements sociaux*. Paris: La Decouverte.

Oberschall, A. 1996. *Social Movements: Ideologies, interests, and identities*. Piscataway, NJ: Transaction Publishers.

Scafuro, E. 2011. *Autocommunicazione orizzontale di massa: Il potere della rete*. Genova, Universita degli Studi di Genova, Facolta di Scienze della Formazione, Masters Thesis.

Shirky, C. 2008. *Here Comes Everybody: The power of organizing without organization*. New York: Penguin Press.

Snow, D., S. Soule, and H. Kriesi(eds.). 2004. *The Blackwell Companion to Social Movements*. Oxford: Wiley-Blackwell.

Staggenborg, S. 2000. *Social Movements*. Oxford: Oxford University Press.

Thompson, J. 2000. *Political Scandal: Power and visibility in the media age*. Cambridge: Polity Press.

Tilly, C. 2004. *Social Movements, 1768~2004*. Boulder, CO: Paradigm Publishers.

Toret, Javier(coordinator). 2014. *Tecnopolitica: la potencia de las multitudes conectadas. El sistema red 15M, un nuevo paradigma de la politica distribuida*. Barcelona: Universitat Oberta de Catalunya(UOC) Press.

Touraine, A. 1978. *La voix et le regard: sociologie des mouvements sociaux*. Paris: Seuil.

Wellman, B. and L. Rainie. 2012. *Networked*. Cambridge, MA: MIT Press.

9장 네트워크된 사회운동과 정치 변화

Calderon, F. and M. Castells. (forthcoming). *Huellas del Futuro en America Latina*. Santiago de Chile, Fondo de Cultura Economica.

Castells, M. 2003. *The Power of Identity*, 2nd ed. Oxford: Blackwell.

_____. 2009. *Communication Power*. Oxford: Oxford University Press.

Flesher Flominaya, C. 2014.5.29 "Spain is Different." Podemos and 15-M. *Open Democracy*.

Frediani, C. 2014.8.11. "How Tech-Savvy Podemos Became One of Spain's Most Popular Parties in 100 Days." TechPresident.com/news.

Grillo, B. and Casaleggio, P. 2011. *Siamo en Guerra: Per una nuova politica*. Milan: Perfect Paperback.

Miquel, J. and L. M. Campos. 2013. *Asaltad el Sistema*. Madrid: Bubok Publishing.

Pellizzetti, P. 2014. "No todo el que dice "redes, redes" entrara en el reino de los networks." *Vanguardia Dossier*, no.50, pp.64~67.

Rizzo, S. and G. Stella. 2007. *La Casta*. Rome: Saggi Italiani.

Shirky, Clay. 2008. *Here Comes Everybody. The Power of Organizing Without Organizations*. New York: Penguin Books.

부록 1 _ 점거일지

3장 이집트 혁명

- 2010년 6월~2011년 12월
- 메이사 알하센이 수집하고 정리했다.

2010.6.6. 블로거 칼레드 사이드(Khaled Said)가 알렉산드리아의 인터넷 카페에서 이집트 당국에 의해 구타당한 뒤 사망했다.

두바이에 있는 이집트 구글의 임원 와엘 고님(Wael Ghonim)이 '우리는 모두 칼레드 사이드다(We are all Khaled Said)'라는 페이스북 그룹을 개설했다.

2011.1.1. 알렉산드리아의 알키디신(Al-Qiddissin) 교회에서 신년 저녁 미사 도중 폭탄 테러가 발생해 21명이 사망했다.

2011.1.25. '봉기의 날(Day of Revolt)': 이날은 '경찰의 날'로 공휴일이었으며, 전국적으로 조직된 시위대들이 무바라크 정권에 저항하는 시위가 열렸다. 타흐리르 광장 점거 첫날이다.

2011.1.26. 이집트 당국이 트위터와 페이스북을 차단했다.

2011.1.28. 이집트 당국이 인터넷 서비스 및 이동통신 사업자들에게 차단 명령을 내렸다.

'분노의 금요일(Friday of Rage)' 1주년으로, 무바라크의 퇴진을 이끈 봉기에서 중요한 날이다.

야당 지도자이자 국제원자력기구(IAEA) 전임 사무총장인 모하메드 엘바라데이(Mohammed ElBaradei)가 시위에 참여하기 위해 카이로에 갔다.

고님이 행방불명되었는데, 나중에야 보안 당국에 체포된 것으로 밝혀졌다.

2011.1.31. '수백만의 행진(The March of the Millions)': 타흐리르 광장에 20만~200만 명의 시위대가 집결한 것으로 보도되었다.

2011.2.1. 무바라크가 텔레비전 연설에서 정치 개혁과 차기 대통령 선거 불출마를 약속했다.

2011.2.2. '낙타전투(Battle of Camels)': 중요한 전환점이 된 날이다. 친무바라크 정치용역들이 낙타와 말을 타고 타흐리르 광장을 습격해 시위대를 공격했으며, 두 세력은 하루 종일 전투를 벌였다. 인터넷 서비스가 재개되었다.

2011.2.6. 이집트의 콥트기독교인들이 무슬림의 보호를 받으며 타흐리르 광장에서 일요일 미사를 열었다.

2011.2.7. 고님이 감옥에서 나온 직후 Dream TV에 출연해 감동적인 인터뷰를 했다.

2011.2.10. 무바라크가 전국 공식 연설(시위대는 그의 사임을 기대했다)을 통해 부통령 오마르 술레이만(Omar Suleiman)에게 더 많은 권력을 이양하겠다고 발표했다. 이 발표가 있은 뒤 시위는 격렬해졌다.

2011.2.11. '출발의 금요일(Friday of Departure)': 오후 6시, 부통령 오마르 술레이만이 무바라크의 사임과 함께 지도체제를 이집트 최고군사위원회로 이양한다고 발표했다.

2011.2.12. 시위대는 새로운 이집트를 기대하며 광장을 청소했다: 이집트의 미래는 이들의 손에 달렸다.

2011.2.13. 이집트 최고군사위원회가 의회를 해산하고 개헌을 연기했다. 아울러 6개월 동안, 혹은 선거가 실시될 때까지만 집권할 것임을 이집트 시민사회에 재확인시켰다.

2011.3.19. 개헌을 위한 국민투표가 실시되었고, 개헌안이 통과되었다.

2011.3.23. 이집트 내각은 시위와 파업을 불법으로 규정하는 법을 만들었다. 새로운 법은 시위를 조직하거나 요구하는 사람들을 구속하고/하거나 벌금형에 처하게 할 수 있었다.

2011.4.1. '혁명 수호의 날(Save the Revolution day)': 수천 명의 사람들이 구체제 인사들을 정치적 지위에서 조속히 축출할 것을 이집트 최고군사위원회에 요구하며 시위를 벌였다.

2011.4.8. '척결의 금요일(Friday of Cleaning)': 수만 명의 시위대가 타흐리르 광장으로 돌아와 이집트 최고군사위원회에 혁명 공약을 준수할 것을 요구했다(남아 있는 전 정권 인사들의 사임과 검사들의 면직을 요구했다).

2011.5.24. 반정부 시위대들이 무바라크와 그의 두 아들, 알라와 가말을 암살하려 했다는 발표가 있었다.

2011.5.27. '제2차 분노의 금요일(The Second Angry Friday)' 혹은 '제2차 분노의 날(Second Day of Rage)': 무바라크의 축출을 촉구하는 시위가 전국적으로 조직되었다.

2011.5.28. 무바라크가 혁명 기간에 통신을 차단한 혐의로 3400만 달러의 벌금형을

받았다. 가자 지구와 이집트 라파 사이의 국경 봉쇄가 해제되었다.

2011.6.28. 타흐리르 광장에서 보안군과 시위대 사이에 충돌이 있었다.

2011.7.1. '응징의 금요일(Friday of Retribution)': 전국적인 시위(수에즈, 알렉산드리아, 카이로)가 있었다. 이들은 혁명 이후 5개월 동안 이집트 최고군사위원회가 보인 지지부진한 행보에 반감을 표시했다.

2011.7.8. '응징의 금요일' 다음 금요일인 '결단의 금요일(Friday of Determination)': 늘어난 시위 참가자들은 즉각적인 개혁과 무바라크 정권 관료에 대한 빠른 기소를 요구했다.

2011.8.3. 무바라크와 그의 두 아들, 전 내무부 장관 그리고 다른 정부 각료들의 재판이 시작되어 텔레비전으로 중계되었다.

2011.8.14. 아스마 마푸즈(Asmaa Mahfouz)가 트위터에서 이집트 최고군사위원회를 비난하고 민간인 군사재판을 반대한다는 이유로 체포되었다. 시민들의 압력으로 아스마는 나흘 뒤에 석방되었다.

2011.9.9. 시위대가 이스라엘 대사관에 들이닥쳤다. 이에 이스라엘 대사가 이집트를 탈출했다. 이집트 최고군사위원회는 '국가 비상령'을 다시 발동했으며, 알자지라의 자회사 무바시르 미스르(Mubashir Misr)를 압수수색하고 방송을 중단시켰다.

2011.10.9. '마스페로 학살(Maspero Massacre)': 콥트기독교인들이 이집트 국영 방송사 건물인 마스페로 앞에서 가두시위를 벌였다. 시위대는 교회에 대한 일련의 공격에 반대하여 이집트 최고군사위원회의 행동과 평등을 요구했다. 가두시위는 군대와의 충돌로 끝이 났고, 이 충돌로 콥트기독교인으로 추정되는 사람 24~31명이 사망했다.

2011.11.19. 시위대가 타흐리르 광장을 재점거했고, 이집트 최고군사위원회는 시위대를 향해 최루가스를 살포했다.

2011.11.20. 경찰의 광장을 청소하기 위해 급습했지만, 두 배로 커진 시위대가 되돌아왔다. 경찰이 시위대를 구타하고, 시위대를 향해 실탄을 발포하고 최루탄을 사용함으로써 폭력적인 충돌이 뒤따랐다.

2011.11.28. 3차에 걸친 국회의원 선거가 시작되었다(1월에 종료). 무슬림형제단의 자유정의당이 좋은 성과를 얻었다.

2011.12.14. 2차 선거가 실시되었다.

2011.12.17. '블루 브라 걸 사건. 보안 공무원들이 타흐리르 광장에서 한 여성을 구타하고 상의를 벗기고(파란색 브래지어가 드러났다) 질질 끌고 갔다. 이 장면이 카메라에 찍혔고 전 세계적 공분을 일으켰다.

2011.12.20. '블루 브라 걸' 사건과 이집트 최고군사위원회에 대한 반감에 응하여 여

성들이 전국적인 대규모 시위를 벌였다.

2011.12.27.　3월 9일 '처녀 검사'를 받았던 7명의 여성 중 한 명인 사미라 이브라힘 (Samira Ibrahim, 25세)이 군부를 상대로 한 재판에서 승소했다. '처녀 검사'는 '성 폭력'으로 인정되었고 이집트 감옥에서도 불법으로 판결받았다.

2011.12.29.　보안군이 여섯 개의 NGO 사무실을 수색했다.

4장 존엄, 폭력, 지정학: 아랍 봉기와 그 종말

- 2010년 12월~2011년 12월
- 게리 블라이트(Garry Blight), 실라 풀햄(Sheila Pulham), 폴 토페이(Paul Torpey) 가 ≪가디언≫에 실은 일지에서 수집한 정보를 바탕으로 메이사 알하센이 작성했다.

2010.12.17. 튀니지　모하메드 부아지지(Mohamed Bouazizi)가 분신자살했다.

2011.1.14. 튀니지　벤 알리(Ben Ali)가 실각했다.

2011.1.23. 예멘　알리 압둘라 살레(Ali Abdullah Saleh) 대통령에게 대항하는 새로 운 시위가 일어났다.

2011.1.25. 이집트　튀니지에서 일어난 사건들로 말미암아 최초의 대규모 시위가 일 어났다.

2011.2.2. 예멘　살레 대통령이 2013년에 퇴진할 것을 발표했고, 대규모 시위는 계속 되었다.

2011.2.11. 이집트　무바라크가 사임하고 최고군사위원회에 권력을 이양했다.

2011.2.14. 바레인　정권에 대항하는 최초의 대규모 시위가 일어났고, 시위대에서 첫 번째 사망자가 발생했다.

2011.2.17. 리비아　무아마르 카다피에게 저항하는 시위가 발생했다.

2011.2.20. 리비아　저항세력이 벵가지와 동부의 여러 도시를 점령했다. 230명이 사 망했다고 알려졌다. 인터넷으로 연결된 12개 도시에서 수천 명이 시위를 벌였다.

2011.2.23. 리비아　저항세력이 미스라타를 점령했다.

2011.2.27. 튀니지　베지 카이드 에셉시(Beji Caid Essebsi)가 새 총리가 되었다.

2011.3.2. 리비아　난민 100만여 명이 이집트와 튀니지로 탈출했다.

2011.3.9. 튀니지　집권 여당인 민주헌정연합(Constitutional Democratic Rally: RCD)이 해체했다.

　　예멘　군인들이 사나대학교 교정에서 학생들을 공격하여 수십 명이 부상당했다.

모로코 모로코 국왕 모하메드 6세가 왕의 권한을 제한하는 개헌을 발표했다.

2011.3.14. 바레인 사우디아라비아가 수니파 왕정을 원조하고자 군대를 파병했다.

2011.3.16. 리비아 카다피가 저항세력에 빼앗겼던 영토를 회복하고 벵가지 탈환을 눈앞에 두었다.

바레인 바레인 수도 마나마의 진주 광장(Pearl Square)에서 시위가 금지되었으며 시위대는 해산되었다.

2011.3.18. 바레인 저항운동의 상징인 진주 광장 기념물이 파괴되었다.

리비아 유엔안전보장이사회가 시민을 보호하기 위한 무력 사용을 승인했다.

시리아 남부의 다라와 전국에서 시위가 일어났다.

2011.3.19. 리비아 카다피의 진격을 멈추기 위한 NATO의 폭격이 있었다.

2011.3.20. 모로코 시위가 2차 국면에 접어들었다.

2011.3.21. 이집트 정권 교체를 위한 국민투표 일정이 공표되었다.

2011.3.30. 리비아 외교부 장관인 무사 쿠사(Moussa Koussa)가 망명자 명단에 올랐다.

시리아 아사드 대통령이 연설에서 외국의 음모론을 주장했다.

2011.4.8. 예멘 걸프협력회의(Gulf Cooperation Council)가 제안한 권력 이양 계획을 살레 대통령이 거절했다.

2011.4.13. 이집트 무바라크와 그의 아들들이 부패와 탄압 혐의로 체포되었다.

2011.4.19. 시리아 1963년부터 시행된 '비상사태법'이 폐지되었다.

2011.4.24. 바레인 활동가 네 명이 사형선고를 받았다.

2011.4.25. 시리아 탱크들이 시내에 나타났다.

2011.5.4. 리비아 국제형사재판소가 카다피 정권을 반인도적 범죄 혐의로 고발했다.

2011.5.8. 이집트 콥트기독교인들을 공격했다.

2011.5.9. 시리아 유럽연합이 제재 조치를 취하고 무기 수출을 금지했다.

2011.5.10. 리비아 저항세력이 카다피의 미스라타에 대한 포위 작전을 돌파했다.

2011.5.11. 바레인 바레인의 국영석유회사가 시위에 참가한 직원 300명을 해고했다.

2011.5.12. 시리아 홈스 시에 대한 군사 공격이 있었다.

2011.5.24. 리비아 나토가 트리폴리에 있는 카다피의 지휘본부를 공격했다.

2011.5.27. 튀니지 G8이 튀니지와 이집트에 2000만 달러의 원조를 제공했다.

2011.6.3. 예멘 살레 대통령이 대통령궁을 향한 공격에서 살아남아 사우디아라비아로 피신했다.

2011.6.10. 시리아 경찰이 살해당하자 북부 지역에서 군사작전이 수행되었다.

2011.6.14. 튀니지 6월 24일 선거가 10월 23일로 연기되었다.

2011.6.20. 튀니지 벤 알리 부부가 부패 혐의로 25년형을 선고받았다.

2011.6.29. 이집트 무바라크 정권의 내무부 장관에 대한 재판이 연기된 후 열린 시위에서 수천 명이 부상당했다.

2011.7.1. 모로코 모로코 사람들이 국민투표로 헌법을 개정하는 것에 찬성했다.

2011.8.3. 이집트 무바라크의 공판이 시작되었다.

2011.8.7. 예멘 살레 대통령이 병원에서 퇴원했지만, 리야드에 머물렀다.

2011.8.22. 리비아 저항세력이 트리폴리를 접수했다.

2011.9.7. 바레인 투옥된 활동가 100여 명이 단식투쟁을 벌였다.

2011.9.23. 예멘 살레 대통령이 사나로 돌아왔다.

2011.9.25. 예멘 살레 대통령이 선거를 발표했다. 나흘간 수백 명이 사망했다.

2011.9.26. 시리아 하마에서 군사작전이 수행되었다.

2011.9.29. 바레인 시위대를 보살폈다는 이유로 의사 및 간호사 등 의료인 20명이 구금되었다.

2011.10.7. 예멘 반체제 지도자 타와쿨 카르만(Tawakkol Karman)이 노벨평화상을 받았다.

2011.10.9. 이집트 콥트기독교도들의 시위 이후 24명이 사망했다.

2011.10.20. 리비아 카다피가 시르테에서 붙잡혀 암살당했다.

2011.10.23. 튀니지 중도 이슬람 정당 엔나흐다가 선거에서 승리했다.

리비아 국가과도위원회(National Transitional Council: NTC)가 리비아 해방을 선언했다.

바레인 국제적인 비난으로 의료인들에 대한 재심이 시작되었다.

2011.11.18, 28. 이집트 타흐리르 광장에서 군정에 반대하는 시위가 벌어졌다.

2011.11.19. 리비아 카다피 가족 가운데 마지막까지 도피생활을 한 카다피의 차남, 세이프 알 이슬람(Seif al-Islam)이 붙잡혔다.

2011.11.21. 바레인 정부가 시위대에 맞서 '과도한 무력(excessive force)'의 사용을 승인했다. 새로운 시위들이 잇달았다.

2011.11.22. 시리아 에르도안 터키 총리가 아사드를 히틀러와 무솔리니에 비유하며 관계 단절을 분명히 했다.

2011.11.23. 예멘 살레 대통령이 면책을 받는 대신 사임하는 것에 동의했다.

2011.11.25. 모로코 이슬람주의자들이 국회의원 선거에서 승리했다.

2011.11.27. 시리아 아랍연맹이 시리아 제재를 결의했다.

2011.11.28. 이집트 국회의원 1차 선거가 실시되었다. 이슬람주의 정당이 65%를 득표했다.

2011.11.30. 모로코 모하메드 6세가 이슬람주의 지도자인 압델리라 벤키라네(Abdelilah Benkirane)를 총리로 임명했다.

2011.12.10. 튀니지 임시 헌법이 제정되었다.

2011.12.13. 튀니지 몬세프 마르주키(Moncef Marzuki)가 새로운 대통령이 되었다.
시리아 유엔은 사망자가 5000명에 달한다고 추정했다.

2011.12.14. 이집트 2차 선거가 실시되었다.

5장 리좀 혁명: 스페인 인디그나다스

- 2011년 5월~2012년 5월
- AcampadaBcn, Documents(2011), http://acampadabcn.wordpress.com/documents/(검색일: 2012.2.28.); AcampadaSol, Actas(2011), http://actasmadrid.tomalaplaza.net/(검색일: 2012.2.28.); Personal sources of Joana Conill.; Wikipedia, Protestas en España de 2011~2012(2011), http://es.wikipedia.org/wiki/15M(검색일: 2012.2.28.). 아말리아 카르데나스와 조애나 코닐이 수집하고 작성했다.

2011.5.15. '지금, 진정한 민주주의를!(Democracia Real Ya: DRY)'이라고 불리는 전국적인 시위가 발생했다. 마드리드, 바르셀로나, 무르시아, 그라나다, 세비야, 말라가, 알리칸테, 발렌시아에서 일어난 시위에 많은 사람이 참여했다. 약 13만 명이 참여한 것으로 추정된다.

2011.5.16. 5월 15일 일요일 밤, 시위를 마친 후 참가자 150~200명은 마드리드의 푸에르타 델 솔(태양의 문)에서 야영하기로 결정했다. 16일 새벽, 경찰이 시위대를 쫓아내려 했지만 실패했고, 이에 캠프가 시작되었다. 마드리드의 사례를 따라, 바르셀로나의 카탈루냐 광장에 약 150명이 모였다. 말라가, 그라나다, 세비야, 빌바오, 사라고사에서도 캠프가 시작되었다.

2011.5.17. 스페인의 여러 도시에서 시위가 일어났다. 마드리드의 플라자 델 솔에서의 시위는 주목할 만하다. 플라자 델 솔에서 두 번째 캠프가 시작되었다. 이번에 일어난 시위는 DRY에서 촉구한 것이 아니었다. 이 무렵, 스페인의 30개 도시에서 캠프가 세워졌다.

2011.5.18. 마드리드에 대형 텐트가 세워졌고 상인들이 기부한 먹을거리로 음식 가판대(food stand)가 마련되었다. 웹캠도 설치되었다. 경찰은 발렌시아, 테네리페,

라스팔마스, 그라나다에서 시위대 퇴거를 명령했다. 시위대들은 일일 집회를 열기로 합의했다. 마드리드 선거위원회가 광장에서의 시위를 금지한다고 발표했다. 시위대가 경찰에 대항해 평화적 시위의 표시로 대형 걸개를 펼쳤다. 마드리드 시위대가 임시 제안 목록을 작성했다. 이즈음에 스페인의 52개 도시에서 캠프가 차려졌다.

2011.5.19. 헌법재판소가 시위는 합법이라고 선포했다. 그날 늦게, 중앙선거위원회에서 시위가 불법이라는 성명을 발표했다. 그럼에도 여러 도시에서 시위가 일어났다. 이날까지, 스페인 본토 66개 도시와 스페인령의 15개 도시에서 캠프가 세워졌다.

2011.5.20. 푸에르타 델 솔 캠프의 법률위원회는 '전국적인 숙고의 날(the national day of reflection)'인 5월 21일 토요일에는 어떠한 시위도 소집하지 않겠다고 언론에 공표했다. 그러나 시위는 5월 20일 금요일에 소집되었다. 5월 20일 아침, 전국 166개 도시에 캠프가 설치되었으며, 그날 저녁에는 캠프의 수가 357개로 늘어났고, 자정까지 총 480개의 캠프가 집계되었다. 이날 카탈루냐 광장은 상징적으로 타흐리르, 아이슬란드, 팔레스타인으로 불리는 세 개 구역으로 나뉬었다. 밤사이, 바르셀로나와 마드리드에서 선거 전 숙고의 날을 맞아 묵념의 시간을 가졌다.

2011.5.21. 광장에 모이는 것이 금지되었음에도 수천 명의 사람들이 플라자 델 솔과 그 주변을 가득 메웠다. 그날 저녁 바르셀로나에 열린 '카세롤라다(Cacerolada)' 시위에 5000명이 참여했다.

2011.5.22. 스페인에서 지방선거가 열렸다. 아캄파다 솔(Acampada Sol)은 최소 1주일간 야영을 지속하기로 결정했다. 스페인 보수 정당인 국민당(People's Party)이 압도적 다수로 선거에서 승리했다.

2011.5.23. 마드리드의 상공인연합(The Confederation of Specialized Trade)이 캠프 주변 지역 상권의 매출 감소를 막기 위한 대응 조치를 촉구했다.

2011.5.24. 아캄파다 솔이 마드리드 인근 여러 지역으로 집회를 확대하기 시작했다.

2011.5.25. 국방부는 5월 27일 금요일 말라가에서 열기로 한 몇몇 국군의 날 행사의 개최 장소를 변경했다.

2011.5.26. 아캄파다 솔의 집회에서는 명확한 요구사항이 있어야 한다는 의견에 따라, 선거 개혁, 부패 척결, 공권력의 효율적 분산, 시민 참여 메커니즘의 신설 등 네 가지 사항에 대한 합의를 도출했다.

2011.5.27. 오전 7시, 바르셀로나 시 정부가 카탈루냐 광장의 시위대를 쫓아내기 위해 카탈루냐 경찰 350명과 지방 경찰 100명을 파견했다. 경찰 당국은 위생상의 이유와 FC 바르셀로나가 유럽 챔피언스리그 결승전에 오른 것을 축하하기 위해 광장을 청소해야 한다고 주장했다. 퇴거 과정에서 시위 참가자 121명이 부상을 당했다. 같은 상황이 예이다와 사바델에서도 되풀이되었다. 퇴거 후, 약 3000명의 사람들이

카탈루냐 광장으로 돌아왔다. 바르셀로나에서 쫓겨난 시위대를 위해 스페인의 주요 도시에서 연대 시위를 벌였다. 퇴거 당일에 카탈루냐 광장에서 벌어진 사건의 전말에 대한 수사가 시작되었다.

2011.5.28. FC 바르셀로나가 유럽 챔피언스리그에서 우승했다. 카탈루냐 광장에서 시위대들이 FC 바르셀로나의 팬들과의 충돌을 막기 위해 인간 사슬을 조직했다. 어떤 충돌도 없이 밤이 지나갔다. 퇴거의 국면에서 세력을 유지하기 위한 제안들이 제시되었다. 아캄파다 솔의 권한이 분산되었고, 90개의 자치단체와 41개의 구에서 지역 집회가 열리기 시작했다.

2011.5.29. 세비야에서 2만 3000명, 발렌시아에서 7000명이 시위에 참가했다. 마드리드와 바르셀로나의 참가자들은 야영을 무기한 지속하기로 결정했다.

2011.5.30. DRY는 2011년 10월 15일에 전 세계적 규모의 시위를 벌이겠다고 발표했다.

2011.6.5. 스페인의 여러 도시에서 온 사람들이 마드리드의 푸에르타 델 솔에서 만나 5·15 운동의 진화를 분석하고 향후 활동에 관해 토론했다. 전국에서 푸에르타 델 솔로 오는 행진 가능성 여부도 검토했다. 분노한 대중의 가두행진(The Indignant Popular March)이 결정되었으며, 6월 11일과 19일에는 시위를 벌이기로 결정되었다.

2011.6.6. 카탈루냐 광장의 시위대가 상설 캠프를 철수하기로 결정했다. 그 대신 이날 하루 동안 활동을 지속했다.

2011.6.7. 아캄파다 솔 시위대는 6월 12일 캠프를 철수하기로 결정했다. 그러나 한 소수 단체는 캠프 철수를 거부했다.

2011.6.8. 마드리드에서 1500~2000명 정도가 '노동개혁법(Labor Reform Law)'에 항의하기 위해 국회 앞에 모였다.

2011.6.9. 발렌시아 법원 앞에 모여 있는 시위대를 해산하기 위해 스페인 경찰이 강압적인 방법들을 사용했다. 18명이 부상당했다. 그날 밤에 시위대에 호응하는 의미로 2000명이 하원에 모였다. 살라만카에서도 경찰이 5·15 운동 시위대에게 강압적인 방법을 사용했으며, 다섯 명이 부상당했다.

2011.6.11. 5·15 운동 시위대가 스페인 전역의 시의회 앞에서 시위를 벌였다.

2011.6.12. 아캄파다 솔 캠프는 시작한 지 4주 만에 종료되었다. 몇몇 도시는 아캄파다 솔의 결정을 따르기로 했지만, 일부는 주말까지 캠프를 지속하기로 했다. 발렌시아에서는 캠프를 무기한 지속하기로 했다.

2011.6.14. 2000명이 넘는 사람들이 카탈루냐 의회 앞에 모였다. 그들은 다음 날 예산 삭감안이 승인되는 것을 저지하기 위해 철야하기로 결의했다.

2011.6.15.　바르셀로나에서 5·15 운동 시위대가 의원들의 의회 진입을 막았다. 일부 의원들은 헬리콥터를 타고 의회에 들어갔다. 정문을 이용한 의원들은 저지당했다. 이 과정에서 시위 참가자 36명이 부상당했고 7명이 체포되었다. DRY는 폭력을 사용하는 시위대와 거리를 두었고, 시위대 다수는 비폭력을 주장했다.

2011.6.16.　부패한 정치인에 항의하기 위해 법원 앞에 500명이 모였다. 법원에서는 발렌시아 주지사였던 프란시스코 캄프스(Francisco Camps)의 재판을 진행하고 있었다. 캄프스는 귀어텔(Gürtel) 사건으로 불리는 부패 스캔들에 연루되어 있었다.

2011.6.17.　산탄데르(Santander)의 주주총회가 열리는 동안 시위가 벌어졌다.
5·15 운동은 스페인에서 서브프라임 모기지 사태로 피해를 입은 사람들을 돕기 위한 대책인 주택담보대출 피해자 연합(Plataforma de Afectados por la Hipoteca: PAH)과 같은 여러 캠페인들에 합류했다. 5·15 운동 시위대는 퇴거를 막기 위한 활동에 일정 부분 집중했다. 이런 형태의 시민불복종 운동은 퇴거를 성공적으로 중단시켰다.

2011.6.18.　유럽연합 회원국들이 국가 재정 상황 및 국가 경쟁력을 개선하는 데 목적을 둔 일련의 정치 개혁 이행 조약인 유로플러스조약(Euro-Plus Pact)에 서명하자, 스페인 전역에서 이 조약에 반대하는 시위가 벌어졌다.

2011.6.20.　분노한 대중의 가두행진이 시작되었다. 이 행진은 8개의 서로 다른 경로로 조직되었다.

2011.6.21.　5·15 운동에 참여한 한 단체가 10월 15일에 국민투표를 제안했다. 의회에서 처음 반응을 보였다. 5·15 운동에 대한 동의를 표시했다.

2011.6.22.　5·15 운동으로 구금된 사람들의 석방을 촉구하는 시위가 의회 앞에서 열렸으며, 200여 명이 참여했다. 사람들은 모든 소송을 취하할 것을 요구했다. 이들은 집회를 촉구했고, 10월 15일에 '노동개혁법'에 반대하는 총파업을 벌이는 것에 찬성했다.

2011.6.27.　DRY가 10월 15일에 국민투표를 실시하는 제안에 반대하는 성명을 발표했다.

2011.6.29~30.　시민들에게 영향을 미치는 문제들을 검토하는 공간을 만들기 위해 푸에르타 델 솔에서 국가 상태에 관한 대안적인 토론들이 벌어졌다. 이 행사에는 '국민토론(debate of the people)'이라는 별명이 붙었다.

2011.6.30.　동틀 무렵, 카탈루냐 지방 경찰과 바르셀로나 시 경찰이 카탈루냐 광장에서 야영하는 사람들을 쫓아냈다. 그들은 저항하지 않았다. 시 당국은 카탈루냐 광장 캠프로 인해 발생한 피해가 24만 유로에 달하는 것으로 추정했다.

2011.7.1.　바르셀로나에서 의료 예산 삭감에 항의하는 시위가 벌어졌다.

2011.7.3. 중앙 경찰이 카세레스, 바다호스, 라스 팔마스, 팔마 드 마요르카, 카스텔론, 시우다드 레알의 캠프를 퇴거시켰다. 모든 캠프가 평화적으로 퇴거에 응했다.

2011.7.8. 예이다, 우에스카, 사라고사에서 온 10여 명은 더 참여적인 민주주의를 요구하기 위해 아라곤 의회를 떠나 마드리드로 갔다.

2011.7.11. 안달루시아의 총회에서 5·15 운동 참가자들이 주민투표(popular consultation)를 촉구하는 지방 법안 통과를 위한 주민발의(popular initiative)에 동의했다. 참가자들은 이를 더 직접적인 민주주의의 성취라고 주장했다.

2011.7.13. 테라사에서 의료보험 예산 삭감에 항의하는 시위에 4500명 이상이 참여했다.

2011.7.15. 말라가에서 정부와 노조 지도자들 간에 이루어진 조약에 항의하는 시위에 5000명이 참여했다.

2011.7.21. 바르셀로나 호스피탈 델 마르(Hospital del Mar) 앞에서 의료보험 예산 삭감에 항의하는 시위에 200명이 참가했다.

2011.7.23. 분노한 대중의 가두행진이 마드리드에 도착했다.

2011.7.24. 마드리드에서 시위대들은 "문제는 위기가 아니라, 시스템이다(It's not the crisis, it's the system)"라고 노래하며 시위를 벌였다.

2011.7.25. 스페인과 유럽 각지에서 온 분노한 사람들(Indignants)이 5·15 운동의 첫 번째 토론장에 참가했다.

2011.7.26. 5·15 운동에 참여한 한 단체가 마드리드를 떠나 브뤼셀로 행진을 시작했다. 그들은 유럽 각국의 다양한 단체와 합류하고자 10월 15일이 되기 1주일 전에 브뤼셀에 도착하는 일정으로 길을 나섰다. 그들의 목적은 여러 제안을 모아 유럽의회에 전달하는 것이었다.

2011.7.27. 5·15 운동의 몇몇 회원이 분노한 국민들의 행진 기간에 작성한 사회문제 목록을 전달하기 위해 경찰의 감시를 피해 의회에 들어갔다.

2011.8.2. 아침 6시, 중앙 경찰이 마드리드의 푸에르타 델 솔에 잔류하고 있던 시위대를 쫓아냈다. 경찰은 안내센터(information center)를 부쉈다. 푸에르타 델 솔 주변에서 퇴거에 항의하는 시위가 일어났다. 이는 대규모 시위로 번져 아토차 거리까지 확대되었다. 인근 거리와 지하철역이 14시간 동안 봉쇄되었다.

2011.8.3. 24시간 동안 경찰과 시위대가 대치한 끝에 푸에르타 델 솔에 이르는 통로가 확보되었다. 오전 8시에 플라자 델 솔에서 새로운 시위가 발생했다.

2011.8.4. 마드리드에서 경찰의 무자비한 진압이 있었다.

2011.8.5. 사람들이 광장으로 돌아왔다. 3000명이 넘는 사람들이 모였다. 연대시위가 스페인 여러 도시에서 일어났다.

2011.8.6.   8월 4일 시위와 관련하여 억류된 시위 참가자들이 풀려났다.

2011.8.7.   광장에서 총회가 열렸다. 교황 베네딕트 16세가 마드리드를 방문하는 것에 맞춰 시위가 조직되었다.

2011.8.8.   마드리드 시가 5·15 운동과 연관된 콘텐츠가 게시된 웹사이트의 모든 접속을 차단했다고 알려졌다.

2011.8.17.   말라가에서 캠프가 시작된 지 1주일이 조금 넘었을 때, 시위대는 말라가 이민센터에 억류된 알제리 난민을 석방시켰다.

2011.8.23.   결산 부족을 제한하는 내용이 포함된 헌법을 개정하려는 정부의 계획에 항의해서 열린 긴급 시위에 200명이 참여했다.

2011.8.28.   DRY와 미래 없는 청춘(Juventud Sin Future)이 정부의 결정에 항의하는 시위를 촉구했다.

헌법 개정에 반대하는 시위들이 일어났다.

2011.8.30.   헌법 개정 승인에 반대하는 '카세롤라다' 시위가 의회 앞에서 벌어졌다.

2011.9.16~17.   국제광대역통합망허브(International BcN Hub) 회의가 2011년 10월 15일의 국제적인 시위를 준비할 목적으로 열렸다.

2011.10.15.   85개 국가, 950개가 넘는 도시의 시민들이 참가한 '전 세계적 변화를 위한 연대(United for Global Change)' 행사에 5·15 운동도 참여했다. 스페인에서는 분노에서 행동으로 실천할 것을 촉구했다.

2011.10.16.   분노한 사람들의 한 단체가 버려진 건물인 낡은 마드리드 호텔(Hotel Madrid)을 점거했다. 이는 사회센터(social center: 은행에 집을 뺏긴 가족이나 노숙자들의 주거시설로 활용되었다 ― 옮긴이)로 변모했다.

2012.1.   2012년 5월의 세계 행사를 준비하기 위해 1월 내내 가상 집회가 열렸다.

2012.2.4.   바르셀로나 카탈루냐 광장의 국영철도(RENFE) 역에서 총회가 열렸다.

2012.2.11.   '노동개혁법'에 반대하는 시위가 열렸다.

5·15 운동을 회고하는 워크숍이 열렸다.

2012.2.13.   스페인 전역의 그리스 대사관 앞에서 긴축정책 통과에 항의하여 연대를 촉구하는 시위가 벌어졌다.

2012.2.18.   그리스 국민과 연대하는 국제 동원의 날(International Mobilization Day)이었다. 2012년 5월 12일에 열리는 세계 행사를 준비하는 토론을 멈블(Mumble)에서 가상회의로 진행했다.

2012.2.15~25.   발렌시아의 봄(The Valencia Spring)이 일어났다. 교사들과 학생들은 큰 폭의 교육 예산 삭감에 항의해 거리를 점거했다. 발렌시아 주 정부의 부채는 270억 달러가 넘었는데, 이는 스페인 자치정부 가운데 가장 큰 규모였다. 시민들은

학생들을 향한 전투경찰의 무자비한 진압에 분노했다.

2012.2.29. 스페인 각지의 도시에서 학생들의 수업 거부와 시위가 벌어졌다.

2012.5.12. 2012년 3월과 같은 전 세계적인 시위가 계획되었다.

6장 월스트리트 점거운동: 세상의 소금을 캐다

- 2011년 2월~2012년 3월
- 라나 슈워츠와 아말리아 카르데나스가 수집하고 작성했다.

2011.2.2. 밴쿠버에 위치한 ≪애드버스터스(Adbusters)≫가 중동 지역과 유사한 시위를 촉구하는 코노 마츠(Kono Matsu)의 사설을 실었다: "만약 우리가 서구에서 — 월스트리트의 100만 행진과 같은 — 민중봉기를 원한다면, 조직을 결성하고 전략을 짜고, 생각을 정리할 필요가 있다."

2011.6.9. ≪애드버스터스≫가 occupywallstreet.org라는 도메인을 등록했다.

2011.7.13. ≪애드버스터스≫가 #occupywallstreet라는 해시태그를 만들어 블로그에 올렸고, 9월 17일 시위를 제안했다. 이 제안은 "2만 명 정도가 맨해튼 남쪽으로 내려가서 텐트와 주방, 평화적인 바리케이드를 세우고 수개월 동안 월스트리트를 점거하자"라는 내용을 담고 있었다. 이와 더불어 "기업가정치가 아니라 민주주의"를 요구했으며, "정경유착을 해소하기 위한 대통령 직속위원회를 설치해달라는 단 하나의 요구"를 주장했다. 그들은 "새로운 미국을 위한 의제를 설정하기 시작했다".

2011.7.24. 마드리드의 레티로 공원(Retiro Park)에서 스페인 인디그나다스는 월스트리트 점거운동 지원 방법을 토론하고, "월스트리트 점거운동을 지원하기 위해 8월 9일 비토리아에, 9월 17일 파리에 당도하는 일정으로 7월 25일 마드리드를 떠난다"라는 결정을 내렸다.

2011.7.26. 월스트리트 점거운동 웹사이트가 개설되었고, 9월 17일 시위를 알리기 위해 트위터와 페이스북이 활용되었다.

2011.8.2 부채한도(debt-ceiling) 시한인 8월 2일 자정이 다가오자, '블룸버그빌'과 함께 '예산 삭감에 반대하는 뉴욕 시민'과 #occupywallstreet를 계획한 한 단체가 시위에 합류했고, 로어맨해튼 볼링그린 공원(Bowling Green Park)에 서 있는 황소동상 앞에서 총회를 열었다. 블룸버그빌은 마이클 블룸버그 시장의 긴축정책에 반대해 월스트리트 인근의 뉴욕 금융가에서 2주간 설치한 캠프를 말한다. 블룸버그빌 운동은 1930년대의 후버빌스(Hoovervilles: 판자촌)에서 이름을 따왔다. 또한 블룸

버그빌은 2011년 2월과 3월 위스콘신 주 매디슨의 워커빌(Walkerville) 캠프에서 영향을 받기도 했는데, 주지사인 스콧 워커(Scott Walker)가 단체교섭권을 행사하는 공무원들을 해고하려 하자 수천 명의 시위대가 위스콘신 의사당으로 몰려가 건물에서 농성하며 항의했다. 임대 규제를 강화하지 않던 뉴욕 주지사 앤드루 쿠오모(Andrew Coumo)에게 항의해 뉴욕에서 일어난 쿠오모빌(Coumoville) 시위도 블룸버그빌에 영향을 미쳤다. 결국 블룸버그빌의 기획자들은 마드리드, 중동, 그리스, 영국과 같은 전 세계에서 일어난 투쟁에서 영향을 받았다.

2011.8.16. 아캄파다 솔의 경제실무단체가 월스트리트 점거 계획을 지지하겠다고 약속했고, 마드리드 증권거래소 밖에서 시위를 벌일 것을 촉구했다. 이는 해시태그 #TOMALABOLSA와 페이스북 그룹 'Toma la Bolsa #17S'를 통해 확산되었다. ≪애드버스터스≫는 전 세계 다른 국가들에서도 9월 17일에 금융가를 점거할 것을 촉구하는 글을 블로그에 올렸다.

2011.8.23. 해커단체인 어나니머스가 9월 17일에 개최될 월스트리트 점거운동에 대한 지지를 약속했고, 평화시위와 자유에 대한 요구를 담은 57초 분량의 영상을 제작했다: "권한을 남용하고 부패한 기업과 은행 그리고 정부는 여기에서 최후를 맞게 될 것이다."

2011.9.9. 월스트리트 점거운동 지지자들은 '우리는 99%다'라는 텀블러 페이지에 사진을 올리고 실업자 및 약자(helplessness)의 개인 계정이 이 페이지에 모이도록 했다. 블로그는 사람들이 해결하고자 하는 몇몇 문제를 강조하며 운동에 인간적인 면모와 감정을 덧붙이는 유용한 방법이었다.

2011.9.17. ≪애드버스터스≫가 요청했던 2만 명에는 훨씬 못 미치지만 1000~5000명으로 추산된 사람들이 맨해튼 도심에 모였다. 그들은 두 블록 위에 있는 주코티 공원에 자리 잡기 전에 월스트리트를 활보했다. 어슬렁거리던 몇몇 사람이 체포되었다.

2011.9.20. 미디어의 관심이 증폭되자, 뉴욕 시 경찰은 복면 회합을 금지하는 1845년의 법령까지 거슬러 올라가 시위대를 체포하는 데 이용했다. 1845년에 제정된 이 법은 당시 소작농들이 가죽 마스크와 캘리코(calico) 드레스를 착용한 아메리카 원주민으로 위장해 법 집행 공무원들을 공격하며 일어난 봉기를 진압하기 위해 제정되었다.

2011.9.21. 커런트 TV(Current TV)의 키스 올버먼(Keith Olbermann)은 시위를 보도한 최초의 주요 언론사 기자였다. 올버먼은 언론 통제를 비난하면서, 시위 발생 5일 후에도 북미에서의 월스트리트 점거운동에 관한 보도는 맨해튼의 한 소규모 신문사의 단신과 ≪토론토 스타(Toronto Star)≫의 칼럼에 국한되었다고 언급했다.

2011.9.22.　많은 사람이 무죄라고 믿었던 트로이 데이비스(Troy Davis)에게 치사주사(lethal injection)를 이용한 사형이 집행되자 이에 항의하는 시위가 눈덩이처럼 불어나 대규모 즉흥 거리행진으로 이어졌고 월스트리트로도 번졌다. '분노의 날(Day of Outrage)' 시위대가 월스트리트 시위대의 환영을 받았다. 4명이 체포되었다.

2011.9.23.　시카고 시위대가 연방준비은행(Federal Reserve Bank)을 점거했다.

2011.9.24.　시위대가 도심으로 행진하자 뉴욕 경찰이 일부 거리를 봉쇄하고 80여 명을 체포했다. 시위대는 경찰이 과도한 폭력을 사용했으며, 특히 경찰이 시위 참가자 5명의 얼굴에 최루가스를 분사했다고(pepper-sprayed) 주장했다. 부경감 앤서니 볼로냐(Anthony Bologna)가 첼시 엘리엇(Chelsea Elliot, 25세, 여)의 얼굴에 최루액를 뿌리는 영상이 인터넷에 퍼져 분노를 일으켰다.

2011.9.25.　어나니머스가 뉴욕 경찰에게 경고하는 영상이 유튜브에 올라왔다: "앞으로 36시간 안에 우리가 경찰의 만행에 대해 듣는다면, 너희가 방송 전파에서 시위대의 목소리를 없앤 것처럼 인터넷에서 너희를 끌어내릴 것이다." 그들은 뉴욕 경찰에게 다음과 같이 권고했다. "이집트에서 경찰이 인권을 무시했을 때 어떤 일이 벌어졌는지 참고하길 바란다. 폭력 정권의 종말은 곧 민중의 시작이었다."

2011.9.26.　어나니머스가 첼시 엘리엇에게 최루가스를 살포한 경찰관 앤서니 볼로냐의 신상을 공개했다. 그들은 앤서니의 전화번호, 주소, 친척의 이름 및 다른 개인정보들을 공개했다.

2011.9.27.　월스트리트 점거운동의 오후 행진은 주 5일 우편배달에 항의하는 우편집배원의 집회장소에서 진행되었다. 뉴욕 시의원 찰스 배런(Charles Barron)이 주코티 공원을 방문해 연설했다. 코넬 웨스트(Cornel West)는 공원에 모인 2000명의 군중 앞에서 연설하고 일일 총회를 열었다.

2011.9.28.　콘티넨털 항공사와 유나이티드 에어라인 소속 조종사 700여 명이 월스트리트 점거운동에 합류했다. 미국운송노동조합이 월스트리트 점거에 대한 지지 찬반 투표를 진행했다. 뉴욕 경찰 국장 레이먼드 켈리(Raymond Kelly)는 공개 사유지 공원과 광장은 24시간 개방되어야 하므로, 주코티 공원에 대한 시위대의 진입을 금지할 수 없다고 공식 발표했다.

2011.9.29.　뉴욕운송노동조합(TWU Local-100)이 10월 5일로 예정된 '대규모 행진 및 집회'에 노조원들의 참여를 독려하기 위해 트위터를 활용했다. 샌프란시스코의 시위대가 시티뱅크(Citibank)와 체이스(Chase) 은행을 점거하려고 시도했으며 찰스 슈워브(Charles Schwab)사 건물로 진입하려 했다.

2011.9.30.　노동조합 대표자들을 포함한 1000명이 넘는 시위대가 일주일 전에 벌어진 전투경찰의 대응에 항의하면서 뉴욕 경찰청으로 행진했다. 보스턴에서도 점거운

동이 시작되었다.

2011.10.1. 5000명으로 추산되는 사람들이 브루클린 다리를 향해 행진했고, 수백 명이 다리 일부를 점거해 인도와 차도로 행진했다. 경찰이 브루클린으로의 통행을 두 시간가량 통제했다. ≪뉴욕타임스≫의 취재기자를 포함해서 700명 이상이 체포되었고, 체포 장면은 인터넷을 통해 퍼져나갔다. 점거운동이 캘리포니아 주, 메인 주, 캔자스 주, 그리고 미국 전역에서 시작되었다.

2011.10.3. '회사원 좀비(Corporate zombie)' 차림을 한 사람들의 행진이 미국 전역의 도시에서 벌어졌다.

2011.10.5. 미국노동총연맹-산업별조합회의(AFL-CIO)를 포함한 노동조합들이 합류한 시위들이 대규모 시위로 불어났다. 시위에 1만 명 이상의 군중이 참가했던 것으로 추산된다. 시위대가 폴리 광장(Foley Square)에서 주코티 공원으로 행진했다.

2011.10.6. 샌프란시스코, 탬파, 휴스턴, 오스틴, 댈러스, 필라델피아, 뉴올리언스, 클리블랜드, 라스베이거스, 저지시티, 하트포드, 솔트레이크시티를 포함한 여러 도시에서 점거운동이 시작되었다. 오바마 대통령은 "나는 이것이 미국 전역에 2차 피해를 입혔던 대공황 이래로 가장 큰 금융위기를 맞은 미국인의 좌절감을 표현한 것이라고 생각한다. …… 이러한 위기로 우리를 몰아넣은 폐해를 타파하기 위한 우리의 노력과 힘겨루기를 하면서 무책임하게 행동했던 사람들을 우리는 여전히 볼 수 있다"라고 말했다.

2011.10.8. 워싱턴에서 점거운동이 시작되었다. 시위대가 무인폭격기의 사용에 항의하는 의미로 국립항공우주박물관(National Air and Space Museum)에 진입을 시도하자 경찰이 최루가스를 살포했다. 시애틀과 캘리포니아 주 레딩에서 시위 참가자들의 체포 소식이 보도되었다.

2011.10.10. 블룸버그 시장이 "결국 요점은 사람들은 자신들을 표현하고 싶어 하며, 그들이 법을 지키는 한 우리는 이를 허용할 것"이라고 말했다. 시내의 보행자 및 자전거 전용도로(green way)에서 퇴거하라는 명령을 무시한 보스턴 점거운동 참가자 140명이 체포되었다. 그들은 여기에서 일주일 이상 야영하고 있었다.

2011.10.11. 월스트리트 백만장자 점거(Occupy Wall Street Milionaries) 행진이 뉴욕의 부유한 정치·경제 인사들이 거주하는 어퍼 이스트 사이드(Upper East Side)에서 있었다.

2011.10.13. 주코티 공원의 소유주인 브룩필드사(Brookfeild Properties)가 청소를 위해 공원을 비워주기를 원한다고 블룸버그 시장이 발표했다. 시위대는 청소가 끝난 뒤에 재점거를 허가할 것이라는 이야기를 들었다. 시위 참가자들은 스페인에서 5·15 운동 시위대를 내쫓기 위해 유사한 전략이 사용되었다는 것을 인용하면서 청

소라는 명목 이면에 있는 진짜 이유를 걱정했다.

2011.10.14. 브룩필드사가 주코티 공원의 청소를 연기했다. 그리고 청결 유지 및 공원에서 지내는 사람들뿐만 아니라 일반 시민들에 대한 공원 안전 유지를 보장하는 내용으로 시위대와 협정서를 작성할 수 있다고 말했다. 시위대는 공원 청결을 위한 모임을 만들었다. 덴버 점거운동은 퇴거당했고 21명이 체포되었다.

2011.10.15. 행동과 행진의 날(Day of action and marches): 82개국, 951개 도시에서 점거와 시위가 벌어졌다. 시카고 점거운동에서 175명이 체포되었다. 코넬 웨스트가 워싱턴 D.C.의 대법원 계단에서 체포되었다. 미 해병대 병장 샤마 토머스(Shamar Thomas)는 경찰에 맞서 월스트리트 점거 시위대를 보호했다. 그가 분노하는 순간이 담긴 영상이 인터넷에 퍼져 200만 명이 넘게 시청했다. 한 단체가 #OccupyMarines로 연대를 시작했고, 조직, 지휘(direction), 지원(supply logistics), 지도력(leadership)을 약속했다.

2011.10.16. 백악관이 오바마 대통령은 "99%의 이익을 위해 일한다"라는 성명을 발표했다.

2011.10.17. 월스트리트 점거운동이 시작된 지 한 달이 되는 날이었다. 보도에 따르면 월스트리트 점거운동에 총 30만 달러의 기부금이 전달되었다. 이 돈은 미국에서 유일하게 100% 노동조합 소유인 어맬거메이티드 은행(Amalgamated Bank)에 예치되었다. ≪애드버스터스≫는 10월 29일 #RobinHoodGlobalMarch와 통합 요구사항을 제시했다: "프랑스에서 열리는 G20 정상회의 전날인 10월 29일, 전 세계 시민들이 일어나 G20 지도자들에게 모든 금융 거래와 통화 무역에서 1%에게 로빈후드세를 즉시 부과할 것을 요구합시다."

2011.10.17~20. NPR(미국 공영 라디오) 소속의 프리랜서 기자 두 명이 점거운동에 참여했다는 이유로 해고되었다.

2011.10.21. 탬파과 올랜도에서 점거운동 참가자들이 체포되었다.

2011.10.23. 시카고, 필라델피아, 신시내티의 점거운동 참가자들이 체포되었다. 홍콩, 텔아비브, 이란에서 점거운동이 일어났다.

2011.10.24. 뉴욕 지방검찰청이 시위대에게 부과했던 난동 혐의에 대한 판결을 연기했다. MTV는 새로운 리얼리티 프로그램 〈진정한 삶: 나는 월스트리트를 점거하고 있다(True Life: I'm Occupying Wall Street)〉를 11월 5일에 방송할 것이라고 공지했다.

2011.10.25. 오클랜드 경찰이 오클랜드 점거운동 시위대를 해산시키기 위해 비살상 무기를 무차별적으로 사용했다. 경찰의 과격한 진압으로 이라크 참전군인 스콧 올센(Scott Olsen)이 두개골 골절이라는 심각한 부상을 당해 병원에 입원했다. 오클랜

드 점거운동은 11월 2일 총파업을 벌일 것을 촉구했다. 오클랜드 경찰의 대응은 지금껏 월스트리트 점거 시위대에게 행했던 폭력 가운데 가장 과격한 것이었다. 이집트 활동가들이 점거자들과 연대해서 성명을 발표했다.

2011.10.26. 수백 명의 월스트리트 점거 시위대는 올센과 오클랜드 점거운동을 지지하며 유니언 광장 인근까지 행진했다.

2011.10.29. 덴버 점거운동 참가자들이 체포되었다.

2011.10.30. 포틀랜드 점거운동 시위대가 자정까지 공원에서 철수하지 않았다는 이유로 체포되었다. 오스틴 점거운동 시위대는 음식을 올려놓은 탁자를 치우지 않는다는 이유로 38명이 체포되었다.

2011.11.2. 올센의 부상에 항의하는 의미로 오클랜드 점거운동은 시 전체 총파업을 벌였다. 65년 만의 총파업이었다. 시위대는 미국에서 다섯 번째로 물동량이 많은 오클랜드 항구의 운영을 중지시킬 수 있었다. 참가자 대부분은 평화시위를 벌였지만, 검은색 복면으로 얼굴을 가린 사람들이 몇몇 은행을 약탈했다. 월스트리트 점거운동 참가자들은 이러한 행동을 찬성하지 않았다. 한 남성이 뉴욕의 월스트리트 점거장소에서 성폭력 및 강간 혐의로 체포되었다.

2011.11.3. 거리에서 모닥불을 피우고 철수를 거부하는 오클랜드 점거운동 시위대는 최루가스와 섬광탄을 발포하는 경찰과 충돌했다. 이라크 참전군인 한 명이 심각한 부상을 당했고, 100명이 넘는 참가자가 체포되었다.

2011.11.4. 워싱턴의 한 보수주의 대회에서 '코크 브라더스를 점거하자(Occupy Koch Brothers)' 시위가 있었다.

2011.11.5. 가이 폭스 데이(Guy Fawkes Day)와 은행 계좌 이전의 날(Bank Transfer Day): 시위대가 주요 은행과 금융기관 앞에서 시위를 벌였다. 지난달에 60만 명 이상이 은행계좌를 폐쇄하고 지역 신용조합에서 계좌를 개설했다.

2011.11.7. 필라델피아 점거 캠프에서 참가자 두 명이 결혼식을 올렸다.

2011.11.9. 캘리포니아 주립대학교 학생들이 등록금 인상 및 교육 예산 삭감에 대한 인식을 고취하기 위해 조직한 캘리포니아 점거운동이 공공교육을 위한 행동의 날(Day of Action for Public Education)을 주도했다. 첫 번째 총회가 개최되었고 텐트를 설치했다. 경찰이 텐트를 폐쇄하고 평화적인 시위 참가자들을 구타했다.

2011.11.10. 점거 시위자들은 미셸 바크먼(Michele Bachmann)의 연설을 방해했다. 이 사건은 시위 참가자들이 정부에 불만을 표현하는 마이크 체크(Mic Check) 행동의 하나였다. 오클랜드 점거장소에 머무르던 것으로 알려진 한 남성이 총에 맞아 사망한 채로 캠프 인근에서 발견되었다.

2011.11.11. 버몬트 주의 벌링턴 점거운동에서는 한 남성 점거자가 텐트에서 자살한

사건이 발생하여 퇴거당했다.

2011.11.12. 솔트레이크시티 캠프에서 한 남자가 죽은 채 발견되었다. 철수를 거부하자 16명이 체포당했다.

2011.11.13. 포틀랜드 점거운동이 철야 대치 끝에 퇴거당했다.

2011.11.14. 오클랜드 점거운동이 퇴거당했고, 시위 참가자 20명이 체포되었다. 오클랜드 시장 진 콴(Jean Quan)은 캠프가 쓰는 시의 자원에 대한 "부담이 막대"하기 때문이라고 이유를 밝혔다. 시장의 법무보좌관은 이에 항의하는 의미로 사퇴했다.

2011.11.15. 월스트리트 점거(Occupy Wall Street): 새벽 1시 무렵, 뉴욕 경찰이 주코티 공원의 캠프를 철거하기 시작했다. 시 당국은 건강과 안전의 이유를 들었다. CBS의 취재 헬기를 포함해서 언론이 철거 상황을 보도하는 것에 제약이 있었다. 철거 과정에서 시의원 이다니스 로드리게스(Ydanis Rodriguez)와 시위 참가자 70명이 체포되었다. 민중도서관(The People's Library)의 책 5554권이 몰수당했다. 판사는 시위대가 공원에서 야영할 권리는 수정헌법 제1조에 해당하지 않지만, 텐트와 방수포 없이 주코티 공원으로 돌아가는 것은 허가된다고 판결했다. 임시 총회와 회의가 여러 지역에서 열렸다. 워싱턴 점거운동은 뉴욕 주코티 공원을 소유한 브룩필드 사의 워싱턴 사무소에서 연좌 농성을 벌였다. 캘리포니아 주립대학교 데이비스 캠퍼스(UC Davis) 점거운동은 캠퍼스에서 집회를 열었고, 약 2000명이 참석했다. 집회 후에 약 400명이 대학 본부를 점거하고, 그곳에서 총회를 열었다. 시애틀 점거운동이 집회 및 가두행진을 벌였다. 그들은 최루가스를 쏘는 경찰과 충돌했다. 6명이 체포되었다.

2011.11.16. 시위대는 세계 행동의 날(Global Day of Action)을 조직하기 위해 퇴거 이후 다시 모였다. 계속되는 퇴거에도 세계 행동의 날을 위한 준비는 진척되고 있었다. 증권거래소와 지하철 출입구 봉쇄, 폴리 광장 및 브루클린 다리의 점거를 촉구했다. 포틀랜드, 버클리, 샌프란시스코(이날 밤 95명이 체포되었다), 세인트루이스, 로스앤젤레스에서 시위 참가자들이 체포되었다.

2011.11.17. 점거운동이 두 달째 되는 날로 세계 행동의 날이다. 월스트리트 점거운동에 3만 명이 넘는 군중이 참여해 뉴욕 거리를 행진했다. 이들은 주코티 공원, 유니언 광장, 폴리 광장, 브루클린 다리 등 뉴욕의 여러 장소에 모였다. 보스턴에서는 경찰이 보스턴 점거운동 시위대를 내쫓지 못하도록 하는 판사의 금지 명령이 있었다. 캘리포니아 점거운동(Occupy Cal)에서는 UC 버클리의 학생들이 다시 세워진 야영장소를 유지했다. 댈러스 점거운동(Occupy Dallas)은 퇴거당했으며 18명이 체포되었다. 데이비스 점거운동(Occupy Davis)과 데이비스 캠퍼스 점거운동에서 학생들이 대학 본부를 계속 점거했고, 시위대는 캠퍼스 내에 텐트를 쳤다. 로스앤젤

레스에서 시위대가 뱅크 오브 아메리카 플라자를 점거하면서 적어도 30명이 체포되었다. 밀워키 점거 시위대가 노스 애비뉴 다리(North Avenue Bridge)를 봉쇄했다. 포틀랜드에서 경찰이 시위대에게 최루가스를 살포했으며, 스틸 다리(Steel Bridge)에서 최소 25명이 체포되었다. 시애틀 점거 시위대는 교통을 차단하며 유니버시티 다리(University Bridge)로 행진했다. 스포캔 점거운동이 캠프 설치를 승인받았다. 약 1000명의 세인트루이스 점거 시위대는 점거장소인 키너 플라자(Kiener Plaza)에서 마틴 루서 킹 다리(Martin Luther King Bridge)로 행진했는데, 다리 진입로를 봉쇄했다는 이유로 14명이 체포되었다. 오후에는 한 단체가 시청 근처의 옛 지방법원 건물을 일시 점거해서 "모든 것을 점거하자"라고 적힌 현수막을 내걸었다.

2011.11.18. 퇴직한 전 필라델피아 경찰 경감(captain) 레이 루이스(Ray Lewis)가 지역 법규 위반, 퇴거 불응 및 난동을 이유로 체포되었다. 경찰이 새벽 2시에 캘리포니아 점거장소를 급습했다. 이날 오전에는 대학교 경비 직원들이 학생들에게 최루가스를 뿌리며 데이비스 점거장소를 급습했다.

2011.11.19. 뉴트 깅리치(Newt Gingrich) 전 하원의장이 월스트리트 점거 시위대에게 "집으로 가 바로 샤워하고 출근하라"라고 말했다. 캘리포니아 주립대학교 데이비스 캠퍼스의 대학 경비 직원들이 평화적으로 보행자 도로를 점유하고 있는 학생들에게 최루가스를 뿌렸다. 이 현장의 영상은 온라인에서 즉각 퍼졌으며, 총장에게 문제 직원을 내보내고 수사를 지시할 것을 촉구했다.

2011.11.20. 블룸버그 시장의 저택을 점거하라(Occupy Mayor Bloomberg's Mansion): 이스트 79번가에 있는 블룸버그 시장의 집 앞에서 24시간 동안 드럼을 연주하는 시위를 계획했다. 경찰이 각 골목을 통제하고 철제 바리케이드를 설치해 시위대를 막았다. 약 300명이 철 냄비와 주전자를 두드리며 드럼 연주를 계속했다.

2011.11.22. 오바마 대통령이 대통령에게 메시지를 전달하기 위해 마이크 체크 수법을 사용한 월스트리트 점거 시위대에게 잠시 방해를 받았다. 시위대는 나중에 오바마에게 "대통령께, 평화시위에 참가한 시위자 4000명 이상이 체포되었습니다. 은행가들이 미국 경제를 계속 파괴하고 있습니다. 당신은 수정헌법 제1조에 명시된 우리의 권리에 대한 공격을 중단해야 합니다. 당신의 침묵은 경찰의 만행을 용인한다는 의미입니다. 은행은 구제받고, 우리는 파산했습니다"라고 쓰인 문서를 전달했다.

2011.11.30. 퇴거 공지가 나가고 이틀 후에 경찰이 로스앤젤레스 점거 캠프를 철거했으며, 그 과정에서 200명이 넘는 사람이 체포당했다.

2011.12.1. 샌프란시스코 점거 시위에서 경찰이 점거장소 주변에 바리케이드를 설치하자 폭력 사태가 일어났다. 경찰 한 명이 경상을 입었다. 격론 끝에 샌프란시스코 점거 시위대는 부둣가 캠프에서 옮길 다른 장소를 제공받았다.

2011.12.6. 집이 없는 사람들을 위해 은행이 소유한 빈 집을 점거하는 등의 주택 점거가 점거운동의 새로운 목표가 되어 전국에서 진행되었다.

2011.12.9. 이른 아침의 급습으로 보스턴 점거 캠프가 철거되었고, 46명이 체포되었다. 일부 시위 참가자들은 경찰 배지가 보이지 않았으며, 체포가 진행되는 동안 언론인들이 캠프에서 떨어져 있었다고 주장했다. 시의 철거반은 나뭇잎을 날려가며 (leaf blowers) 청소했으며, 쓰레기통을 덤프트럭으로 옮기고, 캠프를 청소하기 위해 저압 세정 방법을 사용했다.

2011.12.10. 정부와 경찰 관계자에 따르면, 시위대가 퇴거에 맞서 분노와 무기를 조직적으로 비축한다는 주장을 확인하기 위해 한 달 전 첩보경찰을 로스앤젤레스 점거운동 캠프에 침투시켰다고 한다.

2011.12.12. 미국 서부해안 전역의 항구를 폐쇄하려는 합동 작전이 일부 항구 터미널에서는 혼란을 일으켰지만, 시위대가 의도한 완전 폐쇄에는 이르지 못했다. 시위대와 경찰 사이에 일부 충돌이 있었다. 노동조합 간 반응이 엇갈렸다.

2011.12.14. 아이오와 대학교에서 점거운동 참가자들(Occupy protesters)의 모임이 뉴트 깅리치를 막았다.

2011.12.16. 워싱턴 D.C. 주민의 연방투표권을 지지하기 위해 미네소타의 민주당 소속 하원의원 키스 엘리슨(Keith Ellison)이 24시간 단식농성에 들어갔다. 이는 12월 8일부터 단식농성에 들어간 워싱턴 D.C. 점거운동 참가자 4명과의 연대로 이루어졌다.

2011.12.17. 월스트리트 점거 3개월을 맞이하여, 시위대는 주코티 공원의 울타리를 부수고 재점거(re-occupy)를 시도했다. 맨해튼을 통과하는 가두행진에 수천 명이 인근의 두아르테 광장(Duarte Square)을 점거하기도 했다. 50명이 체포되었다.

2011.12.18. 세계 이주민의 날(International day of Migrants)을 기념하기 위해 이민자, 경제난민과 연대해서 점거 시위대(Occupy members)는 가두행진을 벌였다.

2012.1.1. 뉴욕 경찰이 주코티 공원으로 이동하려는 68명을 체포했다.

2012.1.2. 점거 시위대들(Occupy protesters)이 디모인(Des Moines)에서 있었던 밋 롬니(Mitt Romney)의 연설을 방해했다.

2012.1.3. 오바마 대통령이 서명한 '국방수권법(National Defence Authorization Act)'에 항의하기 위해 뉴욕 그랜드센트럴 역에서 플래시몹을 연출했다. 3명이 난동 혐의로 체포되었다.

2012.1.10. 주코티 공원 소유주가 시위 참가자들이 공원에서 눕거나 자는 것을 허가하지 않겠다는 새로운 규칙을 시행하기로 하자 뉴욕 경찰은 주코티 공원 주변에 설치한 바리케이드를 철거했다. 수백 명이 다시 주코티 공원으로 들어갔다.

2012.1.15. 마틴 루서 킹 목사를 기념하는 단결을 위한 전 세계적 촛불시위에 점거운동(the Occupy movement)도 합류했다.

2012.1.17. 월스트리트 점거운동 4개월째. 의회 점거(Occupy Congress)라고 불린 행사를 위해 국회의사당 웨스트론(West Lawn)에 모인 참가자는 2000명으로 추산되었다. 일부 시위 참가자들이 체포되었다. 의회 사무동 건물 계단 세 곳을 점거한 채 의원들과의 만남을 포함한 토론회를 열었다. 행진은 저녁에도 지속되어 대법원으로 향했다. 대법원에 있던 경찰은 대규모 시위대를 막을 준비가 되어 있지 않았고, 시위대는 대법원 건물 입구로 이어지는 계단의 맨 위쪽까지 뛰어올라 갔다. 이후 그들은 백악관으로 향했다.

2012.1.20. 월스트리트 점거운동이 대법원 판례 수정을 희망하는 시민연합(Citizens United)의 결정에 반대해 전국 행동의 날을 지정했다.

2012.1.25. 1968년의 시카고 시위를 회고하면서, 점거운동을 일으킨 것으로 인정받는 잡지 ≪애드버스터스≫가 2012년 5월로 예정된 G8 정상회의를 점거하기 위한 시위대 5만 명을 모으자는 광고를 실었다.

2012.1.28. 오클랜드 점거운동과 연계된 사람들이(individuals) 시청에 침입해 시의회 대회의실에서 성조기를 훔쳐 불태웠다. 경찰은 돌과 유리병 등이 날아오자 최루가스를 살포하면서 300명을 체포했다. 시 당국은 시위에서 폭력이 증가하고 있다면서 일부 참가자들이 폭력을 야기한다고 말했다.

2012.2.4. 워싱턴 D.C.의 케이 스트리트 점거운동(Occupy K Street)이 퇴거당했다. 브롱크스에서 경찰의 무자비한 진압에 항의하는 행진이 있었다.

2012.2.11. 보수주의 정치행동위원회 점거(Occupy CPAC) 시위가 미국노동총연맹-산업별조합회의(AFL-CIO), 전미서비스노조(SEIU), 전미간호사연대(National Nurses United: NNU), 지하철노동자회의(Metro Labor Council)와 함께 워싱턴 D.C.의 보수주의 정치행동위원회(Conservative Political Action Conference: CPAC) 행사장 밖에서 열렸다. 경찰 진압에 항의하는 행진이 샌프란시스코에서 열렸다.

2012.2.14. 애틀랜타에서 에이티앤티(AT&T)의 해고에 항의하는 '에이티앤티 점거(Occupy AT&T)' 시위가 있었다. 밸런타인데이를 기념한 '은행과 헤어지기(Break up with Your Bank)' 운동은 사람들이 계좌를 신용조합이나 커뮤니티 은행으로 이전할 것을 독려했다.

2012.2.16. 로스앤젤레스, 덴버, 퀸스의 주택 점거운동(Occupy Homes)이 담보물 경매를 막았다.

2012.2.17. 미국 전역 도시들의 점거운동단체들(Occupy groups)이 긴축재정에 항의해 투쟁하는 그리스 시위대와 연대해서 국제 행동의 날에 참여했다.

2012.2.18. 시카고 점거 시위대는 부모, 교사, 학생과 함께 예산 삭감으로 폐교 위기에 처한 공립학교인 브라이언 피콜로 특성화학교(Brian Piccolo Specialty School)를 점거했다.

2012.2.19. 수감자의 권리를 지지하는 전국 점거 행동의 날(National Occupy of Action in Support of Prisoner's Rights)의 일부 행사가 캘리포니아 샌 퀜틴(San Quentin) 주립 교도소 밖과 오스틴, 볼티모어, 보스턴, 시카고, 콜럼버스, 덴버, 더럼, 프레즈노, 뉴욕, 필라델피아, 포틀랜드, 샌프란시스코, 워싱턴 D.C.를 포함한 미국 전역에서 벌어졌다.

2012.2.27. 기업농에 항의하는 식량 공급 점거를 위한 세계 행동의 날(Global Day of Action fro Occupy Food Supply)이었다. 뉴욕 증권거래소 밖에서 종자 거래가 이루어졌고, 공동체 정원(community garden) 행사가 여러 도시에서 열렸다.

2012.2.29. 4년에 한 번씩 돌아오는 윤일을 활용하기 위해 29일을 행동의 날로 홍보했다. 전 세계에서 80건의 #F29(2월 29일 윤일을 의미하는) 활동이 벌어졌다. 점거자들이 주코티 공원의 재점거를 시도하여 일부가 체포되기도 했다.

2012.3.1. 교육을 위한 행동의 날 행사가 뉴욕, 시카고, 워싱턴 D.C., 로스앤젤레스, 보스턴, 마이애미, 필라델피아에서 열렸다.

2012.3.8. 미국이 지원하는 전쟁과 점령의 종식을 위해 활동하는 여성 주도의 풀뿌리 평화와 사회정의 운동인 코드 핑크(Code Pink)와 함께 점거자들이 세계 여성의 날(International Women's Day)을 기념하는 시위를 벌였다.

2012.3.17. 월스트리트 점거운동 6개월을 기념하기 위해 점거자들은 뉴욕에 모여 주코티 공원 재점거를 비롯한 여러 활동을 벌였다. 경찰의 공격 강도가 거세지면서 수백 명이 체포되었다. @OccupyWallStNYC는 트위터에 다음과 같은 멘션을 올렸다. "처음 6개월 동안 우리는 국민적 대화(national conversation)를 변화시켰다. 다음 6개월 동안 우리는 세상을 변화시킬 것이다."

부록 2 _ 점거운동에 관한 미국 여론

• 라나 슈위츠가 작성했다.

친숙성

Q. 뉴욕 시와 미국 전역의 여러 도시에서 지속되고 있는, 월스트리트 점거운동으로 알려진 시위들에 얼마나 친숙하십니까?

매우 친숙	17%
어느 정도 친숙	33%
친숙하지 않음/들어봤지만 아무것도 모름	32%
들어보지도 못함	17%
모름/응답 거부	1%

자료: Ipsos/로이터 조사(2011.10.6~10.10.).

Q. 월스트리트 점거운동으로 불리는 뉴욕과 다른 도시에서 열린 시위와 집회에 관해서 얼마나 많이 듣고 기사를 접했습니까?

많이	34%
어느 정도	36%
별로	14%
전혀	15%
모름/무응답	1%

자료: CBS/뉴욕 타임스 조사(2011.10.19~10.24.).

일반 여론

Q. 여러분은 스스로가 월스트리트 점거운동의 지지자나 반대자라고 생각하십니까? 혹은 둘 다 아니라고 생각하십니까?

	2011년 10월	2011년 11월
지지자	26%	24%
반대자	19%	19%
둘 다 아님	52%	53%
의견 없음	4%	3%

자료: 갤럽 조사.

Q. 월스트리트 점거운동에 관한 여러분의 감정에 등급을 매긴다면?

	2011년 11월	2011년 12월	2012년 1월
매우 긍정적/어느 정도 긍정적	32%	27%	28%
중립적	20%	19%	21%
부정적/어느 정도 부정적	35%	44%	39%
모름/확실하지 않음	13%	10%	12%

자료: NBC News/월스트리트 저널 조사.

Q. 월스트리트 점거운동의 지지자라고 생각하십니까?

	2011년 11월	2011년 12월	2012년 1월
네	28%	25%	23%
아니오	63%	67%	64%
확실하지 않음/상황에 따라	9%	8%	13%

자료: NBC News/월스트리트 저널 조사.

Q. 월스트리트 점거운동에 관한 당신의 의견은 호의적입니까? 혹은 호의적이지 않습니까? 유보적입니까? 혹은 의견을 낼 만큼 운동에 관해서 충분히 들어보지 못했습니까?

	2011년 10월	2012년 1월
호의적	25%	21%
호의적이지 않음	20%	28%
유보적	17%	23%
충분히 들어보지 못함	36%	27%
응답 거부	2%	1%

자료: CBS/뉴욕 타임스 조사.

운동 전략

Q. 월스트리트 점거 시위의 방식에 대해서 찬성하십니까, 반대하십니까?

	2011년 10월	2011년 11월
찬성	25%	20%
반대	20%	31%
모른다	55%	49%

자료: 갤럽 조사.

목표와 관점

Q. 월스트리트 점거운동의 목표에 찬성한다 또는 반대한다 혹은 잘 모른다.

	2011년 10월	2011년 1월
찬성	22%	25%
반대	15%	16%
모름/무응답	63%	60%

자료: 갤럽 조사.

Q. 여러분이 듣거나 읽은 월스트리트 점거운동의 관점에 대체로 동의합니까, 반대합니까?

찬성	43%
반대	27%
모른다/무응답	30%

자료: CBS/뉴욕 타임스 조사(2011년 10월).

Q. 만약 월스트리트 점거운동 또는 '우리는 99%다'라는 이상에 개인적으로 동질감을 갖는다면 어느 정도입니까?

상당한 동질감/동질감	28%
약간의 동질감	23%
동질감 없음	42%
모른다/무응답	6%

자료: 로이터/Ipsos Public Affairs Poll(2011년 10월).

Q. 월스트리트 점거운동이 반자본가 운동이라 생각하십니까?

그렇다	37%
아니다	46%
모른다	17%

자료: 폭스(FOX) 뉴스 조사(2011년 10월).

정치적 영향에 관한 태도

Q. 월스트리트 점거운동이 미국 정치시스템에 좋은 혹은 나쁜 영향을 끼쳤다고 생각하십니까? 아니면 어느 쪽에도 별다른 영향을 미치지 않았다고 생각하십니까?

좋은 영향	25%
나쁜 영향	16%
별다른 영향이 없다	49%
확실하지 않다/둘 다 약간	10%

Q. 2012년 대통령 선거 승리에 어느 단체가 더 많은 영향을 끼쳤다고 생각하십니까?

티파티(The Tea Party)	50%
월스트리트 점거운동(Occupy Wall Street)	33%
둘 다 아님/불확실	16%

자료: McClatchy/Marist College Institute for Public Opinion(2011년 11월).

Q. 어느 단체가 여러분의 입장에 더 가깝습니까?

티파티(The Tea Party)	40%
월스트리트 점거운동(Occupy Wall Street)	40%
둘 다 아님/불확실	19%

자료: McClatchy/Marist College Institute for Public Opinion(2011년 11월).

인구 구성별 여론

Q. 정당 지지 관점에 따른 점거운동에 대한 지지도

	민주당	무소속	공화당
운동에 관한 입장*			
지지자	38%	24%	9%
반대자	10%	17%	35%
둘 다 아님	48%	57%	54%
운동의 목표			
찬성	40%	23%	13%
반대	6%	12%	34%
의견 없음	54%	65%	54%
운동의 실행 방법			
찬성	28%	20%	11%
반대	20%	26%	55%
의견 없음	52%	55%	35%

* '모른다'는 생략.

자료: 갤럽 조사(2011년 11월).

Q. 월스트리트 점거운동에 관한 태도

	지지	반대	둘 다 아님/모름
정당지지별			
보수 공화주의자	14%	68%	18%

중도/자유공화주의자	38%	43%	19%
무소속	46%	34%	20%
보수/중도 민주주의자	55%	25%	20%
자유민주주의자	72%	17%	11%
연령대별			
18~29세	49%	27%	24%
30~49세	45%	32%	23%
50~64세	45%	38%	17%
65세 이상	33%	37%	28%
교육 수준별			
대학 졸업 이상	48%	40%	12%
전문대	50%	33%	17%
고등학교 이하	39%	33%	28%
가구 소득별			
7만 5,000달러 이상	45%	43%	43%
3만~7만 5,000달러 미만	48%	37%	18%
3만 달러 미만	43%	30%	27%

자료: 퓨 리서치센터(Pew Research Center, 2011년 12월).

관련 이슈에 대한 태도

국가경제

Q. 대체로 현재 미국이 때때로 어려운 상황에 겪고 있다고, 또는 미국이 더 이상 세계를 선도하는 국가가 아니며 장기 침체에 들어섰다고 느끼십니까?

어려운 상황을 겪고 있다	40%
장기 침체의 시작	54%
둘 다 약간	4%
둘 다 아님/확실하지 않음	2%

자료: NBC/워싱턴 포스트 조사(2011년 11월).

Q. 미국의 경제 침체에 관해서 여러분은 최악의 상황이 지나갔다고 생각하십니까? 아니면 최악의 상황이 우리 앞에 있다고 생각하십니까?

최악의 상황은 지났다	49%
최악의 상황이 우리 앞에 있다	44%
그 사이 어딘가에 있다	2%
확실하지 않다	5%

자료: NBC/워싱턴 포스트 조사(2011년 11월).

Q. 2011년에 개인적으로 다음의 어떤 사건이 가장 실망스러웠습니까?

1%의 부자들은 점점 부유해지고 중산층은 감소하는 것   31%

더딘 경제 회복   29%

재정적자 운영에 관한 의회의 타협 실패   27%

아프가니스탄 전쟁의 지속   6%

펜실베이니아 주립대학교, 시러큐스 대학교의 성추문 스캔들   3%

기타/없음/확실하지 않음   4%

자료: NBC News/월스트리트 저널 조사(2011년 12월).

Q. 최근의 국가경제 상황에 대한 등급을 매긴다면?

매우 좋음   1%

꽤 좋음   20%

꽤 나쁨   47%

매우 나쁨   32%

자료: CBS/뉴욕 타임스 조사(2012년 1월).

경제적 불평등

Q. 여러분 개인적으로 미국 경제시스템이 공정하다고 생각하십니까?

공정함   54%

불공정함   44%

의견 없음   2%

자료: 갤럽 조사(2011년 10월).

Q. 미국에서 돈과 부의 분배가 공평하게 이루어진다고 생각하십니까? 또는 돈과 부가 더 공평하게 많은 사람에게 분배되어야 한다고 생각하십니까?

공평함   26%

좀 더 공평하게 분배되어야 함   66%

모름/무응답   8%

자료: CBS/뉴욕 타임스 조사(2011년 10월).

Q. 현재 미국의 경제구조는 균형을 잃었으며, 소수의 부자가 국가의 나머지 부를 차지하는 것에 호의적이다. 미국은 주요 은행과 기업의 영향력을 줄이고 책임성과 투명성을 요구할 필요가 있다. 정부는 기업에 금융 지원을 해주어서는 안 되며, 부자의 세금을 감면해서도 안 된다.

강하게 동의   60%

약간 동의   16%

중립적	9%	
약간 반대	6%	
강하게 반대	6%	
일부에는 동의하지만 다른 부분에는 반대/확실하지 않음		3%

자료: NBC/워싱턴 포스트 조사(2011년 11월).

빈부 간 갈등에 대한 일반 인식

Q. 빈부 간 갈등이 "상당히 심각함" 혹은 "심각함"의 정도를 퍼센트(%)로 표시

	2009년	2011년
전체	47%	66%
인종별		
백인	43%	65%
흑인	66%	74%
히스패닉	55%	61%
연령별		
18~34세	54%	71%
35~49세	48%	64%
50~64세	45%	67%
65세 이상	36%	55%
소득별		
2만 달러 미만	47%	64%
2만~4만 달러	46%	66%
4만~7만 5,000 달러	47%	71%
7만 5,000 달러 이상	49%	67%
교육수준별		
대학 졸업	48%	66%
전문대 졸업	50%	70%
고등학교 이하	44%	64%
정당지지별		
공화주의자	38%	55%
민주주의자	55%	73%
무소속	45%	68%
이념별		
보수	40%	55%
중도	50%	68%
자유	55%	79%

자료: 퓨 리서치센터(2011).

금융위기에 대한 비판

Q. 만약 여러분이 선택해야 한다면, 현재 미국이 직면한 경제 문제에 관해 누가 더 비판받아야 합니까? — 월스트리트의 금융기관 혹은 워싱턴의 연방정부 등

금융기관	30%
연방정부	64%
의견 없음	5%

자료: 갤럽 조사(2011년 10월).

Q. 현재 미국이 직면한 경제 문제를 고려할 때, 여러분은 워싱턴 연방정부를 얼마나 비판할 수 있습니까?

아주 많이	56%
어느 정도	31%
별로	9%
전혀	2%
의견 없음	2%

자료: 갤럽 조사(2011년 10월).

Q. 현재 미국이 직면한 경제 문제를 고려할 때, 여러분은 월스트리트의 금융기관들을 얼마나 비판할 수 있습니까?

아주 많이	45%
어느 정도	33%
별로	13%
전혀	6%
의견 없음	3%

자료: 갤럽 조사(2011년 10월).

Q. 현재 경제 문제에서 누구의 책임이 가장 크다고 보십니까?

월스트리트 은행가	36%
조지 W. 부시	34%
버락 오바마	21%
확실하지 않다	9%

자료: NBC/워싱턴 포스트 조사(2011년 11월).

Q. 월스트리트와 은행들에 대한 감독 기능 개선에 관해서 오바마 행정부가 여러분의 기대에 부응하고 있습니까? 아니면 기대에 미치지 못합니까?

기대에 부응	18%
기대에 미치지 못함	74%

둘 다 어느 정도/확실하지 않음   8%

자료: NBC/워싱턴 포스트 조사(2011년 11월).

Q. 오바마 대통령의 경제 상황 개선 정책들에 관해서, 그의 정책이 경제 상황에 도움이 됩니까? 아니면 상황을 곤란하게 만듭니까? 또는 그 어느 쪽에도 별다른 차이가 없다고 생각하십니까?

도움이 됨   22%
곤란하게 함   30%
큰 차이가 없음   47%
확실하지 않음   1%

자료: NBC/워싱턴 포스트 조사(2011년 11월).

Q. 2007년에 시작된 금융위기의 주된 원인이 무엇이라 생각하십니까?

경영자들이 너무 많은 위험을 안았다   7%
소비자들이 너무 많은 위험을 안았다   5%
월스트리트의 거대 은행에 대한 규제가 거의 없었다   19%
은행들이 감당할 능력이 없는 사람들에게 모기지를 제공했다   42%
은행들이 불투명하고 약탈적인 이용 약관으로 모기지를 제공했다   13%
사람들의 통제를 벗어나는 경제 요인이 있었다   4%
모름/응답 거부   11%

자료: AARP Consumer Financial Protection Survey, 50세 이상 성인 표본(2012년 1월).

경제정책

Q. 현재 미국에서 가장 부유한 1%의 부자들을 고려할 때, 그들 소득의 몇 %를 매년 소득세로 연방정부에 납부해야 한다고 생각하십니까?

소득세율(%)

0~10%	21%
11~20%	14%
21~30%	18%
31~40%	11%
40% 이상	7%
의견 없음	28%

자료: 갤럽 조사(2011년 10월).

Q. 일반적으로 말해서, 월스트리트 은행, 대출기관, 대부업체, 신용카드 회사와 같은 금융회사들에 대한 정부의 감독을 더 강화해야 한다고 생각하십니까? 아니면 이러한 회사들에 감독을 완화하거나 현재와 비슷한 수준의 감독을 시행해야 한다고 생각하십니까?

감독 강화   46%

비슷한 수준의 감독	20%
감독 완화	25%
모름/응답 거부	9%

자료: AARP Consumer Financial Protection Survey, 50세 이상 성인 표본(2012년 1월).

Q. 사람들이 모기지에서 신용카드에 이르는 금융 상품에서 과도한 이자나 벌금 같은 약탈적인 대출 행위로부터 보호받는 것이 중요하다고 생각하십니까?

매우 중요함	86%
어느 정도 중요함	9%
별로 중요하지 않음	1%
전혀 중요하지 않음	1%
모름/응답 거부	3%

자료: AARP Consumer Financial Protection Survey, 50세 이상 성인 표본(2012년 1월).

Q. 기만적인 마케팅 수법을 사용한 금융 판매인이 책임을 지는 것이 중요하다고 생각하십니까?

매우 중요함	94%
어느 정도 중요함	4%
별로 중요하지 않음	>.5%
전혀 중요하지 않음	1%
모름/응답 거부	3%

자료: AARP Consumer Financial Protection Survey, 50세 이상 성인 표본(2012년 1월).

부록 3 _ 네트워크 사회 속에서 변모하는 세상

• 각 그래프에 인용된 자료들에서 수집한 데이터를 토대로 라나 슈워츠가 도표를 작성했다.

점거운동 그리고 그와 유사한 운동들에 대한 일부 국가들의 여론

그림 1 '월스트리트 점거' 시위에 관한 태도 (단위: %)

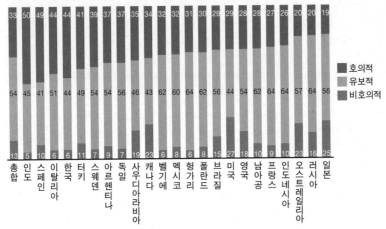

자료: 이 그림은 2011년 11월 로이터 통신이 Ipsos Global Adviser에 의뢰한 조사 결과를 원자료로 하며, 해당 도표가 인용한 질문은 "여러분들이 이해하고 있는 범위에서, '월스트리트 점거' 시위에 관해서 어떤 태도를 지니고 있습니까? 호의적 혹은 비호의적"이다.

미국과 유럽연합, 세계 각국의 정부·정치·금융기관에 관한 시민들의 태도

유럽연합

그림 2 **유럽 금융기관들에 대한 신뢰도** (단위: %)

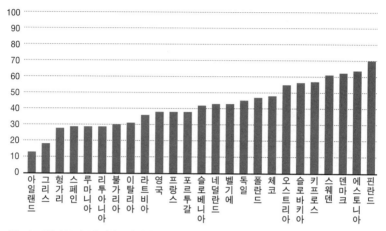

자료: 이 그림은 2011년 6월 갤럽 조사 결과를 원자료로 하며, 해당 도표가 인용한 질문은 "국내의 금융기관이나 은행을 신뢰하십니까?"이다.

그림 3 **유럽 정치기관들에 대한 신뢰도** (단위: %)

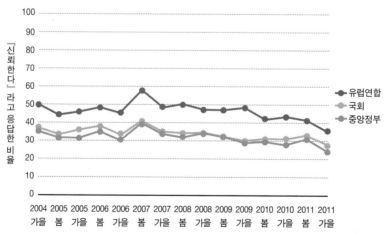

자료: 이 그림은 유로바로미터(Eurobarometer)의 조사 결과를 원자료로 하며, 해당 도표가 인용한 질문은 "유럽연합, 국회 그리고 중앙정부 같은 기관들을 얼마나 신뢰하십니까?"이다.

미국

그림 4 미국 은행과 금융기관에 대한 신뢰도 (단위: %)

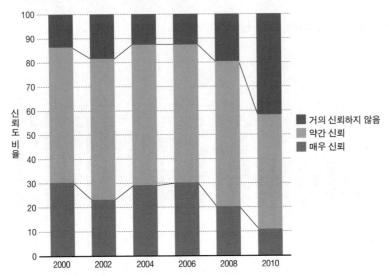

자료: 이 그림은 시카고 대학교의 국가 여론 연구 센터에서 행한 사회 일반 조사 결과를 원자료로 하며, 해당 도표가 인용한 질문은 "미국 내의 은행과 금융기관들을 얼마나 신뢰하고 있습니까?(다음의 항목을 참고해 응답해주십시오. 매우 신뢰, 약간 신뢰 그리고 거의 신뢰하지 않음)"이다.

그림 5 미국 금융기관들에 대한 신뢰도 (단위: %)

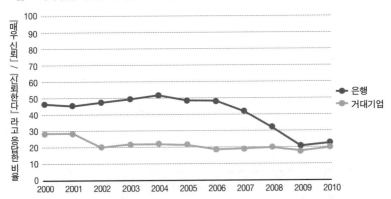

자료: 이 그림은 갤럽 조사 결과를 원자료로 하며, 해당 도표가 인용한 질문은 "미국 사회의 은행과 거대 기업들을 얼마나 신뢰하고 있습니까?(다음의 항목을 참고해 응답해주십시오. 매우 신뢰, 상당히, 약간, 거의 신뢰하지 않음)"이다.

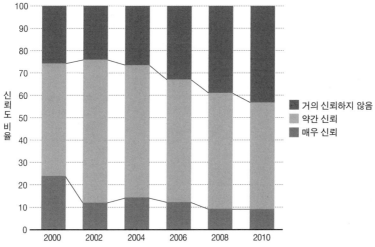

그림 6 **미국 연방정부의 실무 기관에 대한 신뢰도** (단위: %)

■ 거의 신뢰하지 않음
□ 약간 신뢰
■ 매우 신뢰

자료: 이 그림은 시카고 대학교의 국가 여론 연구 센터에서 행한 사회 일반 조사 결과를 원자료로 하며, 해당 도표가 인용한 질문은 "연방정부의 실무 기관들에 관해 얼마나 신뢰하고 있습니까?(다음의 항목을 참고해 응답해 주십시오. 매우 신뢰, 약간 신뢰, 거의 신뢰하지 않음)"이다.

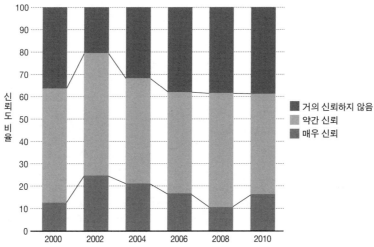

그림 7 **미국 의회에 대한 신뢰도** (단위: %)

■ 거의 신뢰하지 않음
□ 약간 신뢰
■ 매우 신뢰

자료: 이 그림은 시카고 대학교의 국가 여론 연구 센터에서 행한 사회 일반 조사 결과를 원자료로 하며, 해당 도표가 인용한 질문은 "의회를 얼마나 신뢰하고 있습니까?(다음의 항목을 참고해 응답해주십시오. 매우 신뢰, 약간 신뢰, 거의 신뢰하지 않음)"이다.

그림 8 **미국 정치인에 대한 신뢰** (단위: %)

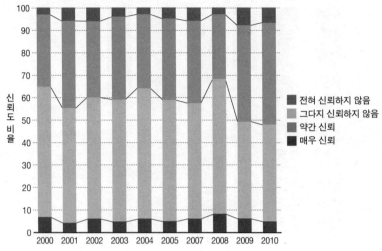

자료: 이 그림은 갤럽 조사 결과를 원자료로 하며, 해당 도표가 인용한 질문은 "공직에 있거나 진출을 희망하는 정
치인들에 대해 얼마나 신뢰하고 있습니까?"이다.

그림 9 **미국 정치기관에 대한 신뢰도** (단위: %)

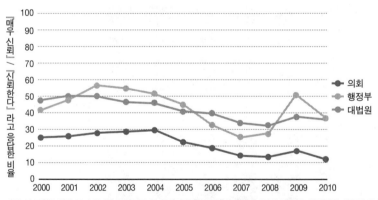

자료: 이 그림은 갤럽 조사 결과를 원자료로 하며, 해당 도표가 인용한 질문은 "의회, 대법원, 행정부의 미국 정치기
관들에 대해 얼마나 신뢰하고 있습니까?(다음의 항목을 참고해 응답해 주십시오. 매우 신뢰, 상당히 신뢰, 약간
신뢰, 거의 신뢰하지 않음)"이다.

세계 각국

그림 10 **금융위기를 관리한 정부에 대한 신뢰** (2009년 기준; 단위: %)

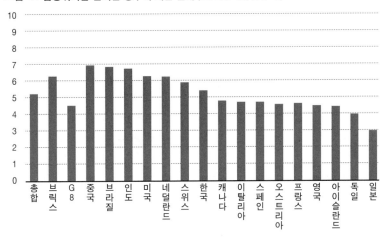

자료: 이 그림은 ICM 조사 결과를 원자료로 하며, 해당 도표가 인용한 질문은 "1에서 10의 척도(1은 거의 신뢰하지 않음, 10은 완전히 신뢰함을 의미)가운데, 금융위기를 관리한 정부에 대한 여러분의 신뢰는 어느 정도입니까?" 이다.

그림 11 **경영계 전반에 퍼진 부패** (단위: %)

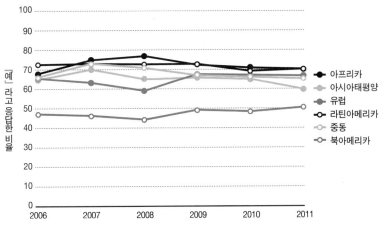

자료: 이 그림은 갤럽 세계 조사 결과를 원자료로 하며, 해당 도표가 인용한 질문은 "여러분 국가의 경영계 전반에 부패가 확산되어 있습니까?"이다.

그림 12 **중앙정부에 대한 신뢰도** (단위: %)

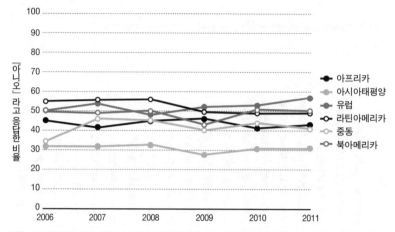

자료: 이 그림은 갤럽 세계 여론조사 결과를 원자료로 하며, 해당 도표가 인용한 질문은 "중앙정부에 대해 신뢰하고 있습니까?"이다.

그림 13 **정부에 확산된 부패** (단위: %)

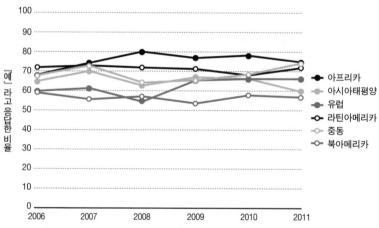

자료: 이 그림은 갤럽 세계 여론조사 결과를 원자료로 하며, 해당 도표가 인용한 질문은 "정부 전체에 부패가 퍼져 있습니까?"이다.

그림 14 **선거의 정직성에 대한 신뢰도** (단위: %)

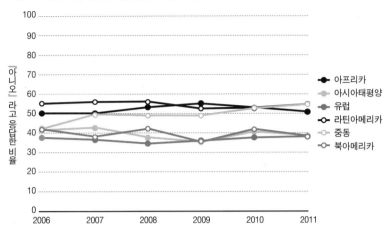

자료: 이 그림은 갤럽 세계 여론조사 결과를 원자료로 하며, 해당 도표가 인용한 질문은 "선거의 정직성에 대해 신뢰하고 있습니까?"이다.

지은이 **마누엘 카스텔** Manuel Castells

미국 서던캘리포니아 대학교의 교수이며, 커뮤니케이션 기술과 사회를 연구하는 월리스 애넌버그 스쿨의 석좌교수이다. 캘리포니아 버클리 대학교 사회학과의 명예교수직을 맡고 있기도 하다. 마누엘 카스텔은 22개 국어로 번역된 『정보시대 경제, 사회 그리고 문화』3부작(국내에서는 『네트워크 사회의 도래』, 『정체성 권력』, 『밀레니엄의 종언』으로 번역되어 출간), 『커뮤니케이션 권력』을 포함한 스물여섯 권의 책을 출간했다. 미국정치사회과학학술원, 영국학술원, 유럽학술원, 스페인왕립 경제학술원의 회원이며, 유럽연구위원회의 창립이사이기도 하다. 2012년 노르웨이 의회로부터 홀베르(Holberg)상을 수상했으며, 2013년에는 사회학 연구 업적으로 발잔(Balzan)상을 수상했다.

옮긴이 **김양욱**

건국대학교 사학과를 졸업하고, 런던 대학교 소아스칼리지에서 미디어와 커뮤니케이션 과정을 공부했다. 런던 시티 대학교에서 글로벌미디어 전공(Transnational Media & Globalization)으로 석사 학위를 받았다. 국립영상제작소(KTV), 데이콤, GS홈쇼핑을 거치면서 방송 프로그램과 인터넷 콘텐츠를 기획·제작했다. 논문으로 "The Internet as a medium for social progress: A case study of Internet struggle under South Korean conservative government"(2011)를 썼고, 『인터넷 자유투쟁』(2013, 공역)을 번역했다. 현재 더네트워크 선임프로듀서이며, 글로벌 커뮤니케이션 수단으로서의 인터넷의 진화에 주목하고 있다.

한울아카데미 1834

분노와 희망의 네트워크
인터넷 시대의 사회운동

지은이 **마누엘 카스텔** | 옮긴이 **김양욱** | 펴낸이 **김종수** | 펴낸곳 **도서출판 한울** | 편집책임 **최규선**

초판 1쇄 인쇄 **2015년 10월 5일**   초판 1쇄 발행 **2015년 10월 26일**

주소 **10881 경기도 파주시 광인사길 153 한울시소빌딩 3층** | 전화 **031-955-0655** | 팩스 **031-955-0656**
홈페이지 **www.hanulbooks.co.kr** | 등록번호 **제406-2003-000051호**

Printed in Korea.
ISBN 978-89-460-5834-7 93330 (양장)
ISBN 978-89-460-6069-2 93330 (반양장)
* 책값은 겉표지에 표시되어 있습니다.